Introduction to Selected Works of British New Marxism

英国新马克思主义佳作导读

乔瑞金 李瑞艳 等◎著

人民出版社

序　言

　　这是一部用心用力撰写而成的著作,其目的在于为有兴趣阅读、学习、研究或了解英国新马克思主义的读者,提供一个向导,引导读者在浩如烟海的书库中及时找到自己想要的作品,并初步较为准确地了解其主要思想和内容,省时省力,是后续进一步学习和研读的"地图",具有"手册"的作用。为使读者在学习和研读过程中对英国新马克思主义有一个整体的把握,在这个序言中,我愿意将自己关于这一领域学习和研究的心得和基本认识做一个初步的介绍,以为共享。

　　我们知道,英国新马克思主义是 20 世纪 50 年代以后在英国发展起来的一种学术倾向。总体来看,英国新马克思主义思想家们都坚持马克思主义的基本立场,把唯物史观作为分析问题和阐述思想的认识论与方法论,有着内在较为一致的思想特点。自产生以来,这一学术群体,始终不以社会批判作为目的,而是以它作为手段,以理性作为研究活动和科学思维的基础,以在高度发达的英国实现社会主义为崇高目标,以人的解放为终极目的。这是一种独特的社会品格,是一种基于英国传统科学主义的深厚底蕴和恪守马克思主义的内在力量。因此,在多样的英国新马克思主义的框架形式中,蕴含了对现实资本主义的深刻剖析和对未来理想的社会主义社会的预设,包含了诸多关于社会主义基本特征的认识,充满了现实主义的关怀和理想主义的情调,但也不失为一种严肃的理性的思考和认识,体现出马克思主义国际化和与现实相结合的精神内涵。

　　英国新马克思主义是在冷战时代两极对立的社会背景下产生和发展起来的。1956 年发生的一系列重大国内和国际事件,是英国新马克思主义产生和壮大的催生剂。赫鲁晓夫在苏共二十大上所作的揭露斯大林罪行的秘密报告,苏联出兵匈牙利镇压人民起义的行为,都产生了巨大的冲击波,使英国青年一代马克思主义学者们心中的理想顷刻倒塌。多年以来，西方的马克思主义者们，一直把苏联的社会主义制度看作是理想的社会形态和社会发展目标，看作是马克思主义取得的巨大成功和胜利，认为苏联的社会发展模式极大地推动了社会生产力的发展，国家实行民主集中制的管理形式，人民有着巨大的生存自由，公民权利得到充分尊重和发挥。赫鲁晓夫的秘密报告所揭露的那些不为人知的关于苏联和斯大林的阴暗面，与他们固有的思想认识存在着巨大的内在不一致性，是不可接受的。就在这一年，英法联合对埃及进行的军事打击以及英国国内巨大的社会差别和不平等，也使他们对西方福利资本主义社会的发展模式感到失望，因为在他们看来，西方福利资本主义具有极端的虚假性和迷惑性，人民真正的权利被资本主义寡头垄断，在福利制度外衣下，公民的人格被蹂躏，权利被剥夺，人与社会更加异化。所以，他们试图寻找第三条路，寻求英国式的马克思主义道路，要使马克思主义英国化。

整体来看，英国的新马克思主义已经成为20世纪国外马克思主义研究的一个重要学术领域并以新左派为人们所接受。从20世纪50年代中叶以来形成的英国马克思主义，尽管不断转换其研究视角和研究主题，在思想方面也出现诸多差异，但在产生的时代背景、指导思想、研究范式以及目的诉求等方面，基本上具有内在的一致性，存在一些明显可辨的历史传承和内在特质。因此，用"新马克思主义"来指称20世纪50年代至80年代及以后在英国产生的一些马克思主义者是可取的，这是我们整体认识和研究工作的一个基本前提。

英国新马克思主义把现实的人作为研究活动的着眼点，把如何改善人的现实生存状况、改进人的生活方式和提高人的社会实践能力作为研究活动的目标指向。因此，从一开始，他们就坚持人的全面解放的哲学立场，倡导新文化生活方式，展现科学技术的社会意义，表现出强烈的人道主义、文化唯物主义和技术实践论的思想，这些思想构成其基本的哲学倾向。

英国新马克思主义以在物质生产高度发达的英国实现社会主义为目标，因而以技术批判、文化批判和社会批判为利剑，直指现代主义的意识形态和资本主义制度本身，通过设计各种各样的理想社会主义社会和开展多种形式的微观社会运动，尝试把理想变为现实。

英国新马克思主义以马克思的经典思想为基础，号召回到马克思的经典文本来研究马克思主义，认为只有回到马克思，才能正本清源，才能形成有意义的思想,才能解决英国自己的问题,促使"他们进入新马克思主义时代,进入学术思想进口、学术理念多元的时代",进入回归经典本源的时代。

英国新马克思主义以各种具体的学术领域为对象,结合英国历史和现实,追求思维方式的创新和变革,形成了各种关于人与社会关系的解释和研究模式,先后出现了新历史主义、结构主义和地理—历史唯物主义等诸多形式。这些看似不同的思维范式,其实都是整体主义的不同变种,因而展现出思维方式内在发展的清晰的逻辑特征、历史脉络和学术气息,体现出新的认识论和方法论意义。

英国新马克思主义的各种学术观点和思维范式,形成了尖锐的内部冲突和相互批判,从而推进了自身学术传统的形成和发展,提高了思想的解释能力,凝集了学术队伍,扩大了影响,形成了英国特色。

英国的新马克思主义,是对英国自身经验主义的历史主义传统批判和改造的产物。按照历史的发展过程,首先从传统中脱颖而出的是被称为新历史主义或文化唯物主义的学术思想,其代表人物包括历史学家汤普森、霍布斯鲍姆和威廉斯等。这些新历史主义者坚持唯物史观的基本立场,但也表现出明显的英国特色,诸如把马克思主义的核心思想归结为人道主义、历史的总体性、文化唯物主义等,倡导"从下往上看"的历史研究方法,把历史研究的重点放在工业史和社会史统一之上的总体史,展现经验主义的传统,让史实来说话。

英国新马克思主义特别强调了马克思思想的现实性和实践性。历史主义学派从历史来反观现实,从现实来透视历史的研究方法,集中地表现了这一点。英国新马克思主义就是在这样的学术背景下滋生出来,其产生和发展的过程就是对各种学术资源有效吸收、鉴别和处理的过程。他们打造了一种特殊的语境和话语平台,在这个话语平台上,形成了他们的思想和观念。

英国新马克思主义深受经验主义知识论传统的影响,在哲学思想上也别具特色。主要表现为三个方面:其一,理性主义的历史观。英国人之所以能接受马克思的历史唯物主义思想,这不仅是因为马克思晚年一直生活在英国,英国人对他有感情,而且也是因为马克思的学术思想是以大量案例和经验事实为基本素材,科学归纳的结果,这一点特别被英国人看重。其二,科学主义的知识观。英国新马克思主义对知识的尊重远远高于迄今为止各种各样的国外马克思主义者。其三,人文主义的价值观。这一方面体现在自文艺复兴、启蒙运动到工业革命的过程中,另一方面也体现在自由主义在当时英国的现实中。因为英国的高福利社会制度确实体现了英国自由主义的理念,而自由主义的这种思想理念在人文主义价值关怀中,一直被认为是其学术思想传统中重要的内涵。

英国新马克思主义是一种经验主义的理性主义,关注现实与历史的历史主义,关爱人的个性自由与生存质量的人道主义以及建立在个体自由基础之上的和谐社会与社会良性发展的种群意识,表现出其独特的哲学理念。经验主义、理性主义、历史主义、话语分析方法、个案研究、结构主义以及乌托邦式的理论构造方法等,是其基本的研究方法。批判意识和建构意识并重,历史主义与结构主义从对立走向融合,技术批判与文化批判并行,政治批判与社会批判内在统一,构成英国新马克思主义的认识论与方法论特点,同样也是其价值论追求的深刻表现。英国新马克思主义内部没有形成像法兰克福学派或存在主义的马克思主义学派那样的学术群体,而是体现为个性化的和多样性的理解与表达,思想与看法比较分散与零星,但也包含了很多真知灼见。

追求马克思主义的科学性,把马克思的思想作为科学来处理,也显现出英国自身的特点。英国新马克思主义,不仅继承了经验主义的传统,也继承了自罗素和维特根斯坦以来的英国分析传统,并把它用来分析马克思的著作和思想。与此同时,他们也继承了马克思本人以技术、生产力为基础研究资本主义的科学方法,因而表现出强烈的分析主义的传统特色和以技术为社会发展动力的核心作用的功能表达。他们把研究的着眼点放在以技术批判为基础的文化批判和社会批判上,把目标定位在人的文化生存方式的改变与人的彻底的解放上。这样,其思想蕴含就大大超越了经验主义,走向了结构主义的马克思主义、文化唯物主义、实践的马克思主义和分析的马克思主义等方面。正是追求马克思主义的科学性和实践性,追求人的彻底解放和实现社会主义理想,促进了英国新马克思主义思维范式的不断转化和更新。这种转向首先在人道主义的马克思主义和文化唯物主义中表现出来。在批判教条主义的斯大林主义的过程中,把马克思主义定义为人道主义和文化唯物主义,并从英国自身历史发展的时间序列中寻求根据。进而,以结构主义的马克思主义的诞生为标志,在空间层面来理解马克思主义的科学性和普遍性,尝试给出逻辑的证明。当英国新马克思主义发展到哈维的时候,借助于历史和地理学,发展出一种时间和空间内在统一的整体论思维范式,这在马克思主义发展史上是一个新的尝试。英国新马克思主义的思维范式在不断地转换中,整体论的思想越来越突出,唯物的、辩证的和实践的特点也越来越鲜明。

英国新马克思主义是建构的马克思主义。他们面对复杂多变的社会历史状况,面对贫富悬殊、两极分化、危机四伏、生存环境恶化和腐朽堕落的资本主义现实,从多个角度对现代主义以及资本主义给予了批判,这包括文化批判、技术批判、政治批判和社会批判等方面,揭露资本主义的腐朽本质。在诸多领域的分析和批判的基础上,他们把马克思主义作为获得人的解放的理论指导和思想基础,把社会主义看作人类摆脱现实困境和实现美好未来的根本出路。因此,他们密切联系英国实际,构造了一个又一个美好的理想社会,预设了在高度发达的资本主义基础之上的未来社会主义制度的基本式样,聚焦于社会公平和正义、自由与人的尊严、文化生活方式的变革、社会整体的和谐、物质生产与精神生产的协调一致、人民的社会领导权建设、生态文明、消除极权主义、主体能动性的发挥以及社会冲突的消除等与人的生存和发展密切关联的一些重大主题,在理论上颇有建树。这不仅对于英国,而且对于世界各个民族的社会主义革命和建设,均有一定的启迪作用。

英国新马克思主义由于受自身经验主义哲学和西方马克思主义传统的深刻影响,在对马克思主义思想的理解方面也表现出很大的不足,如唯物主义方面的经验主义,政治立场上的妥协,对苏联马克思主义采取彻底否定的态度,具有抽象的人道主义的思想倾向以及从绝对个人主义甚至相对主义的立场来对待马克思的思想等,所有这些都是我们在研究英国新马克思主义者的思想时应予以批判和时刻关注的。

英国新马克思主义者们都是理论家,他们著书立说,展现理论的魅力,但他们也不是理论家,因为他们有着强烈的经验主义色彩,通过多种方式来践行他们的思想和理论,这是英国人解决问题的典型方法。如同帕克斯曼所说,英格兰人解决问题的典型方法"不是使用一种空洞理论,而是像一条寻找地下菌块的狗那样绕着它嗅,确定关键所在再寻找答案。这种方法是经验主义的,符合实际的,只相信常识的。英格兰人不要思想,宁要实用的东西。正如爱默生说的,'他们喜欢撬棒,螺钉,滑轮,佛兰德役马,瀑布,风车,以及潮水动力磨;喜欢运送他们的货轮的大海和海风。'这你就明白了他们出了如此众多的大科学家的原因"。或许,英国新马克思主义者们的践行远未达到他们的目的,但他们试图把理论创造与微观社会实践和政治实践内在一致的英国风格,留下了诸多可资借鉴和值得参考的元素。

英国新马克思主义展现出很强的英国哲学、文化和理论的特色。他们基于英国自身的经验主义传统,不仅批判资本主义,构造社会主义理想社会,同样也以实际行动来践行他们的理想,尽管极其有限,如组织和参与罢工、罢课、游行示威、街头宣传、社区宣讲等各种活动,积极开展文化思想领域的争夺,利用报纸、杂志、电视、广播等各种媒体,向大众宣讲马克思主义和革命道理,揭露资本主义的腐朽和堕落。总体来看,英国新马克思主义持一种微观政治学的思想,即意欲通过多种多样的微观革命行动,用理想中的社会主义原则和基本理念为指导,积极推动向资本主义抗议和争取权利的各项斗争,尽管这些微观活动的作用是有限的,比之于疾风暴雨式的制度革命似乎微不足道,但还是产生了很大的影响,对于推进马克思主义本土化,对于推进英国社会从资本主义向社会主义过渡,对于人的身体解放、思想解放、政治解放,对于人的自由获得,都是必不可少的环节。

在我看来,我们在学习、研究英国新马克思主义的过程中,有一些重要问题和原则是值得时刻关注的。

第一,需要对英国新马克思主义的基本内涵作出清晰的界定。英国新马克思主义是指 20 世纪 50 年代末以来旨在把马克思主义英国化的一种学术倾向和研究思潮。其研究从 60 年代进入活跃期,逐渐产生它的代表人物,并显现出研究的基本特色。70 年代以后,其代表性著作先后出版,大大推进了西方国家的马克思主义研究。尽管其人物众多,思想深邃,领域广泛,很难用一个"学派"来表征,但在产生的时代背景、指导思想、研究范式以及目的诉求等方面却具有内在的一致性,存在一些明显可辨的历史传承和内在特质。因此,用"新马克思主义"来指称 20 世纪 50—80 年代及以后在英国产生的一些马克思主义是可取的,这是我们整体工作的一个基本前提。

第二,需要对英国新马克思主义的唯物史观思想特征作高度的哲学概括。英国新马克思主义以马克思的经典思想为基础,以各种具体的学术领域为对象,结合英国实际,追求思维方式的创新和变革,形成了各式各样的解释范式,先后出现了历史主义的马克思主义、结构主义的马克思主义、文化唯物主义、分析的马克思主义、生态学的马克思主义、历史—地理的唯物主义等诸多形式。这些看似不同的思维范式，其实都是整体主义的不同变种，展现出了思维方式内在发展的逻辑特征、历史脉络和学术气息，体现出新的认识论和方法论。

第三，需要对英国新马克思主义哲学的批判性和建构性特征给予系统的理论总结。英国新马克思主义者把现实的人作为研究活动的着眼点，把如何改善人的现实生存状况、改进人的生活方式和提高人的社会实践能力作为研究活动的目标指向。他们以在物质生产高度发达的英国实现社会主义为目标，以技术批判、文化批判和社会批判为利剑，直指现代主义的意识形态和资本主义制度本身，通过设计各种各样的理想社会主义社会和开展多种形式的微观社会运动，尝试把社会主义理想变为资本主义现实。

第四，尤其迫切的是，需要对他们的社会主义思想作出全面的分析和概括，这对于我国的社会主义建设具有重要的参考价值。新左派的社会主义思想包括：社会主义是一种政治力量；平等是社会主义的核心价值观；共同体文化是社会主义具有活力的基础；生态文明是社会主义的基本目标；塑造有尊严的社会主体是社会主义的根本目的；体现人民意志是社会主义的本质。

在这部著作即将付梓之时，我写下了如上一些话，供读者参考。

乔瑞金

2023 年 2 月 19 日雨水节于山西大学

目　录

第三部分　新现实主义

第一部分

新历史主义

我深受马克思主义理论的影响，极大地得益于马克思主义史学传统，我的理论语汇相当大的一部分来自这一传统。

——爱德华·帕尔默·汤普森

我被马克思的思想所折服了，即历史是可以从总体上加以观察与分析的，并且它具有某种特征，我不能说它就是法律，因为那样会很容易引起人们对老派实证主义的回忆，而是说它具有结构与模式，是人类社会在长期演化过程中所形成的。

——艾瑞克·霍布斯鲍姆

任何一个人类社会都有其自身的形态、自身的目的及自身的意义。这些都要通过人类社会的制度、艺术和学问来进行表达。一个社会的形成过程就是寻找共同意义与方向的过程，其成长过程就是在经验、接触和发现的压力下，通过积极的辩论和修正，在自己的土地上书写自己的历史。

——威廉斯

第一篇　能动性的彰显：工人阶级的自我形成

——汤普森《英国工人阶级的形成》导读

一、引　言

1999 年，美国现代文库（兰登书屋）通过网络投票评选出 20 世纪 100 本最佳非小说类英文书籍。《英国工人阶级的形成》（*The Making of the English Working Class*）①位列书单第 30 位。这部著作是爱德华·帕尔默·汤普森（Edward Palmer Thompson，1924—1993）的代表作，最早于 1963 年由伦敦维克托·格兰茨出版社（Victor Gollancz）出版，1968 年再版时增加了附录，1980 年再版时写了新前言。中文版《英国工人阶级的形成》由钱乘旦等人翻译，于 2001 年由译林出版社出版。

汤普森是英国著名的历史学家、新左派代表人物、和平运动的重要领导者。他一生著述颇丰，除了《英国工人阶级的形成》外，其他代表性著作还有：《威廉·莫里斯：从浪漫主义到革命》（*William Morris：Romantic to Revolutionary*）（1955）、《辉格党与猎手：黑人法案的起源》（*Whigs and Hunters：The Origins of the Black Act*）（1975）、《理论的贫困及其他文章》（*The Poverty of Theory and Other Essays*）（1978）、《共有的习惯》（*Customs in Common*）（1991）等。

汤普森出身于英国一个自由主义知识分子家庭。受到父亲约翰·汤普森（John Thompson）和哥哥弗兰克·汤普森（Frank Thompson）的影响，汤普森在青年时代就对文学、历史产生了浓厚兴趣，在大学时加入了英国共产党，并在第二次世界大战爆发后，毅然参军入伍投入到反法西斯战争。通过阅读克里

---

① E.P. Thompson, *The Making of the English Working Class*, London：Victor Gollancz, 1963.

斯托弗·希尔（Christopher Hill）的著作《英国革命 1640》（*The English Revolution 1640*）①和埃里克·霍布斯鲍姆（Eric Hobsbawm）的文章《流浪汉工匠》（The Tramping Artisan）②，汤普森与马克思主义有了初步接触和基本了解。在大学学习期间，汤普森广泛阅读了文学、历史和哲学书籍，并重点研究了维柯、马克思等哲学家的思想。

1936 年到 1946 年，被汤普森称为"英雄的十年"。这十年间，汤普森的世界观和人生观得以初步确立，逐步树立了人生理想和奋斗目标。家庭的影响、学校的求知、战争的洗礼，使汤普森认识到资本主义世界并非太平盛世，人世间还有许多黑暗和不公，有许多社会边缘人承受着统治者的剥削和压迫。在研读历史材料的过程中，汤普森发现，在这些社会边缘人身上，自由信念和激进传统得到充分体现，这一情形在历史中从未间断，英国从来都不缺乏勇于同命运抗争、向统治者说不的人们。汤普森感到有责任有义务让这些曾经的英雄从历史中走出来，以此来激励更多被压迫的人们积极投入到现实政治斗争中去，为社会的公平和正义去战斗，也为自己的生存权利去奋斗。在"英雄的十年"间，汤普森确立了人生目标和前进方向：无论如何都要为劳苦大众的利益发声，为社会正义和人类自由而工作。

1948 年 12 月 16 日，大学毕业的汤普森与多萝西·托尔斯（Dorothy Towers）结婚。汤普森夫妇在婚后搬到英格兰北部约克郡的哈利法克斯，住在城市边缘的工人聚集区西达尔。汤普森夫妇的房子与工人们的房子毗邻，这些蓝领阶层的孩子们时常从汤普森的房子里进进出出。第二次世界大战后的英国，贫困现象普遍存在，阶级差别比较悬殊。在西达尔，汤普森夫妇看到了工人们真实的生活状况。他们住在低矮破旧的房子中，垃圾遍地，污水横流。这一时期，汤普森在利兹大学校外部（The Leeds Extra-Mural Department）③任专职教师。当时世界政治形势正处在东西方冷战对立阶段，反共和极右的麦卡锡主义开始在美国泛滥，这种政治气氛同时蔓延到了包括英国在内的整个

① Christopher Hill, *The English Revolution 1640*, London：Lawrence and Wishar, 1940.

② Eric Hobsbawn, "The Tramping Artisan", in *The Economic History Review New Series*, Vol. 3, No.3, 1951, pp. 299–320.

③ 1951 年，更名为"成人教育和校外学习部"（The Department of Adult Education and Extra-Mural Studies）。

西方世界。然而,在一次员工会议上,汤普森公开宣布,"成人教育目标是制造革命者"①,这令他的主管领导感到十分不安。汤普森的教学工作时常在晚上进行,在工人们劳累地工作了一天之后,开始聚拢在教室倾听汤普森为他们授课。汤普森的这一工作从 1948 年一直到 1965 年,延续了 17 年之久。在哈利法克斯工作和生活的这段时期,通过与工人们的长期相处,汤普森对他们的生活状况和思想状态已经了如指掌。在工人们身上汤普森也学到了很多东西,他甚至认为从工人学生们的经历中所学到的东西不比他所教的东西少。这些经历为他今后的学术研究确立了方向,那就是要为工人阶级代言,为他们树碑立传,把他们从世俗鄙夷的目光和执拗的偏见中解放出来。正是在约克郡,汤普森把历史与现实联系在一起,从传统文化中移植了激进主义的种子准备播撒在当代的社会主义运动中。汤普森坦承,"《英国工人阶级的形成》这本书写于约克郡,从根源上讲有时会带有西赖丁色彩"②。《英国工人阶级的形成》这部书的扉页上写着:"献给多萝西和约瑟夫·格林纳尔德。"约瑟夫·格林纳尔德(Joseph Greenald)是一位煤矿工人的女儿,出生于西约克郡的哈特谢德,是汤普森的第一批学生。汤普森与工人阶级的深厚感情通过这件事也能够反映出来。这对于出身于富贵家庭,在牛津出生并长大,在金斯伍德、巴斯、剑桥等名校接受过教育的汤普森来说是难能可贵的。《英国工人阶级的形成》写作于 1959 年至 1962 年间。那时的汤普森一方面要从事成人教育工作,另一方面还要参加新左派和平运动的一些工作。这本厚达 900 多页的著作之所以能够在 3 年时间内完成,得益于汤普森过去 10 年中在西赖丁校外班做家教时积累的一些资料和研究成果。可以说,这部著作的完成离不开汤普森在约克郡的工作和生活经历。

二、《英国工人阶级的形成》一书的主要内容

《英国工人阶级的形成》描述了 1780 年到 1832 年间英国工人阶级形成的

---

① Peter Searby, "Edward Thompson as a Teacher：Yorkshire and Warwick", in John Rule, Robert Malcolmson, eds., *Protest and Survival：Essays for E. P. Thompson*, London：Merlin Press, 1993, p. 3.

② E.P. Thompson, *The Making of the English Working Class*, New York：Vintage Books, 1966, p. 13.

历史,该书共分为以下三部分。

第一部分"自由之树"详尽地考察了 18 世纪在英国下层民众当中的几种自由传统:伦敦通讯会、非国教传统、18 世纪"暴民"的传统、英国人的天生权利。

伦敦通讯会通常被认为是英国第一个确定的工人阶级政治组织,是由苏格兰工匠托马斯·哈迪于 1792 年在伦敦创立的。这一群众激进团体"指导原则"中的第一条是"让我们的成员无数",其成员大都是工匠和小业主。伦敦通讯会定期举行会议,开展政治活动,向政府提出诸如实行普选、进行议会改革、要求实现人身自由等政治主张。虽然在 1794 年哈迪被宣布犯有叛国罪,导致 1799 年伦敦通讯会被查禁,但是伦敦通讯会在英国工人阶级发展史上占据了重要地位,它结束了以往个人英雄主义单打独斗的状态,政治作为有产者和世袭集团的独享专利也宣告结束。伦敦通讯会第一次把分散的工匠们组织起来,有计划有步骤实施自己的政治计划,其中包含了可贵的民主和革命的气息,初步显示了工人阶级作为新的政治团体所具有的群体力量。

英国非国教有很多派别,例如独立派、长老派、公理会、教友会、浸礼会等。它们与国教相对立,努力为实现公民自由和宗教自由而不断抗争,形成了非国教异端传统。激进主义通常蛰伏和保存在非国教的布道演说和民主组织形式当中,遇到合适的环境,便会燃烧成燎原之势。非国教与正统教派的对立、尘世与天国的对抗,表现出英国普通教众在思想上保守并希望生活安稳的一面,但也表明他们不愿屈服于上帝和贵族们所设定的秩序,表现出对自由思想与世俗权力的渴望。在这一过程中,教会往往成为宣传教育和争取思想自由的场所,也成为教众有组织地进行集会和政治斗争的地方。

18 世纪和 19 世纪初,由于食物价格上涨、赋税繁重、圈地等原因,英国时常发生群众暴动。在这些暴动中最常见的是食品骚乱。而在食品骚乱中,"暴民们"体现出极大的克制性和对自身行为的约束性。在民众的传统观念中,旧的家长制道德经济学使大众行动具有合法性。他们认为,投机和囤积行为以及蓄意提高食品价格是违反习惯法的,理应受到惩戒。在 18 世纪的政治史中,伦敦暴民逐渐成为具有自我意识的激进群体,非国教和政治教育的思想观念开始发酵,使得他们为了维护大众的自由而采取行动。

普通英国民众血液中包含着自由基因,"生而自由"成为普遍推崇的精神信仰和行动原则。潘恩的《人权论》契合了英国民众的心理诉求，表达了他们的自由心声，成为英国工人运动的奠基之作。在其著作中，潘恩猛烈地抨击世袭原则和继承权，将政府视为一种"不可避免的罪恶"。潘恩给予英国人的是激进平等主义的新口号，它引起了"生而自由的英国人"最深层的情感认同和思想共鸣，表明了城市劳动人民的亚政治态度。潘恩将"开放社会"的思想表达为自由与民主，注定要激活那些他既无法控制又无法预见的力量。

第二部分"亚当的诅咒"详尽地记述了英国工业革命时期不同工人集团的丰富经历。

在 1790 年到 1850 年间，随着英国工业化进程的推进，出现了一些新事物和新人群。一些工厂开始大规模兴建，一些工厂主和工人也相继出现。同时，群众骚乱和激进运动也以前所未有的规模不断地上演。棉纺织工厂不仅是工业革命的推动者，也是社会革命的推动者，不仅生产了更多的物质产品，而且生产了"劳工运动"。这些现象需要的不只是简单描述，更需要给予说明和解释。

许多学者都提出一个相同的等式：蒸汽动力＋棉纺织厂＝新工人阶级。他们认为生产的物质手段诞生了新型的社会关系、社会建制和文化方式。因为过分地强调棉纺织工厂是一种新事物，必然会导致低估政治和文化传统在工人阶级整体形成过程中所保持的连续性。工厂工人并非恩格斯所说的"工业革命的长子"，他们出现比较晚。许多思想和组织形式早已存在于家庭手工业工人当中。在 1815 年到 1850 年间，伦敦广大地区激进运动的中坚不是来自大型重工业，而是来自一批较小的行业与职业。

在 1790 年至 1832 年这段时期内，最明显的事实是"工人阶级"的形成。首先，它表现为阶级意识的成长，即各个不同群体的劳动人民之间的利益认同以及它与其他阶级利益对立的意识。其次，它表现为相应形式的政治和工业组织的成长，如：工会、互助会、教育、宗教运动以及报刊等工人阶级的社会事业机构。

工人阶级的形成不仅是经济史上的事实，而且是政治史和文化史上的事实。它不是工厂制的自发产物，也不应当想象有某种外部力量（即"工业革命"）作用于某种难以形容的、混沌的人类原料，从而在另一端生产出一种"新人类"。工业革命过程中变动着的生产关系和劳动条件施加在生而自由的英国人身上。他们传承了潘恩、卫斯理宗、班扬等的血脉,继承着他们记忆中自由与平等的观念、行业传统。工人阶级是被塑造形成的,同时也是自我形成的。

在工业革命时期,许多农民失去了土地和家园,被迫走进工厂忍受资本家的经济剥削和国家的政治压迫。劳工们并没有获得真正的自由,他们与资本家的关系越来越对立,每当他们试图反抗时,就会面对资本家和国家两者联合的压制力量。伴随着传统生活方式的消失,工人在生活经验上是痛苦的。

从总体上看,某些行业的实际工资可能有所增长,工人们可能消费更多的商品,但是这是以工作时间的延长和劳动强度的增加为代价,这与他们的生活质量以及幸福指数并不构成正比增长关系。

第三部分"工人阶级的出现"描述了从卢德运动开始一直到拿破仑战争结束时人民激进运动的历史。

卢德运动兴起于家长式立法消失的关头,以及把自由放任的政治经济学强加给工人而不顾其愿望和心意的时刻。在帮工和工匠心目中,虽然他们觉得自己被剥夺了宪法权利,但卢德却在保卫着"习惯及法律"为工人确立的权利,他们不只是盲目地砸毁机器,他们保卫的是免于资本家破坏行业习俗的"自由",这是一种行业的道德经济学。因此,卢德运动可以被看作是工人们对无限制工业资本主义的情绪发泄和抗议,表现为对已经被废弃的老习惯和家长制法典的追溯和怀念,而不能够简单地认为卢德运动是对新技术和新机器代表的先进生产力的反动。在不同时期,不同的工人可能会提出不同的要求,但同样都是在捍卫自己生存的权利。这些要求包括:实行最低工资,控制女工童工的"血汗劳动",仲裁调停,雇主负责为受机器排挤的技术工人寻找工作,禁止偷工减料,给予公开组织工会的权利等等。这些要求当中已经可以模糊地看到民主社会的影子。因为卢德运动具有高度的组织性,并且具有蓬勃发展的政治背景,因此这一造反运动一直摆动在未来革命目标的边缘上,具有发展成为自觉革命运动的倾向。

拿破仑战争结束后,从 1815 年开始至 1820 年左右,英国大众激进主义迈入辉煌时代。这一激进运动是大众争取议会改革而发出的自由主义的呼声,反映了伦敦和其他城市及工业区群众的激进主义倾向,体现了伦敦民众所具有的几乎从未中断的反专制主义传统。

1817 年,彭特里奇工人起义爆发,它可以看作是历史上最早的、没有中等阶级支持的、完全无产阶级性质的起义。这次起义为在战争期间陷入极端孤立境地的北方和英格兰中部的工人投下了一线光明,卢德运动从此开始转为 1818—1820 年以及 1830—1832 年民众的激进运动。

彭特里奇起义直接导致了彼得卢事件。在 1819 年,具备了合法者角色的改革者比以往任何时候都强大。他们提出了一些按法律角度难以拒绝的权利要求,例如:组建政治组织、出版自由、公共集会自由以及获得选举权。但统治者明白,一旦“下层阶级”得到这些权利,迟早会导致旧制度的覆灭,因此这些权利要求被统治者拒绝了。1819 年 8 月 16 日,参加和平集会的民众遭到了血腥镇压,发生了彼得卢大屠杀事件。这一事件违反了“生而自由的英国人”的所有信条,激起了更大规模的抗议声浪。彼得卢事件之后的运动大致都由工人阶级发动并且具有工人阶级性质,这些运动开始是呼吁“复仇”,而后转入了各种形式的合法性质的抗议活动。

《反对资本、为劳工辩护》的发表标志着欧文主义与工人运动产生了第一次明确的结合点。欧文主义使人们认识到,问题的关键不是机器、贪欲和企业规模,而是它们背后的社会资本的控制。欧文被塑造成为社会主义慈父,从某种意义上说,他是个极端的功利主义者,他把社会设计成一个巨大的工业场。然而,欧文的这一思想却与工人阶级以自己的行动达到目标的理念格格不入,他与大众激进主义运动之间存在着不可逾越的障碍。

19 世纪 30 年代初,英国工人阶级形成了。这一时期工人阶级的阶级意识表现在两个方面:一是各行业工人认识到彼此之间具有共同的利益存在,这一时期普遍存在的工联主义可以说明这一问题。二是工人阶级认识到与其他阶级的利益相互对立,形成了制度变革的要求。但这一时期英国工人阶级还处于保守和怯懦的阶段,从而在 1832 年的议会改革法令中出现了以财产资格限制工人群众选举权的条款,而中产阶级却在斗争中实现了自己的政治目标。从此,工人阶级与中产阶级分道扬镳,在宪章运动中开始走向独立争取自身解放的政治道路。

从 1780 年到 1832 年半个世纪的时间里,在一次次的失败中英国工人阶级逐渐成长起来,他们在不屈不挠的斗争中守护了英国“生而自由”的传统,捍卫了独特的道德经济学。他们在工业革命的大时代背景中被塑造,同时也实现了自我形成。他们不仅创造了属于自己的历史,也影响了我们现代人的生活。

三、为何要写作《英国工人阶级的形成》一书

《英国工人阶级的形成》一书肩负重大的历史使命。汤普森要通过该书批判当时普遍流行的一些理论观点。在这些理论观点当中,有个别是对马克思主义公开反对和全然否定,其观点和立论缺乏说服力,基本上站不住脚,经不起检验和推敲。但也有一些理论观点极具迷惑性,它们虽然打着马克思主义的旗号,却在肆意歪曲马克思主义,背弃了马克思主义的基本原则和方法,诱导人们对马克思主义产生错误的理解,危害性极大。

这些错误观点大致可以归纳为以下几种:

第一,阶级根本就没有发生过。阶级观点是马克思主义的基本观点,阶级分析方法是马克思对阶级社会进行分析的最有效工具之一。若没有阶级观点和阶级分析方法,就不可能对阶级社会形成正确的认识,不可能抓住其社会本质,不可能看到其发展脉络,也不可能理解其规律性。尤其对于资本主义社会,阶级关系是其社会关系当中的基本关系,剩余价值学说揭开了资本家剥削工人的秘密,无产阶级和资产阶级之间的利益冲突和阶级矛盾是理解资本主义社会的一把钥匙,若不懂得阶级观点和阶级分析方法,也就无法理解资本主义社会向共产主义社会发展和过渡的历史必然,还只能停留在对美好社会进行道德理想说教和幻想的阶段。

对于否认阶级存在的错误观点,汤普森进行了严厉批驳,"关于阶级的任何概念都是胡思乱想出来的,是强加于证据之上"才是对事实和证据的视而不见,是站在剥削阶级立场上公然散布的弥天大谎,是一出掩耳盗铃式的历史闹剧。

第二,阶级意识是被人臆造出来的。N.J.斯梅尔策是这一观点的代表人物。这一观点不仅认为阶级是存在的,并且可以进行精确测量,它是社会结构中的一个组成部分。阶级虽然存在,但阶级意识却是子虚乌有,这一观点认为阶级意识是某些别有用心的知识分子和理论家的臆造。在他们看来,不同的社会集团原本各安其位,各守其职,各自在社会中发挥着不同的社会作用。社

会原本和谐美好,这份安定不曾想却被意外打破。阶级意识就像是从潘多拉的魔盒中释放出来的妖孽,它占据了那些原来老实本分的下层穷苦者的头脑,使他们变得骚动不安,不再安分守己,不再专心劳作,社会变得混乱不堪,经济也迟滞不前。阶级意识是一种"不合理的失调现象"。在斯梅尔策等人看来,下层民众获得阶级意识就像是社会突发了一场瘟疫,需要进行紧急处置和消灭。所以,积极解决问题,"处理和疏导"下层阶级的抱怨和不满,表面是为了维护社会稳定的大局,本质上却是为了继续维持剥削阶级的统治地位,保护其既得利益不被侵犯。

第三,阶级是静态的固化物。持这一观点的代表人物是拉尔夫·达伦多夫。他在其著作《工业社会中的阶级与阶级冲突》中指出:

> 阶级的基础是与地位有关的权力差异,即与其权力预期值有关的社会功能结构。……个人由于发挥了与权力有关的社会功能而成为一个阶级的成员……他属于某个阶级是因为他在一个社会组织中占有某种地位,也就是说,阶级的身份来自对社会功能所承担的责任。[1]

对这一观点,汤普森认为问题的关键:首先,这个人如何进入某种"社会功能"之中;其次,那个接纳这个人进入某种"社会功能"的社会组织即阶级是如何产生的? 它对生产资料的占有权以及在社会当中的权力结构是如何形成的? 要解决这些问题,只对阶级进行社会静力学的分析是不够的,不能够让历史停止下来,在某一个时间节点上进行共时性的结构分析,这样会使历史失去其本来面目。

第四,工人阶级是历史进程中的边角料。持这种观点的代表有费边社理论家、许多经济学家和天路历程派学者。费边社理论家只记住了在历史发展过程中少数卓越的组织者,而绝大多数工人群众都被看成是自由放任政策的被动的牺牲品。经济史学家则把工人看成是劳动力或移民,是构成一系列统计数字的原始资料。普通的工人群众在天路历程派学者那里则被选择性忽视,他们在历史资料中上下探求,意图去寻找在历史进程中表现突出的先行者们,诸如:福利国家的先驱、社会共和国的奠基者以及理性工业关系的早期

---

[1] Ralf Dahrendorf, *Class and Class Conflict in Industrial Society*, Stanford: Stanford University Press, 1959, pp. 148-149.

实例。

汤普森认为,费边社理论家和经济史学家们显然忽视了工人群众的主观能动性,对他们在历史进程中所发挥的能动作用视而不见。对于天路历程派学者,汤普森认为他们是用当代人的眼光来审视历史人物,只选择性把那些成功者载入史册,而那些失败的探路者则被选择性地遗忘。

四、为什么对阶级不能进行静态的结构分析

《英国工人阶级的形成》一书标题中为何使用"形成"一词?这是因为在汤普森看来,工人阶级 = 客观 + 主观 + 过程。"形成"一词是对过程的最好说明。工人阶级的形成有其必然性,同时又具有偶然性,不同历史发展时期不同地域都有自身的特殊性,不能进行简单复制。在汤普森看来,阶级的形成是一种复杂的社会历史现象,不能简单地运用自然规律来类比和理解。阶级的形成过程不能说有某种特定的规律,不会像太阳那样会在预定的时间和预定的方位升起,也不会像化学实验,把某种物质加另一种物质必然生成第三种物质。汤普森认为,"对阶级的看法有赖于对历史关系的看法"①,而"历史关系是一股流"②。汤普森把历史关系界定为在特定历史背景中,具体的现实生活当中的人与人之间所产生的关系,时刻处于变动发展的状态。地主与长工之间,除了活生生的人的存在,还有经济活动、利益的对立与冲突以及仇恨与恭敬等复杂的情感,这种关系始终处于动态的变化过程中。汤普森认为,"阶级是一种关系,而不是一个物"③。既然阶级是一种现象,一种关系,一种"流",而不是一个"物",就不能简单地用数学方法去精确测量,不能用自然法则来推导社会发展的规律。不能简单地根据对生产资料的占有情况来界定阶级的构成和分布,通过测算他们的阶级地位以及与对立阶级的利益冲突和矛盾状

---

① [英] E.P.汤普森:《英国工人阶级的形成》,钱乘旦等译,译林出版社 2001 年版,第 1 页。

② [英] E.P.汤普森:《英国工人阶级的形成》,钱乘旦等译,译林出版社 2001 年版,第 1 页。

③ [英] E.P.汤普森:《英国工人阶级的形成》,钱乘旦等译,译林出版社 2001 年版,第 3 页。

况,推导出他们应该拥有的阶级意识。在汤普森看来,这种推理只是一些理论家的一厢情愿,他们的这一方案的设计思路或许来源于马克思的经济基础决定上层建筑公式。汤普森认为:

> 在马克思自己的历史著作中,这并不是他的本意。然而这个错误却使许多后来的马克思主义著作受到损害。①

众所周知,在马克思主义理论中,上层建筑也有自己的独立性,它的发展变化常常与经济基础不同步。阶级意识的产生也并非紧随经济关系的变化,常常落后于经济关系。因此,时常会有一些先知先觉的知识分子或理论家不能容忍阶级意识的这种"落后"局面,由他们出面对工人群众进行启发教育,甚至进行强制性的填鸭式教育,通过简单粗暴地灌输,工人群众仿佛在一夜之间就变成了工人阶级,拥有了阶级意识。而实际情况如何呢? 通过搜集整理大量的历史资料,经过汤普森仔细地分析和研究,一段真实的历史事实呈现在读者面前。1780 年至 1832 年间,英国工人阶级的阶级意识并没有按照这种方式产生出来,它只不过是一个理论上应该如何的虚构和猜想。

五、"阶级"一词为什么用单数"class",
而不用复数"classes"

如果"阶级"一词用复数表示,即意味着工人阶级是由裁缝加织工加其他工人简单堆积而成。它还是完全由经济因素决定的客观存在,工人阶级还是彼此被分割,碎片化的存在,并没有形成真正意义的一体化的阶级。

如果"阶级"一词用单数表示,则意味着阶级是社会发展过程中的一种历史现象,它不再是在生产关系静态结构中的一个个彼此孤立的概念元素。这种历史现象既包括这些不断生成、变化和发展的真实存在于一定历史情境中的无数个体,同时也包括个体与个体之间相互作用而产生的新事物、新要素、新现象。

正如夫妻并不仅仅是两个个体,不是一个男人加一个女人,不是抽象的概

---

① ［英］E.P.汤普森:《英国工人阶级的形成》,钱乘旦等译,译林出版社 2001 年版,第2 页。

念,而是由男女两个个体为主体而展开的关系和过程。它是一种复杂而具体的现象,其中包含了情感与经济交往的过程,也孕育出许多新的关系。不断变化和成长的一对男女由相识、相知、相恋、相爱,再到步入婚姻形成新的关系,产生爱的结晶,再携手共同走过大半个人生。这里面既有必备的物质生活,又有丰富的精神活动。这里面除了夫妻二人的关系,还会涉及他们与父母和子女的关系以及其他因婚姻而产生的关系。它不仅仅是在某一特定的时间点上所看到的一个男人和一个女人,除了一些有形的要素,还有许多看不到或无法精确度量的要素,如爱的原因、动机、目的以及它的纯度、深度与浓度等等。

因此,阶级也一样,不能简单地把它看作是一堆人加另一堆人构成的群体。除了他们在某一历史时期所拥有的相似经历,还有那些在经历当中产生的关系、心理和思想。当他们彼此意识到他们有相似的生活经历,共同的历史境遇,相近的利益诉求,从而慢慢地觉醒,最终形成了大体一致的阶级意识。复数的"classes"之所以能够变为单数的"class",由碎片结合为整体的关键因素就是阶级意识,它发挥了黏合剂的作用。阶级意识是:

> 把阶级经历用文化的方式加以处理,它体现在传统习惯、价值体系、思想观念和组织形式中。[1]

它不是预定生成的,它可以在:

> 不同的时间和地点以相同的方式出现,但决不会有完全相同的方式。[2]

因此,阶级意识不是理论家们站在历史之外臆想和虚构出来的,它不是普遍的抽象的概念,而是具体的历史的存在。它是一种社会历史现象,虽然难以捉摸和把握,但却是曾经真实发生过的客观存在。

六、为什么要强调阶级是"自我"形成的

在《英国工人阶级的形成》一书中,汤普森特别强调:

---

① [英] E.P.汤普森:《英国工人阶级的形成》,钱乘旦等译,译林出版社 2001 年版,第 2 页。

② [英] E.P.汤普森:《英国工人阶级的形成》,钱乘旦等译,译林出版社 2001 年版,第 2 页。

工人阶级并不像太阳那样在预定的时间升起，它出现在自己的形成中。①

所以，阶级的形成既有客观因素的作用，又离不开自己的主观选择，这正是阶级在形成过程中能动性的体现。在这本书中，汤普森还明确指出，阶级意识的形成是英国工人阶级形成的标志。汤普森指出：

当一批人从共同的经历中得出结论（不管这种经历是从前辈那里得来还是亲身体验），感到并明确说出他们之间有共同利益，他们的利益与其他人不同（而且常常对立）时，阶级就产生了。②

这一观点与传统马克思主义对阶级的界定有很大的差异，在学界引起不小的震动。传统观点一直认为阶级是一个政治经济学概念，阶级是在客观经济条件的作用下被动形成的。包括恩格斯、列宁这样的马克思主义经典作家也未完成对阶级的整体性分析，他们对阶级的界定未能步出经济关系的领地。恩格斯曾说：

互相斗争的社会阶级在任何时候都是生产关系和交换关系的产物，一句话，都是自己时代的经济关系的产物。③

列宁曾这样定义阶级：

所谓阶级，就是这样一些集团，由于它们在一定社会经济结构中所处的地位不同，其中一个集团能够占有另一个集团的劳动。④

马克思在《资本论》中对阶级的研究也主要集中在政治经济学领域，还缺少在政治与文化领域的细致探讨。

马克思在其著作《路易·波拿巴的雾月十八日》中，对19世纪中叶的法国农民进行过深刻分析，从中可以发现他对阶级的另一种解读方式。马克思指出：

法国国民的广大群众，便是由一些同名数简单相加而形成的，就像一

---

① ［英］E.P.汤普森：《英国工人阶级的形成》，钱乘旦等译，译林出版社2001年版，第1页。

② ［英］E.P.汤普森：《英国工人阶级的形成》，钱乘旦等译，译林出版社2001年版，第1—2页。

③ 《马克思恩格斯文集》第9卷，人民出版社2009年版，第29页。

④ 《列宁全集》第37卷，人民出版社2017年版，第13页。

袋马铃薯是由袋中的一个个马铃薯汇集而成的那样。数百万家庭的经济生活条件使他们的生活方式、利益和教育程度与其他阶级的生活方式、利益和教育程度各不相同并互相敌对,就这一点而言,他们是一个阶级。而各个小农彼此间只存在地域的联系,他们利益的同一性并不使他们彼此间形成共同关系,形成全国性的联系,形成政治组织,就这一点而言,他们又不是一个阶级。①

在马克思看来,经济生活条件的作用只能把生活方式和教育程度类似的一群人勉强称为阶级,即自发的阶级;而在此基础上,这群人为了共同的利益团结起来,彼此间具有了多种多样社会关系后才称得上真正的阶级,即自为的阶级。因此,马克思认为,真正意义上的阶级是基于政治意识之上,而不是资本之上。经济条件决定的阶级只是形式上的阶级,拥有政治意识才意味着阶级的形成。

汤普森正是从马克思的这一点开始发挥,在承认阶级由客观条件决定的前提下,对以往在传统观点中被忽视的主观的阶级意识大加强调,并把它作为阶级形成的标志。汤普森认为,除经济关系外,政治与文化关系也是阶级不可或缺的组成部分。"阶级既形成在经济中,也形成在文化中。"②汤普森力图纠正传统马克思主义只是从经济方面考察阶级的片面性,阶级并不是产生于普遍的经济基础对上层建筑的决定当中。阶级也不像病人躺在整形医生的手术台上那样让人随意塑造。英国工人阶级的形成除了外部客观条件的塑造,同时进行的还有主观的自我塑造,这是一个漫长的充满艰辛的转化过程。

七、学界对《英国工人阶级的形成》一书的评价

自从《英国工人阶级的形成》一书出版以来,尽管有许多质疑和批评之声,但同时也收获了众多的赞誉。在这本著作中,汤普森所开创的研究路径和方法成为典范,为后世的社会历史研究树立了榜样。在这一研究领域因此有了"前汤普森"与"后汤普森"时代或"前《英国工人阶级的形成》"与"后《英国工人阶级的形成》"时代之分。

---

① 《马克思恩格斯选集》第1卷,人民出版社2012年版,第762页。
② 〔英〕E.P.汤普森:《英国工人阶级的形成》,钱乘旦等译,译林出版社2001年版,第6页。

在英国新马克思主义群体中，不论是与汤普森志同道合的同伴，还是对他怀有宿怨的论敌，面对《英国工人阶级的形成》这部巨著所开创的不世之功，都毫不吝啬地送出了赞美之词。

斯图亚特·霍尔（Stuart Hall）评价说：

> 汤普森的巨著《英国工人阶级的形成》（1963），作为文化研究的"史学范本"，深刻地影响了文化学派的研究方向，有力地推动了英国文化研究的发展。①

佩里·安德森（Perry Anderson）捐弃前嫌，在与汤普森进行了长达30年的争论后，最终这样评价汤普森和他的著作：

> 爱德华·汤普森是我们今天最好的社会主义作家（当然是在英国，或许在欧洲）。《英国工人阶级的形成》和《辉格党与猎手》的读者，将会把这些作品永远铭记于心。在写作的巅峰时期，汤普森对语言的音色和节奏（或者说是激情与幽默、刻薄与雅致、通俗与高雅）的把握，在左派当中无人能与之比肩。②

理查德·约翰逊（Richard Johnson）虽然对汤普森《理论的贫困》一书的观点持保留态度，但对于《英国工人阶级的形成》这部著作，他仍然给予了充分肯定，认为它的影响力不仅超出了英国本土，而且其研究模式也跨出了劳工史这一研究领域。约翰逊指出：

> 19世纪六七十年代，汤普森的《英国工人阶级的形成》的影响持续扩大，以"阶级"为根基进行历史书写的学术圈已经建立起来，这种影响主要分布在母语为英语的国家，另外还有欧洲大陆以及印度。以文化为中介的类似模型推进了对黑人奴隶、殖民地居民以及城市贫民的研究工作。当性别偏见和左派社会历史的缺席受到批判的时候，女性历史和妇女研究的开展也应用了类似框架。③

---

① Stuart Hall, "Cultural Studies and the Centre: Some Problematics and Problems", in Stuart Hall, Dorothy Hobson, et al., eds., *Culture, Media, Language: Working Papers in Cultural Studies, 1972–1979*, London: Routledge, 2005, p. 3.

② Perry Anderson, *Arguments Within English Marxism*, London: Verso Books, 1980, p. 1.

③ Richard Johnson, Deborah Chambers, et al., *The Practice of Cultural Studies*, London: Sage Publications, 2004, p. 28.

罗宾·布莱克本(Robin Blackburn)则这样评价汤普森:

> 汤普森力图通过打破常规的政治思维,帮助人们建立新的认识:社会主义不是为人民的运动,而是人民的运动。他的这些预见性观点成为一种精神,在很大程度上滋养了新左派运动的成长。作为历史学家的汤普森反对历史是不断发展和进步的过程的假设,他坚持在前工业时代的下层民众当中寻找变革社会的希望。而具有这一潜力的阶级并不能单独依靠经济过程来决定,它还需要文化和政治的因素来确定。①

此外,对于英国马克思主义史学这一标志性成果,一些权威的国际学术刊物也给予了很高的评价。

《纽约时报书评》认为:

> 这本书(《英国工人阶级的形成》)具有绝对的权威性和永久的重要性,是迄今为止最有影响的史学文本。②

《泰晤士报文学副刊》评论说:

> 汤普森先生极富人文气质的想象和有节制的热情帮助我们再次捕捉到工人阶级在形成时的痛苦、英雄主义和幻想。任何对英国历史感兴趣的人都不应该错过这本书。③

《倾听者》杂志评论说:

> 这(《英国工人阶级的形成》)是一部活跃而引人注目的历史,书中的许多判断构成对当代许多学术正统的挑战。④

《大不列颠百科全书》作出了这样的评价:

> 《英国工人阶级的形成》不仅是一部史学经典,也是一部文学名著。⑤

总之,《英国工人阶级的形成》一书不仅是"20世纪西方历史学不多的几

---

① Robin Blackburn, "Edward Thompson and the New Left", in *New Left Review*, Vol.201, 1993, p. 5.

② [英]E.P.汤普森:《英国工人阶级的形成》,钱乘旦等译,译林出版社2001年版,封底页。

③ [英]E.P.汤普森:《英国工人阶级的形成》,钱乘旦等译,译林出版社2001年版,封底页。

④ [英]E.P.汤普森:《英国工人阶级的形成》,钱乘旦等译,译林出版社2001年版,封底页。

⑤ [英]E.P.汤普森:《英国工人阶级的形成》,钱乘旦等译,译林出版社2001年版,封底页。

部创学派的开山作品之一"①，同时也是西方马克思主义的经典作品之一，在马克思主义发展史上占据重要的一席。

八、《英国工人阶级的形成》的传播与影响力

除了英文版本外，目前《英国工人阶级的形成》已经被译为葡萄牙语、西班牙语、瑞典语、土耳其语、汉语等多种语言文字。1977 年，西语版《英国工人阶级的形成》重新命名为《工人阶级的历史形成：英国 1780—1832》(*La Formación Histórica de la Clase Obrera：Inglaterra 1780—1832*)出版。1983 年，瑞典语版《人的力量和流行文化：社会历史散文》(*Herremakt och Folklig Kultur：Socialhistoriska Uppsatser*)出版，其中收录了《英国工人阶级的形成》一书的部分内容片段。2001 年，中文译本《英国工人阶级的形成》出版。2004 年，土耳其语版《英国工人阶级的形成》(*İngiliz İşçi Sınıfının Oluşumu*)出版。2011 年，葡语版《英国工人阶级的形成》以三卷本的形式出版，分别为：《英国工人阶级的形成 I：自由之树》(*A Formação da Classe Operária Inglesa I：A árvore da Liberdade*)、《英国工人阶级的形成 II：亚当的诅咒》(*A Formação da Classe Operária Inglesa II：A Maldição de Adão*)、《英国工人阶级的形成 III：工人的力量》(*A Formação da Classe Operária Inglesa III：A Força dos Trabalhadores*)。2012 年，西语版《英国工人阶级的形成》(*La Formación de la Clase Obrera En Inglaterra*)出版。

随着学术交流活动和著作译介工作的开展，《英国工人阶级的形成》这部著作在英语国家继续深化其影响，同时，它也开始向非英语世界传播和扩散，汤普森主义的国际话语体系得以构建和形成。正如克雷格·卡尔霍恩(Craig Calhoun)所指出的：

它(《英国工人阶级的形成》)不仅对英国历史研究产生了巨大影响，而且对美国、法国、德国以及对第三世界部分地区的研究也产生了巨大的影响。因此，人们感兴趣的不仅是它本身，而且它也是广泛调查方式应用

---

① ［英］E.P.汤普森：《英国工人阶级的形成》，钱乘旦等译，译林出版社 2001 年版，第 989 页。

的一个卓越范例。这是一本具有浓厚经验性的著作,尽管并非没有理论企图,但它的有效性及后来的影响说明了一切。[1]

在英国本土,在汤普森之后,一大批青年学者受到汤普森思想的启示,按照他的理论和方法对英国社会历史展开深度研究,产生了许多成果,其中具有代表性的作品有:克雷格·卡尔霍恩(Craig Calhoun)的《阶级斗争问题:工业革命时期大众激进主义的社会基础》(*The Question of Class Struggle*:*Social Foundations of Popular Radicalism During the Industrial Revolution*)、利奥诺·达维多夫、凯瑟琳·霍尔(Leonore Davidoff, Catherine Hall)的《家族财富:英国中产阶层的男性与女性,1780—1850》(*Family Fortunes*:*Men and Women of the English Middle Class*,*1780—1850*)、加雷思·斯特德曼·琼斯(Gareth Stedman Jones)的《阶级语言:英国工人阶级历史研究,1832—1982》(*Languages of Class*:*Studies in English Working-Class History*,*1832—1982*)、德罗尔·瓦布曼(Dror Wabrman)的《想象中产阶级:英国阶级的政治代表,约 1750—1840》(*Imagining the Middle Class*:*The Political Representation of Class in Britain*,*c. 1750—1840*)、安娜·克拉克(Anna Clark)的《马裤之争:性别与英国工人阶级的形成》(*The Struggle for the Breeches*:*Gender and the Making of the British Working Class*)、约翰·沃尔特(John Walter)的《理解英国革命中的民众暴力:科尔切斯特掠夺者》(*Understanding Popular Violence in the English Revolution*:*The Colchester Plunderers*)、安迪·伍德(Andy Wood)的《社会冲突的政治:峰区,1520—1770》(*The Politics of Social Conflict*:*The Peak Country*,*1520—1770*)、马克·贝维尔(Mark Bevir)的《英国社会主义的形成》(*The Making of British Socialism*)以及卡罗琳·斯蒂德曼(Carolyn Steedman)的两部作品:《主人与奴仆:英国工业时代的爱与劳动》(*Master and Servant*:*Love and Labour in the English Industrial Age*)、《失落的劳动:家庭服务与现代英国的形成》(*Labours Lost*:*Domestic Service and the Making of Modern England*)。

除了英国本土,汤普森的思想也对一批海外学者产生了积极影响,他们把汤普森的理念和方法进行了具体化应用,创造出许多与当地社会历史相结合

---

[1]　Craig Calhoun, *The Question of Class Struggle*:*Social Foundations of Popular Radicalism During the Industrial Revolution*, Chicago:University of Chicago Press, 1982, pp. Ⅷ-Ⅸ.

的成功研究案例。列举如下：

　　1977 年，美国学者保罗·威利斯（Paul Willis）发表了论文《吸毒的文化意义》（*The Cultural Meaning of Drug Use*）①。在这篇文章中，威利斯对城市嬉皮士亚文化中的吸毒现象展开了分析，并比较了嬉皮士与摩托车男孩这两个亚文化群体的生活方式、价值观念和兴趣偏好，探讨了这一群体的生活与其价值观之间的契合度。在威利斯看来，下层群体并不是带有意识形态霸权性质的压迫性社会体系的被动受害者，相反，他们创造了属于自己的"世俗文化"，这种生活方式与占主导地位的意识形态相冲突，预示着激进文化的变革。丹尼斯·德沃金（Dennis Dworkin）认为，从威利斯的文化分析中处处都能看到汤普森的影子，汤普森及其论著对威利斯的研究理念和方法产生了决定性的影响。他指出：

　　　　威利斯对社会主义人道主义传统的借鉴（尤其是汤普森《英国工人阶级的形成》一书的著名"序言"），在他对吸毒现象的分析中表现得尤为明显。与汤普森一样，威利斯认为，社会经验不能从技术功能主义的角度来把握。正如工人阶级不仅仅是受工业革命的结构性影响一样，吸毒也不能归结为化学性质。和汤普森一样，威利斯也提倡用自己的语言来理解一种文化。……汤普森从"历史偏见"中解救贫苦的织袜工和卢德分子，而威利斯则颂扬嬉皮士和摩托车男孩，两者之间有着明显的相似之处。②

　　1995 年，美国学者弗雷德里克·库珀（Frederick Cooper）发表了论文《著作、阶级与帝国，一位非洲历史学家对 E.P.汤普森的回顾》（*Work, Class and Empire, An African Historian's Retrospective on E.P. Thompson*）③。在这篇论文中，库珀首先盘点了 20 世纪 70 年代和 90 年代，学者们在非洲劳工历史研究方面的卓越成就，出现了一系列颇有影响的著作，例如：《非洲工人阶级的发

---

　　①　Paul Willis, "The Cultural Meaning of Drug Use", in Stuart Hall and Tony Jefferson, eds., *Resistance Through Ritual: Youth Subcultures in Post-war Britain*, London: Hutchinson, 1977, pp. 106-118.

　　②　Dennis Dworkin, *Cultural Marxism in Postwar Britain: History, the New Left and the Origins of Cultural Studies*, Durham: Duke University Press, 1997, pp. 156-157.

　　③　Frederick Cooper, "Work, Class and Empire, An African Historian's Retrospective on E.P. Thompson", in *Social History*, Vol.20, 1995, pp. 235-241.

展》(*The Development of an African Working Class*)、《非洲工人阶级的形成：加纳矿工的斗争 1870—1980》(*The Making of an African Working Class：Ghanaian Miners' Struggles 1870—1980*)、《伊斯兰与尼日利亚北部城市劳工：穆斯林工人阶级的形成》(*Islam and Urban Labor in Northern Nigeria：The Making of a Muslim Working Class*)、《比利时殖民地劳工政策、私营企业、非洲矿工与形成中的工人阶级，1907—1951》(*A Working Class in the Making Belgian Colonial Labor Policy，Private Enterprise，and the African Mineworkers，1907—1951*)、《当代非洲与现代南非的形成》(*The Making of Contemporary Africa and the Making of Modern South Africa*)。在这些著作中，有些著作的名字标题是直接套用了汤普森的《英国工人阶级的形成》这本著作的语法表述，用到了核心词"Making"。这种表述方法表明了非洲劳工历史学家们想要和汤普森一样阐明，非洲的工人阶级和英国的工人阶级一样，也是出现在自我的形成中，是在被创造的同时，也自己创造了自己。这些历史学家们也继承了汤普森的历史研究方法，他们开始关注劳工的文化和生活经历，关注劳工们的阶级意识形成的条件，关注他们的集体行动以及在工业劳动中的工作时间、纪律等。汤普森在《英国工人阶级的形成》中构建的社会文化分析模式为许多海外劳工史学家带来了启示，为他们的工人阶级历史研究开启了大门，一大批重要研究成果先后问世。例如：大卫·蒙哥马利(David Montgomery)的《美国的工人管控》(*Workers' Control in America*)、《大众工人：19 世纪民主与自由市场下美国工人的经历》(*Citizen Worker：The Experience of Workers in the United States with Democracy and the Free Market during the Nineteenth Century*)，赫伯特·古特曼(Herbert G.Gutman)的《美国工业化进程中的工作、文化和社会：美国工人阶级和社会史文集》(*Work，Culture，and Society in Industrializing America：Essays in American Working-Class and Social History*)、《权力与文化：美国工人阶级文集》(*Power & Culture：Essays on the American Working Class*)、《英国工人阶级和新劳工历史》(*The New England Working Class and the New Labor History*)等。在一系列与奴隶相关的研究著作中，美国学者尤金·吉诺维斯(Eugene Genovese)成功地运用汤普森的方法分析了美国的奴隶制。美国学者艾拉·卡茨尼尔森(Ira Katznelson)从《英国工人阶级的形成》中提取了阶级意识思想，这一思想灵感帮助他完成了《马克思主义与城市》(*Marxism and the City*)

一书的写作，成功地对美国城市工人进行了深入的分析研究。

在当代世界人文社科领域中，像以上所列举的这些受汤普森《英国工人阶级的形成》这一著作影响的学术案例估计还有很多，更多的案例还有待进一步去发现和整理。

九、结　语

《英国工人阶级的形成》这一史学巨著是汤普森按照马克思所指明的方向，利用马克思主义的方法，把对个别精英人物的关注变为了对下层民众这一整个社会阶层的研究，从根本上改变了人们研究历史的方式。通过汤普森的描述和详细论证，在 1790 年至 1832 年间，这些主要由手工业工人组成的英国工人阶级并不是被工业革命制造出来的，而是在一定的历史条件下他们创造了自身。

在很大程度上，汤普森改变了整个劳工历史的书写方式。在汤普森之前，对劳工历史的研究往往局限于狭隘的经济学探讨，比如：研究工人生活水平的高与低、经济收入的多与少，或者集中于对工会及其他社会主义组织的研究。在汤普森之后，历史学家的关注点开始从狭隘的经济或政治问题转向更广泛更复杂的文化和意识形态问题，简单的目的论和经济决定论已经被越来越多的历史学家唾弃，他们开始走向历史的深处，把社会历史理解为经济、政治、文化相结合的整体，从多种维度展开细致的考察。

在汤普森的诠释下，英国工人阶级不再是毫无生机的抽象概念，也不再是一堆枯燥的数字，而是一群有血有肉的人。英国工人阶级自己创造了自己的历史，也给英国工业革命涂抹上属于自己的颜色。他们品尝过许多心酸与苦痛，经历过无数次挫折和失败。他们常常被人误解，也被历史选择性地遗忘，但他们用血与泪浇铸了我们现在所拥有的比他们更好的生活，我们直接受益于他们曾经的奋斗和抗争，所以应当铭记他们曾经作出的贡献。

（本文作者：师文兵）

第二篇　马克思主义是改变世界的科学

——霍布斯鲍姆《如何改变世界：马克思和马克思主义的传奇》导读

一、引　言

2011 年,英国新马克思主义者霍布斯鲍姆以 90 岁高龄笔耕不辍,集一生史学和哲学研究,撰写了《如何改变世界：马克思和马克思主义的传奇》(*How to Change the World：Tales of Marx and Marxism*)一著,为读者展示了马克思和马克思主义改变世界的历史与现实。这是一部将宏大历史画面、精细逻辑构图、深邃哲学分析相结合展现马克思和马克思主义如何改变世界的旷世之作。作为英国新马克思主义者,霍布斯鲍姆之所以创作这部书,在前言和结束语中已经讲得很清楚:作者希望它会帮助读者反思马克思主义和人类在 21 世纪将会拥有何种未来的问题。因为一度被西方世界推崇为已经终结了历史的经济自由主义和政治自由主义,"无论是单独还是结合起来,都不可能为 21 世纪的种种问题提供解决的方案,现在又是应该认真对待马克思的时候了"①。这部接近 40 万字的"巨著",既是一部历史著作,也是一部哲学著作,更是一部人类从 19 世纪中叶以来改变世界的过程、经验教训和对未来展望的综合性力作。作为一部历史著作,霍布斯鲍姆以自己的研究为基础,同时吸收了英国新马克思主义其他学者的观点,阐述了马克思思想的形成、特色、社会价值和历史境遇,分析了马克思思想的后续发展过程和一般状况,包括马克思主义经典作家思想的产生和思想范畴演进史;马克思主义发展、兴衰变迁

---

①　[英]埃里克·霍布斯鲍姆:《如何改变世界：马克思和马克思主义的传奇》,吕增奎译,中央编译出版社 2014 年版,第 385 页。

和传播史;马克思主义与社会革命运动结合史以及马克思主义辩护史等方面,展现了马克思主义思想的形成过程和改变世界的历程;作为一部哲学著作,霍布斯鲍姆从经验、学理与价值意义等方面,凝练了马克思主义的精神品格、社会历史作用和方法论创新;作为一部人类百年来改变世界的综合性作品,霍布斯鲍姆从广博的视域,分析了人类在政治、经济、文化等方面的整体变化,从启蒙运动到资本主义的现实;从马克思主义的产生到社会主义的制度化建设;从人类打碎封建主义和政教合一的桎梏到现代文明的建立;从资本主义的辉煌到周期性的社会危机;从自由民主的追求到法西斯主义的灾难;从民主制度的形成到极权主义的反讽;从资本主义的进步到社会主义的必然;从科学社会主义到教条主义的马克思主义;从与工人运动相结合的马克思主义到全球化时代的马克思主义;等等。这一切,给人类留下了无限的教诲、欣喜、茫然、遗憾和未来的可能,尝试说明马克思主义对于人类的选择意义。

二、马克思主义经典作家形成改变世界思想的关键点

(一)思想渊源和现实背景

《如何改变世界:马克思和马克思主义的传奇》(中译本由中央编译出版社 2014 年出版)一书由两大部分组成:第一部分主要讨论了马克思和恩格斯思想的产生过程、基本特点和他们著作的命运;第二部分主要讨论了马克思主义的形成和发展状况。从学习历史的角度看,由于霍布斯鲍姆并不期望为读者提供一部完整意义上的马克思主义史,只是意欲使读者理解马克思思想以及马克思主义的精神实质,因此,他在历史的叙事、哲学的深邃与精湛的评价之间保持了必要的张力。正如霍布斯鲍姆所说:本书不是传统意义上的马克思主义史,而是为那些想要更多了解这些主题的人们所撰写的。本书大多数章节针对的是这样一些读者:他们对马克思、马克思主义以及历史环境同思想的发展和影响之间的相互作用,具有更专门的兴趣。

我竭力为这两类读者提供这样一种意识,即讨论马克思和马克思主义,不能拘泥于要么赞成、要么反对的争论,也就是说,要么赞成、要么反

对各种不断变换招牌的马克思主义者及其对手所占据的政治和意识形态领地。①

从整体来看,全书始终贯穿了如上所说的明晰可辨的线条,表达了霍布斯鲍姆自己对马克思思想和马克思主义的独特理解。

与一般从哲学、政治经济学和科学社会主义入手研究和分析马克思主义史不同,霍布斯鲍姆是从讨论马克思和恩格斯的政治思想和观点即他们关于国家和国家机构的看法,以及他们在从资本主义向社会主义过渡的政治方面即阶级斗争、革命、社会主义的组织方式、战略和策略等问题入手开始自己的分析工作的。或许,这样做正是本书主题"如何改变世界"的要求。对此,我们在开始阅读本书时,必须要有清晰的认识。

关于马克思和恩格斯如何成为马克思主义者以及他们思想的革命意义及其影响的讨论,是本书的核心内容。为了使人们有更深入的理解,霍布斯鲍姆分析了马克思思想产生的时代背景、思想渊源和马克思恩格斯各自成为马克思主义思想家的过程,充分展现了人类历史和思想意识的发生学。

在他看来,启蒙运动的"进步"和理性思想是近代早期社会主义和共产主义社会批判的主要思想意识,理性为人的一切行为和社会的形成提供了基础,启蒙运动的理性主义,意味着一种对社会的批判性理解,提供了对人的自我改善能力的信心,提供了对人类历史最终走向必定是最好的可能社会的信念,提供了比一般理性更具体的社会评判标准,鼓励了社会主义者的社会批判。

空想社会主义构成马克思思想的先驱,其中尤其是巴贝夫主义和新巴贝夫主义的共产主义,在两个方面具有重要意义。第一,与大多数空想社会主义理论不同,这种共产主义深深地嵌入在政治之中,因而不仅包含一种革命理论,而且包含一种关于政治实践、组织、战略和战术的学说;第二,尽管共产主义著作家主要是边缘化的知识分子,但是19世纪30年代的共产主义运动显然吸引了工人。同时,马克思恩格斯也把社会主义传统追溯到法国大革命以及哲学唯物主义者霍尔巴赫和爱尔维修,追溯到先觉主义者摩莱里和马布利以及卢梭的观点,从而确立了社会平等必定建立在财产的公有制之上,对所有

---

① [英]埃里克·霍布斯鲍姆:《如何改变世界:马克思和马克思主义的传奇》,吕增奎译,中央编译出版社2014年版,第2页。

生产劳动必须实行中央管制，平等主义的思想意识以及共产主义作为一种现代社会运动的全部历史始于法国大革命的左翼和圣西门、傅立叶与欧文是真正的先驱的思想。空想社会主义者提供了一种资产阶级社会批判，提供了一种历史理论的提纲，提供了社会主义不仅可以实现，而且呼唤这一历史时刻的信心，提供了许多关于人类在这样一种社会中将会采取哪些制度安排（包括个人的行为）的思考。

霍布斯鲍姆认为，大约在1840年，欧洲的历史获得了一个新的维度："社会问题"或者（从另一个角度来看）潜在的社会革命，这两者的典型表现是"无产者"现象。资产阶级作家全面地意识到，无产者是一个经验和政治问题，一个阶级，一种运动，归根结底是一种推翻社会的力量。一方面，这种意识在对这个阶级状况的系统研究（1840年维勒梅对法国的研究、1840年毕莱对法国和英国的研究、1843年迪克珀蒂奥对各个国家的研究）中找到了表现形式；另一方面，这种意识在一些令人想起马克思观点的历史概括中找到了表现形式。

社会理论与社会运动之所以突然会出现这样一种结合，是因为在这时期法国和英国发达的、明显具有典型意义的资产阶级社会获得了胜利，但同时也出现了危机。在政治上，1830年的各国革命、1832年英国相应的改革，建立了这样一些政体：它们显然是为占主导地位的自由资产阶级的利益服务的，但是显然也缺乏政治民主。在经济上，已经在英国占据支配地位的工业化，明显正在欧洲大陆各个地区不断推进，但是当时的氛围却充满了危机和不确定性，这似乎使许多人怀疑资本主义作为一种制度的全部未来。正如马克思和恩格斯几年后所言："一个幽灵，共产主义的幽灵，在欧洲游荡。"从整体上来看，到19世纪40年代中期，马克思恩格斯已经吸取了他们从以前的社会主义中能够吸取的东西，"科学社会主义"已经奠定了自己的基础。

（二）马克思和恩格斯成为马克思主义者

1842年底，恩格斯宣布自己是共产主义者，大约直到1843年下半年，马克思在对自由主义和黑格尔哲学进行漫长而深刻的清算之后，宣布自己是共产主义者。19世纪40年代，马克思综合、改造和超越了政治学、经济学和哲学，法国经验、英国经验和德国经验，"空想"社会主义和共产主义，从而产生了马克思的思想，奠定了马克思主义的思想基础。

霍布斯鲍姆从讨论马克思的《黑格尔法哲学批判》对国家的思考开始分析马克思思想的产生史。认为《黑格尔法哲学批判》清算了黑格尔的国家思想，形成初步的国家理论，包括四个要点：国家的实质是政治权力，国家是阶级对立在资产阶级社会内的官方表现；因而，国家在共产主义社会不再存在；在当前的制度中，国家代表的并不是社会的普遍利益，而是统治阶级的利益；随着无产阶级革命的成功，国家在所预期的过渡时期内不会马上消亡，而是暂时采取"把无产阶级组织为统治阶级"或者"无产阶级专政"的形式。在此，霍布斯鲍姆结合巴黎公社革命、马克思恩格斯对这一革命的总结和成熟时期的国家思想，认为马克思在晚年的所有政治论战都是为下面这个"三位一体"的概念辩护：(1)无产阶级政治上的阶级运动；(2)革命，这种革命不应该像某种宗派主义乌托邦所认为的那样被简单地视为一劳永逸的权力转移，而应该被视为一种关键的环节，开启了复杂但不可轻易预测的过渡时期；(3)随后对政治权力体系即"国家的革命的暂时的形式"的必要维持。

对于恩格斯所撰写的《英国工人阶级状况》一文，霍布斯鲍姆给予了很高的评价，认为它在一些方面明显不同于类似的同时代著作。第一，它是英国或其他国家第一本研究整个工人阶级而不是特殊部门和工业的著作。第二，更重要的是，它不只是对工人阶级状况的调查，而且是对工业资本主义发展、工业化的社会影响以及工业化的政治和社会后果，包括工人运动的兴起的一般分析。事实上，它是把马克思主义方法应用于社会具体研究的第一次巨大尝试，大概是第一本被马克思主义创始人认为具有重大价值因而值得永久保存的马克思或恩格斯的著作。《英国工人阶级状况》尚不代表一种成熟的马克思主义，"只是它的胚胎发展的一个阶段"。要寻找对马克思主义成熟和充分阐述的解释，我们就必须到马克思的《资本论》那里去。

今天，恩格斯的《英国工人阶级状况》仍然是描述当时工人阶级状况的最优秀的著作。除了近来一群由意识形态上的厌恶而驱动的批评者外，后来的历史学家一直这样认为。当然，《英国工人阶级状况》并不是对工人阶级的最终定论，125年来的研究已经使我们更加了解工人阶级的状况，尤其是那些恩格斯没有亲自了解的地区。《英国工人阶级状况》是一部关于其时代的著作。不过，在每一位19世纪历史学家和每一个关注工人阶级运动的人的藏书中，没有哪一本书能够取代它的地位。在争取人类解放的斗争中,《英国工人阶级状况》是一部不可缺少的著作,是一座路标。①

《共产党宣言》是霍布斯鲍姆重点分析的一部马克思恩格斯的著作并给予最高意义上的肯定。他认为:"我们几乎可以肯定地说,自从法国大革命的《人权宣言》以来,这本小册子是迄今为止最有影响的单篇政治文献。《共产党宣言》面世一两周后,恰逢 1848 年革命爆发,这场革命像森林大火一样从巴黎蔓延到整个欧洲大陆。"②"在没有出版审查的国家,任何人进入一家优秀的书店,或者进入一所优秀的图书馆——更不用说互联网了,几乎肯定可以找到《共产党宣言》。因此,各种新版本的目标并不是普及这份惊人的名著,更不是重温百年来关于这份马克思主义根本文件的'正确'解释的教义争论,而是为了提醒我们自己注意:《共产党宣言》对于 21 世纪的世界仍然有许多话要说。"③

从学理上讲,《共产党宣言》与马克思的经济学不同,作为这一分析基础的"唯物史观"已经在 19 世纪 40 年代中期找到了成熟的表述,后来也没有出现实质性的改变,它已经是马克思主义的一份决定性文献。《共产党宣言》的力量来源于两个方面:一是它即使在资本主义胜利进军之初就所具有的视野:这种生产方式不是永恒不变的,不是稳定的,不是"历史的终结",而是人类历史一个暂时阶段,像以前的生产方式一样,注定会被另一个社会取代。二是它认识到资本主义发展的一些必然的、长期的历史趋势。资本主义经济的革命潜力已经是显而易见的了;马克思和恩格斯没有声称他们是唯一认识到这种革命潜力的人。自法国大革命以来,他们观察到的一些历史趋势显然带来了巨大的影响。马克思和恩格斯不是描述 1848 年已经被资本主义改造的世界,而是预言了世界在逻辑上如何注定被资本主义改造。

《共产党宣言》使用了论证明确的简短段落,基本上由 1 到 5 句组

---

① [英]埃里克·霍布斯鲍姆:《如何改变世界:马克思和马克思主义的传奇》,吕增奎译,中央编译出版社 2014 年版,第 94 页。

② [英]埃里克·霍布斯鲍姆:《如何改变世界:马克思和马克思主义的传奇》,吕增奎译,中央编译出版社 2014 年版,第 96 页。

③ [英]埃里克·霍布斯鲍姆:《如何改变世界:马克思和马克思主义的传奇》,吕增奎译,中央编译出版社 2014 年版,第 104 页。

成,在 200 多个段落中只有 5 个段落由 15 句左右组成。不管其他的方面如何,《共产党宣言》在政治修辞上具有一种圣经式的力量。总之,不可否认它具有像文学一样迷人的力量。然而,毫无疑问,《共产党宣言》对"资产阶级社会"的革命特征和影响的惊人诊断也会打动当代的读者。关键不单单在于让后来许多反对红色威胁的资本主义辩护士惊讶的是,尽管马克思憎恨资产阶级社会,但却承认并赞扬它的惊人成就和活力;而且还在于 1848 年马克思以阴郁、简洁的笔调生动描述的资本主义所改造的世界,恰恰就是 21 世纪初的世界。令人奇怪的是,两位分别年届 28 岁和 30 岁的革命者在政治上非常不现实的乐观主义,已经被证明是《共产党宣言》的最持久的力量。

《共产党宣言》的核心思想是通过社会实践、集体行动实现历史的变革。它认为,无产阶级的发展是"组织成为阶级,从而组织成为政党"。"由无产阶级夺取政权"("争得民主")是"工人革命的第一步",而且未来的社会取决于新政权随后的政治行动("无产阶级"如何"利用自己的政治统治")。对政治的信奉是马克思的社会主义同无政府主义者、那些《共产党宣言》明确地批判的、拒绝一切政治行动的社会主义者的继承人之间的历史区别。即使在列宁之前,马克思的理论不仅论述了"历史向我们表明的未来",而且论述了"必须做的事情"。①

接下来,霍布斯鲍姆较为全面地讨论了马克思的《政治经济学批判大纲》(以下简称《大纲》),认为这部著作不仅在马克思的全部著作中占据独特的地位,而且具有独特的命运。第一,《大纲》是马克思成熟时期的一系列重要著作的唯一例证;第二,《大纲》的完整出版发生在肯定可以说是最不利于马克思研究和马克思主义思考的原创性发展的条件下;第三个独特性是长期无法确定 1857—1858 年手稿的地位。在他看来,《大纲》不仅为《资本论》提供了唯一的指南,而且也是马克思成熟时期方法论的独特介绍。《大纲》包含了各种分析和洞见,例如关于技术的分析和洞见。这些分析和洞见使马克思对资本主义的分析远远超越了 19 世纪,进入了生产不再需要大量劳动的时代,进

① 〔英〕埃里克·霍布斯鲍姆:《如何改变世界:马克思和马克思主义的传奇》,吕增奎译,中央编译出版社 2014 年版,第 113 页。

入了自动化、闲暇得以成为可能并在这样一些条件下消除异化的时代。《大纲》是在某种程度上超越马克思本人在《德意志意识形态》中对共产主义未来的暗示的唯一文本。总之,《大纲》已经被正确地描述为"马克思的最丰富的思想",包括确立所有社会变迁的一般机制;与物质生产力发展的一定阶段相适合的社会生产关系的形态;生产力与生产关系之间的冲突的周期性发展;生产关系再次使自身适应生产力水平的"社会革命的时代";列出"经济的社会形态演进的几个时代",即"亚细亚的、古代的、封建的和现代资产阶级的生产方式",其中资产阶级的社会形态是社会生产过程的最后一个"对抗"形式;历史进步的规律;等等。对此,霍布斯鲍姆的评价是:马克思的构想是一种不可思议的统一力量。他的社会和经济发展模式是一种(与黑格尔的模式不同)能够应用于历史并产生出富有成效和原创性的结果,而不是同义反复的模式。

　　无论从哪个方面来看,《大纲》都是一个非常难以理解的文本,但也是一个具有巨额回报的文本,因为《大纲》不仅为《资本论》只是其中一部分的全部著作提供了唯一的指南,而且也是马克思成熟时期方法论的独特介绍。《大纲》包含了各种分析和洞见,例如关于技术的分析和洞见。这些分析和洞见使马克思对资本主义的分析远远超越了19世纪,进入了生产不再需要大量劳动的时代,进入了自动化、闲暇得以成为可能并在这样一些条件下消除异化的时代。《大纲》是在某种程度上超越马克思本人在《德意志意识形态》中对共产主义未来的暗示的唯一文本。总之,《大纲》已经被正确地描述为"马克思的最丰富的思想"。①

　　马克思的构想是一种不可思议的统一力量。他的社会和经济发展模式是一种(与黑格尔的模式不同)能够应用于历史并产生出富有成效和原创性的结果,而不是同义反复的模式;但与此同时,它能够被说成是一些逻辑可能性的展开,这些逻辑可能性隐藏在少数关于人性——劳动/财产的辩证解决——和劳动分工的基础和几乎公理式的陈述中。它是一种事实模式,但从一种稍微不同的角度来看,这同一个模式为我们提供了价值判断。正是马克思理论的这种多维性,才使得除了愚蠢或带有偏见的

———————

① ［英］埃里克·霍布斯鲍姆:《如何改变世界:马克思和马克思主义的传奇》,吕增奎译,中央编译出版社2014年版,第118页。

人之外的所有人尊重和敬佩作为思想家的马克思，即使在他们不赞同马克思之时也是如此。①

在马克思看来，要说明资本主义从封建制度中产生出来的发展，必然需要结合如下三种现象：我们已经看到，第一个现象是农村的社会结构，这种结构在一定时候使农民"解放出来"；第二个现象是城市手工业的发展，这种发展产生出以手工业为形式的专业化的、独立的和非农业的商品生产；第三个现象是从贸易和高利贷中所产生的货币财富的积累。这些货币财富的形成问题是"属于资产阶级经济的史前时期的问题"。它们仍然不是资本。它们的单纯存在乃至它们显而易见的统治地位，并未自动地带来资本主义的发展，"否则，古代罗马、拜占庭等等就会以自由劳动和资本来结束自己的历史了"。可是，它们却是关键之所在。②

霍布斯鲍姆提出了马克思恩格斯思想发展的三个主要阶段的看法：(1)1848年之前(包括1848年)；(2)从1848年到1871年；(3)从1871年到恩格斯逝世，并对马克思和恩格斯在政治思想上留给继承者的一般遗产做了总结。尽管对马克思主义经典著作的讨论并不完整，但霍布斯鲍姆关于马克思思想的总结是非常重要的。

在他看来，马克思的思想在三个方面不同于它的先驱者。第一，在分析那些决定资本主义社会的根本关系(首先是经济关系)的基础上，它以对资本主义社会的全面批判取代了对它的局部批判。它在分析上更深入地穿透了经验批判所认识的表面现象，这蕴含着一种对那种发挥阻碍作用的"虚假意识"及其(历史)原因的分析。第二，它把社会主义放到一种进化论的历史分析框架内，这既解释了为什么社会主义成为一种理论和一种运动的原因，又解释了为什么资本主义的历史发展最终必定会产生出社会主义社会的原因。第三，它阐明了从旧社会到新社会的过渡方式：无产阶级将会成为它的承担者，通过阶级运动来进行阶级斗争，而阶级斗争只有通过革命才会实现它的目标，即"剥夺剥夺者"。社会主义不再是一种"空想"，因而变成了一种科学。

---

① ［英］埃里克·霍布斯鲍姆：《如何改变世界：马克思和马克思主义的传奇》，吕增奎译，中央编译出版社2014年版，第125页。

② ［英］埃里克·霍布斯鲍姆：《如何改变世界：马克思和马克思主义的传奇》，吕增奎译，中央编译出版社2014年版，第149页。

三、马克思主义改变世界的着重点

马克思主义改变世界的着重点主要体现在以下七个方面：

其一，马克思恩格斯著作在世界各地的出版过程和一般状况，从中可以看出马克思恩格斯著作传播的整体轮廓、受各种社会现实制约和影响的历史以及现在的出版情况，这些工作构成马克思主义传播的关键内容。

其二，马克思主义在第二国际时期的修正以及第二国际的死亡；马克思主义在以苏联社会主义为代表的国家引进、消化吸收、发展和衰落的情况，仔细分析了马克思主义从激发人民革命斗争的科学武器到斯大林主义的教条主义的形成、第三国际的失败和在苏联以及东欧社会主义国家的逐渐衰落过程，并讨论了这种衰落的原因乃至成为马克思主义的反动。

其三，较为详细地讨论了在西方发达国家马克思主义传播和 20 世纪 50 年代中叶以后各种新马克思主义兴起的过程、意义和局限性，尤其是设专章讨论了葛兰西的马克思主义思想，同时也分析了卢卡奇、柯尔斯、德拉·沃尔佩、阿尔都塞、萨特、法兰克福学派等思想以及英、法、德、美等国马克思主义传播和研究的基本情况。需要说明的是，霍布斯鲍姆设专章讨论和介绍了葛兰西思想的产生和影响，并给予很高的地位，这并不是很恰当的。

其四，以历史分期的方式，对从恩格斯逝世到 21 世纪的 100 多年中马克思主义发展的兴衰变迁过程做了全方位的分析，重点是 20 世纪。霍布斯鲍姆认为，有三个事实支配了 20 世纪人们对马克思的看法。第一个事实是那些革命提上日程的国家与那些革命尚未提上日程的国家，宽泛地说就是北大西洋和太平洋地区以及其他地区的发达资本主义国家之间的分化；第二个事实是马克思的遗产自然地分化成两种遗产，即社会民主主义、改良主义的遗产和由俄国革命主导的革命遗产；第三个事实是从 1914 年以后资本主义和资产阶级社会堕入"大灾难时代"，使许多人怀疑资本主义能否复原，为马克思主义的兴盛提供了第一次契机。马克思主义的第二次兴盛是从 1956 年以后到 20 世纪 70 年代，在批判资本主义和斯大林主义的过程中得到意想不到的发展。第三次兴盛是 20 世纪初资本主义的新危机使马克思再一次回到我们的世界。由此得到两个重要结论：每当资本主义处在社会危机之中时，马克思主义的思想、问题以及批判精神就会展现出无与伦比的价值。在马克思主义处于低潮时期，正是科学的马克思主义发展的关键时期。这是值得我们深思的。

其五，马克思主义与世界反法西斯主义的有机结合、与解决全球化和现代性社会发展中的重大主题的结合、与人类文明发展中消除重大灾难过程的结合、与第三世界人民争取解放和民族独立运动的结合等，体现出马克思主义发展、兴衰变迁和传播的一个重要特点，体现出马克思主义的创造性和解决现实人类实践问题的潜能。

其六，马克思主义发展、兴衰变迁和传播与知识分子的关系，尤其是与青年知识分子的关系是本书讨论的一个特色。霍布斯鲍姆明确指出，正是知识分子在马克思主义发展、传播和创造性地发挥其社会功能方面，起到了至关重要的作用，在未来将会有更大的不可替代的积极意义。

其七，马克思主义对自然科学家有广泛的吸引力，它反映出科学家对机械决定论的不满；马克思主义的批判精神提供了一种替代方案；辩证唯物主义把矛盾概念化入到它的方法之中，提供了一条使科学摆脱各种不一致的途径。

令人遗憾的是，霍布斯鲍姆对于列宁对马克思主义的发展以及马克思主义在中国的传播和发展鲜有讨论，这应该是本书的一个败笔，读者对此也应该有明确的意识。

关于马克思主义与社会运动结合史，霍布斯鲍姆在本书的第十六章做了集中讨论，但在其他章节中也有穿插分析，说明马克思主义只有与社会革命结合、与工农运动结合，才能发挥其真正的改变世界的作用。

关于马克思主义辩护史的分析，没有设专章讨论，这一方面的内容往往是结合马克思主义发展、兴衰变迁和传播的过程，穿插做了分析，以引发读者对马克思主义命运的认识和思考。但结论是明确的，即马克思的地位是身后取得的；在长达一个多世纪的时间里，马克思遭到了持续的、大规模的、激烈的和思想上绝不可忽视的批评，马克思的地位正是在这样的情况下实现的；马克思的思想尽管遭到了上百年的集中火力攻击，但是它们仍然幸存了下来，并未陷入严重的问题之中，而在全球的思想领域中，马克思的思想肯定比以前成为更广泛的存在；他的著作和受其启发的著作具有更广泛的影响，得到更广泛的阅读和讨论，具有更大的吸引力，这是越来越明显的事实。

四、马克思主义改变世界的精神品格

霍布斯鲍姆对马克思和马克思主义的哲学思考既是实事求是的,又是科学理性的,给人们以深刻的教益。统揽全书,包含了诸多分析和评价,这是最值得读者反复阅读、思考分析和汲取批判的内容。总体来看,可以从如下几个方面来把握。

第一,从实践上看,霍布斯鲍姆认为,没有哪位思想家比马克思更成功地实践了自己的箴言:"哲学家们只是用不同的方式解释世界,而问题在于改变世界。"马克思的思想变成了欧洲大多数国家工人运动和社会主义运动的思想来源,主要是通过列宁和俄国革命,变成了20世纪社会革命的典型国际学说,从中国到秘鲁都受到了相同的欢迎。由于那些认同这些学说的政党和政府取得了胜利,马克思思想的各种版本变成了国家的官方意识形态,在高潮时期大约三分之一的人类生活在这样一些国家中,更不用说成为世界其他地区具有不同规模和重要性的政治运动的意识形态了,从而,在人类改造世界的历史上,产生了巨大的社会影响。

> 只有过去伟大宗教的创始人,才属于获得类似地位的留下个人名声的思想家。可能除了穆罕默德外,无人如此快速地取得如此广泛的成功。在这一方面,没有哪位世俗的思想家能够与马克思比肩而立。①

第二,从历史上看,马克思主义的政治影响无疑是其最重要的成就。尽管马克思主义具有同样惊人的思想影响,但这种影响不可能脱离它的政治影响,更不用说马克思主义者对所有人的政治影响了。

> 在马克思逝世100周年之时,马克思的思想尽管遭到了任何人在钢笔、铅字、公共平台或者在适当的情况下审查者的蓝色铅笔和特殊警察的范围内的上百年的集中火力攻击,但是它们仍然幸存了下来。马克思本人的思想地位并未陷入严重的问题中。更重要的是,在全球的思想领域中,马克思的思想肯定比以前成为更广泛的存在;他的著作和受其启发的

---

① ［英］埃里克·霍布斯鲍姆:《如何改变世界:马克思和马克思主义的传奇》,吕增奎译,中央编译出版社2014年版,第321页。

著作具有更广泛的影响,得到更广泛的阅读和讨论。前马克思主义的社会民主主义政党摆脱了马克思的影响,苏联显然正在失去对全球左派的吸引力,随着去斯大林化,它也正在失去在马克思主义传统的革命流派中的至上地位。尽管这些成为越来越明显的事实,但是马克思的地位并未改变。①

第三,从思想吸引力来看,马克思主义对于资本主义始终代表着可怕的政治力量,在理论上始终是国际性的理论,因而使它的批评者面临可能具有普遍性的危险和错误;马克思主义始终是一种带着严肃思想外表的对现状的革命批判,是最有影响力和占据主导地位的批判;在 20 世纪末的知识世界中,马克思主义和关于它的争论之所以处于核心地位,是因为它对知识分子具有不同寻常的吸引力。事实上,在所有与现代社会运动有关的意识形态中,马克思主义到目前为止仍然是最令人关注的理论,它不仅为政治信念和政治活动提供了最大的空间,而且也为理论讨论和理论阐述提供了最大的场域。

知识分子在马克思主义中日益突出的地位,尤其是当青年知识分子或学院知识分子或者这两类知识分子促进了各自中心之间极其快速的沟通时,甚至跨越了国家的边界。这个阶层的成员具有不同寻常的流动性,非常习惯于快速的沟通;此外,他们的联系和网络对断裂具有异常的免疫力,除非是因为系统而又残酷无情的国家行为。学生运动在大学之间蔓延的速度证明了这一点。因此,当马克思主义运动的有组织的国际主义自 1889 年以来第一次实际上不复存在时,新的阶段不论在实践上还是在理论上都促进了一种相当有效的非正式的国际主义。事实上,新形成的是一种非正式的——即使存在争论——世界主义的马克思主义文化。②

第四,从思想传统来说,马克思主义既包含与旧资产阶级(事实上和无产阶级)的理性、科学和进步传统之间的连续性,又包含在理论和实践上对这种传统的革命改造,尽管没有留下一个完成了的体系性理论。然而,从现实性来看,马克思主义作为一种政治意识形态的社会基础的变化与世界资本主义的

---

① [英]埃里克·霍布斯鲍姆:《如何改变世界:马克思和马克思主义的传奇》,吕增奎译,中央编译出版社 2014 年版,第 324 页。

② [英]埃里克·霍布斯鲍姆:《如何改变世界:马克思和马克思主义的传奇》,吕增奎译,中央编译出版社 2014 年版,第 343 页。

变革,正在取得一致性。马克思主义者不停地探究其创始人思想的不足和不一致,以及发展中的马克思主义的问题,但同时又确信,马克思本人的思想从整体上来看为认识和改变世界提供了一种必不可少的指南。今天的马克思主义者不仅愿意重新思考马克思主义传统,而且愿意重新思考马克思本人的理论,承认马克思主义需要严格的现代化,正在经受各种各样艰难的挑战,并取得前所未有的最深刻的突破。

> 就马克思主义传统的连续性而言,对马克思本人(更不用说恩格斯和后来的"经典作家"的观点)的这些挑战可以说代表前所未有的最深刻的突破。同时,不论是否被误导,它们代表一种通过革新马克思主义来加强它和进一步发展马克思主义思考的异常努力,因而证明了马克思的惊人的严格性和吸引力。因为它们表明了两件事情:承认马克思主义需要严格的现代化——不停地探究创始人本人的思想可能存在的错误和不一致,与此同时又确信马克思本人的思想从整体上来看为认识和改变世界提供了一种必不可少的指南。①

第五,从发展趋势来看,尽管马克思主义失去了某种占据支配地位的或具有纽带作用的国际正统的黏合剂,但新的"理论家"在马克思主义内部将会重新出现,这将更有利于马克思主义的发展壮大。现实已经表明,关于什么是马克思主义与什么不是马克思主义之间的界限不是变得越来越模糊,而是愈益清晰,尤其是马克思主义的许多内容已经渗入主流的学术教育和争论之中,已经转换成一切流行的理论方言,成为真正世界性的话语和思想,已经获得了许多重要的理论成果。

> 那些在这样一种文化中成长并了解马克思主义的马克思主义知识分子可能会发现如下做法是可取的:把马克思主义转换成一切流行的理论方言,这既使那些不熟悉马克思主义术语的读者能够理解马克思主义,又向批评者证明,即使从他们自己的理论来看,马克思主义也提出了一些正确的观点。②

---

① [英]埃里克·霍布斯鲍姆:《如何改变世界:马克思和马克思主义的传奇》,吕增奎译,中央编译出版社2014年版,第349页。
② [英]埃里克·霍布斯鲍姆:《如何改变世界:马克思和马克思主义的传奇》,吕增奎译,中央编译出版社2014年版,第345页。

第六,从思想覆盖面和目的诉求来看,马克思主义者把他们的主要精力投入到人文科学和社会科学的领域中,因而自然地投入到那些与政治活动直接相关的问题上。但同时,在自然科学技术这一巨大而又重要的领域,马克思主义经典作家给予了超乎想象的关注。今天,科学、社会事务和政治比以前更紧密地相互交织,马克思主义者也意识到了自身的社会角色和责任。由此,马克思主义似乎构成了一种全面的、涵括一切的和启示性的世界观。马克思认为,无产阶级注定是"资本主义的掘墓人"和社会改造的主要主体。马克思主义影响力的提高不仅与全球性的人的解放追求有关联,而且更与20世纪50年代对意识形态阵地的某种清理联系密切。法西斯主义的失败,自由主义社会批判的意识形态化和虚假性,使之正在退却,而其退位为马克思留下了自由活动的领域。许多人之所以成为马克思主义者,恰恰是因为他们感到需要从根本上批判资产阶级社会及其内部最明显的不平等和不正义形式,批判那些显然无法接受的政权。

> 自《共产党宣言》发表以来,马克思恩格斯的根本贡献是:从逻辑上来看,工人的阶级组织必须在一个活跃于整个国家乃至国外的政党中找到它的表现形式。这是一个不仅对工人运动而且对整个现代政治的结构具有巨大历史意义的主张。这个主张也已经证明是合乎实践的,因为一些仍然具有最初的阶级起源的这类政党诞生于马克思逝世之后,注定在非共产主义的欧洲国家中成为和继续成为执政党或反对党。①

第七,从马克思主义的命运来看,历史的发展已经表明,马克思最终应该出人意料地回到我们的世界。因为在我们的世界中,资本主义已经让人想起,它的未来之所以遭到了怀疑,不是因为社会革命的威胁,而是因为它的无拘无束的全球运作性质。事实已经证明,对于资本主义的全球运作性质,马克思是一位比自由市场的理性选择和自我纠正机制的信徒更敏锐的指导者。这位思想家的精神实质既是对资本主义的批判,又是对那些没有认识到资本主义全球化走向的经济学家的批判。基于马克思的思想,人们既必须把经济制度的运作当作历史的一个阶段而不是终结来进行历史的分析,又必须从一种可能

---

① [英]埃里克·霍布斯鲍姆:《如何改变世界:马克思和马克思主义的传奇》,吕增奎译,中央编译出版社2014年版,第373页。

产生改变制度的周期性危机的内在机制,而不是从理想的市场均衡来进行现实的分析。即使在严重的危机期间,"市场"没有为 21 世纪面临的重大问题提供任何答案:在追求不可持续的利润过程中,尽管无限制的和日益高科技化的经济增长创造了全球的财富,但却牺牲了人类的劳动和全球的自然资源。经济自由主义和政治自由主义,无论是单独还是结合起来,都不可能为 21 世纪的种种问题提供解决方案。现在又是应该认真地对待马克思的时候了。霍布斯鲍姆说,如果说有一位思想家在 20 世纪留下了不可磨灭的痕迹,那么,他就是马克思。这或许是对马克思最高的评价。

马克思最终应该出人意料地回到我们的世界。在我们的世界中,资本主义已经让人想起,它的未来之所以遭到了怀疑,不是因为社会革命的威胁,而是因为它的无拘无束的全球运作性质。事实已经证明,对于资本主义的全球运作性质,马克思是一位比自由市场的理性选择和自我纠正机制的信徒更敏锐的指导者。①

我们再次发现,资本主义不是解决问题的答案,而是问题本身。半个世纪以来,资本主义的成功是如此地理所当然,以至于它的名字把其传统上的消极关系换成了积极关系。商人和政客显然不仅会为"自由企业"的自由而自豪,而且会为成为坦诚的资本家而自豪。自 20 世纪 70 年代以来,资本主义制度不仅忘记了那些在"二战"后促使它进行自我改革的恐惧,而且忘记了这种改革在西方经济体随后的"黄金年代"所带来的经济好处,转向了极端,甚至可以说转向了最终于 2007—2008 年爆发的病态的自由放任政策("政策不是解决问题的答案,而是问题本身")。大约在苏联制度终结 20 年后,资本主义的意识形态智学家认为,他们已经实现了"历史的终结"、"经济和政治自由主义的一种不折不扣的胜利"(福山)、决定性的和永恒的、自我稳定的资本主义世界社会和政治秩序的增长——无论在理论上还是在实践上,资本主义既未曾遭到任何挑战,也是不可挑战的。这一切都不再成立。②

① [英]埃里克·霍布斯鲍姆:《如何改变世界:马克思和马克思主义的传奇》,吕增奎译,中央编译出版社 2014 年版,第 368 页。
② [英]埃里克·霍布斯鲍姆:《如何改变世界:马克思和马克思主义的传奇》,吕增奎译,中央编译出版社 2014 年版,第 384 页。

第八,马克思主义是在接受各种检验和批评的过程中证明了自己的真理性和科学性的,是不断发展的过程,不仅经受住了各种无端的指责,更加重要的是,它以各种各样的形式,不断丰富和发展,是人类改造现实世界的最锐利的武器。

非常奇怪的是,对于马克思,冷静的批评已经证明比歇斯底里的批评更为有效。就对马克思的批评而言,最有效的批评莫过于1884年10月菲利浦·威克斯蒂德发表在社会主义杂志《今天》上的《〈资本论〉:一个批评》。这篇文章充满了同情和礼貌,充分赞扬《资本论》是一部"伟大的著作",马克思对价值的讨论是"卓越的篇章",马克思是一位"伟大的逻辑学家",认为马克思在《资本论》第一卷下半部分中作出了"极端重要的贡献"。但是,无论我们现在怎么看待对价值理论的纯边际主义理解,使社会主义者错误地认为马克思的价值理论与社会主义的经济合理性证明是无关的,与其说是福克斯维尔或弗林特的情绪性谩骂,不如说是威克斯蒂德的这篇文章。正是在汉普斯特德讨论小组中,威克斯蒂德和其他一些人讨论了《资本论》,《费边主义文集》才变得成熟起来。即使数年后西季威克也可能谈起马克思的"根本混乱……我认为,由于更有能力和影响的英国社会主义者现在谨慎地对此敬而远之,英国的读者也不必花费时间进行考察",他们这样做,不是因为西季威克的嘲笑,而是因为威克斯蒂德的论证,或许,我们可以补充说,是因为英国的马克思主义者无力确保马克思的政治经济学免遭批评者的批评。工人仍然坚持马克思主义,因为早期的工人教育协会不教授马克思主义而遭到了反对。但是,直到事实已经证明马克思的批评者错误地或者过度相信自己的理论时,马克思主义才重新成为一种学术力量。马克思主义不可能再度从学术界中销声匿迹。①

五、结　语

尽管霍布斯鲍姆以其历史学家的精准、哲学家的高屋建瓴、思想家的真知

---

① ［英］埃里克·霍布斯鲍姆:《如何改变世界:马克思和马克思主义的传奇》,吕增奎译,中央编译出版社2014年版,第195页。

灼见,为人们生动、细腻和深刻地刻画了百年来马克思和马克思主义的历史与现实,但这并不意味着他的所有观点或看法都是对的,事实上,本书确有一些不准确的事实陈述、需要甄别的判断和并不令人满意的议论,诸如:他认为正是苏联的垮台解放了马克思;马克思恩格斯没有对 1849 年后的国家结构和政治功能作出系统思考;社会主义显然是一种先验假设;社会主义计划经济已经完全终结;在马克思那里,"民族"与"社会"可以互换,马克思恩格斯没有全面分析过民族现象;恩格斯的自然辩证法已经完全过时;马克思在写作《共产党宣言》时,与其说是一位马克思主义经济学家,还不如说是一个共产主义的李嘉图主义者;马克思所说的无产阶级不解放整个社会就不能够解放自身看起来是"一种哲学推演,而不是一种观察的结果";马克思的预测,即只有庞大的无产阶级通过"对剥夺者的剥夺"实现社会主义,才能推翻资本主义,并不是建立在他对资本主义机制的分析之上,而是建立在孤立的先验假设上。这样一些判断,是我们不能接受的,也是明显与事实不符的。尤其令人遗憾的是,对于中国革命和建设,霍布斯鲍姆很少论及,即便提到,也只是一带而过,因此,对于中国马克思主义的积极贡献并没有做出中肯的评价。这些,我们在阅读和研究过程中,一定要本着实事求是的精神,吸收和批判并重。霍布斯鲍姆这部一出世就受到世界性欢迎的著作本身,只说明了一个问题,即马克思和马克思主义对于改造世界来说,其意义是不言而喻的。

（本文作者:乔瑞金）

第三篇　21 世纪的政治力量

——霍布斯鲍姆《霍布斯鲍姆看 21 世纪》导读

一、引　言

2007 年,英国新马克思主义者霍布斯鲍姆将政治议题一致的文章结集在一起,在意大利出版了一本小书:*Globalisation,Democracy and Terrorism*。2010 年,吴莉君将这本小书翻译为中文:《霍布斯鲍姆看 21 世纪》,由中信出版社出版。霍布斯鲍姆在该书的"序言"中清楚地表达了出版这本小书的目的和意义:希望站在 21 世纪的开端,考察、分析和理解当前世界的政治情况和政治课题,前瞻从极端的 20 世纪中孕育出的 21 世纪,为全球化的政治力量作出一番预测。

20 世纪是人类历史上最极端的一个时代,因为它结合了前所未有的人类大灾难以及丰盈富足的物质进步,而我们改变这个星球的能力,或说摧毁这个星球的能力,也在与日俱增,并不知究竟到了何种地步——甚至已漫透到这个星球之外。我们该如何回顾这个"极端的年代",或说,我们该如何前瞻从这个极端旧时代中孕生出来的新纪元? 收录在这本书中的文章,是一位站在第三个千禧年开端的历史学家,试图去考察、分析和理解这个世界的情况以及今日我们所面对的主要政治课题。这些文章同时也是对我先前某些作品的增补和更新,特别是我的"20 世纪短史"《极端的年代》,我与波利陶的对谈《新千年访谈录》以及《民族与民族主义》。这样的尝试是必要的。历史学家能为这项工作贡献什么呢? 他们的主要功能,除了记住其他人已经忘记或想要忘记的事情之外,就是尽可能从当代的记录中后退,以更宽广的脉络且更长远的视野去观看与理解。①

---

① ［英］霍布斯鲍姆:《霍布斯鲍姆看 21 世纪》,吴莉君译,中信出版社 2010 年版,第 1 页。

这本小书为读者分析了世界在 21 世纪遭遇的各种政治困境,而试图解决这些困境的美国并不具备全球帝国的实力,因此全球化世界的组织方式只能是社会主义。《霍布斯鲍姆看 21 世纪》以感性具体的政治材料和抽象思辨的哲学思想相结合,为读者诠释了当前世界所面临的政治问题和政治现状,预测了 21 世纪世界的政治道路和政治力量。

《霍布斯鲍姆看 21 世纪》这本小书总共收录了 10 篇文章,这 10 篇文章包括 4 篇演讲稿,3 篇研讨会论文,1 篇著作的序言,2 篇公开发表的论文,每篇独立成章。霍布斯鲍姆在第 1 章、第 2 章、第 8 章、第 9 章中深刻剖析了领土型民族国家的公共秩序问题,并指出领土型民族国家没有能力解决此问题,在第 3 章、第 4 章、第 10 章中对比了美国与其他国家的全球帝国运行模式,得出了帝国不是 21 世纪全球政治和军事领域的权力单位的结论,在第 5 章中客观描述了欧洲民族国家的现状,揭示了欧洲民族国家不是 21 世纪世界舞台的主角,在第 6 章、第 7 章中进一步批判了欧洲民族国家的自由民主式政体,认为其实质并不是为人民服务的政府。

二、全球性的政治困境

霍布斯鲍姆在《极端的年代》中说道,虽然我们不知道未来的千年是何种面貌,但是可以肯定它的情形将在短促的 20 世纪影响下成形。他在《霍布斯鲍姆看 21 世纪》中继续说道:"我们面对第三个千禧年的心情,就像那个不知名的爱尔兰人被问道,该怎么走才能抵达巴利纳欣奇(Ballynahinch)时,他沉吟了一会儿然后回答:'如果我是你,我不会从这里开始'。然而,这里正是我们的起点。"①21 世纪伊始,全球化在经济、科技、文化等领域畅通无阻,却在政治领域举步维艰,经济与政治发展的深刻矛盾导致了民族国家衰微、自由民主无效和公共秩序失控的政治困境。

当前的情况就像整个 20 世纪一样,任何一个可以有效控制或解决军事冲突的全球性权力组织,完全不存在。全球化已经在几乎所有的领域

①　[英]霍布斯鲍姆:《霍布斯鲍姆看 21 世纪》,吴莉君译,中信出版社 2010 年版,第 101 页。

里奋勇前进,经济的,科技的,文化的,甚至是语言的,只除了一个:政治和军事领域。领土国家依然是唯一的有效当局。名义上,目前有200多个国家,但实际上只有一小撮具有影响力,其中又以美国拥有无可匹敌的最大权势。尽管如此,依然没有任何国家或帝国庞大到或有钱到或强势到足以维持政治世界的领导权,遑论建立足以涵盖全世界的政治和军事超级大国。当前的世界太大、太复杂,也太多元了。不论是美国或其他任何单一政权,不论它们的意愿有多强,都不可能建立持久性的统治。①

霍布斯鲍姆认为在双元革命(英国的工业革命和法国大革命)中诞生的不仅是民族国家及其法律,还有自由主义、民主主义和社会主义,自由主义从一开始就与民主主义相矛盾,但是由于民主力量的壮大,使得民族国家的自由主义者不得不考虑人民群众的要求,于是尝试与民主主义相结合的政体,但是从本质上来说自由民主的政体的基本立场是自由主义,价值基础是个人主义,新自由主义更是越来越脱离民主主义,因此真正实现民主主义的是社会主义。21世纪的政治现状是在短促的20世纪中孕育成熟的,霍布斯鲍姆在《极端的年代》中指出:民族国家在全球化的社会背景下,已经失去了作为国家经济的功能,并且面临着民族分离、公共失序等严重危机,社会主义成为21世纪的重要议程。1917年之后,民族主义在欧洲各交战国中居于主导地位,原来的中小资产阶级成为上层阶级,在德国、意大利等国家,民族主义成为动员中小层资产阶级的反革命力量,成为法西斯的温床。西方民族主义在世界范围内广泛传播,欧洲战胜国奉行威尔逊原则,殖民地民族解放运动的领导则学习从西方借鉴过来的民族主义。孙中山1921年提出了民族自决,最早认识到中国尚未完全独立,主张以五族共和(汉、满、蒙、回、藏)来解决国内民族问题,后来接受了俄国列宁和美国威尔逊民族自决的思想,主张用民族融合、民族同化替代五族共和,组建统一的中华民族国家,最后接受共产国际与中国共产党的思想,对外明确反帝主张,号召民族独立,要求废除一切不平等条约,对内主张各民族自决,使它们平等共处于自由、统一的中华民国之中。在反法西斯期间,民族主义又与反帝国主义的左派结成联盟,第三世界的民族主义者反对帝国主义以殖民地的划分来界定民族或者国家的疆界。后殖民时期的国家政权,

① [英]霍布斯鲍姆:《霍布斯鲍姆看21世纪》,吴莉君译,中信出版社2010年版,第10页。

多数奉行了19世纪的民族主义传统,民族主义者甘地、尼赫鲁、曼德拉、穆加比、布托、班达拉奈克、翁山苏姬等都是建构国家,而不是解构国家。民族主义在20世纪晚期不再是自法国大革命至第二次世界大战时期的盛行政治力量,第三世界的民族解放运动虽然借鉴的是西方民族主义的理论,但是实际建立的国家却与西方民族国家背道而驰,在语言和族裔方面皆不一样,但是两者都追求国家和主权的独立。当前流行的民族分离主义欲重现马志尼时期民族创建的辉煌,却在实践中力不从心,因为它无法解决20世纪晚期的全球化问题,也必定不是21世纪的主流意识形态。民族与民族主义已经不适合代表国家这种政治实体,随着民族国家的衰微,民族主义也将逐渐消失,如马克思所说的,各民族的原始封闭状态由于日益完善的生产方式、交往以及因交往而自然形成的不同民族之间的分工消灭得越是彻底,历史也就越是成为世界历史。世界经济危机的性质愈为明显,民族国家的经济紧张不安、前途黯淡,进一步引起了世界政治动荡不安,民族国家的民主政治体系受到进一步损害。更令人彷徨的现象是弥漫各处的社会道德危机,民族国家的自由主义意识形态关于"理性"与"人性"的假定,陷入莫大的危机之中。霍布斯鲍姆认为民族国家在21世纪虽然仍为世界的中心,但是在20世纪,以经济事务来说,全球已经成为基本的运作单位,而旧有以民族国家界定的国家经济却趋向衰落。

霍布斯鲍姆在《民族与民族主义》中,把民族国家和全球化的问题归结为资本主义和世界历史的关系问题,以马克思的历史唯物主义作为理论基础,以时间为顺序把民族国家的发展历程划分为转型期、高峰期和衰落期,以此来说明民族国家是人类社会发展的暂时现象,随着现实和历史的需要而产生,也会随着客观条件的变化而丧失现实性,不可避免地走向消亡。黑格尔说:"密涅瓦的猫头鹰要等到黄昏到来,才会起飞。"霍布斯鲍姆在《民族与民族主义》的"序言"中说:"如今它正环飞于民族与民族主义周围,这显然是个吉兆",并直接以西方民族国家或者欧洲民族国家的名称来进行理论研究,认为欧洲之外没有民族主义,东方民族主义是西方影响和征服的最后产物。因此,他所说的"密涅瓦的猫头鹰"已经环飞于民族与民族主义的上空,指的是欧洲的民族与民族主义,而不是东方的民族与民族主义,按照霍布斯鲍姆的观点,民族与民族主义是历史的现象,有其产生、发展和消亡的过程,欧洲的民族与民族主义现在正处于衰落期,这个判断是正确的,说明他的思维是睿智的。当然不可否认,霍布斯鲍姆确实是过于欧洲中心主义了,对于东方的民族、民族主义和国家、民族国家缺乏深入的研究,也没有给予应有的重视,尤其是忽略了中国这个民族国家在世界历史中所起的重要作用。

霍布斯鲍姆在《新千年访谈录》中讨论了21世纪人类社会面临的重大政治议题,并试着对民族国家的未来进行整体性的预测和思考,分析了多民族国家的危机和民族主义的高涨,谴责了以歪曲历史来制造民族国家神话的行为,反对全球化问题的乐观主义,认为全球化的经济体系与民族国家的政治体系发生了冲突,把左翼政党的责任与集体主义的价值观紧密联系,最后对社会主义进行了展望:"虽然团结友爱的概念被私人利益所击败,不再是左翼的统一价值观了,但它必定会被人们重新记起,公平仍然是一种可行的目标,'今天,这一目标意味着经济发展所产生的巨大财富被国家与公共权力机构重新分配,而市场是不能履行这种职责的'。"霍布斯鲍姆认为以个人主义价值观为基础的自由主义从本质上来说是反对集体政治的。能够动员人民进行政治实践的可以是民族主义、爱国主义或者其他的集体主义,却不会是个人主义。个人主义的价值观与自由主义的市场完全适应,但是并不符合国际政治的需要。

如今我们身处21世纪,在全球化高歌猛进的同时,欧洲地区民族与国家的结合程度却日益松懈,民族主义与社会主义相伴而生,"未来能够取代民族国家的政治组织是什么?"这一问题就成为社会科学关注的焦点。霍布斯鲍姆认为由于民族国家拥有武力的独占权,因此很好地履行了维持公共秩序的国家功能,但是其自由民主的政体所面临的最严重问题,是在日益全球化的21世纪,与民族国家并存的不同势力对其公民日常生活的影响很大,却超出民族国家的控制,直接导致了全球性的公共失序问题,突出表现在暴力政治现象上,现代性的暴力完全失去了传统暴力的规则,自由民主的个人主义价值基础使它不能解决当前的公共失序问题。传统暴力表现为局部性,现代性的暴力政治则附着于民族国家,具有大规模化、非人化、机械化、反体制性、组织性、意识形态化等特征,旨在扩大某种宗教和政治信仰的影响范围。霍布斯鲍姆认为民族国家是理解暴力问题的根本因素,现代性作为民族国家的基本特征,曾是理性、进步和普遍性的代名词,却为恐怖主义、大屠杀、酷刑等暴力提供了可能性。

在政治哲学领域把暴力政治作为专门的议题研究比较鲜见,大多数学者是将其作为其他问题的补充观点作简要介绍,篇幅也相对较小,但是霍布斯鲍姆不但把暴力政治作为研究专题,还关注暴力政治产生的时间、原因、规则和解决途径。霍布斯鲍姆认为自由主义思想不足以解释暴力政治,因为它假定完全非现实的二分法:"暴力"或"身体暴力"(坏的),"非暴力"或"道德力量"(好的)。暴力政治的解决需要国际性的联合行动和集体合作。在一种以世界为背景的宏观视域层面来反思政治暴力,我们可以发现,政治暴力是推动国际体系走向终极状态的一种不可或缺的力量。把世界作为分析政治暴力的单位,意味着政治暴力作为一个公共问题的世界性和全球性特征。世界性政治暴力问题的解决将有助于国内政治暴力问题的解决,因为在现代社会,世界性问题是任何一个民族国家问题的必要约束条件,只有用超越主权国家的全球结构才能解释日益发展的全球性问题。当政治暴力问题变成世界性问题时,我们就有必要思考与之相关的世界制度而不应仅局限于国家制度的问题。这种制度必须具有某种逻辑完备性,也就是它不仅要能够处理国内政治暴力问题,而且要能够处理国际政治暴力问题。因为仅仅在国家层次上获得成功的制度并不代表它能实现或达到某种终极目的。20 世纪是国家或国家联盟战争的世纪,国家失去了武装行动的特权和武器的独占权,战争的对象由武装军队转向普通民众,第一次世界大战死亡的普通人民是 5%,第二次世界大战增加到 66%,20 世纪末期,因战争死亡的普通人民已经达到了 80%—90%,此外即使是小规模的战争引起的难民数量却十分惊人,全球化的通信、科技使得战争对普通人民的生活、经济产生了持久的影响,20 世纪的战争使得国际冲突与国家冲突、战争与和平之间明确的界限变得暧昧模糊,我们在 21 世纪面对的是战争与和平的复杂关系,比如美国与它的盟邦的军事行动,20 世纪和 21 世纪都缺乏能够控制和解决全球军事冲突的权力组织,即使是美国也没有强大到建立全球性的政治和军事大国,20 世纪战争的主体是领土型民族国家,而 21 世纪的领土型民族国家失去军事武装的独占性,难以将赋税和兵役摊派给普通人民,非国家组织却具有发动战争的财力和物资装备。主权国家的改变深刻影响到军事冲突的结构和解决方式,单一势力无法做到,只能通过协商的方式。21 世纪导致国际和国家的和平机会减少的根本原因在于经济和社会的不平等。

　　自从 20 世纪 60 年代末期开始,国家已逐渐失去对于某些权力和资源的独占权,更严重的是,还失去了令其公民遵守法律的正当性。单是这点,就足以说明暴力兴起的主要原因。①

民族国家在 20 世纪成为世界的最基本的政治单位,自由的、民主的、法西斯的、共产主义的国家都采用了这种政治单位,垄断了军队、警察和监狱等权力工具,强力控制国家事务,但是 21 世纪世界经济由全球性的跨国公司来运作,跨国公司企图脱离国家的经济控制,回避国家的法律和赋税,邮政、警政、监狱、军事武力由私人承包商掌握,人民对于兵役的参与意愿变弱。全球化带动的从贫穷地区向富裕地区的移民导致了富裕国家的政治和社会紧张,世界的经济重心移往亚洲,如中国的经济增长速度惊人。全球性战争的危险仍然真实存在。21 世纪是一个危险、失衡的世界,国际和国家的社会和政治都处于重大的动荡中。21 世纪的政治暴力行为普遍提升,小团体的恐怖主义兴起,公共秩序难以维持,国家失去了军事武力的独占权和以法律管理人民的权力,这是政治暴力兴起的主要原因,政治暴力的野蛮程度加剧,方式越来越没有规则,新保守主义和新自由主义都无法解决政治暴力的问题。

这种做法丝毫没减轻真正的全球危机,这点从政治暴力的转型便可以看出一斑。它们似乎反映了社会所有层面的严重错位,这种混乱是来自人类有史以来最快速又最具戏剧性的激烈转变,在短短一代人的时间里,生活方式和社会结构已全然改观,让人不知如何应对。它们似乎也反映了传统的威权、霸权和合法性系统在西方所遭遇的危机以及在东方和南方的崩溃,还有宣称可提供另类选择的传统运动所面临的危机。由于去殖民化在世界某些地区以失败收场,加上自从苏联解体之后,再也没有任何国际系统存在,使得情势更加恶化。而这日益恶化的危机将会证明,西方自由价值借由市场和军事干预所传播的新保守主义和新自由主义乌托邦,绝对无法解决这个问题。②

21 世纪的战争不会像 20 世纪那样嗜杀。但是在这个世界的很大一块地区,武装暴力以及不成比例的伤亡和损失,依然会是四处可见的痼

---

① [英]霍布斯鲍姆:《霍布斯鲍姆看 21 世纪》,吴莉君译,中信出版社 2010 年版,第 114 页。

② [英]霍布斯鲍姆:《霍布斯鲍姆看 21 世纪》,吴莉君译,中信出版社 2010 年版,第 127 页。

疾——偶尔也会蔓延成传染病。和平的前景还很遥远。①

三、多元化的政治实践

坚定的政治信仰使霍布斯鲍姆犀利地批判美国企图建立全球帝国的野心，因为任何国家的预设立场都是自己的利益，而不是整个人类。

全球规模的政治强权必须支配强大的科技，同时结合领土庞大的国家，这是因为当前仍是民族国家的世纪，全球化的政治阻碍是民族国家，民族国家的国民都可以是国家决定者。美国与革命时期的法国、苏联一样，意识形态都是"普世价值"，但是实际上仍然是维护自己的利益，世界帝国主要依赖国家和卫星国家运行，经济建立在国内工业和市场的基础上。

英美两帝国的国内结构和意识形态也有显著差异。虽然在大英帝国的宣传本质中也可找到利他主义的动机，但基本上大英帝国为的是英国的利益而非普世人民。因此英国当年用废除奴隶贸易来为其海上势力提供正当性，就像今日美国经常用人权来为其军事霸权提供合理借口一样。另一方面，美国和革命的法国与革命的俄国一样，是一个以普世革命为基础的强权，并因此深信世界其他地区都应该追随它的脚步，甚至相信它应该帮助世界其他地方完成解放大业。这世界少数几件最可怕的事情之一，就是当帝国在追求其自身利益的同时，却深信自己这么做是在造福人类。②

霍布斯鲍姆认为帝国主义是民族国家发展的最高点和转折点，已经为社会主义做好了充足的准备，民族国家已经属于历史的陈迹，正如他在《帝国的年代》这本书的"序言"中说："要了解和解释19世纪以及其在历史上的地位，了解和解释一个在革命性转型过程中的世界，在过去的土壤上追溯我们现代的根源；或者更为重要的，视过去为一个凝聚的整体，而非许多单独题目的集合，如国别史、政治史、经济史、文化史等等的集合。"

---

① ［英］霍布斯鲍姆：《霍布斯鲍姆看21世纪》，吴莉君译，中信出版社2010年版，第16页。
② ［英］霍布斯鲍姆：《霍布斯鲍姆看21世纪》，吴莉君译，中信出版社2010年版，第148页。

　　麦克尔·哈特与安东尼奥·内格里合著的《帝国》在 2000 年出版以及引发的争论，表明新帝国主义在全球化的推动下，具有完全不同于传统的左翼霍布森、希法亨、列宁、卢森堡、毛泽东等学者和政治家所论述的帝国主义，霍布斯鲍姆同意这一观点，认为以美国霸权为代表的新帝国主义与以英国霸权为代表的帝国主义完全不同，美国比英国拥有更为庞大的领土，英国以民族利益，美国以"普世价值"建立霸权。英国与美国最根本的差异是，英国追求的是经济利益，其全球征服依赖的是经济霸权，美国则试图依赖政治霸权建立全球秩序，而且它对 20 世纪全球经济发展所作的主要贡献，都是由其政治所支撑，如欧洲的马歇尔计划、占领日本期间的土地改革等。《纽约时报》的专栏作家迈克尔·伊格纳季耶夫断言："美国所有的反恐战争都是帝国主义的演习。这或许会让美国人震惊，因为他们不愿意将他们的国家看成是一个帝国。但是在美国将大批士兵、间谍和特种部队派驻世界各地的情况下，你还能称它为什么呢？"亨利·卢斯 1941 年在《生活》杂志上发表了著名的《美国世纪》的文章，认为文化帝国主义是美国维护霸权的有效武器，比如流行音乐、电影、文化形态等。霍布斯鲍姆对这种观点进行了激烈的批判，他认为今日的复杂世界不是由单一民族国家所能主导的，美国只具备高科技武器的军事优势，政治优势也只剩下文化的世界主导权和英语的强势地位。

　　《华尔街日报》的编辑马克斯·布特声称："美帝国主义可能是对付恐怖主义最好的一剂良药。"保守派历史学家尼尔·弗格森认为美国应该开展金元外交，完成从非正式帝国向正式帝国的转变。美国总统布什在《纽约时报》上发表专门阐述新帝国主义的文章，表明希望自己成为新的帝国："我们将以无与伦比的力量和影响，建立国际秩序和开放的环境，使众多的国家能在这种环境中蓬勃向前，实现自由的繁荣。一个自由与日俱增的和平世界符合美国的长远利益，反映了美国经久不衰的理想，使美国的盟友团结一致……我们追求公正的和平。"霍布斯鲍姆与以上学者的观点不同，认为对于国际政治而言，美国依然是帝国主义的强权，但是美国霸权带来的不是全球秩序而是失序，不是和平而是冲突，因此应该恢复合理的外交政策。美国霸权不符合社会历史发展的客观趋势，不具有强大的生命力和远大的发展前途，它与以往所有的帝国主义一样都是短暂的历史现象，其本质原因在于大多数美国人民对经营全球霸权没有兴趣，更为关注美国的经济衰落，美国的世界主导权仅限于文化和英语。

美利坚帝国当前的优势会持续多久,现在还很难说。我们唯一可以肯定的是,它将如同其他所有帝国一样,是一种短暂的历史现象。①

无论是旧帝国还是新帝国,追求的都是个人价值,而不是普世价值,霍布斯鲍姆支持的是为人民服务的政府。

我仍坚定支持为人民——所有人民,无论富者或穷者,贤者或愚者,通晓者或无知者——服务的政府,以及得到人民参与和同意的政府。②

四、社会主义的政治理想

霍布斯鲍姆在《霍布斯鲍姆看21世纪》中提出:社会主义是唯一和根本的政治力量,但世界不会自动变得更美好,因此需要政治实践来推动社会主义平等的真正实现。21世纪全球性不平等问题的解决方案有两种,一种是单一的民族国家,另一种是作为公共社会组织的社会主义。自由市场的全球化导致了经济和社会的不平等,而这种不平等已经成为21世纪政治和社会紧张的根源。

当前蔚为时尚的自由市场全球化,在国内和国际之间造成非常严重的经济和社会不平等。而且没有迹象显示,虽然极贫的状况一般已有改善,这种两极化的情形不会在国家内部持续下去。这种快速蹿升的不平等现象,已经变成这个新世纪社会和政治紧张的主要根源,特别是碰到经济极端不稳定的时候,例如全球自由市场在20世纪90年代所导致的那些现象。③

单一的民族国家无法解决这个问题,这是因为国家行动的逻辑和方法并非普世公义的逻辑和方法,任何国家的预设立场,都是追求自身的利益。当前世界的复杂和多元化使得美国等单一的政权不可能建立持久性的统治,也无法弥补全球性权力组织的缺乏,越来越需要超国家的解决方案来解决超国家

---

① [英]霍布斯鲍姆:《霍布斯鲍姆看21世纪》,吴莉君译,中信出版社2010年版,第155页。

② [英]霍布斯鲍姆:《霍布斯鲍姆看21世纪》,吴莉君译,中信出版社2010年版,第5页。

③ [英]霍布斯鲍姆:《霍布斯鲍姆看21世纪》,吴莉君译,中信出版社2010年版,第3页。

或跨民族的难题,但却找不到任何全球性的权威组织有能力作出政策决定,遑论将这些政策付诸实践,全球化在经济、科技、文化、语言等领域奋勇前进,但是一旦碰到政治领域就止步不前,"帝国的时代已经结束了。我们必须寻找另一种方式,来组织 21 世纪的全球化世界"①。霍布斯鲍姆认为自由主义的平等观体现的是个人主义的价值观,社会主义的平等观体现的是集体主义的价值观,由于全球化问题从根本上来说是政治问题,因此个人主义的价值观无法解决这个现实的问题,也不符合人类最终的价值追求,无论从社会历史发展的必然性来看,还是从人类对平等的价值追求来看,建立在集体主义价值观基础上的社会主义平等观才是 21 世纪的济世良方。

法国大革命打出了自由、平等、博爱的旗帜,博爱被视为个人性质的价值逐渐退出了社会科学研究的中心,但是自由和平等作为政治价值越来越成为哲学、政治哲学研究的重要议题。在西方政治哲学的发展脉络中,洛克和密尔是自由主义的重要代表人物,洛克政治哲学的主题是自由,在自由中强调权利,密尔的《论自由》和《代议制政府》两部著作的主题也都是自由;霍布斯的契约论自产生以来,一直居于政治哲学的中心地带,直到 19 世纪被功利主义取而代之。之后罗尔斯发表《正义论》,把政治哲学的主题由自由转变为正义,而正义的首要原则是平等,因此自由和平等就成为最重要的政治价值,没有平等的自由是不具备实质内容的。由于《正义论》引起了巨大的反响,把政治哲学从哲学的边缘地带提升到了核心地位,罗尔斯关于正义、平等和自由的理论也同时遭遇了来自不同领域、不同学者的质疑和争论,如平等主义者德沃金、极端自由主义者诺奇克,以及社群主义者、后现代主义者和共和主义者等。罗尔斯认为当代资本主义社会的分配领域中存在着严重的不平等,正义意味着平等,因此应该通过再分配的方式来解决处境最差者的问题,正义的原则是差别原则,诺奇克的基本观点与罗尔斯是对立的,承认社会分配领域的不平等问题,但是他认为正义的原则是获取原则和转让原则,平等的原则应该服从权利的约束。德沃金虽然与诺奇克相同,都强调权利的重要性,但是不同于诺奇克的极端自由主义,也不同于罗尔斯的传统自由,他认为平等优先于自由。德沃金批评罗尔斯的契约论是假设的,无知之幕屏蔽了自由选择的信息和知识,

---

① [英]霍布斯鲍姆:《霍布斯鲍姆看 21 世纪》,吴莉君译,中信出版社 2010 年版,第 70 页。

只关心处境最差者,而忽略了社会环境和个体差异的作用。20世纪80年代,以桑德尔、麦金太尔和沃尔策为主要代表的社群主义猛烈批判罗尔斯的正义论,桑德尔坚决反对罗尔斯所说的"权利优先于善",使用道德与基础或者意志与认知来解构罗尔斯的正义、主体、契约、自我等基本概念,认为自由主义没有正确的共同体观念,其正义理论存在着局限性。麦金太尔使用亚里士多德主义和托马斯主义,试图动摇自由主义的理论根基,从历史背景来看待政治价值,反对自由主义的普遍的政治价值。沃尔策认为罗尔斯和自由主义的政治价值是普遍的,是抽象的,没有考虑到现实的社会环境和具体的历史背景,正义是分配善的方式,但是特殊的,是由社会意义决定的。在西方政治哲学中,后现代主义的主要代表有:利奥塔、罗蒂、福柯,共和主义最重要的代表是哈贝马斯。现代主义政治哲学关切的是政治价值、政治制度和政治理想,是证明的哲学,后现代主义政治哲学是反对的哲学,反对某种政治价值,批判某种政治制度,拒绝伟大的理想。利奥塔的异教主义反正统、反权威、反特权,不设定任何政治的标准,比如正义没有抽象的概念,只能是具体的,没有正义的权威,每个人都有判断正义的自由,这种判断也没有任何根据,是超越性的。罗蒂具有后现代主义和自由主义两种身份,他基于后现代主义的观点批评启蒙哲学,基于自由主义的观点赞成启蒙哲学,并试图融合后现代主义与自由主义,但是他更倾向于后现代主义。福柯的政治哲学涵括了自由主义、马克思主义和后现代主义的多种元素,在自由主义体系中,与以权利为核心,自由和平等为最高政治价值的派别不同,福柯则以权力为核心,研究真理、身体、权力等关系。福柯运用马克思主义的实践、阶级等观点来进行学术研究,但是与马克思主义也有不同之处,马克思主义是一种宏观叙事,福柯则擅长于对权力进行微观分析,马克思主义是进步论,福柯则不承认历史的连续性和进步观。福柯的后现代主义与利奥塔、罗蒂相比,更加极端,利奥塔是在正统的政治哲学视域内阐释他的异教主义的,而福柯则根本拒斥正统的政治哲学,罗蒂区分了社会领域和私人领域,而福柯却将私人领域的东西,比如健康、教育、犯罪等转化为公共的东西。哈贝马斯的理论则处于自由主义与社群主义的中间地带,哈贝马斯与自由主义都重视权利体系,坚持契约论思想,但是哈贝马斯与自由主义的消极自由和重视人权不同,他的理论更重视积极自由和人民主权。哈贝马斯与社群主义都重视共同体,具有积极自由和民主政治的观念。但是哈贝马斯与社群主义不同,社群主义是普遍主义的,其理论基点是共同体,把善作为先定的目的,哈贝马斯的理论则是特殊主义的,其理论基点是人和人的交往,把善作为程序的结果。政治哲学关切的正义在共同体、国家、国际三个范围发挥作用,一般来说,我们讨论最多的正义是国家的正义,正义作为社会和国家的首要美德,就要求社会和国家的制度体现平等和自由的政治价值。反过来说,社会和国家的制度只有体现了自由和平等的政治价值,才能被认为是正义的。伯林认为自由包括积极自由和消极自由,消极自由就是一个人的行动不受阻碍,是"免于什么"的自由,积极自由就是一个人做自己愿意的事情,是"去做什么"的自由。与积极自由相比,消极自由更为基本和重要,居于更为优先的地位。从制度的方面来理解消极自由,其关键问题在于人权,无论把人权视为自然权利还是道德权利,都必须是宪法权利,是神圣不可侵犯的。"如果自由的关键是人权,那么平等的关键是分配正义。"罗尔斯的差别原则以最不利者为基准来安排社会经济制度,缩小他们与别人的根本差距,改善他们的生活境况。正义不仅是理论,而且还是实践,需要切实有效地帮助最需要帮助的人。

我们通常从唯物史观和规范性两个维度来研究马克思主义的正义理论,从唯物史观的维度来看,马克思和恩格斯把正义看作社会生产方式的产物,开辟了研究正义问题的新道路,马克思在1848年的《巴黎"改革报"论法国状况》一文中有过经典表述,巴黎"改革报"声称:"法国在遭受一种根深蒂固的祸害的折磨,但是,这种祸害并不是不可救药的。它的根源是思想和道德的混乱,是忘记了社会关系中的公正和平等,是受了利己教育的有害影响。应当在这方面寻找改造的手段。然而人们不这样做,却诉诸物质手段。"马克思反驳道:"'改革报'把问题转移到'良心'方面去,而关于道德的空谈现在就成为根除一切祸害的手段了。由此看来,资产阶级同无产阶级之间的对立是由这两个阶级的思想产生的。但这种思想是从哪里产生的呢?是从社会关系中产生的。而这种关系又是从哪里产生的呢?是从敌对阶级的物质的、经济的生活条件中产生的。在'改革报'看来,如果这两个阶级不再意识到自己的真正状况和自己的真正对立,并用1793年那种'爱国的'情感和漂亮话做鸦片来麻醉自己,对它们会有好处的。多么软弱无力呵!"从这段话来看,马克思现实的正义和平等必须用物质的手段来实现,希望通过道德和良心来获得只能是不切实际的幻想。恩格斯在批判杜林的观点时也表达了同样的思想:"这种诉诸道德和法的做法,在科学上丝毫不能把我们推向前进;道义上的愤怒,无论多么入情入理,经济科学总不能把它看作证据,而只能看作象征。"这段话与马克思的意思是一样的,在正义问题上反对在道德领域内做文章,而是主张把正义和平等视为社会物质生产发展的产物,正义、平等和自由的观念是现实物质生产条件的反映,是由人类社会的客观规律所决定的。总的来说,马克思和恩格斯认为正义和平等观念的嬗变根源于人类社会生产方式的变迁,随着生产力水平的提高,生产关系和上层建筑也会发生根本的变革,观念的上层建筑发生剧烈的变化。在阶级社会里,经济利益上对立的阶级在正义和平等的观念上也是对立的,因此实现社会主义的正义、平等和自由就必须彻底的消灭阶级。马克思认为不存在超阶级的正义观念,如果要谈论正义,就必须先消灭资本主义社会,消灭阶级。从规范性的维度来看,马克思和恩格斯在社会生产方式的框架下谈论正义、平等和自由,并不意味着他们对资本主义社会不作任何道德的谴责和批判。马克思在1864年《国际工人协会成立宣言》中谴责资本主义制度:"使工人阶级健康损坏,道德堕落和智力衰退。"他在《资本论》中这样嘲讽资本主义所谓的正义:"让我们来赞美资本主义吧!土地所有者、房主、实业家,在他们的财产由于进行'改良',如修铁路、修新街道等等而被征用时,不仅可以得到充分的赔偿,而且按照上帝的意旨和人间的法律,他们还要得到一大笔利润,作为对他们迫不得已实行'禁欲'的安慰。而工人及其妻子儿女连同全部家当却被抛到大街上来,如果他们过于大量地拥到那些市政当局要维持市容的市区,他们还要遭到卫生警察的起诉!"在恩格斯看来,正义是人们对现实的利益分配的价值评价:按照资产阶级经济学的规律,产品不属于生产产品的工人,但是从工人阶级的立场来看,工人阶级生产的产品被资产阶级无偿占有是不公不义的,这是一种价值判断,而不是事实判断。关于唯物史观和规范性两个维度之间的关系,国内学者的意见各不相同,一种观点认为马克思和恩格斯正义理论的规范性维度就存在于其唯物主义、政治经济学和社会主义的宏观叙事中,另一种观点则认为马克思主义的正义理论的唯物史观和规范性两个维度是平行的关系,相互之间无涉。

虽然霍布斯鲍姆不是一个专业的政治哲学家,也没有写作关于政治哲学的专门著作,但是他的《霍布斯鲍姆看21世纪》却蕴含着丰富的正义理论。从这些正义理论的特征来看,他实际上继承了马克思主义正义理论的唯物史观和规范性两个维度。从唯物史观的维度来看,霍布斯鲍姆坚持正义和平等观念来自人类社会的物质生产水平,随着生产方式的变更,正义和平等的观念也会发生相应的改变,在阶级社会里,经济利益对立的阶级对何谓正义的看法也是对立的,资本主义的平等观兼具欺骗性和虚伪性,根本上是为资产阶级服务的,也绝对不会在现实社会实现真正的公平和正义,社会主义的平等观是为最底层的人民群众服务的,是最终实现公平正义的唯一和根本的政治力量,社会主义的正义、平等和自由的实现必须消灭阶级。从规范性维度来看,霍布斯鲍姆认为马克思的"劳动是一切价值的来源"这一论断是价值判断,而不是事实判断,资产阶级以隐蔽的方式无偿地占有了工人阶级的劳动成果是不道德、不正义、不平等的,社会主义的所有制是生产资料的公有制,人民群众的劳动成果归人民群众所有,人民才会实现事实上的自由、全面的发展。霍布斯鲍姆在马克思主义平等观的基础上提出了自己的社会主义的平等观。正义的首要原则是平等,而关于平等的观念则存在着巨大的分歧,霍布斯鲍姆从社会形态变革的动力因素来阐释平等观念的发展变化,进而提出社会主义的平等必定建立在公有制的基础之上,自由主义造成的不平等需要超国家的方式来解决,并在此基础上提出了社会主义的平等观:社会主义的平等建立在财产的公有制之上,并对所有生产劳动实行中央管制,财富的平等分配是政治和社会平等的前提条件。资本主义的平等建立在生产资料私有制的基础之上,体现了自由主义的价值观,无法适应全球化的生产方式,因此社会主义就成为实现人类平等的唯一和根本的政治力量。

卢梭提出了私有财产是一切社会不平等的根源,但是他认为美好社会不是必须把财产社会化,而是必须保证平等的分配。诉诸卢梭的平等主义,巴贝夫的《平等者的密谋》把平等作为共产主义的核心口号,通过正义者同盟——即共产主义者同盟的前身与马克思和恩格斯的平等观衔接了起来。马克思和恩格斯平等观的基本线索是生产力决定生产关系,他们认为人类建立平等的社会关系必须建立在现实的生产力发展的基础之上,通过生产资料的公有制,解决人们经济方面的平等问题。霍布斯鲍姆认为马克思和恩格斯对原始公社制度的关注表明私有财产出现之前的社会("原始共产主义")是更为正义、平等的人类状态,为未来的共产主义社会提供了模式。空想社会主义虽然认为实现社会主义的平等必须废除私有财产,但是却存在着一个致命的理论缺陷,那就是没有把私有财产作为资本主义和剥削的基础进行系统的分析,而马克思受到恩格斯早期的《政治经济学批判大纲》一文的启发,得出结论:这样一种分析必须是共产主义的核心,并在《资本论》中做了这样的工作。霍布斯鲍姆综合运用马克思的唯物史观、辩证的方法、整体性的思维方式,对资本主义在政治方面的剥削基础进行了系统的分析,并得出结论:社会主义的平等建立在财产的公有制之上,并对所有生产劳动实行中央管制。霍布斯鲍姆在这里所说的生产资料不但包括财产,而且还包括生产劳动,这与政治哲学家科恩的观点相似,科恩也认为社会主义的平等建立在生产资料的公有制之上,生产资料包括经济财产和生产劳动。因此,在这个意义上,霍布斯鲍姆实际上是把劳动,把实践作为人的本质,社会主义的平等就是要体现人之为人的本性,劳动不再是人们谋生的手段,而是一种需要,在劳动的过程中感受到做人的价值和尊严,获得现实的人类解放。

虽然平等主义者都追求平等的理想,但是平等的含义和要求却各不相同,甚至是大相径庭,阿玛蒂亚·森提出了所有平等主义者都需要回答的问题:平等,包含了三层意思:首先是"平等物",也就是科恩所说的"通货",其次是平等的标准,最后是如何实现平等。霍布斯鲍姆所说的"平等物",既包括财富、实物、权力等福利的平等,也包括身份、地位、职业、社会公益服务等资格的平等,而财富则是平等分配的首要资源。

21世纪的世界所面临的最大问题不是如何增加生产,而是如何分配财富。世界变得越来越富裕,平等却变得越来越少。霍布斯鲍姆认为财富增长给人民带来幸福的代价是失去了准则、价值体系、规矩、期望与生活方式,平等在21世纪意味着社会公益服务以及政府对财富进行重新分配,自由市场不能保证这一点。从13世纪到20世纪,财富的重新分配对富人进行了限定,因此很少有人能够在财富方面与政府竞争,比如卡内基、洛克菲勒、摩根等人的财富要比今天的比尔·盖茨、乔治·索罗斯、特德·特纳少得多。然而21世纪个人可以支配的财富数额是完全难以置信的。从全球的角度来说,世界上1%的人口掌握了巨额财富,他们可以设法操纵总统竞选活动,或者通过私人财政手段对竞选活动产生相当大的影响,可以办到过去只有大型集体组织才能办到的事情。

财富的平等分配是实现社会平等的首要任务,因此霍布斯鲍姆对资本主义实现了财富增长是持肯定态度的,但同时言辞犀利地批判了资本主义的逐利本性,谴责资本主义造成财富分配的巨大不平等,在资本主义的框架内讨论如何实现平等只是掩耳盗铃,暂时缓解阶级矛盾,不能从根本上实现分配平等,只有把社会主义作为21世纪唯一和根本的政治力量,才能对财富实现真正的平等分配。

五、结　语

霍布斯鲍姆在《霍布斯鲍姆看21世纪》这本书中精准地分析了21世纪初期面临的全球性政治问题:民族国家衰微、自由民主失效和公共秩序失控,而出现这些政治问题的根源在于,世界性的经济运作模式与民族国家的政治组织单位之间存在着不可调和的矛盾,全球化的经济要求全球化的公共政治组织来解决超国家的问题,民族国家成为全球化的政治障碍。霍布斯鲍姆对当前试图解决这些问题的方案进行了逐一排查,以集体主义的价值观和社会主义的平等观为衡量的原则,否定了美国试图成为世界帝国的可能性,并明确指出美国奉行的是自己的利益,而不是普世价值,更不是为人民服务的政府。因此,霍布斯鲍姆慎重地提出了21世纪的未来应该由社会主义来主导,世界不会自动的变美变好,我们必须进行政治实践,使社会主义成为唯一和根本的政治力量。

霍布斯鲍姆在这本书中只是提出问题,而不提供答案,因此很遗憾,他没有提出社会主义政治纲领的实施细则。实际上,这个缺憾弱化了改变世界思想的力度,减轻了政治实践的分量。

这些文章或许有助于指出我们在这个21世纪初所面临的一些问题,但它们并未提出建议纲领或实际解决方案。①

(本文作者:曹伟伟)

---

① 参见[英]霍布斯鲍姆:《霍布斯鲍姆看21世纪》,吴莉君译,北京中信出版社2010年版,第6页。

第四篇　开启文化秩序的新序曲

——霍加特《识字的用途》导读

一、引　言

　　1957 年《识字的用途》(*The Uses of Literacy*) 的问世奠定了理查德·霍加特 (Richard Hoggart) 在英国新马克思主义学术发展史上的重要地位。这本书以及 1958 年雷蒙德·威廉斯 (Raymond Williams) 的《文化与社会》(*Culture & Society*)、1963 年 E.P.汤普森 (E.P.Thompson) 的《英国工人阶级的形成》(*The Making of the English Working Class*) 被誉为英国文化研究的三部奠基之作。

　　《识字的用途》产生在社会思潮相互激荡和社会体制变革的大转折时期，一方面，整个世界学术界涌动"文化转向"的热潮；另一方面，战后资本主义国家正推行着所谓"福利制"国家制度，这些理论的和现实的因素催发这部著作的问世。这本书为英国新马克思从文化批判作为对资本主义社会批判的利刃，以及寻求社会变革的出路，提供了开山之作的奠基作用。就当时产生的学术意义而言，《识字的用途》涉及关于摆脱传统文化旧秩序的囚笼、文化概念的重新划界、文化批判的研究范式等重要思想，对英国马克思主义的形成和发展具有里程碑的意义和价值，为称作"黄金发展期"斯图亚特·霍尔 (Stuart Hall) 时代的第二代英国新马克思主义的发展奠定了坚实的思想基础和理论基础。就当代马克思主义的发展而言，《识字的用途》所引发的思维革命，包括文化如何走出鸽笼式的束缚成为微观群体实现自身价值的重要途径以及作为实践的文化所承载的变革社会旧秩序的意义，对于当下的马克思主义研究仍具有重要的理论意义和现实价值。

　　当我们再次回到《识字的用途》，在领略霍加特田园般地描述工人生活，并欣赏他以细致入微的笔触刻画工人阶级日常生活场景，以及他用诙谐幽默的笔调呈现工人阶级语言时,我们也要认识到,霍加特采用民族志的研究方法,白描式地记录工人阶级文化生活的目的诉求,深刻领会此书所引发联动效应,从而进一步客观地把握这本书对英国新马克思主义发展所带来的历史意义。

二、处在新旧文化交融时代的"断裂"文本

《识字的用途》呈现为两个部分。第一部分:"旧的"秩序,第二部分:对"新的"让位。很多人会将这部著作称为"断裂的文本"。虽然我们不知道这种断裂性的呈现方式是否是霍加特有意所为,但是这种断裂性表达了一种时间序列的分割,更为重要的是,体现了工人阶级文化样态或文化秩序的深刻割裂。在将这部著作的孕育背景与具体内容相结合时,我们就不难理解这种断裂呈现方式的目的和意义了。

《识字的用途》是对第二次世界大战之后英国社会生活变化的沉重反思。战后英国推行福利制度,工人阶级生活的确得到了一定的改善。然而,这又诱发了另一种现象的产生,就是在工人阶级中间萌生出了"无阶级社会"的幻象感。工人阶级安于此刻的生活状态,甚至不觉得自己生活在社会结构的底层,他们的阶级革命意识正在丧失。《识字的用途》开篇写道:

> 人们常说,目前在英格兰没有工人阶级,一个"不流血的革命"正在发生,它正在减少社会的差异,我们大多数人居住在非常平坦的平原,较低的中产阶级成为中产阶级。在一定的语境下,可以看到这一陈述的真实性。我并不想低估最近社会的变化和这种变化的程度。但是,我们需要重新审视这种变化,因为它特别影响了工人阶级。我们只需再次阅读来自世纪之交的社会调查或小说。在一定程度上,我们可以感受到工人阶级在很多情况下,获得了比以往更多的权利和财产,更重要的是他们不再觉得自己是"低等秩序"中的一员,而觉得他们属于其他阶级。每一个人都认为自己处在高于"低等秩序"的秩序中,每一个人在这种世界判断的方式中充满着优越感。①

---

① Richard Hoggart, *The Uses of Literacy*: *Aspects of Working-class Life*, London: Chatto & Windus, 1967, p.1.

霍加特对这样一个看似"无阶级的社会"深感忧虑。他认为,"无阶级社会"正在蚕食着每一位工人阶级的阶级意识和斗争意识,工人阶级的主体意识正在不断地衰弱。弗兰西斯·马尔赫恩在一篇名为《一种福利文化?——50年代的霍加特与威廉斯》的文章中所写的那样,20世纪50年代早期资本主义已经结束,新型工业组织形式的出现、信息技术的变革、消费文化的兴起促使阶级文化随之衰退,"无阶级"是对这一过程的深度描述。然而,是否工人阶级的社会地位发生了真正意义上的改变?是否人们已经普遍生活在一个其乐融融的"无阶级社会"?霍加特给予的答案是否定的。在他看来,这种"无阶级社会"的幻象对工人阶级有着巨大的危害,不但不会有助于工人阶级自我意识的提高,而且会加速工人阶级阶级意识的丧失。霍加特试图寻回被丢失的英国工人阶级的阶级感,挽回"有机的"工人阶级社会。在他看来,此时关于阶级意识的问题已经不再是一般的经济关系问题,而更多地指向了现代社会的文化转向问题。

"文化转向"一词蕴含深刻,包蕴三个层面的意思。第一,"文化转向"代表着"转向文化",就目前而言,社会的现实问题和社会的主要矛盾已经聚焦于文化。在社会生产力发展到一定阶段时,一方面,在精神层面,人民的文化水平迫切要求提高;另一方面,在物质层面,文化表现出了更加丰富的物质形态和样态。文化不再是社会经济结构的派生物,而成为社会发展中的核心要素。第二,"文化转向"指代文化秩序的变化。这种秩序的变化表现在,精英主义文化秩序、文化与资本结盟的文化秩序、理想文化秩序建构之间的相互冲撞和对抗。文化一直以来遵从着精英主义的文化秩序,即鸽笼式的自上而下的排序方式。随着社会商业化步伐的加快,资本"这只看不见的手"伸向了文化领域,大众文化逐渐兴起。文化与资本结盟之后,文化按照资本的逻辑进行生产、传播和消费,这必然改变了传统精英主义的文化旧秩序。在霍加特、威廉斯、汤普森等英国新马克思主义者的眼中,无论是传统精英主义的文化秩序,还是文化与资本结盟之后的商业文化秩序,无疑都是对普通人民自我文化价值彰显的阻隔,精英主义的文化秩序排挤和抵制工人阶级的文化价值,资本逻辑的文化秩序迷惑和腐蚀工人阶级文化的自我认同感。第三,"文化转向"代表着英国新马克思主义力图变革文化原有的概念、样态和价值,并努力寻觅符合普通人民文化发展的新文化秩序,从而产生文化变革带动整体社会变革的联动效应。《识字的用途》的写作动机和主要内容就涵盖了"文化转向"所关涉的问题。

正是在"文化转向"的关键时刻,霍加特预先警觉战后文化的新变化,关注文化充满内在张力结构的转变,探究新与旧、精英与大众、有机与商业化、健康与不健康之间的文化转变。在霍尔对霍加特贡献的评价中,认为《识字的用途》的确是文化转向关键时刻的早期实例,并对这一时刻的产生起到了至关重要的作用。"文化转向"不仅代表英国新马克思主义者转向对文化层面的深入思考,而且还代表了文化内部自身的深度转变,这种文化转变正如霍加特《识字的用途》——"一个断裂的文本"一样,威廉斯《漫长的革命》亦是如此,代表着与占主导话语地位文化的断裂过程,迎来了文化的大转折时代。

正如霍尔认为,"《识字的用途》和威廉斯在《漫长的革命》中的第三个定义——作为'生活方式'的文化——一样界定了一种断裂,而且,尽管有着重大的差异,但它还是界定了一种沿着平行方向迈进的断裂。对文化研究来说,这是一个形成时刻。"①同时,在这种断裂的过程中,英国新马克思主义者看到了文化的新希望——那些被精英文化所遮挡的工人阶级文化,在耀眼夺目的精英文化退却之后,通过他们对文化的反思,使得工人阶级文化显现出如星星之火般的微光。与此同时,另一种力量,来自商业化驱动的文化力量正悄无声息地威胁着工人阶级的文化,使普通人民再次落入新一轮统治阶级所设下的商业文化的陷阱之中,而且这一次更加来势凶猛。霍加特对文化商业化的转变深恶痛绝,借助文化研究或称为"文化转向"探讨文化本真的内涵和价值,并揭示出文化研究或文化转向的实质在于将人的现实生活作为参照物,以改变现有社会发展状况为目标,思考社会现实和未来发展的问题,并激发英国新马克思主义者寻找文化真正意义上的春天。

《识字的用途》第一部分是对20世纪二三十年代工人阶级"旧"文化秩序的展现。在"无阶级社会"幻象的背景下,霍加特以文化生活的透镜,对现有不同方式的关于"工人阶级"的定义和描述进行了分析和澄清,认为目前的这些定义都存在着对"工人阶级"本真状态的误读。他指出,只有溯源具体现实

---

① Stuart Hall, Richard Hoggart, "The Uses of Literacy and The Cultural Turn", *Richard Hoggart and Cultural Studies*, Sue Owen(ed.), University of Sheffield: Palgrave Macmillan, 2008, p.25.

生活情境中的工人阶级,才能回答"谁是工人阶级"的问题。霍加特正是通过一个个真实的人物、具体的生活事件和具象化的生活情境,包括对工人阶级母亲、父亲、邻里不惜笔墨的刻画,工人阶级一日三餐的点滴记录,工人阶级生活的露台、炉火、通道细致入微的描述,从而揭示工人阶级生活的轨迹,彰显工人阶级的文化。这种怀旧式的回忆不仅是对工人阶级文化生活的复原和展示,而是让我们真正领略到文化生成的来源和过程,文化不是装在象牙塔里的,而是我们每天可感受到的,是可以看到、闻到、尝到和触到的。文化就在我们每个人的生活之中。霍加特这种对文化的呈现和表达方式,正潜移默化地改变着传统的文化观念。

《识字的用途》第二部分是对 20 世纪 50 年代工人阶级文化受到商业化侵蚀的呈现和批判。在后半部分,霍加特展示了一个"行动张力松弛"和被新大众艺术占据的"棉花糖"世界。在这个被"自动点唱机男孩",轰鸣刺耳的酒吧,围绕着犯罪、幻象、性爱为主题的"火辣"杂志所裹挟的"棉花糖"世界里,工人阶级原生文化正在流失,他们的传统文化逐渐"让位于新的"商业化文化。空洞乏味的商业文化取代着人们真实存在的生活世界。霍加特对这样一个被商业广告撰稿人和营造"无阶级"感的娱乐节目制作人所打造的"棉花糖"世界深感忧虑。在他看来,50 年代之后工人阶级文化生活被大众市场小说、流行女性杂志和流行音乐所包裹,工人阶级自生的文化结构遭受破坏,由工人阶级生活所编织的文化正在被"连根拔起"。

除了时空上的"断裂"之外,霍加特还表达另一种断裂,一种情感上的断裂。与第一部分含情脉脉的回忆与赞美相比,第二部分表现出对现实世界的悲观失望与痛斥,两部分之间形成了强烈对比和反差,产生了情感上的巨大分割。第一部分与第二部分的"断裂",不仅是时间次序上的划分,更是文化意义上的"断裂"和切割。《识字的用途》的写作意图就在于此,以时间序列划分为轴线,将工人阶级的"有机文化"与被"商业化"吞噬的文化形成对照,让读者产生一种对工人阶级文化逆向回流的反思,从精英文化流向工人阶级文化,从商业文化反观工人阶级有机文化,对文化产生一次返璞归真的寻绎。

在阅读《识字的用途》时,读者往往找不出一个定义式的表述,包括,"文化"、"工人阶级"等关键词的概括式界定。在霍加特眼中,用下定义的方式或者选择概括性的词句来给"文化"、"工人阶级"找到一个完满的解释。相比于威廉斯给文化曾下过三种定义而言,霍加特并没有给文化一个直接的定义,而是用《识字的用途》这部长篇巨作,让读者感知和体悟文化究竟是什么和文化的意义又在哪里。

三、打捞"有机的"工人阶级"旧"文化秩序

在《识字的用途》第一部分"旧的"秩序中,霍加特就试图在复原20世纪30年代至50年代英格兰北部城市,特别是利兹、赫尔和谢菲尔德部分地区的工人阶级的文化生活。这种接近白描式的记录方式,不仅是对文化传统规定性的挑战,而且是对商业化标记的物化形态文化的质疑与批判。那么,我们就跟随着霍加特细腻温情的笔调领略一下工人阶级宛如牧歌一般真实的文化生活,体会作者致力展现文化与人的生活生生不息关联的思想。

首先,霍加特为了复原"工人阶级文化"的图景,对目前三种对工人阶级的误读进行了批判和澄清。

第一种,浪漫主义作家造成的误读。在霍加特看来,浪漫主义者极力打造工人阶级田园诗化的文化样态,对后工业化时代的工人阶级文化完全持否定态度,过于强调"外部力量"对工人阶级文化的负面影响,造成了文化的悲观主义。他指出:

> 尽管对工人阶级现代性病症的分析,很重要的一部分来自社会外部分析,但是对工人阶级文化诊断不能完全依靠外部的分析,因为工人阶级文化始终保留着自身价值的东西,并存在一定抵抗外部干扰的力量。①

霍加特认为,浪漫主义对工人阶级的分析缺乏对其自主性的认识。他倡导将工人阶级文化看成是一种自主实践的活动过程,主张从内部寻求自我反抗和自我觉醒的力量。

第二种,历史学者的误读。霍加特认为,历史学者对工人阶级的描述通常是一种引人入胜的非客观陈述,因为他们只是片面选取工人阶级的运动史,这样一来,这种历史的呈现方式往往会遮蔽大多数工人阶级日常生活的本真样

---

① Richard Hoggart, *The Uses of Literacy: Aspects of Working-class Life*, London: Chatto & Windus, 1967, pp.1-2.

态。霍加特指出：

> 这些历史学者高估了工人阶级的政治活动。他们缺乏对工人阶级草根情结的认知。[①]

在他眼中，这些缺乏基层生活感的历史学者，并没有真正经历过工人阶级生活，难以体会工人阶级的实际生活状况和真正的所思所想。

第三种，社会调查式的误读。在社会学家对工人阶级的描述中，确实涉及了工人阶级详细的生活特点，但是总会使人们：

> "产生一种外来者审视的沮丧感"，因为，"他们提供给我们的是一种社会学式方法，以各种统计数据累加在一起的工人阶级形象"。[②]

霍加特认为，这样数据统计学的方式给人一种含糊不清的印象，虽然这种方法抛开外部作用的影响，可深入工人阶级的内部生活，但是这种方法体现的是庞大一致性的工人阶级形象，并没有深度挖掘工人阶级具体的风俗礼仪、语言习惯真正代表意义，呈现的仅是一种数量关系。

那么，究竟工人阶级是怎样的？霍加特通过对上述三种误读的分析，另辟蹊径从文化视角，开始为我们勾勒他亲身经历的工人阶级生活样态。他围绕工人阶级"家"、"炉火"、"'他们'与'我们'"、"人民'真实'世界"的通俗读物、"民谣"等主题，具体再现日常生活中的工人阶级，在现实的生活中显现工人阶级文化的特质。这种文化视角的工人阶级呈现方式，改变了传统阶级分析的宏大的和固定化的研究模式与路径，变革了传统理论对工人阶级的界定，展开了文化视域下阶级分析的新图景。同时，这种呈现方式又是一种双向互动式的过程，这为文化研究带来了新的契机，以关注日常生活的文化打开了文化研究的新视野。

其次，"街区"、"家庭"、"炉火"构成了霍加特塑造工人阶级文化生活的核心着眼点。

从特定生活内部的运动分析典型工人居住区自主实践的生机。从特定生活内部的运动分析存在于工人居住地中自主实践的生机。工业化的城市进程

① Richard Hoggart, *The Uses of Literacy*: *Aspects of Working-class Life*, London: Chatto & Windus, 1967, p.3.

② Richard Hoggart, *The Uses of Literacy*: *Aspects of Working-class Life*, London: Chatto & Windus, 1967, p.4.

不断通过移位、布局、管制，使得空间划分清晰分明，以便阶级统治者按照空间布局，划分人的等级和禁锢人的思想。然而，留存于普通劳动者中间的微观实践活动并没有在这种统一化的城市管制中得到完全抑制。拥有自主文化实践的工人阶级努力挣脱城市操纵者束缚，继续鲜活呈现自己本真的文化生活样态。霍加特对典型工人阶级居住区进行整体概括之后，进一步深入到工人阶级的内部生活空间，深入到社会监管之下工人阶级自行支配的微观生活实践之中。在自行支配的空间中，工人阶级以自我的存在方式，建立起了一整套日常性的实践活动。针对工人阶级空间实践细致入微的探索，正是霍加特不同于宏大社会结构研究者的点睛之处。

霍加特关于工人阶级日常实践的思考，通过对生活在"下面"工人阶级的空间使用和空间陈设的分析得以体现。虽然工人阶级的生存环境全然由空间的组织者、城市的规划者决定和操纵，但是这些平凡生活的工人阶级生活在"下面"，生活在工人阶级居住者自己依循的行动空间中。霍加特写道：

> "进入里面，这里存在很多小的世界，像同类型的、界限分明的村庄一样"，在工人阶级居住区，"在清晨五点钟左右，送货车会在通往城镇的主干道上呼啸而过……这是我们自己的地盘，因为在这个错综复杂的空间里，这里的居住者通常都会，他们随心所欲地穿过这条小巷，直径来到……他们对这里空间布局简直了如指掌"。①

霍加特采用这样一种描述方式，就是在于为我们展示社会结构框架之下的工人阶级生活样态，揭示结构之下微观行动者自主实践的潜能。他所采用的方式，正如米歇尔·德塞托所述城市空间的"行走者"一样，以具体的生活记录文化，以体验生活的方式呈现生活环境的面貌，而不像空间简单的"窥视者"那样，居高临下地俯视生活。城市里的普通从业者住在"下面"，住在刚刚看得见的门槛的下面。他们行走，乃是体验这个城市的一种基本形式。霍加特复原了工人阶级的空间轨迹，从通往城市的主干道到狭窄拥挤的墙间过道，从一个街区到另一个街区，从杂货店到小型俱乐部，这是属于工人阶级自己的地盘，他们对这里了如指掌，自然而然地行动于其间。在这个令工人阶级再熟

---

① Richard Hoggart, *The Uses of Literacy: Aspects of Working-class Life*, London: Chatto & Windus, 1967, pp.38-39.

悉不过的生活环境中,"街区之间一些小事情的摩擦"、"邻里间的悄悄话"、"夜晚孩子们在透着光的店铺橱窗旁玩耍"、"杂货店通常是家庭妇女的俱乐部"[1]。

这些彰显着工人阶级具体的生活景象。霍加特对工人阶级生活环境并非一般意义、表面化的概述,而是深入到具体工人阶级生活和工人阶级态度之中的生活文本。

霍加特在寻觅真实的日常文化生成时,将目光洒向"个人的、具体的、当地感的"[2]家庭生活。他将家庭作为生活世界中文化生成的栖息地,使得日渐消散家庭生活的光泽感再次显现。他以文化实践者习以为常的日常生活,更具体地来说,从微观层面的家庭、邻里、社区着眼,透析整个社会存在的问题和矛盾,以小见大洞察社会。工人阶级的文化传统深深地根植于由家庭以及围绕着家庭连带关系形成的空间环境中。工人阶级的文化与工人阶级的家庭已经合为一体,无法谈及其一而避开另一方。

家庭空间的使用、陈列和设计体现着不同的文化内涵。在霍加特看来,工人阶级的文化更是一种为生存所需基础上的文化活动,空间摆设通常服从于生活所需的基本需求。《识字的用途》具体描述了工人阶级生活的场景:

> 特别是,多数中年工人阶级夫妇的生活,仍处于爱德华七世,他们的客厅从那时至今几乎没有什么变化,除了偶尔会添置几把椅子之类的小物件,他们的家具多数是从他们父母那里接管过来的。这些号称采用新材料的现代家具必须体现出相同的假设,"真正地家一般的"房间陈设应该像过去一样。工人阶级的空间陈设有助于家庭价值观的充实和丰富。[3]

《识字的用途》在生动展现工人阶级家庭生活的陈设之后,笔触又马上转向了对现代的描述:

---

① Richard Hoggart, *The Uses of Literacy: Aspects of Working-class Life*, London: Chatto & Windus, 1967, p.39.

② Richard Hoggart, *The Uses of Literacy: Aspects of Working-class Life*, London: Chatto & Windus, 1967, p.18.

③ Richard Hoggart, *The Uses of Literacy: Aspects of Working-class Life*, London, Chatto & Windus, 1967, p.19.

连锁店所构成的现代主义,用喷涂光亮着色剂的劣质胶合板替代着古老的红木;多色塑料或镀铬做成的饼干桶、鸟笼摆放其间。这里强烈地对比了现代性打造的空间与旧式空间的不同,现代的房屋用含铅的、带有色彩的窗玻璃,将屋子与外界严严实实地分割开来,而过去的旧房子通常会设计很深的窗台,给外面的色彩留有机会,例如,一盆色彩斑斓的金莲花或者耀眼夺目的天竺葵。①

这种生活场景的变化,也表达了作者对原生态工人阶级生活的眷恋以及对工业化之后透着商业气息空间陈设心生厌恶感。其一,在霍加特的描写中,客厅是工人阶级家庭温暖的中心,它不是社交中心,而是家庭的中心。霍加特指出,工人阶级特有的生活环境造就了工人阶级独特的文化品质。他以纤细入微的笔触触碰充满人间情感的生活空间:

回首多年,称得上好的"起居室"应该有这三样:聚集性、温暖、充足而美味的食物。②

工人阶级的社交空间常常出现在由工人阶级组成的社区里,女人们会相遇在洗衣店或者拐角商店里,男人们会聚集在工人阶级的酒吧、俱乐部中。

其二,霍加特认为"炉火"是工人阶级生活空间中最重要的陈设品之一。

炉火为家而留,不管是待在家里,还是在家的附近……因为这些(地方)是属于我们的,炉火代表温暖,而温暖就像一只小虫在小地毯上一般的舒适,对工人阶级而言,温暖是头等重要的。③

霍加特写道,对于好的家庭主妇而言,她们必须看管好火炉,看管好火炉比买好质量的羊毛内衣要好得多,火是可以分享和可见的。

其三,霍加特追溯着工人阶级的美食。在霍加特的回忆中,工人阶级之间的食物也有区分,好一点的可以享受到猪排、牛排、腰子和土豆条,而相比之下,可怜的靠领养退休金生活的老人只能用热水溶解 1 便士买来的碳酸饮料

① Richard Hoggart, *The Uses of Literacy*: *Aspects of Working-class Life*, London, Chatto & Windus, 1967, p.19.

② Richard Hoggart, *The Uses of Literacy*: *Aspects of Working-class Life*, London, Chatto & Windus, 1967, p.19.

③ Richard Hoggart, *The Uses of Literacy*: *Aspects of Working-class Life*, London, Chatto & Windus, 1967, p.21.

再加上几片面包来做早餐；对于工人阶级的主妇来讲，她们都会将肉切得很薄，这样一来可以增加使用的次数，而且不仅如此，还会既营养又美味；其中，美味的重点还表现在周末特有的"茶点"上，例如，黑布丁、猪脚、猪肝、炖蹄筋、牛肚、香肠、鳕鱼和特别受欢迎的开胃虾：小虾米、鱼子、腌鱼和贻贝；鲑鱼很好吃，远远胜过新鲜的三文鱼。

霍加特关注万象生机的工人阶级内部的居住空间，工人阶级特定的居住空间，以及空间内部的陈设品，特别是家庭空间的陈设，使工人阶级空间充满了生机和活力，而非完全由城市空间操控者所限定和束缚。工人阶级在现有的空间中开展自己的生活。而源于生活的空间实践刚柔并济，它不像空间的划分者那样，使空间变得生硬而冰冷，而是用充满智慧的实践活动创造出更具人情味的空间，过一种真正自由自在的生活。工人阶级日复一日开展和重复文化实践的场所当属家庭空间。

> 没有任何一个地方可以和家相提并论，家庭生活的意义就在于具有一种不可剥夺、不容替代的品质。①

对于工人阶级来说，回到自己家就会得到愉悦而轻松的感觉，他们可以暂别那些不由他们支配的地方，暂时从某种社会关系和社会等级中解脱出来。家是自己的地盘，家可以定位自己的真实领土。即便是蜗居般的家庭生活同样也能带给工人阶级温暖和幸福。

霍加特立足于人们习以为常的居住空间，以具体空间的使用方式，了解空间使用者的文化行为。在霍加特看来，文化更是一种具体的生活，是日复一日日常行为的聚合，家庭留存普通人民的文化特质。他从具体家庭生活，关注工人阶级特有的文化品质，认为在日常生活成千上万的琐碎事件中，可以辨识出工人阶级特有的生活方式，例如：

> "数英里冒着浓烟"的居住地，"具有辨识度很强的工人阶级房屋"，"每月数额较少的分期付款方式"，即便是这样，对于工人阶级社区来讲同样存在"微妙色差"，"稍好一点的房子"，"独立厨房"，"有一个露台或者一个小院儿"，"一星期的租金在九便士以上的房子"，"她的丈夫具有

---

① Richard Hoggart, *The Uses of Literacy: Aspects of Working-class Life*, London, Chatto & Windus, 1967, p.18.

一技之长","他家的媳妇能持家,对家里的摆设有所讲究"。①

再次,"我们"与"他们"对比与反差,彰显工人阶级的自我意识。在错综复杂的社会关系中,霍加特以工人阶级"自为的文化"为视角,从三个方面思考了"他们"与"我们"所形成不同的生活感受,以及由此自发产生"他们"与"我们"之间社会关系的分割。

第一,霍加特探讨了存在于有限空间中的工人阶级的政治感受。他认为,对于绝大多数的工人阶级而言,他们对政治问题的认识和理解源于他们在现有的生活环境中,对某一政治的态度、观点和政治活动都十分有限。

霍加特总结了工人阶级民间政治的特质,是一种自然情感的宣泄。他提出,工人阶级对宗教、政治存在的观点,通常是一大堆未经证实的口头传述。在霍加特的回忆中,曾写道,早期工人阶级中间,偶尔会出现一些自相矛盾的政治观点,这些却往往令工人阶级信服,甚至在工人阶级中间会产生一定的影响;这些观点听起来有理有据,像在揭露一个无可争议的事实;工人阶级还会用奉若神明的座右铭进行表述,例如:

> "据他们所说,他们整天什么都不做"、"所有的政治都是歪曲的"、"没有任何东西比英国制造的好"、"发展总会继续向前"、"所有的美国人都很自负"、"英国是世界上最重要的国家"、"只有为富人服务的法律"、"恶魔在两党之间周旋"。②

工人阶级会将他们有限的政治看法,编成朗朗上口的顺口溜,并口耳相传。这些带有浓厚工人阶级特征的顺口溜,通常是泛化的、偏执的和未经证明的关于某一政治问题的理解,然而,对于工人阶级而言,他们会将这些口头传述的政治顺口溜视为珍宝。

第二,具体而现实的生活感受是区分"我们"和"他们"的现实依照。统治阶级为巩固自身的地位和权力,通常会用形而上的、抽象的、符合逻辑的、美化的东西来掩盖和替代现实的矛盾和冲突。工人阶级对统治阶级营造的虚假的和美化的世界心存疑虑。霍加特认为,在工人阶级中间尖锐地将世界分成

---

① Richard Hoggart, *The Uses of Literacy*: *Aspects of Working-class Life*, London, Chatto & Windus, 1967, pp.7-8.

② Richard Hoggart, *The Uses of Literacy*: *Aspects of Working-class Life*, London: Chatto & Windus, 1967, p.73.

"我们"和"他们",这是大部分工人阶级较为重要的生活感受。他接着指出:

　　"他们"在对待"我们"的世界,或者让"我们"屈从于"他们"世界的时候,将"我们"带入抽象、不熟悉、不知所云的"他们"世界,对于"他们"而言,似乎很难办得到。其原因就在于,在"我们"的世界里,很难对一般性的、宏大的、抽象化的问题感兴趣,而是"我们"会"被所在群体的、个人的和当地的传统所深深吸引"。①

　　霍加特将目光集中于工人阶级经常出入的工人俱乐部,那里充满着工人阶级闲暇时光的欢声笑语,充满着有关爱情、亲情、友情的令人感伤而又怀旧的乡村民谣。在这个"我们"与"他们"世界的划分中,显现了工人阶级简单质朴的道德准则和共同结成的生活态度。

　　第三,"我们"结成共同的生活态度和价值体系。在霍加特看来,"我们"是一个"松散的边界","我们"是由这样一些人构成的,包括工厂里的高级技工,刚入门学杂工,像挖土工、管道工等重体力劳动者,商店里的营业员,交通要道上的工人。从"我们"的成员构成来看,具有明显"阶级主体"的特征。阶级主体特征不是一般意义简单的阶级划分。而像赫勒所言,当个体指向"阶级主体"时,实际上是说他的阶级的历史主体性为他设立了他的个性发展的限度。同样,霍加特认为,日常文化生活有着强烈的阶级特性,即便现代社会用一种"虚掩的门"、"无阶级的社会"掩饰这样的现实状况,文化的等级性毫无疑问地决定和制约个体发展的限度。有着共同文化命运和存在于共同文化空间的工人阶级,对相似的生活经历会感同身受,在感觉、感受、思考、体悟生活的过程中,凝结日常生活文化,共享文化习俗。

　　但是,大行其道的现代性"同一化"、"同质化"的发展正试图让人们越来越淡漠"我们"与"他们"关系的划分。"我们"的丢失意味着自我主体意识的遗忘。对于自我迷失的现代性社会而言,对"我们"做出根本性的思考显然是迫切而必要的。霍加特寻求的"我们"既不同于传统意义通过阶级关系确认的"我们",也不同于美学自反性通过解构方式获得美学意义的"我们"。他避免从宏观的社会结构层面理解"我们",也拒绝从抽象的美学认识"我们"。他

---

① Richard Hoggart, *The Uses of Literacy: Aspects of Working-class Life*, London: Chatto & Windus, 1967, p.72.

从源于日常生活的实践中,在深入内部的"我们"对"他们"的辨识中,不断确认"我们"的过程。他试图通过工人阶级真实存在的文化生活,溯源本真样态的"我们"。霍加特对"我们"意义的确认正是以工人阶级为例,分析工人阶级在日常实践过程中所凝结的共同感受、共享习俗、共享意义和共享日常活动的自我认识过程。

四、被"棉花糖"裹挟的"失去张力"的工人阶级文化秩序

霍加特倡导发挥工人阶级的自我意识,注重提升工人阶级价值判断的能力。他试图以工人阶级"拥有的方式"审视社会,从而建构工人阶级的主体意识。这种"拥有的方式"也就是自审意识,是主体意识形成的重要组成。霍加特认为工人阶级所"拥有的方式"具有连续性和传承性,但是大众文化的时代正逐渐摧毁工人阶级传统的生活态度和主体意识,出现了主体意识的"断裂",即"旧"态度和"新"态度的冲突。

其一,"旧"态度留存质朴的主体地位和自立的主体意识。在霍加特看来,20世纪30年代的工人阶级是"乐观的存在主义者",虽然生活拮据,但是他们在日常生活实践过程中拥有独立自主的观念、思维方式和行为方式。此时的工人阶级具有强烈的阶级意识,在"我们"和"他们"世界的区分中,获得主体地位的自我确认。霍加特指出,在以家庭和邻里关系为态度中心的工人阶级中间,他们以经验主义的方式认知世界,形成着对日常生活朴素的所思所想,在日常生活中随时随地都可以发觉到工人阶级自发形成的思想意识。霍加特以工人阶级为例,突出工人阶级特有的观察方式和价值判断方式,强调工人阶级之间共同经验和感受的作用,认为工人阶级以自身的方式,将这些共同的经验和感受构成工人阶级群体约定俗成的价值体系。虽然工人阶级自发形成的态度和感受常常是零碎的、含糊的和片段式的,甚至有时会出现前后不一致,但是这些却体现着工人阶级的主体地位的。霍加特跟随工人阶级日常行为的足迹,探究工人阶级主体意识的形成。例如,在霍加特的描述中,工人阶级生活在辨识度很高的房屋里,因为这些房屋有着明显的工人阶级特色;他们的工资是按周结算的,不能称为薪水。对于多数家庭来讲,大约每周收入9—

10英镑,而且没有其他额外的收入;工人阶级的孩子通常就读于普通中学,就业方向大多是:技工、普通劳动者,他们几乎都有过学徒的经历;从他们的话音中可以感受到浓郁的地方口音,而且他们中间有着一整套特定的习惯用语。从这些具体的生活和经历中,工人阶级自发产生共同的交流方式、行为习惯、价值系统。

　　同时,霍加特分析了工人阶级中间微妙的变化和阶级内部的差异,认为工人阶级主体意识的建构,不是简单地将工人阶级进行统一化、一般化的叠加,而是在工人阶级具有生活特质的过程中,探究工人阶级自发形成的阶级意识和价值系统,他们以自己特有的方式去观察、审视现存社会。正如威廉斯的"情感结构","一种文化上的假设,实际上源于一种试图理解一代人或一个时期的这些因素以及它们的联系……起初它比对社会的更为正式的结构化的假设要单纯一些,但是它对于文化的实际范围的描述是更为充分的"①。威廉斯原初意义上的"情感结构"与霍加特的观点存在着相同之处。他们认为对理解某一群体的意识形态而言,日常生活的共同经验和感受更为重要。

　　其二,"新"态度缺乏主体意识,"犬儒主义"随之出现。虽然霍加特认为,工人阶级态度的中心并不集中在有目的的、有政治头脑的、虔诚的、自我提高的少数工人阶级中间,但是这并不是说霍加特在低估这些少数工人阶级的价值,而是因为在通常情况下,尤其是大众读物,过于夸大少数工人阶级的特征,以偏概全地代表所有工人阶级的态度和行为。

　　霍加特认为工人阶级的实际情况并非如此,应该从那些被大众媒体所抛弃的工人阶级本质即工人阶级的具体生活,去寻找工人阶级态度的核心,而非大众宣传者对工人阶级强加的认识。在霍加特看来,工人阶级的态度体现在他们对工作、婚姻、家庭、习以成俗的看法和一尘不缁、照例下去的行为之中。霍加特并不在于一一列举这些工人阶级的某种观点和态度,而是在说明这些态度形成于工人阶级内部的实际生活,同时,在这些微小的生活事件中,尽显工人阶级的态度和观点。霍加特以他的祖母为例,生动描写了"旧"的态度:

　　　　她保留着富有生命力的精神,语言的活力、偶尔农民式的幽默,她有着她的孩子所没有的力量,因为她的孩子正朝着复杂而又城市化的"松

①　Raymond Williams, *Marxism and Literature*, Oxford: Oxford University Press, 1977, p.133.

软"的东西走去。①

新的态度表现在：

> 拒绝相信任何价值，因为，所有的价值都是可被怀疑的。所有的价值
> 均等，不存在真正的价值。②

工人阶级产生了一种愤世嫉俗而又缺乏责任感的态度。工人阶级对这样一个"金钱包裹的世界"失去信心，并在这样的世界里"自我沉迷"，对改变现状缺乏热情。工人阶级原先朴素的进取意识变成了冷淡主义，他们的反抗意识、社会道德意识逐渐缺失。

在大众文化的糖衣世界，工人阶级的态度发生了新变化。霍加特认为工人阶级在商业文化的簇拥下，

> "乐于从外界世界寻求乐趣"，但是，他们对这样的世界又产生了一
> 种"不信任和缺乏尊重感"，于是，"积极的犬儒主义"在工人阶级中间随
> 之出现。所谓"积极的犬儒主义"是指，这种犬儒主义以自我保护为目
> 的，而非一味地顺从。在面对这个"棉花糖"的世界时，他们并没有产生
> "理性的怀疑"，而是单纯意识到这里隐藏着"欺骗"，于是，他们产生了一
> 种"没有张力的怀疑"，因此，"怎么都行"、"那又怎样"、"有什么用呢"、
> "谁会在乎"如此之类成为了工人阶级的口头禅。③

"厌倦"的情绪、消极的人生观和价值观包围着失去主体意识的工人阶级。

其三，"新"与"旧"的态度对主体精神的不同理解。

> 工人阶级"旧"的态度主要基于"设法生存，无关好歹"的原则，他们
> 往往是一些凡夫俗子，但是，这些人身上却有着使人着迷，甚至令人震撼
> 的特质。在霍加特的描述中，这些人常常"会和自己的同伴聚在一起"，
> 他们像"未经打磨的砖石一样，却有着金子般的心"，他们有"无懈可击的

---

① Richard Hoggart, *The Uses of Literacy：Aspects of Working-class Life*, London：Chatto & Windus, 1967, p.10.

② Richard Hoggart, *The Uses of Literacy：Aspects of Working-class Life*, London：Chatto & Windus, 1967, p.211.

③ Richard Hoggart, *The Uses of Literacy：Aspects of Working-class Life*, London：Chatto & Windus, 1967, pp.213–214.

机敏和不受影响的坚定智慧",他们敢于"尝试",对他们钦佩的价值观热情地抒发,"开诚布公的交流方式","与邻为善","寻找光明","伸出援手","不高傲不自大","诚实"。①

这些品质都会在工人阶级的身上发现。

但是,随着大众出版物和娱乐业的发展,工人阶级原有的"旧"态度正在悄然地发生变化,商业化的价值观向人们展示着:

"傲慢"、"野心"、"胜过你的了解"、"急功近利"、"炫耀性消费"的世界,并试图邀请工人阶级加入到"棉花糖"的新大众艺术的世界中,一个开放的、充满商业诱惑力的社会正在兴起,它极大地助长了相对主义的发展,使消费者无休止地面对品位、态度、假设的变化。②

为工人阶级营造出大众娱乐享受主义的温床,工人阶级原有的特质变得"松动"。工人阶级原有的阶级意识受到商业文化自我放纵的邀请变得岌岌可危,原先的传统美德沉溺于玩世不恭的态度。

霍加特揭示了相对主义对主体意识形态的危害性,力图恢复文化主体意识的本真来源。在他看来,相对主义是这个时代的病症,它以追逐最大的市场利润为唯一的发展动力,这一特征不仅渗透于经济领域,而且蔓延到包括文化、政治、教育等多个领域。相对主义利用外部植入式的文化,给人们营造"无阶级文化"的世界,而来自生活世界普通人民的"经验和感受"正在逐步消失。面对商业机器和意识形态机器的统治,试图用同质化、一致化的文化取代来自人们实践经验得来的文化。霍加特认为,相对主义的蔓延某种意义上是对价值判断和道德判断的逃避。

在霍加特称为"棉花糖的世界"中,对于工人阶级来讲一切都是以金钱和商业为目的的欺骗,他们表现出对现存社会极大的"厌倦"情绪和对社会问题的漠不关心。在相对主义的暴政之下,追求最新的变化即是最好,过去的价值标准不再符合当下的时宜。霍加特敏锐地洞察出相对主义的危害,希望重塑工人阶级的理想和追求,认为工人阶级精神生活的本质体现在具体的现实生

---

① Richard Hoggart, *The Uses of Literacy: Aspects of Working-class Life*, London: Chatto & Windus, 1967, pp.14-16.

② Richard Hoggart, *The Uses of Literacy: Aspects of Working-class Life*, London: Chatto & Windus, 1967, p.211.

活,对于琳琅满目的大众娱乐生活来讲,他们更看重真实、真切和真诚的日常生活。工人阶级对大众娱乐缺乏信任,他们真正的归属感来自现实生活的共同经历和感受。霍加特认为工人阶级具有自身文化的"恢复力",这种"恢复力"在于激发工人阶级具有文化的特质,即工人阶级对生活世界的自我认识和创造。

霍加特强调文化主体意识的传承性。一直存在于工人阶级"旧"的态度果真被"新"的态度全然取代了,还是或许只是新变化的一种表象。霍加特给予的答案是,"旧"态度并没有想象的那么脆弱,它仍是工人阶级寻求自我意识和恢复自省性的动力源泉。因此,在文化变革的过程中,生活态度至关重要。霍加特认为:

> "旧"的态度并不仅存于中年人或者说是更年长的一代人,同样也构成了大多数年轻人生活中与生俱来、不可或缺的存在。[1]

对于"新"与"旧"的态度来讲,并不意味着这两种态度完全意义的转变。工人阶级仍然保留着他们对某一事物的喜好、偏爱和习惯,就像在工人阶级看来"罐装的鲑鱼比新鲜的鲑鱼更加美味"一样,阶级意识有一定的传承性和连续性。

> 态度的转变历经社会生活的方方面面是十分缓慢的,态度转变必定要纳入现有的态度,首先,是在"旧"态度基础上的新呈现形式。[2]

霍加特认为,个体更容易存在于一种没有意识张力的"精神气候"中,其原因就在于"旧"与"新"态度的变化是一种混合状态,虽然"旧"态度在中年人身上会表现得更为直接明显,但是新的变化他们也在接触。与此同时,年轻人也会自然而然清楚地记得他们父辈的态度,能够识别出"旧"与"新"的不同。

最后,霍加特借助"新"与"旧"文化的对比恢复文化主体的主体意识。他通过调动所有年龄层工人阶级的记忆,将"旧"态度与"新"态度进行对比,唤醒工人阶级对这种变化的敏感性,使工人阶级意识到这种态度的改变,意识到

---

[1] Richard Hoggart, *The Uses of Literacy*: *Aspects of Working-class Life*, London: Chatto & Windus, 1967, p.9.

[2] Richard Hoggart, *The Uses of Literacy*: *Aspects of Working-class Life*, London: Chatto & Windus, 1967, pp.36-37.

来自工人阶级自身的传统美德和"旧"态度的宝贵之处，并传承工人阶级父辈们留下的内在特质，让工人阶级自我反思这两种态度的不同，而不是无意识地存在于一种精神气候中，排除外来植入式的新价值取向的干扰，树立批判资本主义现实腐朽的精神。霍加特通过有效的文化实践，倡导工人阶级朝向更加积极生活态度的转变，促进工人阶级道德情感、价值选择和文化态度的形成，加强工人阶级在日常生活实践中辨别是非的能力，并推进群体意识的发展。

五、结　语

《识字的用途》向我们展示了20世纪20年代至50年代之间工人阶级的文化生活画卷，用一种"断裂式"的呈现方式，对比呈现了20年代"有机的"工人阶级文化与50年代被"商业化"裹挟工人阶级文化之间的巨大差别，营造出一种强烈的视觉差和情感落差，从而让读者自发产生出让文化还给生活，让文化远离资本的思想共鸣。

这本书整体上表现为以下几方面特征：第一，就"文化"概念探讨的叙事方式而言，突破了传统文学对"文化"概念形而上的陈述，而采用民族志的方式，白描式地记录和呈现文化的内涵和意义。这种记录文化的方式是具有先锋意义的，其原因在于它真实再现文化的本真样态，作为文化研究的重要途径。这本书一直以来被誉为民族志研究文化的奠基之作。第二，就"文化"、"阶级"、"社会结构"的关系而言，改变了"文化"受限于"经济基础—上层建筑"的单一结构链条，将"文化"作为变革社会旧秩序和实现其政治诉求的突破口。这本书关于文化与阶级、文化与社会结构之间关系问题的探讨，引发了学界对"阶级"、"社会结构"、"政治"传统认识的改变。"文化"不再是社会经济结构的派生物，而成为宏大政治学向微观政治学转变的关键，成为变革社会旧秩序的核心力量。第三，就整个英国新马克思主义文化研究的诸多经典之作而言，这本著作位于整个发展的早期作品，其中一些关键思想为英国新马克思主义整体思想发展作出了开创性贡献。虽然，《识字的用途》在某些内容上有一定的时代局限性，对隐藏在工业化之后工人阶级文化朝向更加多元化的发展以及其中潜在的微观革命力量没有作出一定预估，但是，其中关涉"奖学金男孩"、"日常生活语言"等内容，为霍尔、伊格尔顿等后期英国新马克思主义者进行"亚文化研究"、"多元文化研究"、"移民问题"和"符号研究"等奠定了思想基础。

《识字的用途》作为英国新马克思主义的先锋之作,为整个文化研究的发展奠定了重要的思想基础。在工人阶级文化遭受到商业文化蚕食之后,《识字的用途》能够清晰地对其中潜在危机作出判断,将调动工人阶级生活化的文化作为探寻社会深层矛盾的突破口。在面对20世纪以来深刻的社会发展和社会危机,《识字的用途》寻找到了现代性社会发展变革中的关键,即将文化作为社会变革的核心力量。它力图在叙说工人阶级的文化时,启迪人们重新思考文化的概念、意义和价值,变革传统以来的文化观念,从而开启以文化变革引发整个社会变革的新序曲。为此这本书对于英国新马克思主义文化研究以及文化唯物主义的形成,具有里程碑的意义和作用。

（本文作者:马援）

第五篇　文化传统的确立与对抗

——威廉斯《文化与社会(1780—1950)》导读

一、引　言

《文化与社会(1780—1950)》[*Culture & Society* (*1780—1950*) ,以下简称《文化与社会》]是雷蒙德·威廉斯的成名作,被誉为英国新左派的开创性著作,文化研究领域的经典之作。1958 年首次由哥伦比亚大学出版社出版后,多次再版并被译为多国文字。目前有两个中文译本,第一个版本是由樊柯、王卫芬翻译,2010 年河南大学出版社出版。第二个版本是由高晓玲翻译,2011年吉林出版集团有限责任公司出版。本导读在写作过程中综合引用了原版和中文翻译的两个版本的相关内容。

二、创作动机及内容框架

《文化与社会》的创作动因与威廉斯的生活和学术经历有着密切关联。雷蒙德·威廉斯于 1921 年出生在一个威尔士村庄的工人阶级家庭,1939 年进入了英国著名的剑桥大学主攻文学,1941 年应征入伍,大学生涯因此中断。1945 年 10 月战争一结束,威廉斯立刻重返大学校园并于次年完成了学业。在此后的 15 年里,威廉斯以满腔的热忱投身到战后兴起的工人阶级成人教育事业之中。他早期和鼎盛时期的许多重要著作都是在这一阶段完成的,其中包括《文化与社会》。

1939—1940 年,在他进入剑桥学习的两年中,由于自己的政治主张和社会主义信仰与所受的剑桥专业教育之间发生重大的冲突,使他的学术研究陷入困境而出现个人危机,在 1940 年进入剑桥的第二年,由于没有履行党员的权利和义务导致他脱党。1945 年,经历了战争洗礼重返学业的威廉斯,不想再卷入学生的政治活动,也决定不再加入共产党。战争带给他前所未有的心理上的压抑和混乱,使他质疑战争的政治目的。他认为,战争经验从根本上摧毁了人性观念。战后的他热衷于学术活动,研究对象是"一种确定的文化政治观念":

> 我认为从那时起另一个我出现了,与早期的我截然不同。我变得更加胜任学术研究,更加焦虑和谨慎,总是强调事物的复杂性和困难性——所有这些特征后来都招致人们的抱怨,它们与我在 1940 年的表现完全相反。①

威廉斯在 1945 年后的信仰危机和归属危机中开始本书的创作,希望通过历史理解当代社会,以此找到一个立场并采取正当行动。返回剑桥时,威廉斯置身于利维斯等人的文化精英主义氛围之下,深受触动。1948 年艾略特出版的《关于文化定义的笔记》,令他想把自己已经关注的关于文化的社会思想集中起来。1949 年,威廉斯在一门成人教育课程上第一次开始考虑文化的观念,通过对艾略特、利维斯、克莱夫·贝尔、马修·阿诺德等作家的讨论,他认识到"文化"一词出现在工业革命过程中,工业革命时期是研究文化观念的相关经验和社会思想的关键时期。② 于是从 1950 年,威廉斯开始着手写《文化与社会》这本书,想要依据这一代人的体验探究"文化"一词所描述的传统,并尝试重新阐释这个传统,在文化和社会之外,提出最为重要的第三个层面——政治的问题。正如他所言:

> 这本书引起的另一个结果是令人思考关于政治是什么的重新定义以及对所有层面政治力量的重新动员。③

《文化与社会》的创作动机是对抗性的。在接受《新左派评论》的访谈中,威廉斯曾明确提到《文化与社会》这本书起初不是计划用来建立一种新的立

---

① [英]雷蒙德·威廉斯:《政治与文学》,樊柯、王卫芬译,河南大学出版社 2010 年版,第 44 页。

② 参见[英]雷蒙德·威廉斯:《政治与文学》,樊柯、王卫芬译,河南大学出版社 2010 年版,第 79 页。

③ [英]雷蒙德·威廉斯:《政治与文学》,樊柯、王卫芬译,河南大学出版社 2010 年版,第 90 页。

场的,它只是一本反对性的著作。出身于工人阶级家庭的威廉斯,从乡村进入城市,从社会底层进入社会中、上层的文化精英生活圈,使他极不适应。这种不适应在理论研究中最直接的反映就是对艾略特、利维斯和围绕他们形成的整个文化保守主义的抨击,他认为这些人已经预先把持了这个国家的文化与文学。

> 在我看来,《文化与社会》是这样一本书,它退出一切直接的合作形式,打上了令人讨厌的消极烙印——且让我使用词义那么强烈的话——兼有一种得不到任何合作的强烈失望,这种失望最终对这本书的写作产生了直接影响……其效果是一个知识分子退出直接政治并充满希望地考虑深层次力量的自我辩护。①

《文化与社会》以"工业""民主""阶级""艺术""文化"5个关键词为主题,选取了18世纪下半叶至20世纪中叶活跃于英国思想界、文学界的40位著名作家和思想家,通过分析他们对工业革命以及文化问题的不同论述,敏锐捕捉他们言论背后的继承及批判渊源,梳理了英国近200年来文化观念的变迁以及由此带来的社会政治和经济结构的变革,揭示出蕴含于历史经验和价值中的"情感结构",勾勒出影响20世纪文化思潮的重要传统。全书分为3编14个章节。

第一编:19世纪的传统(1790—1870年)介绍了26位作家和思想家,被威廉斯划归为19世纪新工业社会的批判传统,这些思想家都有面对新社会发展的困惑感,从各自的传承出发形成各自的立场,是一个存在巨大差异的混合体,甚至包含互相矛盾的成分。

第二编:中间时期(1880—1914年)介绍的7位思想家分别是马洛克、萧伯纳、王尔德、吉辛、贝洛克、托尼和休姆。这7位处于19世纪与20世纪交替的作家并没有什么创新的东西,但他们所做的努力是在演出前代未竟的事业,在做21世纪的一种试探。

第三编:20世纪的观念(1914—1950年)。这一编包括6章内容,分别是"戴维·赫伯特·劳伦斯""理查德·托尼""托马斯·斯特恩斯·艾略特"

---

① 〔英〕雷蒙德·威廉斯:《政治与文学》,樊柯、王卫芬译,河南大学出版社2010年版,第90页。

"两位文学批评家(瑞恰兹和利维斯)""马克思主义与文学""奥威尔"。从作者的作品中透析20世纪制度、经济的变革以及整体文化观念的形成。

最后的结论部分,威廉斯从大众、传播、共同体与共同文化几个主要问题的讨论,阐述了工业革命以来文化观念存在的精英主义文化观与大众文化之间的矛盾及现代传播技术影响下共同体的建设与发展路径,并开出共同文化的建构策略这一解决矛盾与问题的处方。威廉斯在"导言"中特别强调,他在本书中作出的努力是对传统意义的再现和扩大,而不是否认与颠覆。①

三、文学作品及现实生活的命脉

威廉斯的"情感结构"(structure of feeling,还曾被国内学者翻译为"感觉结构""体验结构")是一个总体性的概念,威廉斯对这个概念做过诸多诠释,但是"在任何情况下,他都没有用总体性一词,他提出了情感结构概念,就如结构所表明的,这是一个固定和限定性的术语,然而它是在最微妙和我们的行为中很难被把握的层面中来运作的"②。

在《文化与社会》中,"情感结构"被普遍地用来分析19世纪英国的工业题材小说。透过情感结构,威廉斯得以讨论上述作品所折射的民众体验与感受,探查社会环境与人们内心体验之间的细微关系。但本书中"情感结构"的概念就如它的存在方式一样,是真实存在、确有所指却又模糊不清的。威廉斯在书中从作者、文学作品以及对文学作品创作过程的分析中,直接或间接地解读"情感结构"的潜意识特征。

威廉斯从作者的视角对工业社会"情感结构"的样态进行了解读:

> 他所说的不是指那种通常与"感觉"对立的思想,是指经验中所独有的直接性(special immediacy of experience),这种直接性在纵深层面上慢慢演化为一种具体的观念,从而逐渐形成了人的整体存在。这些观念正确与否,并非首要问题;它们是否是真理,和无法通过历史认识和政治洞察力等方面的价值进行衡量。……他的作品之所以重要,是由于它们传

---

① [英]雷蒙德·威廉斯:《文化与社会》,高晓玲译,吉林出版集团有限责任公司2011年版,第7页。

② Fred Inglis, *Raymond Williams*, London and New York: Routledge, 1995.

达出这种经验和知识。①

威廉斯引用欧文对工业社会新性格的形成与对商业社会的厌恶的描述来剖析作者作品中蕴含的"情感结构"：

> 工业在全国的广泛分布为这个国家的居民造就了一种新的性格,这种性格无论是对个人还是对大众幸福而言均无裨益……工业体系的影响业已遍及大英帝国全境,导致人民群众的性格发生了根本改变……不久以后,农民那种相对快乐淳朴的性格将会荡然无存。现在,不掺杂贸易、生产、商业等派生物的那些习惯事物,几乎无处觅踪了。②

> 在长期生活中,我经历了贸易、生产和商业的所有阶段。根据经验,我深信这种完全自私的制度下无法形成任何高尚的性格。真诚、诚实、美德将会成为空谈。③

首创了"工业主义"这一名词的卡莱尔,通过对人们普遍反映的特点和本质的分析让当时的英国人直接领会到什么是"当代情感结构"。他以工业化生产方式的转变为依据将当时称为"机械时代",并指出由此带来的社会制度、社会关系的变化。他的这一思想受到马克思的认可。他认为,机械论植根于人们的思维,影响着生活和行动,智性逻辑成为实用为先,人们关注的首要问题由"什么"变为"如何"、由"故而"变为"为何"。人们更为关注外部世界而忽视了内部世界的真实,外部世界成为通往内部世界的唯一途径,机械方式是认识世界的唯一方式,无法用机械方式研究和理解的东西就是不可研究和理解的东西。威廉斯认识到,人们对世界的认知不是有意识进行的,而往往是通过经验来感知的：

> 宗教也成为"利润"算计下的酬劳关系——现实少量享受,能换得天堂大量享受。对文学作品的评价不再是"真",而是"强","打动了"我们成为对文学作品的最高评价。衡量道德优劣的标准不再是来自对美的热

---

① [英]雷蒙德·威廉斯:《文化与社会》,高晓玲译,吉林出版集团有限责任公司 2011 年版,第 13 页。

② [英]雷蒙德·威廉斯:《文化与社会》,高晓玲译,吉林出版集团有限责任公司 2011 年版,第 36 页。

③ [英]雷蒙德·威廉斯:《文化与社会》,高晓玲译,吉林出版集团有限责任公司 2011 年版,第 39 页。

爱,而是来自于治安制度完善和社会舆论。人们对真理的追求不是来自于对真理的思考,而是对权力的崇拜,人们对真理的大声宣扬取决于身后有人欢呼拥护,欢呼声减弱时就是他们追求真理之路止步之时。①

艺术家自身的情感结构是他们创作的经验源泉。浪漫主义艺术家们,如布莱克、华兹华斯、雪莱、济慈等诗人,生活在民主与工业兴起并为社会带来质变的关键时期,这些改变既有大众化的普遍体验,也有个体性的独特感受。法国大革命那年,布莱克32岁,华兹华斯19岁,柯尔律治17岁,骚塞15岁。彼得卢大屠杀那年,拜伦31岁,雪莱27岁,济慈24岁。这是一个动荡不安、纷争四起的时代,现在被当作背景研究的变迁模式,在当时并非背景,而是一种普遍的体验。

威廉斯从作品及其创作过程的角度对工业社会"情感结构"的形成与具体表现进行剖析。伊丽莎白·盖斯凯尔的《玛丽·巴顿》(1848年)记录了19世纪40年代的工业苦难中劳工阶层的日常生活感受。作者伊丽莎白·盖斯凯尔用同情心去观察,通过想象力与人物产生认同感,成功塑造了"我的主人公,我倾注了所有同情的人",②乔治·艾略特的《费立克斯·霍尔特》(1866年)中体现一种基本的社会意识:社会是一个错综复杂的传承体,个体的复杂性和社会不可分割,由此展示了一个具有代表性的整体乡村社会。一个时代的情感结构同时是这个时代作家创作的源泉与限制。

> 工业主义小说建立了对工业主义的批判传统,也诠释了当时人们共有的情感结构,人们承认社会丑恶又害怕卷入,同情没有转化成行动而是转化成退缩。这种情感结构既是时代的产物又反过来对这个时代产生决定性影响,也影响着这个时代的文学和社会思想。③

在《文化与社会》中,"情感结构"主要是为论证"工业小说"而服务的,但它所牵涉的文化问题,开启了一个庞大的问题域,以一个宏大理论体系将微观

---

① [英]雷蒙德·威廉斯:《文化与社会》,高晓玲译,吉林出版集团有限责任公司2011年版,第82—83页。

② [英]雷蒙德·威廉斯:《文化与社会》,高晓玲译,吉林出版集团有限责任公司2011年版,第99页。

③ [英]雷蒙德·威廉斯:《文化与社会》,高晓玲译,吉林出版集团有限责任公司2011年版,第120页。

世界包容其中，并以一种平等的姿态邀请读者共同参与到社会的文化建设中来。

《文化与社会》主要集中在对文学批评，但它通过"情感结构"将文学置于社会、生活的语境中，超脱了传统文学停留于形式的传记式和风格式研究，使得当时盛行的"细读"研究从文学研究走向一种文化研究，实现了文学批评中勾勒文化变迁、时代变迁的目的。以此为基础，威廉斯在之后的研究中将"情感结构"这一总体性概念作为消解"经济基础—上层建筑"的经典马克思主义二元对立模式的有力武器，同时在"文化领导权"中丰富了"情感结构"与阶级之间的关系，突出了"情感结构"的斗争内涵，因此而使威廉斯文化研究的政治观照问题得以明朗化。

威廉斯提出"情感结构"的目的是在文化和社会之间找到一个中介，从而找到文学和社会之间、个人经历和普遍的社会经验之间的关系，规避简单的决定论，把文化和文学看成一种动态的过程而非静止的产品，以此明确整体的文化观。毫无疑问，威廉斯的这些目的通过"情感结构"基本得以实现。但通过"情感结构"实现这些目的的过程却也引发诸多质疑。

威廉斯的学生德里克·罗宾斯在一篇题为《认识文化的方法》的文章中对威廉斯的这一学术偏颇做过专门的批评：对于有着同样生活经验（同样生活在城市或乡村，有着同样生活在乡村或城市的父辈祖辈）的人来讲，文化是普通的和共同的，他们眼中的风景和心中的感受，即他们的"情感结构"会达到一种表述上的一致。但是，对于生活在完全不同的环境中的人来讲，这样的"一致、共同"却是一种不可能的奢望。对于不同生活场景中的人来讲，任何人的"情感结构"对于他自身生活场域以外的人来讲都不是普通的，更不是共同的。当我们以自己的"情感结构"模式向别人表达自己时，我们就已经将别人的"情感结构"同化或消弭了。① 从这一点上来讲，威廉斯所说的"文化是普通的"，是很不务实的自说自话。同样，用自己选择出来的部分小说家的作品中的"情感结构"去诠释那个时代整体的"情感结构"，也必然是欠妥的。

对"情感结构"的频繁使用，印证了威廉斯对社会生活经验的重视，是威

---

① Derek Robbins, *Ways of Knowing Cultures*, *Raymond Williams Now*: *Knowledge*, *Limits and Future*, New York: Macmillan Press Ltd., 1997, pp.53-54.

廉斯整体论思想的又一有力佐证。伊格尔顿认为,这一概念的生命力在于它对社会关系、与之相应的普遍的文化、意识形态形式和各种特殊的主体性形式之间的调和,但同时这也成为他批评威廉斯经验主义味道过浓的重要原因。

> 从学理上来说……"情感结构"由于过分强调经验的重要性,其理论内涵显得过于空泛、模糊,没有表现出充分的理论论证能力,反而减弱了其有效性。从实践效果上说,用这样一个包容一切的概念来分析一个社会、时代或各种文学艺术作品,往往会显得力不从心。①

斯温吉伍德也对此提出质疑:

> 作为文化唯物主义理论的一部分,这一概念接近于同源理论,在其中,所有复杂的结构都被单纯化了。②

非议的声音越多,越能说明这个概念引起的关注度之大,而且,不可否认的是,威廉斯通过这一概念,提供了一种把历史作为一个过程而不是一个事物来考察的方式,也充分体现出他在文化、社会、政治之间创构关联的指导思想,从而为研究不同的领域和问题创造了理论基础。

四、文化观念的历史变迁

浪漫主义艺术家们每个人对工业革命根本意义表达出确定无疑的忧虑,他们所表现出的不同的反应成为文化观念的主要根源。在工业革命带来的剧烈冲击下,艺术、艺术家及其社会地位出现了五个方面的重大变化:第一,作者与读者的关系发生本质变化;第二,对待公众的态度发生改变;第三,艺术创作屈从市场法则,被视为专业化生产的一种;第四,产生了一种关于艺术的新的思想体系;第五,独立的具有独创才能的作家、自主的天才,日渐成为一种常规。③

---

① 吴冶平:《雷蒙德·威廉斯德的文化理论研究》,甘肃人民出版社 2006 年版,第 191—192 页。

② Alan Swingewood, *Cultural Theory and the Problem of Modernity*, London: Macmillan Press Ltd., 1998, p.82.

③ 参见[英]雷蒙德·威廉斯:《文化与社会》,高晓玲译,吉林出版集团有限责任公司 2011 年版,第 42—58 页。

　　《文化与社会》在 19 世纪的传统中的文化观念首先提到的是柯尔律治。他把文化称为教养,指一种普遍状况,一种心灵状态或习惯,是一种能够体现真正的价值观的社会观念,基于"人类特有品质和能力的和谐发展",是人类所能取得的最高状态。在工业革命时期,教养是一个为大众所认同的防卫中心。因此,在柯尔律治看来,文化是一切社会安排都要服从的上诉法庭。文明是社会的普遍进步,文化和文明之间是一种"恒久区别和偶尔对立"的关系,在剧烈变革时期,产生了一种独立于社会进步观的思维方式,文化成为一种标准来衡量和评判社会。

　　马修·阿诺德的文化观秉承了柯尔律治的思想,是《文化与社会》第一编 19 世纪的传统中重点介绍的文化观念。阿诺德在《文化与无政府状态》中对文化下的定义:

　　　　文化是指研习完美的文化,引导我们构想真正的人类完美,应是人性所有方面都得到发展的和谐的完美,是社会各个部分都得到发展的普遍的完美。①

　　阿诺德的文化观中包含了丰富的辩证思维。阿诺德将对于文化的追求分为两个阶段:第一阶段,通过学习最优秀知识的手段去追求全面的完美;第二阶段,对陈旧的固有观念和习惯进行反思。在他那里文化既是学习又是追求,是包括人性所有活动的"普遍"活动。在阿诺德看来,文化是一个过程而非绝对物。但由于阿诺德过多强调认识的重要性,极少强调行动的重要性,他的论述容易给人造成一种误解:文化是广为人知的绝对价值,于是在他那里,文化存在变成物神的危险。威廉斯对这一点有非常清楚的认识:

　　　　文化是一个过程,但是他既没有丝毫信心说可以在他自己当时的社会中找到这种过程的材料,又无充分信心说一个超越人类社会的秩序可以充当这些材料,其结果似乎是这个过程与他正式陈述的初衷大相径庭,愈来愈成为一种抽象的东西。②

　　阿诺德批判了文化在工业社会被工具理性扭曲为手段,认为现代工业社

---

　　① 　[英]雷蒙德·威廉斯:《文化与社会》,高晓玲译,吉林出版集团有限责任公司 2011 年版,第 127 页。
　　② 　[英]雷蒙德·威廉斯:《文化与社会》,吴淞江、张文定译,北京大学出版社 1991 年版,第 175—176 页。

会过高估价"工具"的作用,把手段看作目的本身,对于"财富"的追逐把人类理想局限于单一的目的,实质上这只是手段而已。威廉斯对阿诺德的批判进行了实事求是且更为深入的分析:

> 事实上,在一个完全工业化社会的发达社会结构中,很少人能避免夹杂自我利益为本位的阶级情感。阶级的"固有观念"在得到社会物质结构的不断助长后最糟糕的危害便是,将个体归类简化,就人类行为提出各种情感范畴,以此避免无法做出个体即时判断的麻烦。①

阿诺德的文化观对文化观念的社会评价起到转折性作用。哈里森认为阿诺德把"文化"变成一个他随心所欲拿来为自己意图服务的名词。这是一种为文化树敌的做法,为文化招来敌意和嘲讽。

除阿诺德之外,对威廉斯的文化观影响最大的还有两个人:艾略特和利维斯,这两个人出现在《文化与社会》第三编"20世纪的观念"中。威廉斯曾明确宣称:"我非常清楚地知道我写作的目的就是为了反对艾略特和利维斯,以及围绕他们形成的整个文化保守主义——他们已经掏空了这个国家的文化和文学。"②

T.S.艾略特对文化的界定最显著的特点,也是对威廉斯影响最深的思想是把文化与"整个生活方式"联系起来。他认为文化涵盖了一个民族的全部生活方式,从出生到走进坟墓,从清晨到夜晚,甚至在睡梦之中。③

威廉斯是在看了艾略特的《略论文化的定义》之后决定动手写《文化与社会》的,可以说,艾略特的文化整体观是威廉斯文化整体观的直接诱因。艾略特认为一个民族的文化是其生活的整体。他举例说文化包括一个民族特有的所有活动和兴趣爱好:

> 例如大赛马、亨利赛艇会、帆船比赛、八月十二、足球决赛、赛狗、弹子桌球、飞镖盘、文思利代尔奶酪、煮熟的卷心菜块、醋渍甜菜根、19世纪哥特式教堂以及埃尔加的音乐。④

---

① [英]雷蒙德·威廉斯:《文化与社会》,高晓玲译,吉林出版集团有限责任公司2011年版,第129页。

② [英]雷蒙德·威廉斯:《政治与文学》,维索出版社1981年版,第112页。

③ 参见 T.S.Eliot,*Notes Towards the Definition of Culture*,London:Faber and Faber,1948,p.31。

④ [英]雷蒙德·威廉斯:《文化与社会》,高晓玲译,吉林出版集团有限责任公司2011年版,第251页。

威廉斯在此基础上做了进一步补充：

> 英国民族特有的活动和兴趣还包括炼钢、乘汽车观光、混合农场、证券交易所、采煤以及伦敦的公共交通。①

这一补充道出了艾略特文化整体观的虚伪性，也成为威廉斯建构其文化整体观的切入点。

从理论层面，艾略特的文化整体观是一种立足精英立场的整体观，而威廉斯的文化整体观是一种立足全人类、回归大众生活的文化整体观。从表面看，艾略特将文化的外延扩大到一个很广的领域，但是，实际上他所列举的文化内容是在其精英主义文化观的决定下所作出的选择，因为他将高级理论文化作为整个社会风尚和趣味的楷模。

> 艾略特罗列的文化种类是运动，食物以及一点点艺术——这是他对英国式悠闲的独特观察。②

威廉斯继承了艾略特文化定义的方式，但从本质上对其进行了改造，或者说使得文化整体观真正意义上归位。他所说的作为整体生活方式的文化，绝不仅指精英生活，更指普通大众的日常生活，他所处的"层次"是全人类视域下的一种文化整体观。正如伊格尔顿所言："威廉斯的话语完全发自人类心灵深处，这种话语使得每一个人（包括他自己在内）都显得无关紧要；不在于他讲的是什么，能够在这种'层次'上讲话这件事本身才体现出真正的区别。"③

从实践层面，二者的不同主要体现在对待全民教育的态度上。艾略特反对全民教育，而威廉斯却极力主张并亲自投身到全民教育的事业中去。艾略特反对通过全民教育的手段扩大精英文化的影响，因为在他看来这样只能使精英文化掺杂变质和贬值。在他看来，如果让任何人都参与对有意识的高级文化代表人物的成果进行评价的话，那只能是糟蹋文化。正如威廉斯对阿诺

---

① Raymond Williams, *Culture and Society*, London and New York：Columbia University Press, 1958, p.230. 译文见［英］雷蒙德·威廉斯：《文化与社会》，高晓玲译，吉林出版集团有限责任公司 2011 年版，第 251 页。

② ［英］雷蒙德·威廉斯：《文化与社会》，吴淞江、张文定译，北京大学出版社 1991 年版，第 303 页。

③ ［英］特里·伊格尔顿：《纵论雷蒙德·威廉斯》，载《马克思主义美学研究》（第 2 辑），广西师范大学出版社 1998 年版，第 396 页。

德的评价所言：

> 他在原则上坚持整体性,而实际效果却是支离破碎的。①

而威廉斯身体力行,通过参与成人教育的方式,真正用行动来证明并贯彻精英文化大众化的现实可能性与可行性,并用"文化是平常的"与"复数文化"来为大众文化自身的合法性作出有力辩护。

利维斯是威廉斯最直接面对也是最直接反对的人,威廉斯文化整体观也是在对利维斯精英主义文化批判的过程中提出的。对于同样作为剑桥精英的前辈,威廉斯对利维斯表达了充分的敬意,认为他对社会现实的忧心忡忡、对俄国社会主义形式的勇敢抨击及其极为可贵的教育方案都是令人敬服的。特别是利维斯对文学作品的细读式的阅读分析方法,很长一段时期以来也是威廉斯研究文学作品的方法。但是,利维斯的成就与失误并存。他的"反民主的资产阶级文化观"是威廉斯反对的焦点。利维斯就是在艾略特和阿诺德的基础上解读文化的含义的。他所理解的文化研究是"具有洞察力的艺术欣赏和文学欣赏",把文化主要定位在优秀的文学传统上面,而且他坚信文化是少数人的专利,在任何一个时代,明察秋毫的艺术和文学鉴赏常常只能依靠很少的一部分人,除了一目了然和众所周知的案例,只有很少数人可以根据真正的个人反应作出不是人云亦云的第一手的判断,这些能够欣赏传统的少数人才是真正文化的拥有者。利维斯有一个著名的比喻:一个社会中为数甚少的文化精英,有如黄金一样视为普遍价值的根基,它们构成了一个特定时代的种族的良心。

"利维斯主义"就是建构在"文化一直是掌握在少数人手中"这一假设基础之上的,这种文化理论集中见于利维斯早年的著作《大众文明与少数人文化》之中。可以说,此书的标题就是来自马修·阿诺德把文化和文明截然二分的思想。对于现实的历史发展,最令利维斯遗憾的是,在19世纪之前,至少是在17世纪和17世纪之前,英国那个原始的有机社会及其生气勃勃的共同文化被工业革命分割成了碎片。共同文化被一分为二为"少数人的文化"和"大众文明"。而后者是商业化的产物,是低劣和庸俗的代名词,是威胁和破

---

① [英]雷蒙德·威廉斯:《文化与社会》,高晓玲译,吉林出版集团有限责任公司2011年版,第259页。

坏文化传统最大的敌人,大众文化的崛起意味着传统权威的衰落。

对此,威廉斯进行了有力的回击:

> 以一个有教养的少数派的观点与一个反创造的群众相抗衡,容易形成一种有害的高傲和怀疑主义,以一个完全有机的而且令人满意的过去与一个解体的而且令人不满的现在相抗衡,则有可能导致忽视历史而产生否定真实的社会经验的趋势,文化的训练,本质上是民主素质的训练,必须进行自己作直接判断的训练,利维斯的神话却大多由偶然因素构成的,这些因素最糟的已经导致了一种伪贵族的极权主义,最好的也只是导致一种对当代社会的任何寄托都表现出非常不宽容的习惯的怀疑主义,我们更需明白今日所谓少数派文化这种教条的种种缺失和危险性。①

威廉斯在《文化与社会》的导论部分,列举了 19 世纪以来关于文化的四种特殊定义:第一种是"心灵的普遍状态和习惯"即人类完美的观念;第二种是"整个社会智性发展的普遍状态";第三种是"艺术的整体状况";第四种是"包括物质、智性、精神等各个层面的整体生活方式"。威廉斯在继承前人的文化定义的基础上提出文化三个层次的定义:继承阿诺德"最好的思想和言论"提出理想型的文化定义;继承利维斯"优秀文学作品"提出文献型的文化定义;继承艾略特"整体生活方式"提出生活类的文化定义。威廉斯之所以是威廉斯的最重要原因就在于他在包容基础上的创新,三种不同的文化界定,在威廉斯这里成为一个整体,而且最重要的是对于"整体生活方式"的强调,开启了将文化作为一个动态的"人类构成性过程"②,而非一个静态概念的解读方式,使得威廉斯的文化观独树一帜,成为整个文化研究学派的镇山之石。

威廉斯通过"整体生活方式"这一文化界定,进一步提出"文化是日常的"(culture is ordinary),将文化延伸至普通男男女女的日常经验,这就意味着文化是普通人的文化而不是少数人的专利,是社会所有阶层的共同财产。正如威廉斯所说:

> 对于文化这个概念,困难之处在于我们不得不持续地扩展它的意义,

---

① ［英］雷蒙德·威廉斯:《文化与社会》,吴淞江、张文定译,北京大学出版社 1991 年版,第 336 页。

② Raymond Williams, *Marxism and Literature*, Oxford: Oxford University Press, 1977, p.20.

直到它几乎等同于我们的生活。①

威廉斯以一种充满历史感和现实感的文化主义视角,坚持将视线投向人类美好未来的建构。这样的文化界定方式充分体现出了文化观念的过程性、开放性:一种对活生生的现实生活过程的强调,一种对大众与大众文化的开放。

五、共同体与共同文化

共同体的存在是任何社会都必须的,但是不同时期不同阶级对于共同体有着不同的感觉和界定。《文化与社会》批判传统文化观念美化"有机社会"的"共同体"的做法。有机社会的"共同体",是利维斯文学作品中提出的概念,其摹本是被文学理想化了的乡村生活。利维斯面对工业英国带来的充满拥挤、扩张、贪婪的城市的发展,感怀和极力推崇的旧英国那个比较原始的国家存在状态,是一种乡村的闲适、宁静、纯真。"比较原始"的英国代表了一种动物的自然性和与众不同的人性,这种人性的需要与自然环境和谐共存,他们制作东西——小屋、谷仓、麦堆和马车——连同他们的人际关系,构成一个与自然环境同样适当而且势所必然的人类环境,以及一种微妙的调整和适应。

威廉斯在《文化与社会》中对共同体概念的批判与诠释,来自威廉斯早年的威尔士生活经验和认知:

> 我使用共同体这个词的方式实际上停留在我威尔士记忆的基础上。②

威廉斯就生活在利维斯笔下的"有机社会"中——威尔士的潘迪小乡村,威廉斯确实很怀念那里的和谐。但是,和谐之外的疾病、贫穷、痛苦,却是利维斯所美化的有机社会概念无法说明的。威尔士经验屈从于英国历史扩张与同化的一种经验,这是支配性的、唯一的对共同体的定义,这种定义的方式是危险的。因此,威廉斯指出:如果对有机的共同体有什么结论的话,那就是他已

---

① Raymond Williams, *Culture and Society*, London and New York: Columbia University Press, 1958, p.256.

② [英]雷蒙德·威廉斯:《政治与文学》,樊柯、王卫芬译,河南大学出版社2010年版,第103页。

经一去不复返了。威廉斯将利维斯美化与怀念的有机社会共同定性为精英主义文化视野下的共同体，是一种立足精英视角的自以为是，偏执于一端却自认为掌握了真理，甚或其本身就是一种为有目的的欺瞒编制的华美外衣。

　　共同体这一概念在英语的历史上是含义不清的。1830—1840 年，这个词在工人阶级和工人运动中广泛使用，而在威尔士的非国教派那里还具有宗教意义，它的意思是"共同的"，与个人主义以及建立在个人主义基础上的各种理论相对立。19 世纪七八十年代，"共产主义者"作为建立共同体的信奉者，共同体具有乌托邦的含义。

　　20 世纪这些意义发生改变。威廉斯总结了资本主义社会中存在两种理念构建的共同体，一种是中产阶级的服务观念构建的共同体，另一种是工人阶级的团结观念构建的共同体。这两种共同体概念有着质的不同。

　　服务观念表面看起来是意在建构一种"人人为我、我为人人"的"共同体"的大家庭，但"服务观念"下产生的共同体，是一种以社会统治阶级的意志为同心圆的圆心，以此界定和规范出来的各个圆圈成为所谓的"共同体"。由于其内在"阶梯"的存在，使得即使有好的"服务观念"作为整个社会的核心理念，仍然无法避免"服务"的实质功能成为"治理"这一社会事实，自然也就无法形成一种全民共同认可的"共同体"。正如威廉斯所揭示的：

　　　　能使服务的观念成立的固然是真正的个人无私，但我觉得这种无私是存在于一个更大的自私之中的，而大家之所以看不出这种自私，只是因为它被理想化为一个文明的必然形式，或者是被合理化为一种与代价、努力和智力相一致的自然分配。①

　　这种隐含在无私之后的自私，这种被理想化、文明化了的"阶梯"，能够起到的最大功效就是软化顺着这一"阶梯"爬上了"上层公仆"位置的一少部分人，而这最终不能改变一个事实：它是一个分裂的社会的产物，将会与这种社会一起消亡。

　　在威廉斯看来，真正理想的共同体是在工人阶级所提倡的"团结的观念"下产生的一种平等之下的共同体。这样，共同体的利益真正的就是自我的利

---

　　① ［英］雷蒙德·威廉斯：《文化与社会》，吴淞江、张文定译，北京大学出版社 1991 年版，第 376 页。

益,个人只有在共同体中才能得到检验和实现。但是,这种状态只有在两种比较极端的情况下才会存在——一种是往昔那种原始的、保守的、一致的单纯社会;另一种是马克思所倡导的个人全面解放、社会充分民主的共产主义社会状态,在这样的社会状态下,"团结"成为一种根本的感觉。

以"团结观念"为原则建构的共同体自然是人类最为理想的共同体,但是威廉斯立足现实,分析了"团结观念"在当前社会中作为共同体构建原则的不现实性。当代社会具有两大基本特性:一是日益增加的专门化;二是专门化带来的多样性。这两个特性直接敲响了"单纯社会"中的"团结观念"的丧钟,而又成为马克思所构想的共产主义社会层面实现的"团结"的最大障碍。

首先,在这个日益专门化的社会中,每个人所掌握的技术都是非常有限的,而且没有哪个人能够掌握整个社会的所有技术,人们必须通过选择来达到对社会生活的有效参与。这种选择是特殊的、不平衡的,每个人都只有在承认别人的技术的基础上,并且承认比技术更博大的共同体的基础上,与一个有效的文化共同体和谐共存,才能保证生活的有效进行。这样的时代生活特点决定了那种强调一致性的"团结观念"在现有的物质和民主生活水平下是不可能实现的。其次,正因为社会本身的多样性及个体选择的多样性和不平衡性,决定了"在共同的忠诚中,不仅必须容纳变化,甚至必须容纳异议"。如果一味强调感觉上的僵化的团结,就会因为要强制达到共同理解而阻碍或延误采取正确的行动,同时也会窒息或削弱个体意识的发展。

现代社会重建共同体存在两大障碍:一是关于"大众"的观念;二是共同经验即共同文化的缺失。《文化与社会》的结论部分威廉斯从社会意义层面对"大众"进行全新诠释,他非常尖锐地指出:

事实上没有大众,只有把人们看作大众的方式。在一种城市工业社会里为这样一种观察方式提供了许多机会。关键不是反复强调这种客观性的状况而是去考虑,不论是个人性的还是从集体意义上而言这当中什么作用于我们的思考……一种观察其他人的方式已经成为我们这种社会的一个特征,是为了政治剥削或文化剥削的目的而受到重视的。折衷地看,我们看到的是其他人,许许多多的其他人,是我们不了解的其他人。实际上,我们根据某种方便的方式把他们聚集成群并加以分析诠释……但是我们应该检验的是这个公式,而不是群众。如果我们记住我们自己也一直被其他人聚集成群,将会有助于我们进行这种检验,只要我们发觉这种公式不足以诠释我们自己,我们也可以承认它不足以诠释那些我们不了解的人。①

"大众"至此不再只是一个固定的实体,而是被赋予一种价值关系,具有一定社会关系、政治立场和利益关系的群体。"大众"也不再只是一个被设计的他者与客体,而是具有主体性和能动性的,是工业化社会导致的一种自然的组合,它的出现和迅速发展是人类文化历史上的重大变化。伊格尔顿对威廉斯大众观念却很不以为然,他认为威廉斯的大众观念忽视了其阶级性和革命性:"在反对他所认定的操纵性抽象概念,为人们进行辩护的时候,威廉斯用自由人道主义的短暂变化代替了革命变化的理论工具……在拒绝资产阶级的'大众'定义时,威廉斯同时坚定地拒绝了革命的定义。"②

从思维方式上瓦解了"大众"与"少数人"之间的社会鸿沟,为专门化、多样化社会构建共同体清扫了社会障碍。而现代传播技术为共同体的重建提供了前所未有的历史条件。

人类最大的危机是理解的危机。③

而对于这一危机的解决,最重要的途径就在于人与人之间的观念、信息、态度的传递、交流与沟通,以及这种传送和接收的传播制度和形式。

关于传播的任何真实理论都是关于共同体的理论。④

现代传播技术使得传播形式由原来的单向传输变为包含接收和回应的整体过程,这使得少数人的支配性理论难以在现实中实现,也成为重建新型共同体的重要条件。共同体的建构依靠民主的实践,而真正民主的传播基调是:

不是试图支配,而是试图传播,试图达到接收和回应的效果。主动的接收和鲜活的反应反过来又取决于一个有效的经验共同体;当然,反映的

---

① [英]雷蒙德·威廉斯:《文化与社会》,吴淞江、张文定译,北京大学出版社1991年版,第378页。

② Terry Eagleton, *Criticism and Ideology*, London: Verso, 1976, p.32.

③ Raymond Williams, *Culture and Society*, London: The Hogarth Press, 1987, p.338.

④ [英]雷蒙德·威廉斯:《文化与社会》,高晓玲译,吉林出版集团有限责任公司2011年版,第327页。

质量取决于是否承认实际上的平等。①

现代社会，真正阻碍共同体重建的是社会不平等，是共同经验的缺失。而共同经验就是共同文化，即共同生活方式的建构。

> 我们需要一个共同的文化，这不是为了一种抽象的东西，而是因为没有共同的文化，我们将不能生存下去。②

威廉斯所说的文化是一种现实的生活方式，而共同文化则是各种不同生活方式共在并存的一种多元化生活方式。通过对共同文化的解析，可以看出威廉斯文化理论中丰富而深刻的民主思想。威廉斯"作为一种整体的生活方式"的文化观念消除了少数精英和多数群众的界限，消除了我们和他者的界限，体现的不仅仅是一种平民情怀或大众情怀，而且是一种观照全人类的情怀，这也正是他"共同文化"的旨趣所在。在威廉斯的文化研究过程中，自始至终都没有离开对于文化和政治、文化和民主的关联性探讨。他提出的"共同文化"的概念就是一个典型的写照。他用平等的眼光看待不同的文化，一方面承认精英文化与大众文化在内容上的差异，另一方面又否认精英文化和大众文化在审美价值上的高低，这也正是他的"共同文化"思想成型的原因所在。

求同存异、互相尊重、兼容并包是威廉斯"与邻为善"的共同体构建原则的基本内涵。正如他所强调的：

> 一个好的共同体，一个有生命力的文化，不仅会容纳而且会积极鼓励所有的、任何能够对人们共同需要的意识的进步作出贡献的人。③

他的这一"与邻为善"的原则体现在政治思想上，就成了这样一种招致伊格尔顿对他的原则性的质疑的主张：

> 在工人阶级运动中，虽然那紧握着的拳头是个必要的象征，然而拳头决不应该握得太紧，以至手摊不开，手指伸展不了，不能发现并塑造一个

---

① ［英］雷蒙德·威廉斯：《文化与社会》，高晓玲译，吉林出版集团有限责任公司2011年版，第330页。

② ［英］雷蒙德·威廉斯：《文化与社会》，吴淞江、张文定译，北京大学出版社1991年版，第395页。

③ ［英］雷蒙德·威廉斯：《文化与社会》，吴淞江、张文定译，北京大学出版社1991年版，第412页。

新出现的,正在形成的现实。①

共同文化的最大障碍是扶持自然成长的文化观念。工业与民主都是人类支配的气氛造就的,这种支配气氛"几乎扼杀了我们整个共同生活"。人类的很多民主做法,就是固有的支配模式在精神上的重现,也是实现民主最大的障碍。

> 我们总是要把自己的旧意向投射到未来,逼使自己和其他人都去充实那些意向的未来。我们试图掌握其他人,用我们自己的结构去决定他们的走向,并认为这样做是一种美德。无论是保守主义者企图延长各种旧形式的做法,还是社会主义者企图规定新的人类的样子的做法,都是这种支配性思维模式在精神上的具体表现。②

共同文化的观念以一种特殊的社会关系形式,使自然成长的观念与扶持自然成长的观念结合在一起。威廉斯对这一共同文化的基本精神内涵的表述:

> 我们必须依靠我们自己的寄托而生活,但是,只有承认其他人也有他们自己的寄托,并且共同努力保持成长渠道畅通无阻,我们才能共同过着充分的生活。③

因此,必须清楚:

> 我们强调自然成长,是要指出整体的潜力,而不是为了指出支配模式能方便的征用的某些被选择出来的力量。但是我们同时也强调社会现实,也就是对自然成长的扶持。④

任何文化在整体过程中都是一种选择、一种强调、一种特殊的扶持。一个共同文化的特征在于这种选择是自由的、共同的,或者是自由的、共同的重新选择。扶持则是一种共同决定为基础的共同过程,而且共同决定本身包含着

---

① [英]雷蒙德·威廉斯:《文化与社会》,吴淞江、张文定译,北京大学出版社 1991 年版,第 413 页。

② [英]雷蒙德·威廉斯:《文化与社会》,吴淞江、张文定译,北京大学出版社 1991 年版,第 414 页。

③ [英]雷蒙德·威廉斯:《文化与社会》,吴淞江、张文定译,北京大学出版社 1991 年版,第 414 页。

④ [英]雷蒙德·威廉斯:《文化与社会》,吴淞江、张文定译,北京大学出版社 1991 年版,第 415 页。

生活与成长的各种实际变化。

> 自然成长以及对自然成长的扶持是一个相互协调的过程的一部分，保持这种过程的基本原则是生命平等的原则。①

共同文化的精神内核是生命平等。生命平等是共同文化与民主高度一致遵从的原则和奋斗的目标，二者的关系也因此而难分伯仲，共同文化是民主实现的观念保障，民主是共同文化理念的核心。在共同文化中体现的是一种更广义上理解的民主——一种生命的平等，而不是狭义上的阶级或政党的平等。

伊格尔顿认为威廉斯的共同文化概念对于当前关于多元主义和共产主义、提倡作为一种混杂性和文化作为一种身份或认同的讨论以新的契机：

> 艾略特，可以说，是一种准共产主义的，提倡一种信仰及共享的文化谱系的共同体。这种情况在今天的表现则包括了一种经典的自由主义和后现代的多元主义，而威廉斯的共同文化理论，显然和这是不一致的。它不是后现代主义者所认为的是一种有机论者的怀旧，因为它包含了政治性的转型。更主要的是因为它的含义是革命性的，而且不是把文化看作是一种整合的整体而是作为一种有着特定化的各种发展的复杂体系。②

如何才能走向共同文化呢？威廉斯给出的策略是文化扩张（cultural expansion），就是消解文化的高低之分，把以前与少数精英相联系的文化作为共同文化的一部分延及到大多数人，让多数人能够享受文化带来的益处，即精英文化大众化。

在《文化与社会》的结论中，威廉斯最大成就在于共同文化的建构。共同文化以一种全人类的视角，消解了精英文化和大众文化的界限，以"与邻为善"为原则、以"生命平等"为精神内核、以"自然成长和扶持自然成长"相结合的文化观念为宗旨，通过对工业和民主这两大现代社会主题的分析和批判，真正意义上实现自由与平等这两大民主的实质内涵。文化扩张作为共同文化实现的有效途径是以现代技术作为动力源泉的。尽管他的这些构想中不乏乌托邦的色彩，但却是现实中消弭技术化现代社会民主中的集权，实现技术社会真正意义上的民主所必需的一种思路，同时也是在一个多元化的世界中实现和

---

① ［英］雷蒙德·威廉斯：《文化与社会》，吴淞江、张文定译，北京大学出版社1991年版，第416页。

② Teery Eagleton, *The Idea of Culture*, Oxford：Blackwell Publishers Ltd.，2000.

谐统一所必需的、具有针对性和可行性的一种视角。

威廉斯后期关于/对共同体与共同文化的批判。首先,威廉斯的文化扩张实质上依然具有较为强烈的扶持自然成长的观念,摆脱不了精英文化的主导立场,在实际操作中,如何把握精英主义的控制氛围和共同文化的建构之间的关系? 威廉斯在《文化与社会》中提出"共同文化"这个概念的十年之后,对这个问题进行了进一步的澄清。他明确指出,一个特定群体(多为统治群体或精英群体)中少数人的价值观,不可能通过简单地延伸或传授传递给其他人,就出现所谓的共同文化。原因有二:其一,由于受众具有差异性和自主性,传播内容可能不被接受;其二,如果成功被受众接受并共同拥有,那也只能被称为"共同的文化",却不是"共同文化"。那么,"共同文化"如何产生呢? "一种共同文化不是少数人的意义或信念的一般性延伸,而是创造条件,让人民作为一个整体参与到表述意义和价值观的活动中来,参与到其后对这样和那样的意义、这样和那样的价值观的决定之中来。"当然,这就需要改变教育体制的主导模式,使教育成为确定意义和价值观的连锁过程,其中每个人既是贡献者,也是接受者。这种共同文化的创建模式在私有财产的社会结构中是无法实现的,这种"有教养、参与式民主"的共同文化,只能靠社会主义手段来实现。"共同文化的思想不是一种简单的'意见一致的社会'的思想,也不是单纯的'步调一致的社会'的思想。共同意义是由所有人来决定的,但在一个没有具体终点的进程中,他们有时候作为个体在行动,有时候则作为群体在行动,而且在任何时候都不能认为这个进程最终已经自我实现,或者说已经完成。在这个共同进程中,唯一绝对必要的是保持传播渠道和机构的畅通无阻,这样所有人都可以做出贡献,或者在帮助之下做出贡献。"①总之,共同文化是一种自由的、贡献式的、创造意义和价值观的共同参与过程。而且,现代文化的传播是一个双向的过程,而非单向的传输,接受的过程也是一个再创造的过程。这种现代传播方式的进程,使得文化的扩张与共同文化的建构成为现实的可能与必然。

其次,威廉斯在 1958 年出版的《文化与社会》中提出重建共同体,但却在

① [英]雷蒙德·威廉斯:《希望的源泉》,祁阿红、吴晓妹译,译林出版社 2014 年版,第43 页。

20年后出版的《政治与文学》中予以了否定。他看到20世纪60年代，共同体的利益总被置于一小群人的利益之上或置于一小群人利益的对立面，这使威廉斯认识到，"共同体"这个词具有过强的可塑性，很容易被利用为某种政治和社会意识形态的工具。没有人会在敌对意义上使用"共同体"，而这也正是"共同体"这个词的危险性：它可以对人进行社群区分，但是却很难确定一个人属于这个观念所指的哪个群体。在德国，首次提出"共同体"概念的是第一次世界大战前社会民主党的支持者托尼斯。第一次世界大战后，纳粹党利用"民族共同体"这个词，作为他们向国内宣传，特别是第三帝国内部向工人阶级宣传的核心思想。"我认为原因在于这个词允许对其含义进行不断的删略，以与其他概念保持一致——这些概念中首先就是民族和国家。"[1]于是，威廉斯在《文化与社会》出版20年之后明确指出："我自己不会再像曾经在《文化与社会》中所做的那样使用'共同体'这个词。"[2]于是，有人由此认为威廉斯后期反对共同文化，主张政治革命和斗争。其实，威廉斯检讨的是自己对共同文化定义的方式，以此唤醒我们的文化自觉，警醒现实中对于共同体概念的滥用和误读，但并未因此否定共同文化这一概念。而且，威廉斯学术研究对共同文化的目标性设定和追求，并不排除他对革命的斗争性。从《文化与社会》威廉斯就一直处于与现实抗争的语境中进行各种研究，但他的目标不是为了斗争，而是以斗争为手段最终实现共同文化的愿景。

六、结　语

《文化与社会》出现在飞快的政治变动局势当中，新的问题在这种局势下被提出来，随后新的时期阶段则围绕这些问题显示其特色。它充当了从一个时代通往另一个时代的桥梁，但是现在人们忽略了它只是一个桥梁。这本书大体上做到的是使阅读文学和研究社会思想史的人改变了正在写作和讨论的内容。

---

① ［英］雷蒙德·威廉斯：《政治与文学》，樊柯、王卫芬译，河南大学出版社2010年版，第104页。

② ［英］雷蒙德·威廉斯：《政治与文学》，樊柯、王卫芬译，河南大学出版社2010年版，第105页。

它容许把一个非常复杂的社会思想传统与文学传统重新联系在一起,后者的发展进程实际上已经受到《细察》及其整个群体结构的阻碍。①

后人对《文化与社会》的质疑主要体现在以下两个方面:

第一,关于书中作家和书单的选择问题。这本书读起来像是有人把某种业已存在的共同属性进行了选择和重新安排,实际上它并非对1780年之后的作家的完整记录。威廉斯没有预定书单或者选择标准,是他在不断扩展阅读的过程中,不断修订增删,根据自己所知和所感兴趣的有关作家的思想来确定的。他坦言,书中未曾提及当时他不了解的格林,也没有出现他非常了解却因为存有偏见而放弃的赫斯特。而且,直到出书之前的1954年,才决定将过渡期的1870—1914年囊括进书中。《文化与社会》的最大贡献之一,是通过对所呈现作品的思想进行尽可能整体性的解读,确立一种关于文化与社会的写作传统的意识,并让人们意识到这一传统的存在。但结果是,人们利用这本书培养起来的这种文化传统的意识去批判这本书中作者和书目的选择不符合或不能完整体现这一文化传统。威廉斯在本书1987年再版的"前言"中指出,这是"一种颇具讽刺意义的赞颂"。

第二,限于英国而缺乏全球视野的问题。在《文化与社会》中,威廉斯刻意保持了它的英国性:

这本书弥漫着一种非常特殊的民族意识,它以某种非常特殊的方式表现为"民族的"。②

威廉斯这样做的原因是,英国是工业革命的始发地,处于英国文化中的人们更直接和清晰地感受到这个历史转型期带来的全新的社会和文化关系及问题,作为这些变化的初始发源地,对英国的相关研究与世界同样发生这些变化的其他任何地方相比,都更具有永久而普遍的重要意义。

《文化与社会》的历史地位及其理论意义在于:

第一,实现了文化研究的范式创新。《文化与社会》的研究对象是工业革命以来基本全新的文化和社会关系及问题,在文化与社会的关系研究中引出

①　[英]雷蒙德·威廉斯:《政治与文学》,樊柯、王卫芬译,河南大学出版社2010年版,第94页。

②　[英]雷蒙德·威廉斯:《政治与文学》,樊柯、王卫芬译,河南大学出版社2010年版,第96页。

政治因素,将文学批评上升到文化批判和社会批判的视角和高度,将文化思想和社会思想相结合,确立了一种文化与社会的写作传统。

威廉斯在写作中认识到文学中现实的意识形态功能。

> 整个有关民族文学兴起的观念,通过文学对一个民族进行界定,把文学视为民族精华或者民族精神的文学观念——所有这些都是对特定的政治和社会意识形态的支持。①

尽管威廉斯说,他在写《文化与社会》时还没意识到这些,但是,实际上,他对于作家作品的分析到处充斥着这种写作范式的浸透。《文化与社会》出版之后,人们把它看作英国新左翼的开创性之作,将《文化与社会》与后来的《漫长的革命》、霍加特的《识字的用途》、汤普森的《英国工人阶级的形成》和《莫里斯》,统称为开创了全新知识和政治传统的作品。这一评价体现的不仅是对其内容,更是对其文化研究范式的肯定。

第二,实现了文化研究的理论突破。《文化与社会》是威廉斯在1958年学术研究的早期立志于建立"一个新型且普遍的文化理论"②的著作。本书的组织原则建立在一个重要事实基础之上:文化观念及"文化"一词的现代用法是从工业革命开始进入英语思维的。本书的主题思想是建构"文化是整体生活方式"的文化理论基础。全书论述了工业革命以来文化观念的变迁及文化的现代含义,试图揭示这一过程如何以及为何发生,以及文化观念从开始到现代的演变过程,解释说明18世纪晚期以来面对英国社会变革,人们在思想和情感上的反映。30年后,在《文化与社会》再版的"前言"中,威廉斯再次强调,要充分认识和理解时代的变化和危机,主要的方法就是思考文化问题。威廉斯把生活方式、社会感知等范畴引入文化研究,不仅是方法论上的重大创新,也实际影响了他的研究对象本身。

第三,促进文化研究的方法发展。威廉斯以解释学的视角和方法对文学作品进行文本解读与分析,透视文学作品背后的社会和政治的背景与实质,这是他在《文化与社会》中的主要研究路径。

---

① [英]雷蒙德·威廉斯:《政治与文学》,樊柯、王卫芬译,河南大学出版社2010年版,第104页。

② [英]雷蒙德·威廉斯:《文化与社会》,高晓玲译,吉林出版集团有限责任公司2011年版,"前言"第1页。

我自觉地努力去理解像伯克或柯尔律治这样的人的看法是什么。甚至有这样的一种感觉,当我在写这些人的时候,我感到自己正在完全用他们的话语考虑事情,以至于我几乎变成了他们。这被作为该书的一个特点而加以称赞。①

在对全书 40 位作家及其作品的分析中无一例外地使用了解释学方法,以历史平视的视角和价值多元的态度,体验作品中折射的普遍的、公共的、历史的、变化的经验和价值,威廉斯称其为"情感结构"。情感结构是威廉斯利用解释学方法建构的一条探查社会环境与人们内心体验之间细微关系的通道,是打开他所有理性思想之锁的一把感性的钥匙。

《文化与社会》无论写作范式还是思想的厚重均堪称经典,代表的是威廉斯早期的思想和研究。本书出版时,威廉斯只有 35 岁,他的写作立场和批评视角都反映出当时的认知水平与局限。20 年之后他对自己这本书的评价是:

它是与我现在的思想差距甚远的一本书。②

这本书受到广泛的阅读和争论,它在某种意义上开创了一种趋势,在另一种意义上又是对某种已经存在的历史趋势的证实,这一历史趋势引起了新的争论。持右翼观点的人把这本书当作是 20 世纪 30 年代以后他们已经告别的对文化思想与社会思想进行结合的一种尝试。

（本文作者:许继红）

---

① ［英］雷蒙德·威廉斯:《政治与文学》,樊柯、王卫芬译,河南大学出版社 2010 年版,第 107 页。

② ［英］雷蒙德·威廉斯:《政治与文学》,樊柯、王卫芬译,河南大学出版社 2010 年版,第 90 页。

第六篇 传播技术的文化反思

——威廉斯《电视：科技与文化形式》导读

一、引　言

　　传播技术研究是雷蒙德·威廉斯晚年关注的一个研究热点，其相关研究成果在传播学领域具有较为深远的影响，《电视：科技与文化形式》（*Television：Technology and Cultural Form*）是威廉斯研究传播技术的代表性著作，1974 年由劳特利奇出版社出版，在伦敦和纽约两地发行。中文译本由冯建三翻译，1994 年台湾远流出版事业股份有限公司出版。

二、创作背景及内容框架

　　雷蒙德·威廉斯作为英国伯明翰学派与"新左派"的领军人物之一，其研究范围之广令学界之人叹为观止，语言学、思想史、文化史与文化理论、社会学、戏剧、新闻传播学、文化批评、社会批评等方面都有专著发表，曾创作过小说、剧本及电影纪录片的脚本。他的研究是跨学科的，也抵制既定的学术划分标准和学科界限。在威廉斯的研究中，有一条非常重要但鲜有人进行专门研究的线索：大众传播研究。而且毫无疑问，威廉斯是英国学界最早涉足媒介研究的学者之一，这也是他的著作被作为传媒研究的早期经典而备受推崇的原因。

　　从 20 世纪 50 年代开始，威廉斯以各种方式积极参与电视传媒方面的工作，从 50 年代末到 60 年代末，他参加了无数直播的和录播的电视讨论节目；与电视台合作将自己的两部小说《乡村来信》和《公共调查》拍成电视剧；参加系列纪录片《一双眼睛》的拍摄；1968 年至 1972 年，在英国广播公司的《听众》

周刊上每月发表评论文章,畅谈与电视有关的各种问题。1972 年底至 1973 年,威廉斯赴美国斯坦福大学做政治科学访问教授,接触到与英国截然不同的美国"电视环境",感受到了美国电视与英国电视的诸多差异,利用这段相对完整的空闲时间写作了一本系统研究新兴电视媒介的专著《电视:科技与文化形式》并于 1974 年出版,至此,传媒研究成为威廉斯晚年研究的主要问题之一。其实早在 1962 年威廉斯就出版了他的《传播》一书,从那时开始到《电视:科技与文化形式》的问世,从他 1981 年编写出版的《联系:人类传播和它的历史》到 1983 年出版的《走向 2000》,以及由艾伦·奥肯将其零散发表于英国广播公司的《听众》周刊上的评论文章结集成册,于 1989 年出版的《雷蒙德·威廉斯关于电视》和罗宾·盖伯编辑出版的威廉斯的论文集《希望的资源》中,可以明显地看到他对于大众传播研究的兴趣和成果。

《电视:科技与文化形式》将电视看作人类的一种文化现象,也当作整个人类技术的一个缩影,在批判传统技术哲学思想的基础上探讨作为人类社会的一项研究发明,电视与社会的关系是什么? 依托电视这种媒介发展或产生的各种文化形式又如何呈现?

本书包括 3 个部分共 6 章的内容:

第一部分:探讨技术与社会的关系。包括第一章"技术与社会"、第二章"科技制度"。威廉斯通过对传统的"技术决定论"与"技术的社会表征论"以及关于技术与社会因果关系的种种看法进行批判性分析,通过梳理电视技术的社会史,解析技术产生中"技术意向",包括"个人意向"与"社会意向"的功能,在技术的内史与外史之间建构了"技术即文化"的本体论思想。威廉斯认为不同国家的不同社会结构会导致不同的广播制度,这种不同主要体现在公共服务和商营制度的对立与共谋的关系,争夺的对象包括国家、公众与商业。

第二部分:包括第三章"电视所表现的文化形式"、第四章"节目编排:分布(distribution)与流程(flow)"。本部分主要对电视所传播内容的文化形式进行分析。从社会结构出发分析技术与观众的关系,探讨电视作为互动式的科技模式,产生出新的文化生产模式。以电视内容的"分布"与"流程"为例,分析社会结构如何通过技术渗入并扎根于大众的日常生活。

第三部分:包括第五章"科技效果与科技使用"、第六章"替换性科技、替换性使用"。本部分的问题可以归结为科技使用中受众如何发挥能动性。威廉斯认为,新的科技的产生和科技的替换性使用可能产生一系列积极的后果:重建广播制度,从公共服务与商业运作之间的控制中产生新的社区广播,地下广播,私人的独立制作;由此创造出新式的"公共服务",将传播模式从自上而下的单向控制转向民主的双向互动模式。在此,威廉斯强调在技术的变革和使用效果中,人是可以发挥主动性创造和改变一些既定的东西的。

三、技术哲学传统的批判

威廉斯曾批评美国学者的效果研究,妨碍了对特定传播情境、特定现代传播惯例和形式的分析。① 其实,即便是在一定程度上顾及特定传播情境的法兰克福学派,也依然摆脱不掉将传播媒介视为抽离于社会而存在的抽象实体,这种总体思维之下产生的传播媒介研究思路无外乎两种情况:技术决定论与技术完全被外力所决定的技术的社会"表征"论。威廉斯在《电视:科技与文化形式》中对这两种技术研究思路进行了详细的分析和阐释。

第一,技术决定论。

威廉斯意识到,技术决定论的力量非常强大,几乎已经成为诠释社会变迁的正统观点。他指出几乎任何新技术的早期,都伴随着技术决定论的论调:"计算机将盛行起来""1990年代的无纸办公室""明天是光缆和卫星的世界"。在技术决定论者看来:

> 借着其内部研究与发展的自发逻辑,新科技问世了,然后社会变迁与进步的条件也就此设定。"创造了现代世界"的种种技术发明,其沿革的铺陈,就是一部进步史。无论是直接或间接,不管是人所预见或没有预见,新科技的百般效果,就是历史。蒸汽引擎、汽车、电视与原子弹"创造"了现代人与现代环境。②

也就是说,科技有其自身的规律和逻辑发展演进,但它一经问世,却创造了整个世界,成为社会变迁和进步的背景性条件,在技术决定论的视域中,新

---

① Raymond Williams, Communication as Cultural Science, ed. Bigsby, *Approaches to Popular Culture*, London: Edward Arnold, 1974, pp.27-38.

② Raymond Williams, *Television: Technology and Cultural Form*, London: Routledge, 1990, p. 25.

科技的威力无穷,新科技创造了现代人的生活方式和现代社会的存在状态,新科技创造的就是整个历史。威廉斯对技术决定论的实质进行了解释:技术决定论的基本设想是:一种新技术———一种印刷的报纸,或者一颗通信卫星———"产生"于技术研究和实验。接着,它会改变它从中"出现"的社会或者部门。"我们"要适应它,因为它是新的现代方式。①

　　威廉斯以电视为例,对技术决定论进行了系统分析。技术决定论只是一种统称,这一统称下的共识是:技术改变了世界,电视是科技研究的成果,作为科技成果的电视有其自身自发的产生发展逻辑。在基本的共识之下,这一阵营内部也有各种不同观点上的具体分歧,威廉斯总结了这样的五种对技术决定作用的不同理解:①电视作为一种新闻和娱乐媒介的力量非常大,以至于改变了以往的新闻娱乐媒介;②电视作为社会传播媒介的力量非常大,以至于改变了社会制度与社会关系的形式;③电视作为电子媒介的内在特性,改变了我们对于现实的基本认识,而且改变了人与人、人与世界之间的关系;④电视作为强大的传播和娱乐媒介,与其他科技发明的成果相联合,改变了我们社会的形式和性质;⑤电视渐渐发展为新闻与娱乐的媒介,并造成了我们始料未及的后果,它不仅削弱了其他新闻与娱乐媒介的重要性,甚至威胁到它们的生存,而且改变了我们的家庭、文化与社会生活的核心部分。

　　这样的五种观点,尽管在科技的决定力量所施展的领域和范围上各有见地,存在不小的差异,细究起来,各自均可发展为一种独立的电视研究流派。但是,它们终归是技术决定论这一个阵营中的战友,它们都把科技发展当作是自生自发的,新科技好像是从一片独立领域里自行冒出来,然后创造了新社会或新的人类环境,包括新的媒介手段和方式,新的社会制度、社会关系、社会形式和性质,乃至于人们新的观念与生活方式。

　　威廉斯对这些技术决定论的论断进行了分析和解释。他回顾了电视技术的整个发展历史,发现科技发展的史实与技术决定论的论断正好相反。首先,技术在产生之前离不开社会条件的支撑,包括人们的预见和技术的储备。这些传播系统在主要元件尚未发明或尚未改良之前,就已经为人们所预见,但并

---

　　①　参见[英]雷蒙德·威廉斯:《现代主义的政治》,阎嘉译,商务印书馆2004年版,第171页。

不是凭空想象,而是有技术上的考虑与依据。其次,技术是诸多社会条件成熟之后的产物,并非新社会的缔造者。

> 有了长期的资本累积,加上种种技术基础的改良,才有工业生产的决定性转变与新社会形式的现身,由此才再创造了新的需要,提供了新的发展可能,而各种传播体系,包括电视,正是这一切条件完满之后所结出的果实。①

因此,绝对不是传播体系发展而带动或创造新社会或新社会景况。威廉斯用现代传播技术产生发展的史实有力地佐证了自己反技术决定论的立场和观点。

威廉斯反技术决定论的立场是非常鲜明的,从他技术解释学的视域来看,技术决定论是荒谬的、不可理喻的:首先,技术是在特定的社会中,由于某种特定的目的和意图而产生的。实际上,所有技术研究和实验都是在早已存在的社会关系和文化形式之内进行的,而且是为了早在一般预见中的各种目标。其次,技术的社会意义取决于其社会使用。在威廉斯看来,技术发明本身很少具有社会意义,只有当它被挑选来为了特定的社会用途而被有意识地发展或进行生产投资时,它才开始具有普遍意义,一种单纯的技术发明和人们可以使用到的技术之间是有着质的区别的。总之,技术不可能是一种从社会中可以抽离出来加以理解的东西,它也不会单独的对社会有任何决定性的作用,正如威廉斯所言:挑选、投资和发展的这些过程,明显属于一种一般的社会过程和经济过程,是在现存的社会关系和经济关系之内,也是在一种特定的社会秩序之内,而它是为了特定的用途和利益而设计的。②

威廉斯用他的技术解释学思想对技术决定论进行了釜底抽薪式的批判和解释,技术的产生和使用,技术发展的全部逻辑,都是在特定的社会条件中才可以被理解的。

第二,技术的社会"表征"论。

社会"表征"论强调科技只是在社会变迁或即将来临的变迁过程中的一

---

① [英]雷蒙德·威廉斯:《电视:科技与文化形式》,冯建三译,台湾远流出版事业股份有限公司1992年版,第31页。

② 参见[英]雷蒙德·威廉斯:《现代主义的政治》,阎嘉译,商务印书馆2004年版,第171—172页。

环。相比于技术决定论,这派见解所强调的是其他因素对社会变迁所引起的决定性作用。因此,某些或某类科技,是相应于某种变迁的"表征",是社会过程的副产品,但这个社会过程又是由其他因素所决定的。科技如果要发挥效用,就必须在这个既定的社会过程所架好的框框中进行。

对于社会"表征"论来讲,技术的全部意义皆在于其使用,而且技术的使用与否对于我们的社会生活不会起到任何根本性的作用。细化到电视,就是,

我们怎么去使用电视,事实上也就突显了我们现有的某些社会秩序,某种人性;而这些社会秩序与人性,又另由其他因素决定——即使没有电视的发明,我们还是免不了要受摆布,免不了要茫无所知地度过我们的娱乐生活,没有电视,也许只不过是这种受摆布与茫然的状态,要轻微一些罢了。①

社会"表征"论完全走到了技术决定论的另一个极端,技术对于人类社会和生活,成了可有可无的存在。

威廉斯同样对社会"表征"论作了技术解释学的分析,指出技术"表征"论也是在一个统一的基点上,存在着各种不同的观点上的差异,主要体现在这样的四个方面:1. 人们选择电视进行投资和发展,以满足新型社会的不同需要,特别是在提供集中而同质化的娱乐形态,形成集中而同质化的民意,形塑同质化的行为模式方面,电视发挥了巨大的作用;2. 人们选择电视进行投资和促销,把它当作家庭消费经济领域中有利可图的一个环节,电视是特殊的"家庭宠儿机器"的一种;3. 电视内在固有的特性夸大并强化了人们在文化上、心理上一直就有的惰性,它成为这些惰性的代表,将原本潜伏不明的惰性组织并表现出来;4. 电视的特性既满足又利用了新社会大而复杂并且原子化的人际关系的社会需要。

社会"表征"论与技术决定论一样,都把技术的研发当作是自生自发的。不同的是,社会"表征"论认为研发活动只在边陲地带进行,一旦有了发明成果,整个社会就会加以使用。技术能够影响或改变的仅仅是人们已有生活状态的程度,不会带来任何质的转变。社会"表征"论将技术完全置于人类社会

---

① ［英］雷蒙德·威廉斯:《电视:科技与文化形式》,冯建三译,台湾远流出版事业股份有限公司 1992 年版,第 24 页。

的边缘地带,认为它仅仅是人类漫长发展史上的一种手段和工具,起着辅助和可有可无的作用。即便没有科学技术的存在,人类仍然要像他现在的样子发展,只不过发展的速度或样式会有所不同而已。在威廉斯看来,社会"表征"论将技术与社会相关联的研究路径是值得认可的,但其对技术的完全边缘化的界定方式,与当前技术化社会的现实明显是格格不入的。

威廉斯指出,技术决定论和社会"表征"论共同的问题在于将科学技术孤立了。"科学技术本身好像有无穷无尽的泉源,创造了新的生活方式;或者,科技本身好像有无穷无尽的泉源,提供了创造新生活方式的物质。"威廉斯发现,当前的媒介研究文本,无论其有着怎样的思想内涵,实质上无外乎都是在技术决定论与社会"表征"论两种理论阵营中的发挥,而且,在当代社会思潮里,这样子的立场已经根深蒂固,让人很难置身其外加以思考,大多数的科技史与科学发明史,也都是从这两个基本论点出发的。

即使我们登高一呼,要求正视"史实"以穿透这二组见解的迷雾(指技术决定论与技术的社会"表征"论,引者注),困难仍是重重,因为相关历史的取材与写作,有意或无意的都只是在前述的观点下进行的,它们只能重复或再次印证决定论的观点。史学对于科技之社会意义的诠释,通常即是如此;更常见的情形,是科技或科学发展史只谈本身,而不及于其他社会因素。这样的现象可以看成是专业化的结果,也可以说是强调重点不同所致,但都是对科技内在逻辑与标准的肯定。①

也就是说,技术决定论和社会"表征"论几乎已经成为当时人们解释技术的两种非此即彼的范式,这些范式已经成为阻碍人们"正视史实"的迷障。威廉斯致力于建构一种新的研究范式以消除这一迷障。

四、技术即文化

威廉斯在《电视:科技与文化形式》中将技术的研究范围缩小到现代传播技术的典型代表之——电视,将其作为研究对象,通过了解电视的历史,分

---

① [英]雷蒙德·威廉斯:《电视:科技与文化形式》,冯建三译,台湾远流出版事业股份有限公司1992年版,第26页。

析电视使用的种种路径,以小见大地开创了一种全新的"技术即文化"的传播技术研究范式。

威廉斯"技术即文化"本体论研究范式的建构关键在于将"意向"这一关键词引入了他的技术研究视域。他指出无论是技术决定论还是认为技术完全是被外力所决定的观点,都是片面之词,都将技术作为被抽离出来的、游离于社会的东西加以研究,这样的技术只能是一个学术概念,而非活生生的现实社会的技术。为此,他提出了研究传播技术的一种"意向介入式"的认识路径。对此威廉斯有明确的定位:

> 我所提出的这个观点与科技决定论有别,因为它重新提出研究与发展过程的"意向"(intention)问题;也就是说,这个观点认为人在心中先有了底,有了期望,才去找出、发展出电视这样的科技。同时,这个观点也不只是把科技看成是"表征",它认为人心中有所期望与作为,厘定有社会的目标,在逼近这些目标时,科技不但不是只具有边陲的角色,它其实是站在核心地位的。①

威廉斯技术本体论研究范式的两个最为基本的关注点:一是作为技术产生根本动力的技术意向;二是技术在当前社会使用中的核心地位。

"个人意向"是技术得以产生的原初动力。威廉斯认为,电视的出现不仅仅是科技发展的产物,也不完全出于统治者维护既定社会秩序的需要,更多的是因为"个人的意向"(intentions)。从机械与电子传输,到电报、摄影、电影、无线电广播与电视,这些技术手段互相激荡辉映,构成社会转型期的一大部分。这些发明,有的是由独立的个体完成的,但最重要的是,更大的部分是在迅速蔓延扩张的社会组织中的特定选择和意向中完成的。技术产生之后,在不同国家的文化与制度的形式下,其传输的形式也有很大差异,二者又是技术与社会的又一个层面的关联性问题。在电视的其他元件尚未成熟或尚未被发明的情况下,"电视的意向"首先就表现为零散的"个人意向",成为先在的整合与驱动力量,促使电视技术在一种残缺或不完备的技术环境下,逐步走向成形。

个人意向,汇整以后,形成了社会的要求,预期了某种科技的出现。

---

① ［英］雷蒙德·威廉斯:《电视:科技与文化形式》,冯建三译,台湾远流出版事业股份有限公司 1992 年版,第 26 页。

在这一过程里,意向与需求固然会因为优势团体(如资本家)的塑造而变形,但也要在最小可以接受的范围内,得到其他人(如一般劳动者)的首肯。①

"社会意向"是促使技术成型并落地的驱动力。电视之所以能够在20世纪20年代发明出来,进而普及并占领日常生活的中心地位,除了"个人意向",还涉及了军事、政府行政和商业上的特定意向。第一次世界大战促进了电信技术的发展,为了消化由此带来的成本,资本大力推动技术创新,不断创造出新的产品和新的需求。这每一个意向又和科学上的意向发生互动关系。从电视的发明过渡到科技成品这个阶段,商业上的意向成为全面掌握电视发展动态的力量,虽然政治和军事上的利益依然牵涉在内但成分已经降低。这样一来,商业上的意向,披上了一层社会和政治上的意向,在此期间,政治力与社会力,与驱动电视问世的商业意向有共鸣之处,也有相互冲突之处。随着资本主义生产的发展,人们的私藏性消费能力不断上升,资本也由此在第二次世界大战结束后增加技术投资、降低生产成本,最终成功地扩大了自己的再生产规模,使电视进入千家万户。事实上,一旦原来的意向实现了,不同面向的问题就会随之出现。

尽管"电视的意向"的产生离不开一定的技术准备做保障,但它却是电视得以最终形成的原动力。而且"电视的意向"又是源自于个人乃至世界的需要,从这一层面来讲,并非电视技术全面的影响或改变了整个世界,而应该是双方处在一种密切互动的相互交融、相互作用、相互促生的过程中。如威廉斯所言:"人类生活过程中,影响力的来往,不是单方向的。真正的决定论涉及了整个实质的社会过程。"②

他将技术决定论与技术完全被外力决定的观点都置于被否定的境地,也不是单纯的站在精英或大众某一方的立场对科技做出分析,而是通过"意向"将对立的双方在技术的阵营中作了一个有机的联结。

美国政治学家拉斯维尔于1948年发表的《传播的社会结构和功能》一文

---

① [英]雷蒙德·威廉斯:《电视:科技与文化形式》,冯建三译,台湾远流出版事业股份有限公司1992年版,第15页。

② Raymond Williams, *Television: Technology and Cultural Form*, London: Fontana, 1974, p.129.

被认为是传播学诞生的标志,他在文中提出传播研究中最著名的描述一个传播行为最便利的公式:谁,说什么,通过什么通道,向谁,产生什么效果。自此之后,被称为"拉斯维尔公式",成为传播学研究的最常用范式。这一公式道出了传播过程研究的几个重要元素,被学者广泛使用来组织和建构有关传播的研究,拉斯维尔自己也据此引申出许多不同形态的传播研究,公式中的每一个元素就可以是一个传播学研究的特定领域:谁(控制研究),说什么(内容分析),通过什么通道(媒介分析),产生什么效果(效果研究)。

威廉斯对这一公式进行了剖析和改进,他指出,这一"公式"因为"忘了"问"为了什么意向"而暴露出了缺陷,缺乏对这一问题的回答,拉斯维尔公式中的所有研究都会流于泛泛而失去意义,或者说归于抽象的理论,而无法深入现实的传播本质。其"意向介入式"的研究路径就体现在对"拉斯维尔公式"进行修改后的"威廉斯公式":"谁,为了什么意向,说什么,通过什么通道,向谁,产生什么效果"。相应的,每一个元素研究领域为:控制研究、目的研究、内容分析、媒介分析、效果研究。威廉斯将"意向"引入电视研究的过程中的同时也就将电视引入了一个历史的语境。正如威廉斯所说,事实上,如果我们忽略了技术研发过程中的各种"意向",那么,我们就不可能真正理解作为技术的电视的历史发生,因为正是从各种"意向"中间形成了直接推动电视技术发明的社会需要、社会目和社会实践。而且,意向作为一种主观性的客观存在,同时又是传播过程最为本质的内在机制。

威廉斯将"意向"引入电视研究的过程中的同时也就将电视引入了一个历史的语境。正如威廉斯所说,事实上,如果我们忽略了技术研发过程中的各种"意向",那么,我们就不可能真正理解作为技术的电视的历史发生,因为正是从各种"意向"中间形成了直接推动电视技术发明的社会需要、社会目的和社会实践。

威廉斯对于技术内史的探讨走出一种纯专业科学技术的研究误区,将技术本身的发展历史置于社会与个体意向这样一个人文背景和语境中,更为真实的使技术发展融入整体人类生活,成为人类需要、社会发展中的一个环节或构成要素,而非抽离于人类活动的不食人间烟火的"异物",完全按照自身的生存和发展逻辑我行我素。至此,威廉斯彻底地将以往"技术与文化"的技术认识论思考和研究模式转换为"技术即文化"的技术本体论研究范式,也彻底改写了技术内史的研究范式——一种尝试在内史与外史之间找到一个契合点或关联区域的思考路径。唯一美中不足的是他只是对技术的局部——电视，对电视形成发展历史的部分——只是专注于其他指向于电视产生意向的技术准备的部分，而且对这些部分也只是粗略地进行了一般性的概述，未能深入其里，细致入微地将每种技术准备元素的发展意向进行一些剖析，其研究范式因此难以得到充分展示。这样做足以建构或开辟一个庞大的技术研究学科，而这并不是威廉斯的研究重心所在，因此他这种避轻就重的研究也就可以理解，而且最为重要的不是他对这一研究范式的阐释是否充分，最重要的是他提出了这一研究范式本身，对我们具有的启蒙性或创造性的影响。这不仅是对技术研究的归位，也是对文化研究的拓展。

五、社会民主的技术化形式

传播技术一旦产生，在社会应用中处于何等位置？发挥什么作用？这个问题也是技术哲学关注的问题之一，威廉斯在《电视：科技与文化形式》中借助电视这一现代技术对社会民主的作用这一问题进行了深入而又具体的分析和思考。

从电视传播的目的研究来看。威廉斯一针见血地指出"大众传播"并非"大众"的传播。"大众传播"只是一种表面现象，传播远不止是大众的意图，而是传播系统背后的控制和操纵力量，他们的意图才是传播的决定性力量。所以，将现代传播媒介称为大众传播，是极为不妥，甚至有误的。

从电视的传播内容来看。电视报道的事实具有不可避免的导向性和偏向性。拍摄者和采访者无论其站在怎样的中立立场去制作节目，必然要选取他所认为合适的角度去报道。因此，人们看到的所谓真实的电视画面，其实也只是事实的某个片断或某个角度而已。比如，在对于群众游行的报道中，镜头所对准的是政府对游行队伍的冲击还是游行队伍对政府的冲击，所造成的印象就截然不同了，而这两种境况在游行中又都是事实。所以，可以确定，电视媒体在报道时必然会有一定有意或无意的导向性或偏向性，即便是尽量保持中立，其实在面对全方位的事实时都只能是一种偏向。

从电视所表现的文化形式来看。电视所表现的文化形式分两种情况：一种是旧的文化形式通过电视这种新技术得到表现,即新瓶装旧酒;另一种是由电视这种新的技术所表现的新的文化形式,即新瓶装新酒。电视论坛是由电视传播产生的重要的文化形式之一。最好的电视论坛总是以开放性的做法表达他们的心意,而最糟的节目则是那些技巧齐全却以"他们自己的标准来模拟代议的进行"。无论是什么样的表现形式,电视论坛所代表的只能是那些接近政治决策的核心人士的"消息灵通"的新闻人员,他们所获得的信息,会以电视作为强有力的媒介,通过可以计划的中介过程,进行公共意见的呈现工作——这就是公共论坛所做的工作过程的实质。于是,电视的公共论坛便成为形式上的"公共"而实质上的"代议",而且,这种"代议"所代表的不是公众的意见,而是政府当局的立场。

从电视传播的受众来看。面对电视,受众的自主性与控制权事实上是微乎其微的。电视之所以对大众有强大吸引力的重要原因之一在于电视是一个"容许关机换台"的传播媒介,但由于电视是一个"饱受中介的过程",在这一过程中,电视所给予受众的这一自主性被稀释淡化了。威廉斯对英、美两国的电视传播进行了对比:英国电视传播的特点是注重"公共责任",事实上是以新说法来强调宣教牧师与教师的角色,隐藏其后的是整套支配性与规范性的意义与价值;美国电视传播的特点是强调"公共自由",等于是把广播委身于商品的买卖,而所谓的自由,一旦变成商品,就跟现存的经济不平等挂钩。如此看来,通过电视这种技术所达成的民主,也就成为非常有限的镜中之物。

对于政治色彩浓郁的"公共责任"影响下的电视,观众是有感知的。正因如此,世界上很多地方的人们都希望通过电视这种"四处飘动、易于接受的文化形式"来逃避自身所处的"建制当局"的声音,以此表达对于当局的腻烦与不信任,以及满足自身对于自由与自主的追求。但是,他们所收听或收看到的来自异国的广播或电视节目,也只不过是不同于他自身所处的"建制当局"的"另一个建制当局"的意志支配下的音像。

技术化民主形式借着技术的东风,跨越地域的限制,有可能将触角由地方伸向全球,由国内推广到国际,致使出现大国对小国的统治,跨国公司对贫困地区的控制。统治和控制的范围从经济到意识形态,无微不至。

卫星传播技术的出现,使得电视服务将整个世界作为服务对象。这样的电视服务由整个开放的天空作为舞台,原本可以像短波收音机一般,超越国家的控制,带给世人无上的益处。但由于全世界各国之间发展的不平衡,再加上卫星科技的复杂与昂贵,这方面的传播活动注定是要被少数大公司与专制政府所垄断。这就导致了使用卫星科技很可能有国际化的趋势,但这样的国际化,丝毫没有"有来有往"的意义。技术垄断导致了讯息垄断,有些经济实力较弱的国家,由于缺乏开发技术的实力,甚至无力支付创建全国性电视网的各种开销,于是只能暴露于卫星传播技术所带来的"开放的天空"之下,并由于其无需成本或成本很低便可接收节目而对之欣然接受。从技术层面上,他们已经无力抵挡渗透而来的广播。同时,对于跨国公司来讲,其动力则在于通过延展其广告活动,将本地的广播节目成本转嫁至国外其他地区,借由这种技术上的强势,跨国公司和各个独立运作的全国性电视体系进行着极具优势的竞争。而对于拥有卫星技术的大国来讲,其借由这种技术所谋取的是更为深远的政治、文化利益,于是,大多数"地球村"的子民,将没有发言的机会。同时,这些权势在握的大公司与政府,以及他们所雇用的人,将以大多数人从来没有听闻的方式,向我们说教。按理说,针对这种情况可以成立相应的国际监督机构,以消弭这样的不平等。但是,对于拥有卫星科技的国家来讲,相应的也就拥有更大的投票权力,所以,这样的机构也只能是又一个镜中之物。①

威廉斯失望地发现:

在研究了不同资本主义国家之广播发展类型以后,我们可以很清楚地看出,科技本身实在称不上有丝毫的决定性力量。②

电视这种技术为社会的民主提供了最大可能的同时,也为社会的统治创造了最便利的条件。人们在接受电视作为一种现代的生活方式的同时,也走进了一种新的现代的政治控制的方式之中。它能够改变的,只能是统治者统治的方式和被统治者被统治的方式,而不可能从根本上改变统治者和被统治者的基本格局和构架。威廉斯用一个有力的设问句清楚地表达了他对技术化

① Raymond Williams, *Television: Technology and Cultural Form*, London: Fontana, 1974, p.144.

② Raymond Williams, *Television: Technology and Cultural Form*, London: Fontana, 1974, p.34.

社会民主的基本理念:有线电视真的就那么神奇,以至于能够把我们从所有这一切中释放出来吗?绝不可能!①

社会民主技术化成了在技术促生下的集权的新实现形式,当然,现代技术也为大众文化这一民主的坚实根基的觉醒提供了条件。

六、技术的使用与效果

作为重要的传播手段之一,现代传播技术不论在何种范式下的研究都绕不开对传播技术的使用及其效果的研究。威廉斯的电视研究自然也不例外,但不同之处在于,由于他"整体生活方式"的文化观与"技术即文化"的研究范式的强调,技术的使用及效果研究也就主要体现在整体生活方式的语境中。最具代表性的就是《电视:科技与文化形式》中描述的两种现象:"流动的藏私"与"电视流"。

"流动的藏私"是因为技术的使用而带来的个体生存状态的复杂化和生活方式的多样化。随着广播、收音机、摄影机、电视等现代大众传播媒介的先后问世及飞速发展,人们的生活方式无一例外的因此而发生着前所未有的变化,其中愈益明显的是出现"流动的藏私"(mobile privatisation)。

"流动的藏私"更多地表现在现代工业大都会生活中,两种显然矛盾但又深深相互关联的趋势:人在工业都会,往往需要四处流动;但另外,生活中所需要的东西,愈来愈可以在家庭中得到满足。早期的公共设施(以铁路最为明显)逐渐被新起的技术条件所取代。对于这种可以同时满足流动,并且满足家庭作为生活中心的现象,威廉斯将其命名为"流动的藏私"。这一观念早在威廉斯1964年的小说《第二代》中就有所体现,直到十年后的《电视:科技与文化形式》中才正式命名。这一概念一经产生,不仅在文化与大众传播研究领域,而且在社会与政治经济学界都被广泛引用,可见其所受关注及影响之深广。

威廉斯用驾驶汽车的经验,对这种工业社会中个体的"流动的藏私"的生

① 参见[英]雷蒙德·威廉斯:《现代主义的政治》,阎嘉译,商务印书馆2004年版,第189页。

存状态作了形象说明。人在车中，手握方向盘，听着轻快的音乐，随心所欲地东奔西驰，在这个流动的车壳里隐藏着的是暂时脱离外界的个体。可是，稍作思考会发现，公共道路、交通规则都是他得以这样自由奔驰的必要条件。这就是人在现代社会的生存状态，一方面人必须依赖社会为他提供生活的基本条件，如财物和服务；另一方面却相互竞争各自为政。威廉斯对"流动的藏私"做了如下解释：

> 外在世界是人生活的依靠，他在闭锁的空间里，却短暂的以为他是独立自主的中心。这种既能"流动"，又可以"藏有"个人财货，并且达到"隐私"目的之现象。①

这种个体生活的特点除了在开车中能够得到很好体现外，更明显地体现在家庭成员收听广播或收看电视的行为中，人们足不出户，通过电子传媒毫无阻碍地获取外面大千世界的讯息。这种独具特色的趋势，表现于不同的社会形式，但其中以广播在社会上的运用最具代表性。

"流动"与"藏私"本是一对矛盾，但是，在某种程度上，我们确实可以说工业资本主义社会内部的这种矛盾，随着广播的制度化，已经得到了解决。这种矛盾的解决也正是"流动的藏私"的生活方式得以形成的主要原因，具体表现在这样几个方面：第一，人们身居一方，却出于好奇心的驱动，有着流动的心理需求；第二，伴随工业革命而来的大机器生产，使得传统小规模社会和小型生产劳动的瓦解，形成了驱使人们流动的动因；第三，新的大规模社区和工业组织内部结构的机动性、流动性是其得以运行的基本条件；第四，传统大家庭的解体，核心家庭的增加，使得流动更加容易，而且对于传播通信的需求更趋复杂化。现在，一个孩子甚至在不会过马路前，电视已经带着他周游世界了。第五，新的社会组织形态层出不穷，为其提供了社会保障。工业革命带来巨大社会转变，人们面对这股大规模变迁势力所设定的界限和所施加的压力，尽管无能为力抑或力不从心，但客观上，工作和生活条件得到了起码的改善，最终体现在小家庭的变化上——能够有所藏私。这种藏私的长期保有，取决于家庭成员的固定收入与外在条件的配合。于是，就业、购物、经济萧条、战争等外在

---

① ［英］雷蒙德·威廉斯：《电视：科技与文化形式》，冯建三译，台湾远流出版事业股份有限公司 1992 年版，第 13 页。

环境因素,直接影响着"流动的藏私"的家庭生活形态。同时产生了崭新的"沟通"的需要与"传播"的新形式。至此,电视这一电子媒介把外部社会带到家庭生活中,既改变了公共领域也改变了家的领域。正如威廉斯所言:

> 整个转变过程有如原子爆破,绝大多数人都生活在落尘之内,却又对它没有影响的能耐。①

这种"流动的藏私"的生活方式主要体现在这样两个方面:一是人们的居所越来越远离政治经济中心地带;二是人们的消费更多地集中在使家居更为隐私化的方面。媒介把外在的世界带到内在的空间中来,于是,能为隐私化生活带来最大便利和保障的现代传播技术就成为现代家居生活的消费首选。

从技术层面来看,电视的优势远比不上电影——从图像、色彩以及音效方面,但现实生活中,人们却宁可选择技术上略逊一筹的电视,电影几乎被电视冲击得奄奄一息。究其原因,是电视所包容的社会性优势,大大掩盖了它在技术上的缺憾。所谓社会性优势,主要就是指这种"流动的藏私"的现代生活方式特色,主要体现在这样两个方面:一是电视在满足人们"家庭隐私化"的需要方面,远远领先于电影,人们可以足不出户就享受到电影所能够带来的娱悦;二是电视可提供整套、全面的节目:音乐、新闻、娱乐、运动,它远比电影更能满足人们的社会性需要。电视给现代人带来的生活方式——人在家中坐,遥控手中握,世界可以尽收眼底——本身就是对"流动的藏私"最好的写照,电视自然也因此而成为备受现代人关注与欢迎的一种传播技术。

工业社会给个体生活带来的这种"流动的藏私"呈现出的是一种充满矛盾的多样化状况:单子化与社会化的矛盾综合体。个体的孤独感源自于现代工业提供给他们一定的超出以往的独立的能力,他们可以有所藏私的过这种独立的生活;但同时也必须承受这种独立的能力带来的情感世界的孤独,人际交往的程序化、组织化、技术化。于是出现了一系列对工业社会个体生活方式的批判的声音,认为是人性的一种异化。而威廉斯看到的是在这样的现实背后展现的社会进步及这种进步带来的个体生存状态的进化。任何社会都不可能是完美的,自然也没有完美的个体生存状态,个体理想的生存状态是一种自

---

① Raymond Williams, *Television: Technology and Cultural Form*, London: Routledge, 1990, pp. 39-40.

然的、自由的、不受压抑的状态,在工业社会,个体的生存状态较之于以往的有机社会,在争取自由的能力方面上升了一个台阶,个体的生存状态离理想的状态只能是更近而绝非更遥远。

"电视流"暴露了媒体借助传播技术达到对社会整体生活方式隐性控制的效果,是威廉斯对传播技术的过程论研究,是其整体观在电视研究中的具体体现。他不满足于研究单独的电视节目或电视节目的"分布",他指出"分布"是一个静止的研究结构的概念,它远不如"电视流"这一研究动态电视的流变的概念,更能反映电视的整体形式、揭示电视的真正实质。"电视流"之所以能够做到这一点,是因为它体现的是一个社会整体的"文化设定",不同的"文化设定"构造出的是不同的电视整体形式,即不同的"电视流"。"电视流"是电视节目编排的顺序和流程。

> 广播既是一种科技,也是一种文化形式,它最大的特征,就是这种事先安排的流程。我们一般说"看电视""听收音机",而不会说看或听某个特定的"节目",这就体现出了我们体验的是整个电视的过程,包括不同节目之间的连接,也就是广播流程,而不是某个毫无关联的单独的节目。正是电视节目流程的组织方式,使得我们一旦打开电视,便会"进入"某种状态,不可自拔的一个接着一个地看下去,即使最初我们只是为了要看某个特别的节目。①

由此看来,流程这个特征实在是占有核心的重要地位,"电视流"是作为文化形式的电视的一个最基本特征或魔力所在。

威廉斯从"电视流"出发,通过研究流程的内部运作组织与逻辑,从一种动态的角度揭示了电视这一技术所传输的文化内容的内在关联及其反映的社会意义。他借用美国实证研究方法,通过详尽列举和描述美国旧金山商业第七台和英国BBC1的某个时间段的新闻节目编排流程,对各段新闻节目之间的关联进行了分析,发现尽管这些五花八门的新闻播报出来给人的感觉是它们之间互不关联,记者只是对这些从四面八方涌来的讯息信手拈来,非常忠实地直呈给观众,也就是说那些新闻流程是外在于新闻室的力量所决定的,但实

---

① Raymond Williams, *Television*:*Technology and Cultural Form*, London:Fontana, 1974, p.86.

际上,这些新闻之所以出现,之所以以如此的流程进行,主要却是由新闻单位内部因素加以定夺的。表面上看来不相连属的节次之间的"顺序",事实上却是由相当吻合的一套文化关系串联而成的。单个节目所要言说的东西是非常具体和有限的,而节目编排的流程中体现出的往往才是真正的电视意义与价值所在。威廉斯通过对"电视流"的分析向我们揭示的是这样一种电视背后隐含的社会事实:

> 从文化角度来看,流程是跟着特定的感觉结构而走的。这些流程是特定文化下,各种意义与价值的流程。①

所以,"电视流"就是我们走进并了解一个社会文化的有效途径之一。机构设计并操纵着"电视流",可观众也在用手中的遥控器选择着自己的"电视流"。至此,媒介已经不仅仅作为一种传播机构,而是深度参与社会建构的一种文化机制。

即使会留下碾碎弥足珍贵的事物的遗憾,历史的车轮也不会停止。但在前进的同时,它仍会继续留下新的弥足珍贵的东西。威廉斯思想的可贵之处就在于它是现实的,是开放的,是具有前瞻性的,它能对旧事物有一种理性的分析,同时对新事物又有一种冷静地分析和判断,而且他总能在这种分析中看到新的希望和美好的方向。无论是个体生活的多样还是群体生活的受限,都是威廉斯对现代生活方式的重构性分析。

七、结　语

《电视:科技与文化形式》不仅拓宽了威廉斯的学术研究领域,而且对整个现代传播学研究都具有重要的意义。

第一,本书是威廉斯系统研究现代传媒的标志性著作。威廉斯一直以来的研究主阵地都在文学批评、文化研究与社会批判领域,但"雷蒙德·威廉斯还有一个重要贡献,就是他的传播与共同文化的理念,这是与文化研究相岔的

---

① Raymond Williams, *Television*: *Technology and Cultural Form*, London: Fontana, 1974, p.118.

一条思路"①。由于其无边界的跨域研究优势以及作为学者对社会问题的敏感度,对现代传播技术以及大众传播的研究成为威廉斯晚年最为关注的问题之一,《电视:科技与文化形式》的出版标志着威廉斯对传播技术的研究更趋成熟、系统,该书也成为系统了解威廉斯传播技术思想的最重要著作之一,为威廉斯登上现代传播学研究鼻祖的位置奠定了坚实的基础,也成为现代传播学专业学生的必读书目之一。

第二,本书开创了"技术即文化"的传播学本体论研究范式。《电视:科技与文化形式》将电视看作人类的一种文化现象,也当作整个人类技术的一个缩影,研究其产生到发展及其发挥作用的整个过程,使得媒介研究真正回归媒介本身、进入媒介内部,并在新的历史时期,给予媒介新的认识视角。通过"意向介入式"的研究路径,对当时盛行的技术决定论和技术完全被外力决定的观点进行了深入解释与批判;通过"流动的藏私""电视流"等具有原创性和高度解释力的关键词,深入解析了作为技术的电视与作为文化形式的电视之间的关系,以及电视这一传播技术与社会制度、文化之间的一般关系。系统展示了"技术即文化"的哲学研究范式,颇具先见之明地采用了科技与人文相融合的整体论思维范式,开创了传媒技术的文化学研究先河,拓展了传播技术的研究视野,为传播学及技术哲学的发展提供新资源和新思路,对当前传媒时代生活方式的重构同样具有借鉴作用。② 威廉斯将技术当作人类生活的一个重要部分,并非技术在异化生活,而是技术本身就是生活的技术,是属于社会的技术,是一种现实的存在,而非一种抽象的异己力量。作为生活一个部分的技术本身与整个生活方式中的其他部分之间是一个密切互动、相互促进的存在和发展过程。这种思想为霍尔后来的"接合"(articulate)理论奠定了基础。

第三,本书开拓了文化研究的新领地。威廉斯继承前人的文化观念,将文化研究的领域从阿诺德"最好的思想和言论"的理想型文化、利维斯"优秀文学作品"的文献型文化拓展到"整体生活方式"的生活类文化,他的"整体生活方式"比艾略特的"整体生活方式"所涵盖的领域要广得多,是包括普通大众

---

① 杨击:《传播·文化·社会——英国大众传播理论透视》,复旦大学出版社2006年版,第23页。

② 参见许继红:《雷蒙德·威廉斯技术解释学思想研究》,人民出版社2015年版,第16页。

的生活方式在内的全人类生活方式。威廉斯将整体生活方式的文化观念引入传播技术这一现代生活元素,将传播技术作为一种文化形式进行文化社会学的分析和解读,开辟了文化研究的新领域。

尽管由于历史的原因,威廉斯具体的分析内容稍显陈旧,但其真正的含金量并不在这些分析的内容本身,而是其技术分析的方法及其研究范式,即便对于我们当今的新媒体研究及其问题的分析,依然有着较强的指导意义。

（本文作者:许继红）

第七篇　英国文化研究的继往开来者

——霍尔作品导读

一、引　言

　　斯图亚特·霍尔在英国文化研究形成发展过程中起到了至关重要的作用,是可以为文化研究立传的人物。伊格尔顿在评价霍尔对当代英国左派思想界的影响时这样说:"任何一个为英国左派思想立传的人,如果试图依靠某个典范人物、将不同的思潮和时期串在一起,会自然地发现他是在重塑斯图亚特·霍尔。"①的确如此,霍尔不仅为伯明翰文化研究中心的整体发展规定方向,为开拓文化研究的基本场域和研究范式殚精竭虑,并致力于确立文化研究的政治参与和实践介入的基本价值指向。霍尔与文化研究的关系区别于文化研究的其他巨擘们,与威廉斯、霍加特、汤普森他们所拥有的为开创一个新的研究领域所提供的标志性原创性文本不同,霍尔对于文化研究的意义在于对这一领域整体建构的规划和发展的总体历程的影响力,甚至可以说他是整个中心发展的总的设计师。他的价值不在于任何一个单独的文本的价值与意义,而是在文化研究发展历程中每一步都能看到他的痕迹。

　　霍尔一生著述极为丰富,从民族种族到国家,从电视文本到受众,从文化意义的表征到阶级意识形态与文化霸权,从身份问题到多元文化政治,从现代性到后现代性等等,他所涉的领域极为庞杂。与霍尔的研究领域的广泛不对称的却是霍尔的论著都是与人合著或合编,由于霍尔对集体化的研究方式的热爱而被霍加特称为"为集体合作而工作的伟人"②。因此,我们的思路将从

---

①　Eagleton Terry,"The Hippest",*London Review of Books*,1996,7:3.

②　[英]马克·吉普森、约翰·哈特雷:《文化研究四十年——理查·霍加特访谈录》,胡谱中译,《现代传播》2002 年第 5 期。

霍尔在不同时期对文化研究意义深远的几篇文章展开。《文化研究的兴起和人文学科的危机》与《文化研究及其理论遗产》是霍尔对文化研究的综述性论文,写于这一领域已经枝繁叶茂的时期,从文化研究中心的成立到中心所遭遇的现实与理论危机,从研究的理论基础到政治使命,在这两篇文章中都得到了全面的概括。《电视话语的编码和解码》这篇文章是霍尔关于现代媒体传播与意识形态之间关系比较有代表性的论述。在 20 世纪 70 年代电视成为英国社会普通家庭的主要休闲形式之后,霍尔在文章中从传播学的角度揭示了发达资本主义社会的阶级权力关系如何在日常生活中呈现,并且进一步指出了大众在意识形态传递过程中可能出现的积极抵抗。《文化研究:两种范式》是霍尔写于 1980 年的关于文化研究方法论的经典文献,文章从文化研究的起源和文化概念的历史演变出发,不仅分析了文化主义和结构主义相通的地方,更深入地分析了两种方法之间的差异及其各自的理论优势,为后来的文化研究者提供了极其有益的方法论概述。

二、危机与崛兴

《文化研究的兴起和人文学科的危机》与《文化研究及其理论遗产》两篇文章同是霍尔在 1990 年的夏天完成的作品,是霍尔已经离开伯明翰文化研究中心前往开放大学多年之后的文章,此时的霍尔可以以一种更为从容的态度沉淀与思考文化研究的发展历程和政治使命。对霍尔来说,1964 年进入"伯明翰文化研究中心"做主任助理既是职业生涯的一次大的转折同样也是莫大的机遇。作为英国新左派的重要代表人物,霍尔常常被人们冠以"文化研究之父"的美誉,我们甚至无法说清是霍尔成就了"伯明翰文化研究中心"还是"伯明翰文化研究中心"成就了霍尔。得益于自己的卓越才能和理查德·霍加特的赏识,霍尔从研究中心建立之初就负责中心的教育研究等日常事务。文化研究是霍尔为之付出一生的事业,从最初的艰难维持到后来研究中心的理论与学术地位的如日中天,在伯明翰的 15 年既是霍尔职业生涯成就最为卓然的时期,也是文化研究从被敌视被怀疑走向被承认到最终开枝散叶取得巨大发展的 15 年,其间霍尔始终坚守着这一学科所肩负的马克思主义的政治使命感。关于伯明翰文化研究中心的建立以及文化研究兴起的情节始末,霍尔在《文化研究的兴起和人文学科的危机》一文中做过较为详尽的介绍,从中心的命名到教学方案的确定无一不倾注了霍尔心血,满腔热情为中心生存与发展的各类实际事务奔走,从此以一种新的方式来介入英国社会及其政治实践。

对我而言,文化研究实际上是伴随着对于"二战"后英国社会和文化的变革性质的争论而出现的。为了讨论传统文化尤其是传统阶级文化出现的明显的破裂,人们开始记录和标示新的富裕形式和消费社会对于英国社会特有的等级结构和金字塔结构所产生的影响。为了应对大众传媒以及新出现的大众社会对于这个古老的欧洲阶级社会所带来的流动性和所产生的破坏作用,人们注意到了联合王国(英国)在迟缓地进入现代世界时所遭受的文化影响。

50 年代政治争论的核心,是试图描述和理解英国社会在发生什么样的变化,而文化研究就是在这个时候与第一代新左派产生认同的。第一代新左派,出现于 1956 年而不是 1968 年,主要是以如下几本著作为基础建立起来的:理查德·霍加特(Richard Hoggart,他本人并不是大学教授,而是所谓的大学附设校外部［extramural department］的一名给工人阶级成人学生上课的教师)的《文化素养的用途》(*Uses of Literacy*),雷蒙·威廉斯的《文化与社会》(*Culture and Society*,他在英格兰南部以校外部指导教师身份任教)以及 E. P. 汤普森(Edward P. Thompson,他是利兹［Leeds］大学校外部的教师)的《英国工人阶级的形成》(*The Making of the English Working Class*)。我自己自从(1958 年)离开牛津大学以后,也是一名校外部的教师,在伦敦和伦敦以外的地方教书。因此,我们来自一个完全边缘于英国学术生活中心的传统,而且我们对于各种文化变革问题——如何理解、描述和概括这些变革以及它们必然产生的社会影响——的涉猎,最初大概就是在这个遭人鄙视的外部世界(dirty outside world)中进行的。当这种在开放的空间里进行的思想交流不能再继续下去的时候,伯明翰大学当代文化研究中心成了我们退守的一个场所:它是以其他方式进行的政治。我们当中的一些人——尤其是我——从未计划要返回大学,我真的不想再玷污大学的门。但是,在那个时候,人们必须根据那些可以开展真正重要工作的地方做符合实际的调整。

建立文化研究中心的尝试最初源于理查德·霍加特的计划。按他的说法,在被聘为伯明翰大学英文教授进入该校时,他实际上想继续他在《文化素养的用途》当中所做的研究。他在此书中写到了他自己的工人阶级背景,并且描述了工人阶级文化正在被新的大众文化力量所改变的情形。英文系对此感到可疑和沮丧。因为已经聘任了他,他们也不能说他不能做这种研究;但他们肯定地说,他做这种研究不会得到任何资助。因此,他不得不到大学之外寻求赞助。①

危机首先来自文化理论方面。文化研究发端之初的一项天然使命就在于对英国的人文学科传统的批判与重建,批判传统的人文学科和艺术所呈现的价值无涉的纯粹知识定位,致力于撕开这一神秘面纱,指出人文学科从来都不是他们所标榜的一种不间断的完整综合的形态,"公开人文学科的调控本质以及它在民族文化方面所担当的角色"②,揭示人文学科所内含的意识形态功能。从这一点看来,文化研究的最初使命和法兰克福学派的批判理论有着惊人的一致性,霍克海默对近代社会传统理论的批判重要的立足点就在于反对将理论看作是客观的、价值无涉的、独立于社会进程的纯粹知识的集合体,揭示出传统理论所谓的客观态度和理性创造力已经和资本主义的生产关系紧密结合在一起成为一种物化的、意识形态的控制力量。霍尔指出,从阿诺德开启的英国文化精英主义传统已经被利维斯进一步发扬光大,文化在他们那里始终是少数人的专利,包括威廉斯、汤普森在内的新左派先驱都因成长于这样的环境而无法回避它深刻的影响。理论重建的任务也正是文化研究展开的领域,是可以对现存社会中的文化观念和文化形式展开严肃思考和深入探讨的地方。霍尔认为,利维斯虽然基于文化精英主义的基本立场,但是将文化问题看作是社会生活的核心和关键问题的定位以及所展开的严肃思考和深邃理解是值得尊敬的。他对文化的严肃态度也有助于激发新的研究者超越单纯文学著作而转向媒体文本、社会文本,放眼更为宽广的文化和哲学的视野去考察文化问题,这种思考恰恰是文化研究的起点。

危机也来自文化政治实践,第二次世界大战之后英国社会出现的社会物

---

① ［英］斯图亚特·霍尔:《文化研究的兴起与人文学科的危机》,孟登迎译,《文化研究》(第20辑),第224—225页。

② ［英］斯图亚特·霍尔:《文化研究的兴起与人文学科的危机》,孟登迎译,《文化研究》(第20辑),第228页。

质结构、阶级分层、文化观念的巨大变迁，如何记录和标示新的富裕形式和消费社会对于英国社会特有的等级结构和金字塔结构所产生的影响；如何应对大众传媒以及新出现的大众社会对于这个古老的欧洲阶级社会所带来的流动性和所产生的破坏作用；如何认识与面对英国社会在缓慢进入现代世界时所遭遇的文化影响都是当时文化政治理论争论的核心问题。霍尔指出伯明翰文化研究中心主要开展了两项实践性的工作，其一是教学实践，就这一点霍尔认为在最初的阶段教师和学生都是学徒，都在为构造和充实这一领域而拼命努力。其二则是关乎文化研究使命的问题，霍尔认为他们关注的是外部世界的真实问题，是文化与政治的关联中的各种社会危机，他们试图寻找的是研究这些问题的方法，是葛兰西意义上的有机知识分子的实践，不仅要生产知识，更重要的也许是如何实现知识的社会传播，在霍尔看来他们所做的是可以将理论与实践联合起来的实践。

文化研究的崛兴是 20 世纪六七十年代确确实实发生的学术和社会事实，有学者甚至认为文化研究和它的同源同类学科相比已经取得了支配性的霸权地位。但是对于文化研究起源于什么时间？文化研究是什么？文化在其中充当什么样的角色？如何为文化定义？这些都是霍尔不愿意回答但又无法回避的问题。"文化研究没有单纯的源头"，但是正如我们所知道的，伴随着伯明翰文化研究中心的成立，文化研究这个名称就这样自然生成了。在经历了大量的危机与挑战之后，文化研究渐渐成为内含着多样化的话语体系，包含着许多不同的历史事件，但似乎又是有着独特方法论和研究范式以及问题域的独立学科。这看起来似乎有些矛盾，但正如霍尔指出的，文化研究"它始终是一套不稳定的形构。它只是一种带引号的'中心化'"。[①] 文化研究是一个开放的但又有着严肃使命与规划的研究。为文化研究去寻找一个纯粹的开端在霍尔看来是"令人着迷的但又是虚幻的"。能为它作为一门独立的学科崛起作证明的首先是威廉斯、霍加特以及汤普森等人的经典学术文本的出现。但威廉斯曾经指出，对文化研究的开端不能过分强调经典文本出现后所获得的学术认可，事实上，它在更早的时间就出现并活跃在成人教育领域。同时那些经

---

① ［英］斯图亚特·霍尔：《文化研究及其理论遗产》，孟登迎译，《上海文化》2015 年第 2 期。

典文本的作者也都曾经战斗在正规大学教育的边缘地带。霍尔在1957年放弃了自己的文学博士学位论文，一边做编辑工作，一边在伦敦的不利斯顿和欧化地区做代课教师，乐此不疲。文化研究不仅致力于理解和描述战后英国社会的文化和社会变迁，也致力于寻找消除文化危机的策略方法和抵抗资源。

在《文化研究及其理论遗产》一文中霍尔叙述了文化研究与马克思主义之间的关系，坦言是通过新左派进入文化研究的，尽管是在1956年那样一个特殊的时刻，霍尔还是认为在关于资本权力以及权力与剥削等诸多问题上受到了马克思主义理论的深刻影响，至关重要的是马克思主义是可以把经济、政治、意识形态等多元要素连接在一起进行批判性反思的知识生产实践。霍尔也认为马克思的理论对于文化研究绝不是完美的契合，而是对话与争论，甚至文化研究的发端正是对还原的、经济主义的马克思主义的批判。他们对欧陆思想的大量译介与研读的目的恰恰在于让自己区别于机械的马克思主义，这一过程也切实地促进了20世纪70年代文化研究"在马克思主义的问题域内部，在诸多不同的方面取得了进展"。在这里霍尔强调了对葛兰西理论的援引和借用就是在马克思的问题域中完成的，葛兰西的理论确立了文化研究的政治使命是"寻求一种可以生产有机知识分子的制度实践"，其中生产理论与传播理论的责任同等重要。

我曾经多次试图去描述我们所认为的那种我们在伯明翰中心开展的学术工作（intellectual work），而且英国文化研究界尤其是伯明翰中心的其他学者也都试图描述这一点。我不得不承认，虽然我读过许多构思严密、老练圆熟的论述，但还是觉得葛兰西的论述最能表达我们试图要做的事情。不可否认，他所用的"有机知识分子的生产"这个措辞确实存在问题。但在我看来，我们毫无疑问正在试图从文化研究中寻求一种可以生产有机知识分子的制度实践（institutional practice）。我们原来也不知道在20世纪70年代的英国这样做会意味着什么，而且即使我们能设法生产出这样的知识分子，我们也未必能一眼就把他或她辨认出来。有机知识分子这一概念所引起的问题，就在于它看起来把知识分子与一个正在兴起的历史运动联系到了一起，而我们无论当时还是现在都并不知道去哪里找到这个历史运动。我们充其量是一些没有任何有机参照点的有机知识分子；是一些有怀旧之情、意愿或者期待的知识分子（从别的语境中借用葛兰西的措辞),希望在某些时刻当这样一种形势出现时,我们在学术工作方面能对这种关联做好充分准备。更确切地说,在这种关联尚未出现的时候,我们准备好去想象、塑造或模拟它:"理智上的悲观主义,意志上的乐观主义。"

但是我认为有一点非常重要,即葛兰西对于这些问题的思考确实抓住了我们所想做的一些事情。因为葛兰西对于学术工作所下的定义所包含的第二个方面——我认为它一直在某些方面很接近于作为一种项目规划的文化研究观念——就是他一直提出的要求:"有机知识分子"必须同时在两条战线上工作:一方面,我们必须冲在学术理论工作的最前线,因为正如葛兰西所言,有机知识分子的工作要比传统知识分子了解更多的东西:真正的了解,而不是仅仅假装知道,不是只拥有知识的工具,而是要更深刻更渊博地理解知识。我们关于马克思主义的知识,通常只是纯粹的认识(recognition)——是对我们已经知道的信息的再生产!如果你处在领导权的竞争当中,你就必须比"他们"聪明一些才行。因此,文化研究绝没有可以从中掉头回转的理论极限。但第二个方面正是最重要的:有机知识分子不能免除自身的传播责任,通过知识的效能,把那些理念和那种知识传播给那些在职业上并不属于知识分子阶层的人们。除非那两条战线都能同时运转,或者最起码除非这两种抱负都能成为文化研究规划的构成要素,你才能在政治项目层面获得不受约束的、巨大的理论推进。①

在文化研究中心理论工作的推进中,霍尔认为女性主义和种族问题是微观具体的,也是突破性的,大大开拓了文化研究的理论和政治空间,"运动引发了理论的契机。历史事态督促了各种理论:它们是理论演变中真正的转折点",强调文化实践在理论发展中的决定性作用。霍尔不仅把实践应用当作文化批判的战斗力的源泉,也强调对理论的建构,他声称自己并不热衷于理论本身,但对理论化保持极大的兴趣。霍尔通过极为复杂的方式,将文化理论和现实的社会实践和斗争联系起来,在他看来,所有的人类文化实践都表现为斗

---

① [英]斯图亚特·霍尔:《文化研究及其理论遗产》,孟登迎译,《上海文化》2015年第2期。

争。霍尔的策略是既有理论上的阐释，又有实践研究。理论模型的确立有助于阐明正在开展的研究是合理且有价值的，同时也可以回敬来自其他学科的打击和非难。实践应用则有助于我们了解掌握社会真实的文化结构形态及其实质，把握文化现象和各种文化形式背后的意识形态是将文化研究与其他学科或是学术研究范式区分开来的本质属性。

三、表征与权力的辩证法

《电视话语中的编码与解码》最初是霍尔参加莱斯特大学的学术座谈会的发言稿，写于1973年，霍尔是以伯明翰文化研究中心主任身份参与的。内容在不断再版过程中有了很大的修改，以至于标题也以更为简洁的《编码·解码》出现。这篇文章是霍尔关于现代媒体传播与意识形态之间关系比较有代表性的论述。在霍尔看来"种族主义和媒体直接涉及的就是意识形态问题，媒体的主要运转意义就在于意识形态的生产、转运和输送"①。换言之，媒体文化建构的过程就是意识形态入侵的过程，媒体文化构建了人们的日常生活形态，成为文化与权力的黏合剂。

文化使得权力的概念发生改变，权力不是单纯的存在于政治行政领域，霍尔认为，当文化被理解为包含了人们的价值观与生活态度在内的生活方式时，权力也表现得"无所不在，从家庭到性别关系，体育活动与人与人之间的关系，我们自己的身份和主体性都是文化的所在地"②。在文化的地位发生了巨大的变革之后，它不再仅仅被看作是经济或物质上面的附着物，而是真正参与到我们的生活、生产过程中的必要成分，是整个社会运行发展的本质维度。文化与权力的交织成为资本主义意识形态控制的新的多样化形式。无论是表征的权力还是权力的表征，都在通过各种活生生的生活形式来表现着维持着战后资本主义社会秩序的意识形态的运作模式。文化研究的任务正在于解释战后英国社会发生的文化和社会的变革，致力于揭示与消除这种变革过程中所

---

① Stuart Hall, *Black and White Media: Black Images in Popular Film and Television*, ed. Karen Rose, Polity Press, 1996, p.18.

② Martin Jacques, "Stuart Hall, Cultural Revolutions", *New Statement*, 12/05/1997, Vol.126, Issue 4363, p.24.

出现的多样化的文化危机。表征的权力与权力的表征就是霍尔关注的主要问题。

《编码·解码》是霍尔对马克思主义方法论与结构主义符号学理论的综合应用。作为最早传入中国的霍尔文本,这一理论在媒介传播领域的研究中被反复地引用和论证。从理论的渊源上来看,我们可以从文章中看到浓厚的马克思主义色彩,是马克思主义方法论在媒体问题上的运用和展现。

> 电视符号的外延层面可能被界定在某个非常复杂的但是有限的或封闭的代码之中。但是它的内涵层面虽然有所界定,仍然开放,服从于结构、转换、历史的衰退和基本的一词多义。任何这样的符号都有潜力用图表示为有一种以上内涵的结构,然而多义性(polysemy)不能和多元化(pluralism)混淆。内涵符号相互之间并不是平等的。任何社会/文化都有着不同程度的封闭,都倾向于强迫它的成员接受其对社会、文化和政治世界的切分和分类标准。还是存在一种占主导地位的文化秩序,尽管这个秩序既不是单义的,也不是无可争辩的。文化中"占主导地位的(话语)结构"这一问题自然是关键的一点,那么,我们可以说,社会生活的不同领域似乎被划分到占主导地位的或较受偏爱的意义的内涵式的领域上。新的令人难以捉摸的或令人困惑的事件,破坏了我们的期望,并与我们的常识建构、与我们对社会结构习以为常的知识相悖。这些事件必须首先安排进各自内涵领域才能成为有意义的。绘制这张事件图表最普通的方式就是把新事件安排进现存的棘手的社会现实图表中。我们说占主导地位的,而不是确定不变的,因为总是存在着不仅仅是以一种绘制的方式来对一个事件进行排序、归类、分配和解码。但我们还是要说占主导地位的,因为存在着一种较受欢迎的解读形式,这些图表内不仅留有制度化的(institutional)/政治的/意识形态的秩序的印痕,并且其自身也已经被制度化了。较受偏爱的图表领域里嵌入着整个社会秩序:实践和信仰,关于社会结构的常识,关于在这种文化中事物是怎样被所有实践目标而运作的知识、权力和利益阶层的等级秩序,以及合法性和制裁的结构。因此,为了在外延层面澄清误解,我们首先需要参考符号和它的代码的内在世界。但是要澄清和消解内涵层面的误解,我们必须通过代码参考社会生活、历史和生活情况、经济和政治权力的规则,以及最根本的意识形态

的规则。①

一方面,受到马克思主义经济学中的生产、流通、分配/消费、再生产的循环的启发,霍尔认为通过这样一个"主导的复杂结构"比传媒领域的传统线性传播结构更能够真实清晰地再现媒体信息传递的本质。马克思在《〈政治经济学批判〉导言》中认为生产与消费两者之间是直接同一的,相互依存,互为手段。认为分配并不是与生产相并列的独立自主的领域,分配方式与分配关系完全由生产的结构所决定。关于交换和流通与生产的关系,马克思同样认为,交换就其一切要素来说,或者是直接包含在生产之中,或者是由生产的发展和结构决定的。总之,生产、分配、交换构成一个总体的各个环节,一定的生产决定一定的分配、消费和交换,并决定着这些不同要素相互间的一定的关系。同时,生产就其单方面来说也决定于其他要素,各个环节之间是辩证统一的关系。

事实上,流通和接收是电视生产过程中的一个环节,并通过一定数量的、歪曲的和有结构的反馈融入生产过程本身。因此,电视信息的消费或接收本身,就是广义上的生产过程中的一个环节,尽管后者是主要的,因为它是信息实现的出发点。所以,电视信息的生产和接收并不是同一的,而是相互关联的:它们都是传播过程组成的整体中的不同环节。②

霍尔也将媒体信息的生产、流通、消费、再生产等环节看作一个总体的各个环节。认为意义生产的有效性依赖于各个环节的连续或是总的有效性。与马克思在总体性结构当中对生产的决定作用的强调不同的是霍尔认为任何一个环节都不具有特殊的地位,每一个环节都无法保证下一个环节的有效性,且这样的总体是开放的而不是封闭的。所关涉的内容是社会的、复杂的、综合的因素,是编码主体和解码主体自身在不同的社会文化结构中生成的不同的个体文化养成,这就与马克思主义的历史唯物主义基本原则相联系。

另一方面,编码和解码对线性传播路径的突破,从整体上承接了马克思主义历史唯物主义的基本观点,认为社会意义的生产必然要受到社会生产关系

---

① ［英］斯图亚特·霍尔:《电视话语中的编码与解码》,肖爽译,《上海文化》2018年第2期。

② ［英］斯图亚特·霍尔:《电视话语中的编码与解码》,肖爽译,《上海文化》2018年第2期。

结构的重要影响的理解。突破传统的线性传播视角,强调处于不同社会结构中的信息发布者和接受者的文化结构的不对等性,这种差异要求我们从单纯的技术思路转向哲学的思路,重新思考传播中的社会文化和政治因素。霍尔指出,话语主体所处的社会生产关系结构起到了重要的作用,以符号为载体的各种意义和讯息在流通实践过程中不仅与意义流通的物质工具相联系,更为关键的影响来自意义被编码和解码阶段中整体的媒体制作结构、实践和生产网络以及制作主体所融入的社会文化和政治结构。体现出霍尔对马克思历史唯物主义基本理论指导下对个体"差异"的坚持。

正是马克思主义成就了编码解码理论的意识形态特色,文章认为电视话语的传播是意义的政治策略的展现,是处于相异社会技术基础的编码者、解码者由于知识架构不同会拥有被深深自然化的认知符码,与个体的文化、知识和历史相关联,这些符码成为"促使权力和意识形态在各种特殊话语中表达意义的途径",并且会有意无意将自己蕴含其中的利益诉求融入传播和接收的机制和过程中,进而参与并影响电视话语的生产过程。换言之,透过电视话语生产过程的表面,我们可以从本质上感受到其中充斥的意识形态斗争的硝烟。其核心的观点是主导的霸权文化试图使得意义可以稳定地传递流通,可以按照其最初的规定到达,但事实上意义总是被不断地改变,在传播的各个环节中任何一个环节都不能保证它的原初含义不被改变,因为信息传递总是与现实社会的各种权力相交织。编码解码理论对传统文本中心的突破而转向受众中心,是对精英主义的挑战和对大众抵抗的强调。

霍尔对媒体与霸权文化的关系分析大致开始于 20 世纪 70 年代中期,尤其是当电视成为英国社会普通家庭的主要休闲形式之后。发达资本主义社会的阶级权力关系如何在日常生活中呈现,霸权文化又是如何通过看似独立的意识形态机器最终起服务于资本主义秩序就成为以霍尔为标志的伯明翰文化研究中心的重要研究域。霍尔对媒体和电视与政治国家霸权关系的分析被他的学生安吉拉·麦克罗比看作是作为一名清醒的马克思主义者分析最为精彩的时期。

从研究的方法看,霍尔采取的方法是将实际的英国社会政治生活的宏大背景与电视媒体的一个具体且有代表性的文本的结构主义阅读结合起来,这种结构主义阅读成为霍尔理解霸权文化如何在普通的媒体形式中运作的方式,成为对媒体与霸权文化进行微观分析的方法论基础。结构主义符号学对霍尔的影响至为关键,从媒体理论到文化身份处处能找到结构主义的影子,其中重要的观点就是任何一个语言符号都是在和其他的符号的区别和差异中来建立自己的意义。其中,选择和综合两个环节都是意义生产的最为重要的机制,在意义建构的过程中,包含信息的象征价值处于优势地位,而交换和使用价值则要依赖于象征意义,因而信息的象征意义即表征能力是其最具优势的价值部分。一个特定范围的优势意义是如何被维持的,霍尔赞同列维·斯特劳斯在语言学基础上作出解释,认为象征意义的产生绝不是单纯依靠某些个别术语的内在意义,而是依靠一个话语系统内部的相关因素的整体结构,指出意义的差别不是事物的自然差别,而是来自共有文化。

批判的方法有一个突出的特征就是要实现从内容到结构,从意指到编码层面的转变,这样对意识形态的重新定义有助于我们理解媒体意识形态话语的运作机制,霍尔认可贝隆的观点,"意识形态是对现实编码的系统,而不是一套已确定或已被编码的信息。这样一来意识形态在涉及其根源的认识和意图时获得自主……从这点来说,意识形态能够被定义为产生信息的语义规则系统。在语义学的观点看来,这只是许多级别的信息组织中的一个"①。人们可以用自己的语言轻松地说出合乎语法规则的话语,但是却很难准确地说出其中的语法规则,霍尔认为这种深层的结构即为意识形态结构。

四、文化主义与结构主义

《文化研究:两种范式》是霍尔写于 1980 年的关于文化研究方法论的经典文献。与现代社会学研究的严谨性大相径庭,霍尔一再强调他的研究没有统一固定的范式、方法,这一点与后现代主义的多元、分散、流动有更多的相似性,"没有稳定的方法论"已经成为霍尔为文化研究树立的独特标志。因此,霍尔对理论的使用始终保持策略性和灵活性。霍尔从不迷信也不完全拒斥任何一种单一的理论,相反总是对理论的吸收与应用保持高度的策略性。霍尔

---

① ［英］斯图亚特·霍尔:《意识形态再发现——在媒介研究中受抑制后的重返》,杨蔚译,《媒介批评》第一辑,广西大学出版社 2005 年版,第 186 页。

认为,理论的发展不是以线性的方式进行,我们经常会发现,在理论的整体通道中,很多的理论前辈的思想尽管已经被改造、被发展,但很多时候我们依然在卓有成效地使用着他们的理论。

因此,在霍尔看来,文化主义和结构主义是文化研究无法回避的原创性范式,它们是通过和复杂的社会历史现实的结合而完成的理论连续性,霍尔通过对文化主义与结构主义的理论描述与比较得出了两者是在不断地对抗中完成着双向的强化与综合的结论。认为文化主义强调文化的普遍性、日常性以及人类构建共享共同意义实践的主动性和创造性能力,也强调主体经验,并在日常生活和更为广泛的文化人类学意义上将其拓展为日常的生活过程,而不再有高低优劣之分。基于威廉斯关于文化是"整体的生活方式"的经典定义,这个含义模糊的定义"包含了人们的态度、价值观、生活方式、各种关系的形式"①,霍尔从人类学意义上将文化解读为某一民族、社区、国家或社会集团的"生活方式"的特殊性,是社会、群体或阶级可以获得的对自身存在条件的意识形态体验和阐释。霍尔倾向于把这一理解做社会学意义上的解释,即文化是"一个集团或是社会的共享价值"②,是一个群体理解世界和解释世界的大致共通的方式,这种观点更关注研究历史和历史背景中主体创造的意义。人们用以描述理解现实生活的各种意义结构已然改变,战前的文化传统已经被战后的民主秩序所替代,英国的世界中心地位已失去,美式的大众文化兴起和传媒革命来临。在这里,文化的阶级性也相应地被挖掘和检验。正如霍加特在《识字的用途》中所指出的 20 世纪 30 年代的工人阶级文化是由人民群众所创造的丰富和充实的生活,他不断地强调工人阶级在创造文化中的巨大能力,突出了这种共享文化的历史性和阶级性因素。

霍尔对于文化的理解受威廉斯的影响很深,认为在《漫长的革命》一书中,威廉斯在"文化分析"的著名章节中对"文化"所进行的讨论是具有开创性意义的。他解释,正是威廉斯首次打破以往对文化进行论述的道德话语,转向更多地关注对文化的整体性理解。霍尔提出了"文化主义"这一概念,用以表

---

① Stuart Hall, Martin Jacque, "Cultural Revolutions", *New Statement*, 12, 1997, Vol.126, Issue 4363.

② [英]斯图亚特·霍尔:《表征:文化表象与意指实践》,徐亮、陆兴华译,商务印书馆 2013 年版,第 3 页。

达由威廉斯与霍加特以及汤普森所开创的对于文化的人类学与历史主义的理解范式。文化主义认为文化"既是产生于各种独特的社会群体和阶级当中的各种意义和价值","又是人们亲历过的各种传统和实践"①,其中,文化总体性是一种摒弃了偶然性的必然性,文化在这里成为揭示社会实践中的联系和差异的本质的一种普遍的总体性方式。霍尔承接了威廉斯对文化的整体主义解读,进一步从人类学的视角出发,以文化的日常含义为中心,认为文化意义的产生不是基于单独的个体,而是通过集体生成,因此文化意义是集体共享的意义。

结构主义的巨大活力在于对"各种决定性条件"的强调。这提醒我们,在任何特例分析中,如果我们不能在命题——即"人们……依据各种不是由他们所创造的条件来创造历史"——的两半部分之间切实地坚持辩证法,就会不可避免地导致一种天真的人道主义,随之带来必然的后果就是唯意志主义的(voluntarist)和民粹主义的政治实践。事实上,"人们"意识到他们的处境,可以组织起来与之斗争并改变它们——没有这一点甚至连任何积极的政治都不可想象,更不要说去进行政治实践了;但这一事实决不能无视(override)人们对另一事实的意识,即男男女女们在资本主义生产关系中被任命为行动者(agents)。"理智上的悲观主义、意志上的乐观主义"与某种天真的英雄主义断言相比,是一个更为妥帖的理论起点。结构主义能使我们——像马克思坚信的那样——开始依据某种不能简化为"人们"之间关系的思路来思考各种结构关系。这正是马克思卓绝的抽象水平:这一点使他与"政治经济学"那显而易见但错误的起点——从纯粹的个人(bare individuals)出发——发生了决裂。

但这涉及结构主义的第二种活力:结构主义不仅重视抽象的必要性,将其看作移用(appropriated)"各种真实关系"的思想工具,而且认为在马克思的著作中就存在一种运转于不同抽象层面之间的连续而复杂的思维运动。……

结构主义的另一种活力存在于"整体"这一概念之中。在一定意义

---

① [英]斯图亚特·霍尔:《文化研究:两种范式》,孟登迎译,《文化研究》(第14辑),第312页。

上,尽管文化主义不断强调各种实践活动的根本独特性,但它对于"总体性"的推断方式背后仍带有"表现性的总体性"(expressive totality)所包含的某种复杂的单纯性(complex simplicity)。它的复杂性是由实践之间彼此的出入流动所构成的,但是这种复杂性在概念上不能简约为实践——即人类活动本身——的"单纯性",好像同样的矛盾会经常以相似的面目出现在每个实践当中。……

结构主义展现的第三种活力源于它对"经验"的去中心化(decenter-ing),源于它对"意识形态"这一被忽视范畴的原创性阐释。在马克思主义的范式之内,很难构想出一种与"意识形态"范畴毫不相关的文化研究思想。文化主义当然经常也涉及这一概念,但实际上并不是把它置于其概念领域的核心位置。"经验"的验证权力和指涉意义,在文化主义与一种严格的"意识形态"概念之间强加了一道障碍。然而,没有"意识形态","文化"对特殊生产方式再生产的影响就不能得到理解。事实上,近来的结构主义者对"意识形态"概念的运用和阐释,存在一种明显的功能主义解读倾向——将它看作社会结构的必要基石。从这一立场出发,正像文化主义所正确批驳的那样,肯定不可能构想出不按"统治/决定"定义的意识形态;或者不可能构想出斗争的概念(后者出现在阿尔都塞著名的《意识形态与意识形态国家机器》一文当中,但用的是另一个词汇,很大程度上是"姿态性的"[gestural])。然而,已有人做了研究,提出了一些可以将意识形态领域完全概括为斗争领域的方法(如通过葛兰西及拉克劳[Laclau]最近的著作),这些方法是结构主义而不是文化主义的成果。

文化主义的活力几乎全都源自以上所指出的结构主义立场的诸种弱点,源自后者的战略性缺席和沉默。文化主义已经正确地指出,有意识的斗争和组织在某个确定时刻的发展是进行历史分析、意识形态分析和意识分析不可缺少的要素:这与它在结构主义范式中历来遭贬低的情形正好相反。在这里,主要是葛兰西又为我们提供了一套更明晰的术语,他用这些术语将很大程度上"无意识的"、既定的文化"共通感"范畴同那种更为积极的、更有机的意识形态形式联系在一起,这种意识形态形式能够干预共通感的基础和大众传统,并能够通过这些干预将男女大众组织起来。从这个意义上说,文化主义恰好修复了文化范畴的无意识同有意识的组织环节之间的辩证法:尽管文化主义通过其独特的运作,常常用完全太过包容的(too-inclusive)对于"意识"的强调来对应结构主义对于"条件"的过度强调。因此,对于文化主义来说,它不仅要重现自在的阶级(classes-in-themselves)——首先由经济关系将"人"安置为当事人的方式所决定——转变成历史的和政治的积极自为的行动者的过程(将其作为任何分析的必要环节);而且,凭借它自身在反理论方面的良好判断力,若要得到更好发展,还需要必须从抽象层面(分析在其中进行)来理解每一个组织环节。此外,葛兰西在讨论"结构与复杂的上层建筑领域之间的过渡"及其独特的形式和时机的时候,已经开始指出一条穿越这种虚假两极化思维的道路。①

霍尔认为结构主义更加关注意识形态概念,但这一点不应该也并不是结构主义全部的研究重心,从列维·斯特劳斯对索绪尔的挪用开始结构主义就成为一种科学严格的研究范式,这种范式在经过阿尔都塞马克思主义理论的浸润之后成为更为有力的研究工具。结构主义对多元化的决定性条件的强调体现出的正是马克思卓绝的抽象思维能力。认为文化主义与结构主义相比较,虽然文化主义不断地强调感性实践的基础性,但是表现的总体性背后总是表现出某种复杂的单纯性。换言之,相对于文化主义的"总体性",结构主义的"整体"概念更胜一筹,它强调了结构统一体不可避免的复杂性,系统性阐释可以帮助我们将各种具体的实践同时当作一个整体来思考,因而结构主义的活力的重要来源在于"整体"这一概念之中。尤其是这种整体性对解释文化实践中的意识形态普遍性影响的特别强调,相较于文化主义霍尔似乎更看重结构主义的整体性。无论是早期的编码解码中体现出的意义传输过程的结构主义整体性,还是《表征——文化表征与意指实践》《做文化研究——索尼随身听的故事》中所传递的文化循环的整体主义思想,都坚持了马克思主义立场,将文化与社会生活实践联系起来。在这一文化生产的模式中霍尔所重视的是过程中环节的整体性意义,包括生产、认同、表征和消费在内的文化循

---

① ［英］斯图亚特·霍尔:《文化研究:两种范式》,孟登迎译,《文化研究》(第 14 辑),第318—322 页。

环中"从循环中的哪个环节开始并不重要,因为在你结束研究之前必须对整个循环进行研究。需要注意的是,循环中的每个环节都与下一个环节相连并在下一环节重现"①。强调这一整体过程中各环节之间的相互作用与复杂联系。

结构主义对文化主义的胜出还表现在结构主义对意识形态概念的应用与阐释并将其引入了斗争的领域,霍尔认为这是结构主义的战果。在结构主义的基础上吸收了葛兰西文化斗争的观点,认为葛兰西的文化理论既区别于文化主义也区别于阿尔都塞的观点,把文化理解为一种特殊的斗争舞台,呈现出一种动态的整体性。文化主义强调文化实践的建构作用,结构主义突出作为分析方法的文化与意识形态,而葛兰西则认为文化总是处在统治阶级与从属阶级的相互关系中,是统治阶级不断说服与从属阶级不断抵制的整体过程。葛兰西之于霍尔有着特殊的意义,正是葛兰西的霸权理论使得霍尔可以较为从容地应对文化主义与结构主义的范式危机。相对于结构主义对主体能动性所持的消极态度,霸权理论则积极强调了主体的能动性,认为文化领导权只有积极主动地去赢得,已经获得的领导权也不是一劳永逸的,同样可能再次失去,即把文化看作一种动态的建构过程。文化是权力与知识交叉的地方,也是文化进程预见社会变革的地方,对大众文化的定义与分析中也体现了这一观点,认为大众文化是赞成与对抗的竞技场,虽然在这里还没有对社会主义文化的成熟表达,但是"它是社会主义可以在那里得以建立的领域之一"②。

五、结　语

在霍尔眼中,文化是充分理解古今历史变迁的本质维度,文化研究则是对所有文化问题的关注和应对,因此文化研究作为"学术工作的政治"是从一而终的使命与担当。早在 1967 年霍尔和威廉斯一起起草的《五一宣言》中就对威尔逊执政的工党政府展开批判,认为工党政府不仅做不到超越资本主义,而

---

①　[英]保罗·杜盖依、斯图尔特·霍尔、琳达·简斯、休·麦凯、基思·尼格斯:《做文化研究——索尼随身听的故事》,霍炜译,商务印书馆 2003 年版,第 4 页。

②　[英]斯图亚特·霍尔:《解构"大众"笔记》,戴从容译,载陶东风编:《文化研究精粹读本》,上海三联书店 2001 年版,第 57 页。

且展现出与以美国为代表的资本主义相一致的新的资本主义形式。20世纪70年代末开始的对撒切尔主义的分析批判更是霍尔最具代表性、影响力最大的理论分析。从撒切尔政府到布莱尔政府,从工党到保守党,霍尔的目光始终聚焦英国政治的最前沿。霍尔将撒切尔主义看作是持续的未完成的霸权计划,2007年霍尔在批判布莱尔政府的时候,指出新工党一直以来的使命就是要把社会民主主义改造成新自由主义的替代品,布莱尔时代是撒切尔时代的延续,在迈向市场国家的长征中,撒切尔时代是第一阶段,那么布莱尔正是完成下一阶段的后继者,是在撒切尔夫人所构建的市场化的基础平台之上,进一步将其扩展至包括社会治理在内的更为广泛普遍的领域。

霍尔对霸权集团的文化意识形态批判更是入木三分,既强调新闻媒体复制并传递国家主导文化的功能,也肯定大众自身的分辨力,深刻地揭示了文化霸权的实现过程和民众共识的生成过程的辩证本质。因此,对社会领域占主导地位秩序的挑战与协商,对当代资本主义体制的抵抗被看作霍尔的"源代码",①这不仅表现在霍尔对后工业时代资本主义社会所做的文化分析与批判,也表现在对社会中大众抵抗力量的发掘与边缘群体利益的关注。

霍尔在其学术活动的文化领域,确立了知识分子的重要使命在于解释实际的社会生活,为人们更好地理解日常生活提供理论思维方法,把文化当作武器,为底层大众或是边缘人群提供生存策略并不断激发其内在的反抗潜质。在他看来文化研究拒绝纯粹理论的建构,它的问题总是由理论之外的生活事件和资源来建构,是由正在不断更新变化的社会生活的关系结构、文化事件以及主体生存状况来构成。霍尔从政治和社会的关联入手,以文化意识形态的批判维度来呈现日常生活中的各种权力关系、阶级归属,通过大量的微观社会运动来尝试抵抗和改变资本主义经济、政治、文化等诸多不合理的现状。

(本文作者:李文艳)

---

① 张亮:《如何恰当理解斯图亚特·霍尔的身份》,载张亮、李媛媛编:《理解斯图亚特·霍尔》,北京师范大学出版社2016年版,第7页。

第八篇　马克思主义哲学真理性的一种西方式辩护

——伊格尔顿《马克思为什么是对的》导读

一、引　言

马克思主义对于当今社会的重大意义既在于它对资本主义制度全面彻底的揭露,更在于它提出的对当今社会同样适用的辩证唯物主义和历史唯物主义的研究方法。马克思彻底改变了我们对人类历史的理解,就连反社会主义思想家路德维希·冯·米塞斯也认为,社会主义是"有史以来影响最深远的社会改革运动;也是第一个不限于某个特定群体,而受到不分种族、国别、宗教和文明的所有人支持的思想"。① 2008年全球金融危机使得曾经长期掩盖在"现代"、"工业主义"等一系列完美面具下的资本主义重新进入了人们的视野。它不再被人们视为空气般自然的存在,而开始逐渐被人们理解为一种不久前才产生的历史现象。对资本主义的这种理解可以追溯至马克思,他第一个破除了关于资本主义是绝对必然性存在的神话,提出"资本主义"不过是一种历史现象,并揭示了它如何兴起、如何运行及其可能的结局。

二、马克思主义依然具有强大的生命力

西方普遍流行的一种观点认为,马克思主义是19世纪那个到处充斥着痛苦和不幸的世界的产物。在后工业化的西方社会中,马克思主义已经没了用

---

① 转引自[英]罗宾·布莱克本:《世纪末:金融危机后的社会主义》,《新左派评论》第185期。

武之地。过去40年来的女权主义、环保主义、反全球化以及和平运动等所有引人注目的激进运动已经超越了马克思主义"以阶级斗争为纲"的陈旧传统。马克思主义对当今政治激进主义的贡献微乎其微,已无法引起人们的兴趣。对此,伊格尔顿从以下几个方面进行了分析。

(一)马克思主义与资本主义如影随形

马克思主义是有史以来对资本主义制度最彻底、最严厉、最全面的批判,只要资本主义制度还存在一天,马克思主义就不会消亡。毋庸讳言,从20世纪70年代中期开始,西方社会制度经历了至关重要的变革,如果不与时俱进,马克思的思想很可能会失去价值。但在附和这种观点之前,必须要指出的是,马克思本人是十分清楚资本主义在不断变化这一事实的,他对资本主义不同历史阶段的划分就是明证。另外,马克思还曾经预言了工人阶级数量的锐减和白领工人的增加,甚至还预见到了所谓的全球化。既然马克思早已洞察到了资本主义不断变化的本质,最近几十年资本主义形态的变化又如何能够从根本上影响马克思主义理论的可信度呢?何况,西方社会的一系列变化并不意味着资本主义制度的高枕无忧,相反却是一种深层焦虑的彰显。深度的担忧往往会使一种体制变得疯狂,里根和撒切尔夫人倡导的所谓"改革"只是对长时间经济危机的应激反应,而非除旧布新的完美跨越。那些资本主义的捍卫者在批评马克思主义陈旧时还忽略了一个关键点,那就是当今资本主义世界的不平等程度与古老的维多利亚时代不相上下。

(二)马克思主义在西方失去大众信任的决定性原因在于普遍的政治无力感

1976—1986年导致马克思主义在西方社会急剧衰落的决定性原因并非新资本主义带来的各种美好幻景,而是改变资本主义制度理想的破灭。工人阶级运动惨遭挫折,左翼政治团体退缩不前,就连当代最成功的激进思潮——革命民族主义也成了强弩之末。后现代主义趁机提出抛弃所谓"宏大叙事",满怀豪情地宣称"历史的终结"。当变革已成为空谈时的确很难说服人们维持对变革的信念。让马克思主义失去信心的是资本主义的社会秩序不仅没有丝毫软化,反而变得愈发无情和极端。伊格尔顿写道:

从全球范围看,资本的集中度和侵略性都有增无减,而工人阶级的数量也在实际上大大增加了。照这样的态势发展下去,我们甚至可以想象在未来的世界里,超级富豪们居住在守卫森严的私人社区里,而数以十亿计的穷人则蜷缩在散发着恶臭的茅屋里勉强度日,终日生活在灯塔和铁丝网围成的包围圈中。在这样的情况下,断言马克思主义已经退出历史舞台,就像说纵火的手段比以前更狡猾、更多样,因而救火已然无用一样不可理解。①

资本主义制度的逻辑是:只要有利可图,即便反社会也在所不惜。在这种逻辑的主导下,有史以来第一次,占人类社会主导地位的生活方式不仅会滋生种族主义,散播愚民文化,迫使人们相互争战,甚至具有了将人类从这个星球上抹去的能力。在这样的生死关头,正如弗雷德里克·詹姆逊提到的"马克思主义必将重现人间"。可见,过时的不是马克思主义,而是资本主义本身。资本主义最终的制约就是资本本身,资本持续不断的复制是资本主义无法超越的边界。资本主义内在逻辑的这种稳定性决定了马克思主义对资本主义体制的多数批判至今仍有其道理。

(三)马克思主义与当今世界的反资本主义激进运动息息相关

反资本主义运动是世人公认的最活跃的新政治趋势之一。无论这种运动如何批判马克思主义的理论,它们与马克思主义事实上一直都保持着良好的关系。马克思主义者在妇女运动、反殖民主义运动和反法西斯主义斗争等现代世界三大政治斗争中总是冲在最前沿。

首先,马克思主义与妇女运动紧密相连。无论是从个人角度还是从政治上,许多男性马克思主义者一直以来都从女权主义那里借鉴了不少经验。而反过来,马克思主义也充实了女权主义的理论和实践。一些信奉马克思主义的女权主义者认为,只要资本主义制度一日不终结,对女性的压迫就一日不会停止。20世纪60年代妇女运动卷土重来之前,只有出自社会主义或共产主义阵营的男性认为女性平等和其他形式的政治解放一样理所当然。20世纪

---

① [英]特里·伊格尔顿:《马克思为什么是对的》,李杨等译,新星出版社2011年版,第12页。

早期,也只有共产主义运动讨论性别问题,而且是和民族问题、殖民主义问题一同被系统提出和讨论的。即使那些并不信奉马克思主义的女权主义者也认为,没有哪一种批判思想关于妇女压迫问题的观点能像马克思主义思想家们那样一针见血。

其次,马克思主义与反殖民主义运动风雨同舟。在 20 世纪的整个上半叶,马克思主义是反殖民主义运动最强大的动力源泉,它为大多数第一代反殖民主义战争的理论家提供了不可或缺的思想起点。20 世纪二三十年代,传播民族平等理念的寥寥数人几乎全是马克思主义者。第二次世界大战后,大多数非洲民族主义的来源也都是马克思主义。多数亚洲共产主义政党也都将民族主义写入了章程。同时,革命的民族主义也让马克思主义不得不重新审视自我,尝试为第三世界国家的解放运动提供更具建设性的东西。马克思主义不仅为第三世界的民族解放运动提供了支持,还将反殖民主义理论与对民族主义意识形态的批判相结合,坚决否定了资产阶级民族主义的发展道路,为其指明了国际社会主义的前进方向。马克思指出,任何压迫其他国家的国家必然给自己套上枷锁,他将爱尔兰的独立视为英格兰社会主义革命的先决条件。列宁一方面主张所有共产党都要向寻求独立和弱势民族的殖民地和革命运动伸出援手,另一方面也批评了苏联共产党内被他称为"大俄罗斯沙文主义"的思想。那种认为包括后殖民主义在内的所谓"新社会运动"取代了关注阶级问题、反对多元论的马克思主义的观点显然忽略了反殖民运动曾在一个相当长的时间里与马克思主义合作,并取得丰硕成果的事实。

再次,马克思主义与环保主义密切相关。马克思的批评者时常指出其作品中普罗米修斯情结泛滥,笃定人定胜天,坚信人的进步永无止境。事实上,马克思写作中的这种倾向主要是因为他所处的时代,那种认为永远不应该试图征服自然的想法只是情绪化的无稽之谈,他将这种对自然的幼稚态度视为人们对自然的一种迷信——就像对某个强权的屈从。商品拜物教是这种被神秘化了的关系在现代的重现。人们的生活再次被异化的力量所掌控,被充满了暴政形式的一些琐碎的物质所左右。从这种意义上说,马克思对资本主义经济的批判是与他对自然的关注紧密相连的。伊格尔顿指出:

早在写作《德意志意识形态》之时,我们就发现马克思已经在使用地理和气候因素进行社会分析了。他宣称所有历史分析都"必须始于自然基础以及通过人在历史中对自然基础的改造"。他在《资本论》中写道："社会化的人,相互关联的生产者,将合理调节他们与自然之间的物质交换,把自然置于他们的共同控制之下,而不是让自然作为盲目的力量来统治自己。"重要的是,我们应当与自然互相交流,而不是主宰自然,我们应当合理控制自然,而不是恃强凌弱地掌控自然。马克思眼中的普罗米修斯不是一个技术上的强势拥护者,而是一个政治上的反抗者。①

维多利亚时代的思想家很少有人像马克思那样惊人地预言了现代环保主义。一位现代评论家指出:"围绕如何主宰环境这个复杂问题",马克思的著作代表了"19 世纪社会思想中最深远的眼光,其贡献是之前的著作都无法比拟的"②。马克思完全清楚资本主义对自然资源的短期掠夺和长期持续生产之间的冲突,他反复强调,经济的发展不应该牺牲我们的后代赖以生存的自然和地球。另外,作为工业资本主义批判的一部分,马克思甚至讨论了垃圾处理、森林的毁灭、河流的污染、环境毒素和空气质量等问题。

最后,马克思主义与和平运动休戚与共。当今人类面临两大威胁,一是军事的,二是环境的。随着各国为了争夺稀缺资源而陷入武装冲突,这两者今后将会越走越近。共产主义者一直都是和平的倡导者,如果和平运动想要抓住全球侵略性的根源,就不能忽视马克思主义的真知灼见。由于资本积累这一反社会的天性驱使,资本主义无法避免生态遭到破坏。资本主义体系或许可以忍耐种族和性别平等,但它的本性决定了它绝对不会尊重物质世界。伍德指出:"资本主义也许会适当保护环境,尤其是当环保科技本身就会给其从市场上带来利润的时候。资本积累使一切从属于资本自我扩张和增长的需要,但资本积累驱动力的不合理性不可避免地对生态平衡抱有敌意。"③那句昔日共产主义政党的口号"进入社会主义,还是退回野蛮社会"直到今天仍然给我们以重大启示:如果我们现在不采取行动,资本主义就是我们的末日。

①　[英]特里·伊格尔顿:《马克思为什么是对的》,李杨等译,新星出版社 2011 年版,第 223—224 页。

②　William Leiss, *The Domination of Nature*, Boston, 1974, p.198.

③　[英]艾伦·伍德:《资本主义与人类解放》,《新左派评论》1988 年第 67 期。

三、马克思主义超越了物质/经济决定论

西方人普遍将马克思理解为一个唯物主义者,将意识仅仅视为对物质世界的反映,对人类精神层面毫无兴趣,将道德视为一个"为达目的不择手段"的问题。与此类似,在他们看来,马克思主义将世间万物都归结于经济因素,艺术、宗教、政治、法律等都被简单地视为经济或阶级斗争的反映,试图建立一种非黑即白的单一历史观。马克思主义对人类历史错综复杂的本质视而不见,与多元论者对当代世界的认识背道而驰。伊格尔顿对上述观点进行了深入分析并作出了有力的驳斥。

(一)马克思是关注人的能动性的实践唯物主义者

无论马克思如何理解唯物主义,他都不会围绕着"世界是由什么组成的"这一问题来进行思考,因为他总是以怀疑的眼光看待抽象的概念,对具体事物才充满热情。在马克思那里,唯物主义的出发点是人类的真实属性。伊格尔顿写道:

> 马克思在大胆驳斥了中产阶级唯物主义所宣扬的被动的人类这一说法,并创造性地强调了人类的能动性。所有的哲学必须源自这样一个前提:无论人类还有什么别的属性,他们首先是能动的,通过改变周围的物质环境而实现自我的改造。他们并非历史、物质抑或精神的附庸,而是具有自主能动性,能够创造自身历史的生物。这意味着,相比于启蒙时期的知识精英主义,马克思的唯物主义是民主的。只有通过大多数人集体的实践活动,才有可能改变那些支配我们生活的思想观念,因为这些思想深植于我们的实际行为之中。①

从上面的论述来看,马克思更像一个对哲学抱有警惕之心的反哲学家。费尔巴哈认为,任何真正的哲学都必须从其对立面——非哲学出发,哲学家必须接受这样一个事实,即人类身上有些东西是无法用哲学的观点考量的,是与哲学和抽象思维完全相对立的。他评论道:"是人在思考,而不是自我和理

---

① ［英］特里·伊格尔顿:《马克思为什么是对的》,李杨等译,新星出版社 2011 年版,第134 页。

性。"人类的思考离不开感官、实践和情感因素。马克思将主体视为一种实践,同时把客观世界重新定位成人类实践的产物,这就意味着客观世界在原则上是可以改变的。相对于那些从远处悠闲地思量世界的人,为改造世界而努力的人们更深刻地了解这个世界物质性的存在,怀疑论者跟社会之间的距离本身就是社会的产物,唯心主义忘记了实践才是我们思想的根基。只要仔细观察人类实际行动的方式就可以避免哲学家们的二元论。

人体是一种物质客体,它部分属于自然,部分属于历史。人类的劳动把自然转化为我们身体的延伸,人类社会的所有机构都是具有生产性的身体的延伸,同时也是人类意识的体现。马克思指出:"工业是一本打开了的人类意识之书,是以感官察觉到的人类心理。"这里提到的"工业"使用的是最广泛的意义。马克思认为的"精神"是艺术、友谊、乐趣、同情、欢笑、性爱、反抗、创造力、感官的愉悦,正当的愤怒,也是丰盈的生命,而所有这些精神活动都与身体密切相关。马克思进而指出,快乐是一种实践活动,而非心理状态。传统哲学着眼点太浅,忽略了那些与人类思想的产生直接相关的社会条件、人类情感、权力斗争以及操纵这些思想的物质需要,因此提不出"人类主体源自何处"或"这个物体何以诞生"这类真正有价值的问题。富有的资产阶级往往把精神视为高高在上的俯视日常生活的独立领域是因为他们需要一个远离自身粗鄙的物质主义的藏身之所。同时,人类的思想不仅是现实的反映,也是一种物质力量。马克思的理论并不仅仅是对世界的解释和评论,也是改变世界的工具。正如伊格尔顿所说的那样:

> 马克思的一些理论——他们通常被统称为"解放理论"——完全可以成为一种政治力量,而不仅仅是解释世界的一种方式。这就赋予它们某种不寻常的特征。这意味着,这些理论将事物的现状与其可能的状态联系在一起。它们不仅描述了这个世界的现状,并且同时改变了人们理解世界的方式,而这将有助于人们改变现实。仅仅让一个奴隶知道他是奴隶还远远不够,还要让他知道他何以为奴,因为这才是改变这一状况的第一步。因此,在描述事物现状的同时,"解放理论"也提供了一种超越现状,从而迈向更理想状态的方法。①

---

① [英]特里·伊格尔顿:《马克思为什么是对的》,李杨等译,新星出版社 2011 年版,第146 页。

就这个意义而言,理性、知识和自由之间密切相关。在马克思看来,那种真正事关重大的领悟只有通过实践斗争才能获得。社会存在决定社会意识的说法具有重要的政治影响,它意味着想要改变我们的思维和感觉,就得改变我们的行为,仅靠冥思苦想是不可能超越束缚思想的那些限制的。质言之,物质存在比意义和思想更为根本,因为意义和思想可以从物质存在的角度来解释:我们之所以需要思考是因为我们是物质动物;我们之所以具备认知能力是因为我们是肉体的存在。

(二)经济基础与上层建筑是辩证运动的有机整体

当马克思提及意识时,他所想的并不总是隐含于我们日常活动中的观点和价值,有时也指诸如法律、科学和政治这类更加正式的概念体系。在他看来,这些思想形式最终都由社会现实决定。这就是十分著名却也饱受争议的经济基础与上层建筑学说。

有人批评马克思主义的经济基础—上层建筑模式过于静态化。事实上,所有的模型都是静态和简化的。况且,马克思的意思并不是说社会生活存在两个完全不同的层面,上层建筑也不会因为不够"真实"而次于经济基础。现实中,上层建筑源自经济基础,同时也为经济基础的持久存续发挥着重要的支持作用,这种双向往来在前资本主义社会中体现得更明显。有时候上层建筑甚至比经济基础更加重要,比如艺术要比发明一种新巧克力更有利于人类精神的充实,但在马克思主义者看来,真正具有划时代意义的历史变化主要是物质力量,因为思想和信仰固然可以产生令人生畏的影响力,但它们只有跟强大的物质利益结合在一起时,才呈现出真正具有历史意义的力量。或许换一种思路能帮助我们更好地理解马克思的观点。伊格尔顿指出:

> "上层建筑"一词是要求人们把某种实践置于特定背景之下。它是一个表述关系的术语,考察的是相对于另一种活动,某种活动执行的是何种职能。正如马克思主义哲学家科恩所说,这个术语是从经济的角度解释非经济机构。但它没有解释所有这些机构参与的所有活动,以及它们当初为何会产生。即便如此,马克思的观点也比其所显示的那样更具洞察力。它不仅仅宣称某些事物是上层建筑,而某些事物不是。马克思的观点在于,如果我们审视阶级社会的法律、政治、宗教、教育和文化,我们

就将发现这些机构的多数行为都为占优势的社会秩序提供了支持。[①]

当然，马克思在《剩余价值理论》中也谈到过"自由的精神生产"，他把艺术归于此类，并与意识形态的生产相区别。或许更准确的说法是：艺术既可以是自由的精神生产，也可以被统治阶级所用。同时，经济基础—上层建筑模型是垂直方向的，但我们可以从水平层次来思考，将经济基础视为对政治可能性的外在限制。

经济基础—上层建筑模型具有政治上的重要性。那些认为只要改变人们的思想或建立一个新政党就能改变社会基本面貌的人在看到这些事物并非世间男女生活的最终依靠时，就会据此重新将其精力调整至某个更有希望获得成效的目标。事实上，经济基础才是社会主义政治持续发展的终极障碍。由此可见，马克思主义的唯物论并不是一套类似于"万物出自原子"或者"上帝并不存在"这样的关于宇宙的声明，而是一项探讨历史性的动物如何发挥作用的理论。在这种探讨过程中，马克思非常重视伦理道德因素。他打算在完成被其称为"经济学废话"的《资本论》后撰写一本关于伦理学的著作。由此，那种将马克思视为一个依靠纯粹的科学方法解释社会的冷血非道德论者的偏见不攻自破了。诚然，马克思经常谴责道德规范，然而，他所谴责的是那种忽略物质因素，赞成道德因素的历史探究。严格来讲，马克思谴责的不是道德，而是道德主义。道德主义把某种被称为"道德价值"的事物从整个历史语境中剥离，并将其抽象化，由此得出一种绝对的道德判断。与此相反，真正的道德探究则会调查人类处境的所有方面，它拒绝把人的价值观、行为、关系和性格特征跟塑造它们的社会及历史力量割裂开来。马克思将道德判断与科学分析相结合从而避免了道德主义的错误。对马克思来说，道德的终极内涵就在于如何享受自我，但终究没有人能孤立地生活，因此，道德不可避免地要涉及政治。

（三）马克思主义与多元论并非截然对立

一切现象都是经济现象这一点是不言自明的，因为没有物质生产也就没

---

① ［英］特里·伊格尔顿：《马克思为什么是对的》，李杨等译，新星出版社 2011 年版，第 155—156 页。

有文明。马克思的批评者却将这一主张视为一种还原论,认为这种观点试图用同一个因素解释世间万物。这种批评显然是错误的,承认一些因素对历史进程的影响更大,并不妨碍人们成为多元论者,因为多元主义并不意味着时刻都强调各种因素同等重要。历史经济论当然有其不合理之处,但历史也并非毫无规律可循。在马克思看来,历史的真相比我们看到的表象要单调得多,贯穿人类历史的是物质的匮乏、强迫劳役、暴力和剥削,人类有史以来的所有文明都是以它们为基础的。这种令人厌恶的单调轮回使人类的历史具有了极强的整体性。伊格尔顿指出:

> 马克思的某些作品会让人有这样的感觉:即政治不过是经济的反映。但同时,他在对很多历史事件背后的社会、政治和军事动因进行研究时,却没有说这些东西只是深层次经济因素的表现。物质的力量有时的确可以直接对政治、艺术和社会生活施加影响。但大多数时候,物质因素的影响往往更加长期而隐蔽。有些情况下,物质因素只在部分程度上对历史进程产生影响,而另外一些情况下,物质因素的影响几乎可以忽略不计……所以说,马克思主义在这个问题上的观点并非还原论。政治、文化、科学、观念和社会存在并非仅仅是经济因素改头换面后的表象,正如人的理性也并非某些神经科学家所认为的那样只是人类大脑活动的反映。无论是政治、文化、科学,还是社会观念和社会存在,都有着各自不同的现实情况,都沿着不同的道路发展变革,也都依照各自的内在逻辑运行不息。它们并非某种外在事物的苍白倒影,而是不断有力地塑造着人类社会的生产方式。①

可见,马克思主义在经济基础与上层建筑之间关系的问题上的主张是:人们创造物质生活的方式会对他们建立的文化、法律和政治建构产生限制。所谓的"决定作用"实际上是一种"限制",生产方式不会自己指定一种政治制度、文化形态或者社会观念,也不会单单抛出那些仅仅对它有利的观念或社会建构。在经济上奉行还原论的恰恰是资本主义而不是马克思主义。"为生产而生产"是资本主义的信条,但它对"生产"的理解是片面的和狭隘的。马克

---

① ［英］特里·伊格尔顿:《马克思为什么是对的》,李杨等译,新星出版社 2011 年版,第116—117 页。

思对"生产"概念的理解就比资本主义全面得多。在他看来,人类的自我实现是我们努力追寻的目标,而不是为实现其他目的服务的工具。马克思主义的精神实质可以从"为生产而生产"的不同用法中窥见一斑:一个是纯粹经济意义上的,另一个是创造性的或者艺术性的。他严厉批判那种将人类生产还原为拖拉机和涡轮机的资本主义制度。

总体来讲,那种认为马克思将所有事物都归因于经济的说法是一种可笑的过度简化。原因如下:第一,在马克思的理论中,是阶级斗争塑造了历史进程,而马克思所说的阶级不仅是一种经济实体,也是一种社会构造和一种团体。无论是习俗、传统、社会机构,还是价值观和思维习惯都可以成为阶级的一部分。同时,阶级也是一种政治现象,缺乏政治代表的阶级不能算是完全意义上的阶级。一个阶级只有在意识到自己作为一个阶级的本质时,才能算得上一个真正的阶级。这个过程既是法律的、社会的、文化的,也是政治的和意识形态的。第二,马克思对劳动的关注远远大于对经济因素的关注。他对劳动的研究几乎涵盖了人类学的各个学科:自然科学与人类能动性理论,人体及其需求,人类感官的本质,社会合作的概念以及个人的自我实现。生产是在某种特定的生活形式中进行的,因此也自然充满了社会意义。质言之,经济活动的前提往往超越经济本身,它关乎我们怎样作为人类更好的生活。综上所述,阶级和劳动并非单纯的经济问题,就像两性关系从来就不仅仅是个人事物。与正统经济学思想往往倾向于将经济概念缩小不同,马克思主义则试图从最丰富、最宽广的角度理解生产的过程。马克思眼中的物质产品永远都不仅仅是物质产品,它们既象征着富足的生活,更能引领我们获取许多人生中最宝贵的东西。正因为经济活动涉及人类生存的方方面面,它才在历史中扮演着关键的角色。

四、马克思主义终结了乌托邦的政治理论

西方社会对马克思主义最大的误解和质疑体现在其政治理论中。首先,认为马克思主义最过时之处就在于,它过分痴迷于乏味的阶级问题。其次,马克思主义者倡导暴力的政治斗争,拒绝温和渐进式的变革道路,并将这一意愿强加给大多数人。这也是他们认为马克思主义与民主制度势不两立的原因之

一。最后,马克思主义主张建立全面强大的国家。在这样的国家里,不存在私有制,社会主义革命以专政极权的方式领导,这种方式将会彻底消除个人自由。对于上述指责,伊格尔顿分别予以了驳斥。

(一)马克思主义对阶级的客观定位

马克思主义视域中的阶级并不是以风格、地位、收入、口音、职业或墙上挂的是鸭子还是名画来定义的。为实现社会主义理想努力抗争的马克思主义者并不仅仅是为了终结一种势利的态度。伊格尔顿写道:

> "阶级优越论"这一奇妙的美国概念似乎暗示,阶级主要是一个态度问题。中产阶级应该停止蔑视工人阶级,就如同白人不应该感觉比非洲裔美国人更优越一样。但马克思主义关注的不是人们的态度。阶级之于马克思就如同德行之于亚里士多德,并不是"你感觉如何",而是"你在做什么"。阶级问题谈论的是你在某一特定生产模式中所处的位置——你是奴隶、农民、佃户、资本拥有者、融资者、劳力出售者,还是一位小业主。①

据此,我们可以对阶级以及西方社会的阶级状况作出以下判断。首先,资本主义社会的阶级构成一直在改变,但这并不意味着阶级已经消失得无影无踪。没有哪种生活形式比资本主义更加多元化,当涉及谁应该被剥削时,这个体制则显示出令人钦佩的平均主义,但造就这种平等的是商品形式,而不是社会主义,商品所施加的正是马克思坚决反对的那种统一性。高级资本主义能孕育出无阶级的幻觉,这不仅仅是正面表象,更具有野兽的本性,因为跟以前相比,资本集中度更高了,赤贫和无产者的人数每个小时都在增加。其次,马克思主义并不是因为看到劳动者身上具有某种灿烂的美德才聚焦工人阶级的,也并不是因为工人阶级所经受的苦难而赋予其如此重大的政治意义,因此,马克思对工人阶级的兴趣不会因为他们拥有了室内浴室和彩色电视机而终止。伊格尔顿指出:

> 工人阶级最具决定性意义的一面在于,他们在资本主义生产模式中

---

① ［英］特里·伊格尔顿:《马克思为什么是对的》,李杨等译,新星出版社2011年版,第164页。

所处的位置。唯有那些深处体制内部,被体制组织成有技术和政治意识的集体力量,虽为体制的成功运行不可或缺,却可以通过推翻现有体制获得实在利益的人才有可能成功地接管它,并本着为每个人谋利益的目的来运营它。没有哪位好心的家长式统治者或外部鼓动者能为他们做到这一点;这也就是说,马克思对工人阶级的关注,与其对民主的崇敬是不可分割的。①

马克思如此沉迷于阶级概念是因为他想摆脱阶级,他把社会阶级视为异化的一种形式。在马克思看来,把人简单地称为"工人"或"资本家"实际上是用一种模糊不清的类别掩埋了他们独特的个性。另外,从词源来看,"无产阶级"一词源自拉丁语"后代",意指那些过于贫困,除了子宫便无以报效祖国的妇人。社会对她们的要求不是生产而是生殖,所以,无产阶级的最初来源并非劳动,工人阶级也并不总是手持大锤的壮汉。这样才能理解哈维的论断:目前全球无产阶级的数量远远多于以往任何时候。即使在英国是世界工厂的时候,制造工人的数量也是不及家庭佣工和农业劳动者的。可见,体力劳动逐渐减少,白领工作趋于扩展并非什么"后现代"现象。马克思在《资本论》中,把商业工人和产业工人置于同等位置,拒绝单独以所谓的生产工人确立无产阶级的标准。在他看来,工人阶级包括所有被迫向资本出售劳力,在压迫性制度下苦苦挣扎,几乎完全没有能力改变自身劳动条件的人。质言之,阶级是一种利用他人为自己谋利的能力。那些急于宣告无产阶级已经消亡的人常用的一个论据就是服务、信息和通信业取得的重大发展及其带来的一些显著的变化,但我们必须看到,这些变化非但没有改变资本主义财产关系的基本性质,反而扩大和巩固了这种基本性质。最后,我们更不应该忘记世界上巨大的贫民窟人口,其数量正以相当快的速度增长。这些人并非传统意义上的工人阶级的组成部分,但也没有完全处在生产过程之外,也是经济上受压迫的群体。倘若聚在一起,他们将是世界上发展速度最快的社会团体。他们可以聚集起令人印象深刻的政治反抗行为,这足以动摇世界资本主义体系的根基。

---

① [英]特里·伊格尔顿:《马克思为什么是对的》,李杨等译,新星出版社 2011 年版,第167—168 页。

（二）马克思主义对革命、改革与民主关系的辩证理解

首先，要辩证地认识革命和改革。在人们的意识中，革命通常伴随着暴力和混乱的图景，而社会改革则是温和渐进的形象。事实上，这种看法是错误的。许多改革在成功的道路上无所不用其极，唯独缺少和平。比如美国18世纪至19世纪进行的自由主义性质的民权运动与革命相去甚远，但与死亡、殴打、滥用私行和残酷镇压却又如此之近。与此形成鲜明对比的是，一些革命的过程反而相当平和，天鹅绒革命和暴力革命都是革命可能的形态。伊格尔顿指出：

> 马克思主义并不以暴力程度为标准来定义革命，也不认为只有举国动荡才是革命应有的状态。俄国并非是在一夜之间废除市场经济，实现全部工业国有化的。市场经济和私有制在布尔什维克夺取政权后很长时间内都还保留着，多数布尔什维克人都是以一种渐进精神来终结这些旧秩序的。党内左派也是以相似的路线解决农民问题的。集体农庄制并不是想象中的那样以武力逼迫的形式实现，整个过程主要是依靠循序渐进的方式协商解决的。一场革命通常需要长期的酝酿，最终也许经历百年才能实现目标。夺取政权只是朝夕之功，但整个社会传统、制度、情感习惯的转变需要相当长的时间。政府固然可以通过一纸政令强制工业社会主义化，可是仅靠立法是不可能让任何人的想法和行为截然不同于他们的祖辈的。人的变化只能通过长期教育和文化熏陶才能实现。①

成功的革命会抹去自身经历的所有印记。这样的结果会使人们认为革命带来的一切看上去是那么自然。保守派说所有的革命不是以失败收场，就是以恢复旧有的社会秩序告终，总之只会使事情变得更糟，但事实是，如果没有以前革命的盖世奇功，也就没有今天的我们。

其次，时下很多西方人都声称自己的立场是反对革命的，但事实上他们只是反对某些形式的革命，却偏好另外一些形式的革命。伊格尔顿指出：

> 这些人大都会无条件赞成美国的独立战争，赞成爱尔兰、印度、肯尼亚这种殖民地的独立。但他们却又大都不会为苏联解体而流泪。斯巴达

---

① ［英］特里·伊格尔顿：《马克思为什么是对的》，李杨等译，新星出版社2011年版，第182页。

克斯起义或是美国南方奴隶起义应该更符合他们的胃口。可他们支持的这些恰恰都是暴力革命——其中一些与布尔什维克革命相比,更是有过之而无不及。①

不难看出,他们排斥的不是革命,而仅仅是不喜欢社会主义革命罢了。相对于这些人,更需要驳斥的是那种反对一切暴力的绝对和平主义者。和平主义简直就是没有道德底线,极端或特殊情况下所使用的暴力被公认为是可以接受的,就连美国宪法都许可武装反抗侵占行为。众所周知,英国的资本力量曾长期血腥地将农民从自己的土地上赶走,这种暴力征地的历史就掩藏在英国宁静的乡村景象之下。与这种长期而又骇人的场景相比,古巴革命简直就像一场茶会那样简单。对于马克思主义者来说,工人运动的目的不仅不是制造暴力,而是要终结暴力。伊格尔顿写道:

> 就像德国哲学家本雅明曾说过的,革命不是一列失控的列车,相反,它是一个紧急制动装置。每当资本主义失去控制,市场的力量使其堕入无政府状态时,社会主义就会挺身而出,用集体的力量扼住这头狂暴的野兽,让社会重新归位。就算革命通常会伴有暴力,也是因为有产阶级往往不会拱手让出自己的特权。即使在这种情况下,暴力的使用也会维持在最低限度。这都是因为马克思主义革命不是政变,更不是自发的不满情绪的爆发。②

最后,革命并非民主的对立面,马克思主义的革命斗争意在实现真正的民主。社会主义革命就是工人阶级联合起来,与盟友一同推翻资产阶级和资本主义。马克思视工人阶级为资本主义社会中最大的阶级,所以,他探讨的是大多数人的行动,而非少数人的反抗。社会主义革命必定是民主的革命,革命所不可或缺的广大群众就是抵制滥用武力的最可靠的堡垒。从这个意义上来说,越是成功的革命就越会表现出平和。伊格尔顿写道:

> 总有人认为,比起议会民主和社会改良,马克思主义者更偏向走革命的道路,这是一种误解,至少不是所有的马克思主义者都如此极端,只有

---

① [英]特里·伊格尔顿:《马克思为什么是对的》,李杨等译,新星出版社 2011 年版,第 184 页。

② [英]特里·伊格尔顿:《马克思为什么是对的》,李杨等译,新星出版社 2011 年版,第 188 页。

极左的人才会这么认为……革命者大都也是改革的拥护者……革命者与改良主义者不同的地方在于前者会为了将精力集中在无比重要的革命大事上而坐视无数医院纷纷倒闭。准确地说，革命者是以一种更为长期的眼光来看待医院改革的。改良是为社会注入活力的一种手段，但改良总会在达到一个极限之后举步维艰。马克思主义认为，这意味着生产关系不再适应生产力的发展程度；或者不客气地讲，这意味着统治阶级不愿交出自己控制的生产资料。这就是改良和革命的转折点。①

同时，革命者也并不拒绝议会民主。马克思主义者对议会民主持保留态度不是因为这种形式是民主的，而是因为它不够民主。即便如此，马克思也没有抛弃议会斗争和社会改良的道路，他本人就很热衷并擅长组织工人阶级政党、工会、文联和政党报纸，并提出了许多具体的社会改良措施。为什么人们一般会把革命看作民主政治的对立面呢？这是因为最容易孕育革命的地方恰恰是革命最难以为继的地方，社会主义虽然听起来不错，但人们不会无条件地信奉。只有当现实已经惨淡到人们可以接受激烈变革所带来的弊端之时，革命带来的未来才会成为人们憧憬的未来。但这种落后的状况也极不利于社会主义建设，在这种状态下打破旧政权也许并非难事，所以民主的实施会遇到重重阻碍。

（三）马克思主义对国家的现实审视

马克思坚决反对国家，他期待着国家消亡的日子。批评者们也许会觉得他的愿望完全是痴人说梦，但至少他们不能给马克思戴上"专制政府狂热者"的帽子。马克思构想的共产主义社会中并没有摒弃以中央管理的方式建立国家的理念，任何一个复杂的现代文明都需要这种方式。伊格尔顿写道：

> 马克思的《资本论》第三卷始终贯穿着一种理念：日常行为源自所有集体的本性，国家作为一个管理的主体仍将存在。马克思所希望的是作为暴力工具的国家能够消亡。如同他在《共产党宣言》中所指出的，共产主义之下的公共权力会失去其政治属性。与同时代的无政府主义不同，

---

① ［英］特里·伊格尔顿：《马克思为什么是对的》，李杨等译，新星出版社 2011 年版，第190页。

马克思坚持认为,只有做到这点,国家才会消亡。应该废除的是那些为统治阶级提供支持的某种特定权力。"国家公园"和"驾驶员考试中心"这样的机构则依然存在。①

马克思是以一种冷静的眼光审视"国家"这一存在的。

首先,国家并非一种中立的政治组织,不会小心翼翼、公正无私地处理社会上的利益冲突。在解决劳资纠纷时,国家也做不到哪怕最低限度的客观公正。国家存在的意义就是保卫现存社会秩序,管束试图改变这一秩序的人。如果这种秩序天生就蕴含不公正,那么国家也会相应地出现不公正。马克思寻求并试图终结的就是这种不公正,而不是"国家剧院"或"警察厅"这种具体事物。马克思嗤之以鼻的是那种认为一个国家能够让不同群体、不同阶级的人和谐共处、团结一致的神话,因为在他看来,离心力总是要强于向心力,国家总是始于促进社会和谐的努力,最后却终于满足统治阶级的利益。

其次,社会主义国家是民主制度的完善形态。毫无疑问,在马克思眼中,国家更多时候是一种异化的力量。这个至高无上的实体把人们决定自己生活方式的能力收归国有,并代表人们来完成。这个无耻的过程一般被称为"民主"。伊格尔顿写道:

> 马克思以一名激进民主主义者的身份开始自己的生涯,最终却成了一个革命者,他逐渐认识到了民主制度需要涉及很多变革。他以一个民主主义者的身份挑战了国家无上的权威。他并没有满足于苍白无力的议会民主制,而是全心全意地信奉人民主权论。原则上他并不像列宁那样反对议会,但他也看到不能把珍贵的民主仅仅交给议会。民主应当落脚于本地化、大众化,应当贯穿整个社会制度的方方面面。民主不应该仅仅存在于政治生活中,还应当扩展到经济生活中去。这就意味着需要一个真正的自治政府,而不仅仅将政府事务托付给政治精英。马克思设想的是一个公民自己统治自己的国家,而不是少数人统治多数人的国家。②

---

① [英]特里·伊格尔顿:《马克思为什么是对的》,李杨等译,新星出版社 2011 年版,第196 页。

② [英]特里·伊格尔顿:《马克思为什么是对的》,李杨等译,新星出版社 2011 年版,第200 页。

　　马克思构想中的国家源自公民社会理论。他试图拉近国家与社会、政治与日常生活之间的距离，方法就是将前者融入后者之中，这就是他所说的"民主"。社会主义并没有否定民主制度，相反，它是民主制度完善后的形态。1871 年的巴黎公社是马克思人民自治政府的主要模式，是最终发现了的可以使劳动者在经济上获得解放的政治形式。布朗基用"无产阶级专政"这个词定义了代表普通民众的统治方式，而马克思则用这个词来定义人民自己成立的政府。马克思的确有时候把国家描绘成统治阶级直接操纵的道具，然而在他的历史著作中，政治国家的任务不仅仅是为统治阶级当下的利益服务，它也必须保持社会的凝聚力。只有庸俗马克思主义者才试图证明国家和主导经济的阶级之间存在一种一对一的关系。

　　最后，正确把握权力、民主和国家的辩证关系。与众多自由主义者不同，马克思并不反感权力。他指出，为了人类的解放，人们不应该被暴政迷了双眼，从而曲解权力。"为了黑人的权利"这句口号要比"打倒权力"有力得多。权力最富成效的模式就是自我管理，民主则是集体践行这种能力。启蒙运动开启了我们值得服从的唯一一种形式的主权，而这种主权正是我们亲手创造的，这是对自由最宝贵的诠释。权力就这样以不同的方式从当下的资本主义社会存活到未来的社会主义社会。权力概念本身经历了革命的洗礼，同样，国家也经历了革命的洗礼。对马克思来说，国家仍存在于社会主义，只有超越社会主义、实现共产主义的时候，强制性国家才会让位于一个管理机构。伊格尔顿指出：

　　　　马克思与无政府主义者的争论其中一部分就是关于权力为什么是最基本的？权力是否是最终起作用的？在马克思看来不是，政治权力需要放在广阔的历史环境中来审视。权力究竟是在为什么样的物质利益服务？这在马克思看来才是根本问题。他批评将国家理想化的保守主义者，他也会批评高估问题重要性的无政府主义者。马克思拒绝将权力"具体化"，他从不脱离社会环境孤立地看待权力。这无疑也是马克思的优势之一。但马克思对权力的认识同样存在一些盲点。同为德国人的尼采和弗洛伊德从不同角度谈论了马克思没有注意到的问题。权力自身也许并不代表什么，但拥有权力会使人更加醉心于控制和占有。即使没有特定的目标，手中掌握权力的人也会乐于展示其强大的力量，并且这种权力的使用往往超过实际需要的合理限度。①

五、马克思主义实现了对社会
历史和现实的辩证审视

西方社会普遍以僵化的态度看待马克思主义。首先,马克思主义理论一旦付诸实践,导致的结果将会是无法想象的恐怖、独裁和暴政。僵化的社会主义意味着丧失自由和物资供应的短缺。其次,马克思主义是一种宿命论。它将世间的男男女女视为历史的工具,并以这种方式剥夺了人们的自由和个性。最后,马克思主义不过是乌托邦之梦。它将希望寄托于一个完美的社会,那里没有艰难,没有痛苦,没有暴力,也没有冲突。伊格尔顿深刻批判了上述僵化的认识。

(一)客观审视资本主义和社会主义这两种社会形态

事实上,用流血牺牲换来的功业在西方一直拥有很多狂热的信徒。比如,现代资本主义国家本身就是奴隶制、大屠杀、暴力和剥削的产物,是在无数人的血泪中造就的,不过因为其存续的时间较长,人们忘记了它过去的黑暗和恐怖。生活于资本主义制度萌芽期的马克思却没有患上这种健忘症。

首先,资本主义自由市场的教条在历史上曾经造成过诸多灾难,在今天也依然在拉大贫富差距,同时,社会主义体制也有自己的成就。伊格尔顿写道:

> 苏联在不断推进卫星计划的同时,仍保证为占全欧洲总人口一半的人民提供廉价的住房、燃料、交通和文化产品,实现充分就业,并维持一套完善的社会服务体系。而且在此期间,苏联的社会平等和人民生活水平要远远高于欧洲其他国家之前的程度。而实行共产主义的东德,有理由为自己拥有全世界最优秀的儿童保健体系而自豪。苏联在对抗法西斯邪恶势力的战斗中发挥了至关重要的作用,并且为推翻世界殖民统治作出了巨大贡献。②

---

① [英]特里·伊格尔顿:《马克思为什么是对的》,李杨等译,新星出版社2011年版,第206页。

② [英]特里·伊格尔顿:《马克思为什么是对的》,李杨等译,新星出版社2011年版,第18页。

虽然这一切不能代替自由民主,但所有这些成绩都应该被我们铭记。诚然,苏联共产主义的功绩不能盖过它造成的损失。如今人们观念中的斯大林主义已经定格为充满血腥的拙劣实验,它败坏了社会主义的名声。那资本主义又如何呢?西方国家的失业人数已经超过数百万,并且在稳步增长,各个资本主义国家只是依靠着从同样囊中羞涩的人民那里盗取来的数万亿美元才得以避免经济崩溃的结局。事实证明,资本主义只有在对大多数人实行野蛮剥削的情况下才能创造财富。

其次,苏联社会主义实践的失误并不能证伪马克思主义。马克思既未设想过在经济极为落后的地方建设社会主义,也从未设想过社会主义能在一个国家单独实现。马克思主义运动的精髓就在于它的国际性,这是冷静的唯物主义认识,而非虔诚的理想主义。伊格尔顿指出:

> 马克思本人从未设想过会在穷国实现社会主义。在他看来,要实现这样的壮举除了依靠时间循环之外再无他法。斯大林之前,也从来没有一位马克思主义的思想家认为这一看似不可能的壮举是可以实现的……在物质匮乏的情况下不可能消除社会阶级的划分,因为物质结余太少而无法满足所有人的需要,对财富的争夺终将造成社会阶级分化的死灰复燃。正如马克思在《德意志意识形态》中指出的,在这样的环境下进行革命,只能让"龌龊的老一套"再次出现,其结果无非是物质匮乏的社会化。[1]

> 从一定程度上说,斯大林提出"在一个国家实现社会主义"的说法是为了讽刺其他国家没有向苏联施以援手,在马克思那里找不到任何依据。社会主义革命当然要在某处发生。但在一国范围内,社会主义革命的目标根本无法实现。以一个极度孤立的国家的情况判断社会主义的好坏就像是单凭对卡拉玛祖精神病人的研究便给全人类下结论一样。[2]

在最需要社会主义的地方反而最不能实现社会主义,这是 20 世纪最具悲剧色彩的现实。历史学家艾萨克·多伊彻描述了俄国当时的状况:"俄国意

---

① ［英］特里·伊格尔顿:《马克思为什么是对的》,李杨等译,新星出版社 2011 年版,第20 页。

② ［英］特里·伊格尔顿:《马克思为什么是对的》,李杨等译,新星出版社 2011 年版,第21 页。

味着人类史上第一次也是唯一一次建立社会主义的尝试不得不在最恶劣的环境下展开,既不能利用国际分工的大量优势,也无法借助于古老而发达的文化传统的有利影响,只能在这个物质和文化极度缺乏的原始环境中奋力前行,而这样的环境本身已经足以让社会主义事业失去一切吸引力。"①于是,一个看似矛盾的结论出现了:斯大林主义不仅不能败坏马克思主义的名声,反而是马克思主义正确性的最佳证明。

最后,即使在富足的经济基础上建立起了社会主义制度,没有了市场又如何运行复杂多变的现代经济呢? 越来越多的马克思主义者给出的答案是:政府不必为经济操心,市场将是社会主义经济不可或缺的组成部分。一些马克思主义者宣称马克思本人就是市场社会主义的支持者。在马克思看来,在社会主义革命后的过渡阶段市场会继续存在,市场既具有剥削性,也具有解放性,能把人从对地主和雇主的依附关系中解放出来。市场社会主义废除了私人财产、社会阶级分化和剥削,并让产品的实际生产者掌握国家的经济力量。然而,对于某些马克思主义者来说,市场社会主义是无法接受的,因为它保留了太多资本主义经济的特征。于是,一些马克思主义者设想建立一个既不同于中央计划,也不同于市场控制的混合社会主义经济体制。资源的分配由生产者、消费者、环境保护人士和其他有关方面协商决定,在工作场所、社区和消费者协会之间形成联动,即与社区利益密切相关的产品将由公众实行民主管理,因为这些产品的生产者和经营者可能会为谋取私利而采取对社会不利的行为。而那些非社会必需品,价格仍由市场决定。一些市场社会主义者认为这套方案太复杂而根本无法实现。奥斯卡·王尔德指出,社会主义的问题就是人们总是要用太多时间进行讨论。但我们必须考虑到现代信息科技可能在这一体系中发挥的巨大作用,保洁集团前总裁指出,现代信息技术使工人自治成为可能。帕特·迪瓦恩则向我们展示了目前资本主义的管理和组织生产的方式也同样耗时费力。

(二)全面阐释基于阶级斗争和生产方式有机结合的新历史观

与其他政治理论相比,马克思主义究竟有何独到之处? 许多社会思想家

---

① Isaac Deutsch, *The Armed Prophet*, London, 2003, p.373.

都认为人类社会是有机的统一,但在马克思看来,构成人类社会的恰恰是基于互不相容的利益而造成的各种各样的分化。人类历史发展的逻辑不是凝聚,而是冲突。马克思在《共产党宣言》中指出:"到目前为止的一切社会的历史都是阶级斗争的历史。"这句话的真实含义是,阶级斗争是人类历史最基本的东西。马克思思想的独特之处在于他将阶级斗争和生产方式两个概念结合在一起,从而创造了一种全新的历史观。

首先,马克思所说的生产方式是特定生产力和特定生产关系的有机结合。伊格尔顿指出:

> 马克思相信,生产力会随着历史的进程而不断发展。但这并非意味着生产力会一直不停地向前发展,因为马克思似乎认为生产力有时会陷入长期的停滞。无论哪个社会阶级,只要掌握了物质生产,就会成为社会发展的主体。在这个版本的历史观中,生产力似乎一直在"挑选"那个能最大限度促进其发展的社会阶级。①

有些反对者认为,马克思的理论存在问题:其一,马克思凭什么认定生产力总体上一直在发展?事实上,社会科技水平能否取得重大发展,取决于占主导地位的社会关系,而不是那种与生俱来的驱动机制。由此,一些人认为,不断推动生产力发展只是资本主义的特殊需要,而不是历史的通例。其二,这个理论没有指明那些促进生产力发展的社会阶级是通过怎样的机制挑选出来的。其三,生产力的发展对新兴的统治阶级也有可能反而是一种伤害。比如说生产力的进步创造出更强大的压迫工具,新技术可能会使更多人失去工作,从而使人们在政治上变得迟钝。而且,社会关系的某种改变并不能单纯以生产力的发展来解释。

针对这些疑问,伊格尔顿回应道:其一,统治阶级推动生产力的发展当然不会是出于利他的动机,他们追求的是从他人的劳动中获取剩余价值。然而这个过程也使得他们不知不觉地从整体上推动了生产力的发展。历史并非一部直线进步的史诗,我们一直蹒跚前行,但完全可以从另一种角度将这种令人沮丧的事实看作持续不断的向上的运动,毕竟随着历史的发展,人类有了越来

---

① [英]特里·伊格尔顿:《马克思为什么是对的》,李杨等译,新星出版社 2011 年版,第42 页。

越复杂的需求和欲望,开辟出越来越精细而卓有成效的合作方式,并不断创造出新的社会关系,不断用新的方式实现自身价值。其二,在生产力发展的每个阶段上都存在着许多生产关系的可能性,哪一种可能性会最终变为现实往往是无法预知的。即便如此,生产力与生产关系之间的联系仍能给我们很大启发。它起码让我们认识到这样一个事实:只有当生产力发展到一定程度时,才可能出现某种特定的生产关系。只有在资本主义制度下,才能产生足够多的剩余价值,使消除物质匮乏、消灭社会阶级这样的目标成为可能,而只有社会主义才能将这个目标变为现实。其三,如果说生产力的发展能带来全新的自由和解放的可能性,那么这种可能性必然是以流血牺牲为代价的。马克思并非一味兜售进步的无知者,他很清楚实现共产主义必须付出的代价。

其次,生产方式决定的某种必然性必须与基于自由意志的阶级斗争相结合才能变成现实。伊格尔顿写道:

> 马克思并不认为存在产生社会主义的必然性,我们就可以高枕无忧了。相反,他相信资本主义制度一旦衰亡,工人阶级必须挺身而出,接过社会的领导权。对于那时已经成为占社会多数的工人阶级来说,这不仅对他们有利,也是他们力所能及的。那时候他们将得以充分施展才智,建立一个新社会……马克思坚信,资本主义制度的崩溃必将引导人民凭借自己的自由意志彻底扫除资本主义的残余。①

马克思讨论的是在某些特定环境下,人们必然会做的事情。如果他的著作里除了生产力能孕育某种生产关系之外就再无他物,那么,马克思主义就是彻头彻尾的宿命论。事实上,马克思的作品中还有另外一种思路:社会关系的发展优先于生产力的进步。资本主义最终能取代封建主义并不是因为它比封建主义更有效地促进了生产力的发展,而是因为乡村的封建主义社会关系逐渐被资本主义的社会关系所取代。生产力能在过去的几个世纪中飞速发展也是因为资本主义如果不能持续扩张就无法生存。在这一逻辑中,人类以社会关系和阶级斗争的面目出现,是历史真正的创造者。伊格尔顿指出:

> 阶级斗争的一个重要特点就在于其结果是无法预知的,因此宿命论

---

① 〔英〕特里·伊格尔顿:《马克思为什么是对的》,李杨等译,新星出版社 2011 年版,第51 页。

也就失去了根据。你可以说阶级冲突是注定要发生的——因为不管怎样,阶级社会中各阶级本来就是有利益冲突的,这是由生产方式决定的。但这种"客观存在"的利益冲突只是在某些时候才体现为大规模的政治斗争,而政治斗争又怎能是预先设定好的呢?马克思或许认为社会主义是一定会实现的,但他肯定不会认为"工厂法案"或者"巴黎公社"是人类的必然选择。如果他真是一个骨子里的宿命论者,他就会告诉我们社会主义会在何时以何种方式实现……马克思曾指出:"历史什么事情也没有做,历史并不占有巨大财富,也没有发动战争。创造这一切、拥有这一切并为这一切而斗争的不是历史,而是人,现实的、活生生的人。历史并不是利用人实现自己目的的独立人格。历史不过是追求自身目的的人的活动。"……同时还坚持认为,无论是奴隶社会、封建社会还是资本主义社会,每一种生产方式都有其独特的发展规律。这也意味着历史不必严格地按照线性的轨迹向前发展,各种生产方式也不一定遵循着某种内在的逻辑相互交替……历史不是一块由一根完整的长线编织成的锦缎,而是一条由无数纷争和间断拼凑起来的长卷。恰恰是资产阶级,而不是马克思,喜欢用所谓"放之四海而皆准"的进化论来解释这个世界……马克思警告说,他对资本主义起源的看法不应变成"忽略各国历史环境的不同,用命运确定的一般性道路来解释各国情况的历史哲学理论"。[1]

显然,没有证据表明马克思是一个否定人类自由行动的宿命论者,恰恰相反,他是个人自由的明确拥护者,并一直热衷于讨论人如何超越历史的局限,选择不同道路的问题。

最后,必须深刻理解必然性的哲学内涵,坚持必然性并不等于宿命论。伊格尔顿写道:

> 非宿命论者也可以认为某些事情是不可避免的,就连自由主义者也相信死亡的必然性……必然性还包含其他的含义,比如"进入社会主义,还是退回野蛮",并不是说除了这两种道路之外再无选择,这么说只是为

---

① 〔英〕特里·伊格尔顿:《马克思为什么是对的》,李杨等译,新星出版社2011年版,第54—55页。

了强调"如果不实现社会主义,后果将不堪设想"。①

诚然,马克思认为历史事件的发生呈现出一种意味深长的规律性,但除了不变的铁律与纯粹的混乱之外,我们还有很多选择。还有,马克思到底有多么相信历史的必然性不仅仅是政治和经济问题,而且也关乎道德呢?在马克思那里,至少有一种运动是必然的,那就是社会主义的建设离不开资本主义。这种坚持也产生了一些棘手的道德难题:无论资本主义多么贪婪和恶毒,都是人类实现社会主义之前必须经受的考验吗?善意能否成为恶行的辩护?那些为了一个虚无缥缈的未来而犯下的暴行是否应该受到我们的谴责呢?马克思在《剩余价值论》中指出:"人类能力的发展是以占大多数的个人甚至阶级为代价的。"随着共产主义的实现,人类的善最终将战胜恶,但这一过程中会不可避免地包含许多痛苦和不公正。最终使我们得以享受自由的物质财富正是非自由的结果。必须强调的是,不能据此就认为,马克思的历史理论就是一种"目的论"。目的论认为,人类社会的每个历史阶段都是之前历史进程的必然产物。在这个过程中,每个阶段都是必需的,而所有这些历史阶段都是实现某种特定目标所必不可少的条件。在这个过程中,无论多么令人厌恶或多么负面的东西都是对实现最终目标的一种贡献。马克思说人类可以利用资本主义建设美好的未来并不是说资本主义就是为了这个理由而存在的,也并不是说社会主义只能植根于资本主义的罪恶中才能实现。社会主义的实现并不能为资本主义犯下的罪恶辩护,而资本主义对于社会主义实现的意义也不足以证明资本主义的必然性。资本主义和社会主义并不是通过某种内在逻辑而与之前的社会阶段联系在一起的。事实是:资本主义所实现的社会进步本身就值得我们肯定,而不是因为它们将来能为社会主义所用才显得珍贵,也不意味着资本主义制度可以逃过历史的审判。

(三)深刻把握现实与未来的辩证关系

马克思对那个没有痛苦、死亡、崩溃、冲突、悲剧甚至劳动的未来根本不感兴趣。事实上,马克思主义从不拿未来说事,反而是资本主义一直热衷于倒卖

---

① [英]特里·伊格尔顿:《马克思为什么是对的》,李杨等译,新星出版社 2011 年版,第57 页。

期货。马克思在《德意志意识形态》中反对将共产主义理解为"现实必须为之做出调整的理想",明确将共产主义视为"真正废除事物现状的运动"。

首先,立足现实,解码未来。犹太人的传统是禁止预测未来的,作为一个犹太人,马克思很少说起必然到来的未来社会到底是什么样子。历史不断趋向完美是兴起于18世纪的启蒙运动的陈词滥调,马克思也相信文明和进步,但同时清醒地指出,文明和进步总是与物质利益及其导致的野蛮斗争密不可分的。伊格尔顿写道:

> 马克思最反对的就是19世纪那些乌托邦主义者相信单纯凭借论辩的力量就可以战胜对手。对于这些人来说,社会是观点交锋的讲台,而不是物质利益冲突的战场……马克思一直用怀疑的眼光看待这种寄希望于理性对话的想法。他认识到,被牢牢控制的世间男女的观念都源自他们日常的实践,而不是哲学家或论辩协会之间的交流。如果你想要了解人们的真实想法,就得留心观察他们做了什么,而不是听他们说了什么。①

对马克思来说,乌托邦主义描绘出的社会蓝图分散了人们对现实生活中政治任务的注意力。在他看来,重要的不是对未来理想的美好憧憬,而是解决那些会阻碍这种理想实现的现实矛盾。伊格尔顿指出:在《法兰西内战》中,马克思说那些革命工人阶级"不是要实现什么理想,而只是要解放那些由旧的正在崩溃的资产阶级社会本身孕育着的新社会因素"。② 现实中本就存在着超越现实的力量,在马克思那里,连通现实与未来的是工人阶级——这不仅是现实的一部分,也是彻底改变现实的动力。一些保守派也是乌托邦主义者,只不过他们的乌托邦不在未来,而在过去。历史在他们那里是一场漫长而令人心碎的倒退。在这些保守的乌托邦主义者看来,掌握历史进程的是人性,人性不仅毫无希望,而且绝无改变的可能。给如此无可救药的人类展示他们根本不可能实现的希望不仅是荒唐的,也是残忍的。激进主义者越是鼓励人追求更高的目标,越是将人抛入罪恶与绝望的深渊。

其次,反思现在,走向未来。从现状出发绝非政治变革的良方,因为现实

① 〔英〕特里·伊格尔顿:《马克思为什么是对的》,李杨等译,新星出版社2011年版,第72页。

② 〔英〕特里·伊格尔顿:《马克思为什么是对的》,李杨等译,新星出版社2011年版,第73页。

往往是变革的阻碍而不是变革的条件。大多时候，现在是由漫长的过去构成的。伊格尔顿指出：

> 马克思在《哥达纲领批判》中提出，新社会无疑将印有孕育了它的那个旧社会的胎记。因此，并不存在一个"纯洁无瑕"的出发点。相信这样一个出发点的存在不过是极左主义者的幻想（即列宁所谓的"左派幼稚病"），而这也是为什么那些充满革命激情的"左派"拒绝接受我们手中所有的这些并不理想的工具：社会改革、行业工会、政党、议会民主等等。共产主义左派最终保住了自己的清白，却也落得庸庸碌碌，无所作为。①

未来并不是对现在的补充，一种特定的现在会排除很多未来的可能性，因为现实中虽然蕴含着许多各不相同的未来的可能性，但不是所有的可能性都有那么大的吸引力。这种看待未来的方式，最大的好处就在于帮助人们抵御那些关于未来的假象。例如，必须反对那种扬扬自得的"进化主义"，将未来看成只不过是放大版的现在。这种看待未来的方式是统治阶级尤为喜欢的——未来比现在要好，但现在的一切仍将在未来得到延续。伊格尔顿指出：

> 与此相反，社会主义从某种意义上说代表着与现在的决裂。历史必须被打破重写——这并不是因为社会主义者都是酷爱对抗的嗜血者，喜欢革命胜过改革，而是因为社会主义者认为治标更要治本……在马克思看来，我们目前为止所经历的都是"史前阶段"，——也就是说，一种压迫延续另一种压迫，一种剥削替代另一种剥削。真正具有重大历史意义的行动将是与这种可怕的规律彻底决裂，将人带入真正的历史。社会主义者必须对采用何种机制实现这一目标有具体的规划，但如果要建立一个真正具有变革性的全新社会秩序，那么现在就没有办法谈论太多关于这个新秩序的细节，毕竟我们还可以单纯地用那些过去或者现在的词语描述这样一个未来；而一个与现在彻底决裂的未来将使我们无话可说。②

综上可见，马克思对解放的认识既反对彻底的割裂，也反对平稳的延续。他始终是一个保持清醒现实主义头脑的理想主义者，将注意力从未来的美好幻

---

① ［英］特里·伊格尔顿：《马克思为什么是对的》，李杨等译，新星出版社2011年版，第76页。

② ［英］特里·伊格尔顿：《马克思为什么是对的》，李杨等译，新星出版社2011年版，第77—78页。

想转移到枯燥的现实工作中,并在这里找到了真正丰富多彩的未来,现实与理想在马克思这里交汇。资本主义内部蕴藏着无比强大的力量和超乎寻常的可能性,而正是资本主义本身妨碍了这种力量的爆发和这些可能性的实现。

六、马克思主义达致了对人性的科学认识

西方社会的人们立足对人及其本性的抽象认识来指责马克思关于人性的思想,并在此基础上导致了对马克思主义的错误认知。比如,常常有人指责马克思主义不过是其政治对手的镜像,就像资本主义将人性简单地归为“经济人”,资本主义的伟大对手也难免犯下这样的错误。再比如,他们认为马克思思想中的很多谬误,特别是对未来社会的天真幼稚的想法源于他对人性的轻信,完全无视人性的险恶。伊格尔顿通过对马克思人性理论的深入分析廓清了这一认识上的误区。

(一)生产实践是人的本质

马克思指出,生产是人性的本质,但他并没有说人性的本质就是包装香肠,没有将资本主义的物质生产奉若神明,而是坚持认为,大多数不断进行的生产都不能算是真正意义上的生产。我们所熟知的“劳动”在马克思看来是一种异化的“praxis”——这个源于古希腊语的词汇指的是一种自由的、自我实现的改造世界的活动,与努力劳作截然不同。然而,只有狭义上的经济才能给我们创造超越经济的条件。通过重新配置资本主义为我们积累的财富,社会主义将大大减弱经济在我们生活中的重要性,这样,人们才能有时间去从事一些有趣的追求。可见,马克思并非痴迷于经济问题,而是将经济问题看作对人类真实潜力的扭曲。资本主义创造的经济剩余已经足以大大延长人类的闲暇时间,但资本主义创造这些财富的方式要求资本不停地积累和扩张,而这也意味着依然无休止的人类劳动,同时还滋生了贫穷和苦难。在马克思看来,人们单纯地为了生产而自主进行的生产活动才算是真正的生产,这样的愿望只有在共产主义制度下才能得到完全实现。不过,我们可以在艺术这种特殊化的生产中提前体会到这种创造的滋味,艺术反映的是一种未经异化的生产,马克思曾将自己的写作描述为构建一个“艺术性的整体”。人类至今很少能从

劳动中获得充实和满足,这是因为到目前为止,劳动都是在阶级社会中进行的,本应成为目的的劳动却成了他人获取权力和利益的手段。对马克思来说,美好的生活是由那些人们自愿去做的事情组成的。我们做这些事情是因为它们属于人类自我实现的一部分,并不是出于责任、习俗、感情,也不是因为权威的命令、物质的需要、社会的福利或对万能造物主的敬畏。马克思著作中的"生产"一词包括任何能达到自我实现的活动,生产意味着通过改变现实而实践人的基本权利。

(二)基于唯物主义警惕理想主义

马克思主义坚决质疑那种自以为是的道德主义,时刻警惕理想主义的倾向。它总在探寻潜藏在轻率的政治辞令背后的物质利益。正如伊格尔顿所讲的那样:

> 马克思主义者将自己的冷静务实与对人性的信任结合在一起。唯物主义因其实事求是的精明而不容易被豪迈的政治辞令所欺骗,也因其对人类不断改进的希望而不会变得玩世不恭,这绝对是人性史上最好的结合之一。①

一个真正的乌托邦主义者会劝导我们用爱和兄弟情谊超越现实问题。诚然,马克思也相信爱和兄弟情谊,但他认为虚假的和谐并不能创造一个真正充满爱的社会。只有从等待救赎的现实做起,以其堕落的逻辑作为击溃它的武器,才有可能超越这样的现实。

许多马克思主义的批评者都认为,马克思主义对人性的看法过于理想化。他梦想着建立一个人人都能像同志般携手共进的未来,幻想着敌对、嫉妒、不平等、暴力、攻击性行为和竞争都从这个星球上消失,彻底忽略了那些有缺陷的、扭曲的、永不满足的"人性"。面对这种指责,一些马克思主义者回应说,如果马克思忽略了人性,那是因为他根本不相信人性。在他们看来,所谓"人性"不过是让我们在政治上毫无作为的借口,因此,塑造人类的是历史,而不是人性。需要指出的是,马克思与这种"历史主义"论调有明显不同,他相信

---

① 〔英〕特里·伊格尔顿:《马克思为什么是对的》,李杨等译,新星出版社2011年版,第82页。

人性,只不过他并不认为人性比个性更为重要。伊格尔顿写道:

> 他(指马克思)似乎对这样一个看似矛盾的观点深信不疑:人类的通性正在于每个人都与别人不同。在他早期的著作中,马克思曾谈到所谓的人类"物种存在性",而这正是关于人性的唯物主义认识。我们物质机体的性质使我们成为了现在这样有各种需要、会劳动、爱好社交、有性欲、渴望沟通和自我表达的动物。每个人的生存都离不开别人的支持和关爱,但我们从这种关系中获得的满足感往往超越这种关系的实际效用本身。①

我们可以从这些生物学事实中推测出很多关于这种生物的道德甚至政治结论:一方面,正因为我们是会劳动、有欲望、会说话的动物,我们就有能力在那个我们称作"历史"的过程中改变我们的状况,同时也改变我们自己。简言之,变革与人性并不矛盾,之所以变革可能是因为我们是具有创造力、头脑开放、还有进步空间的生物。另一方面,人从本性上来说就是政治的动物——这不仅是因为我们是群居动物,更因为我们需要某种制度来管理我们的物质生活以及我们的性生活。到目前为止,剥削和不平等一直都是人类创造物质生活方式的一部分,因此就需要一种政治制度来控制剥削和不平等带来的冲突。当然,这并不排斥人类还可以通过其他象征性的方式(如艺术、神话和意识形态等)表达这种秩序。

在马克思看来,人类的物质天性赋予我们某些权力和能力,我们只有在自由实现这些权力并以此作为目的,而不是单纯地为了某种功利目的实现这些权力时,才是最符合人类天性的。在每一个不同的历史阶段,这些权力和能力的体现方式都有所不同,但它们总是深植于我们的身体中。如果我们的人性没有这些共通之处,那么社会主义所设想的全球合作将无从谈起。社会主义者常常提到压迫、不公正的待遇和剥削,但如果人类历史上除了这些便无他物,我们就无法认清这些问题的本质。当然,要明白这点,不需要诉诸人性,只需要诉诸历史因素即可。但不能否认,我们人性中的某些特征确实也可以成为判断的标准。那些我们为了生存和温饱所必不可少的需要,比如吃饭、保暖、有人陪伴、不受奴役和虐待都可以作为政治批判的基础。因此,那种认为

---

① ［英］特里·伊格尔顿:《马克思为什么是对的》,李杨等译,新星出版社 2011 年版,第85 页。

人性不过是为现状辩护的说法是错误的,人性同样可以成为挑战现状的强大武器。马克思将人视为物质动物的观点可以带给我们很多重要的启示。正如伊格尔顿所说:

> 这个事实告诉我们怎样生活。你当然可以从人体中得到很多关于道德或者政治问题的答案。如果人类是一种自我实现的动物,那么他们就必须要有实现自身需要、展现自身权力的自由。但如果他们同时也是与其他有自我表达需求的同伴生活在一起的社会动物,那么他们就需要防止这种权力产生无休止的、具有巨大破坏力的冲突。事实上,这正是自由社会最棘手的问题之一。①

共产主义社会组织社会生活的方式是让个人通过他人的自我实现来达到自身的自我实现。正如《共产党宣言》所讲的,"每个人的自由发展成了所有人自由发展的条件"。从这个意义上说,社会主义并非简单地排斥热衷个人主义的自由社会,而是在自由社会的基础上对其进行补充和完善。社会主义意味着个人自由的极大丰富,而不是减弱。

(三)马克思人性思想的特色在于对个人的强调

我们要特别强调马克思对于个人的关注,因为这有助于破除那种关于马克思主义就是冷面无情地集体残忍地压迫个人生活的扭曲认知。马克思政治思想的全部目的就是要使个人能自由的发展,只是我们要始终铭记,这种发展必须以集体的发展为前提。伊格尔顿写道:

> 马克思在《共产党宣言》中描述的那种所有人自由的自我实现是永远都不可能完全实现的。就像其他美好的理想一样,它是我们的目标,但不是我们必须完成的任务。理想是指引方向的路标,不是看得见摸得着的实体。那些嘲笑社会主义理想的人应该牢记,自由市场的理想也永远不可能完美实现,但这并不能阻碍自由市场的拥护者为之奋斗。没有绝对完美的民主这一事实也并不能让我们满足于暴政。②

---

① [英]特里·伊格尔顿:《马克思为什么是对的》,李杨等译,新星出版社 2011 年版,第 90 页。

② [英]特里·伊格尔顿:《马克思为什么是对的》,李杨等译,新星出版社 2011 年版,第 91 页。

如果不指望所有人都在道德上完美无缺,那么实现马克思主义的目标就容易多了。那些能使马克思的目标得以实现的机制都是可以嵌入社会制度中的,而不是将最大的希望寄托在个人的善意之上。比如自治合作社的概念,它是马克思构想中的未来社会关键的生产单位。我自己的自我实现能帮助他人过得更好都是因为这个合作性的、利益共享的、人人平等的、共同治理的社会机构的存在,而非个人美德之功,社会主义不需要每个人都是心地仁慈的考狄利娅。人工作的意义是由体制决定的,人的高尚美德植根于体制中。马克思主义并没有承诺人性会变得完美无缺,它的承诺是解决那些目前阻碍人类进入真正历史阶段的矛盾,赋予人真正的自由和丰富多彩的生活。

那些认为社会主义与人性相悖的人之所以抱有这样的观点,是因为他们短视地认为资本主义代表了全部的人性。伊格尔顿指出:

> 马克思总是以阴郁的眼光看待人类大部分的历史,是因为历史不过是一种压迫和剥削替代另一种压迫和剥削。阿多诺曾经指出,悲观的思想家(指的是弗洛伊德)对人类解放作出的贡献比那些盲目乐观的思想家要大。这是因为他们见证了那些等待我们救赎的社会不公,而如果没有他们,这些不公早已被我们遗忘。他们向我们展示现实的残酷,并以此激励我们着手改变。他们敦促我们抛弃一切幻想。然而,如果马克思还保留着对未来的希望,那是因为他认识到造成这令人失望的历史的并不是我们。如果历史是血腥的,那也不是因为大多数人都天性邪恶,而是因为他们不得不屈从于物质方面的压力。通过这种方式,马克思就得以用现实的眼光衡量过去,同时免于堕入人心黑暗的神话。①

可见,是唯物主义使马克思得以保持这份对人性的信仰。当然,这并不是说阶级社会中的人们就因此不需要为他们的行为负责,或者说,战争和屠杀与人性的堕落毫不相干,纳粹主义仍是一种道德败坏的政治体制,它的养分来自那些可以真正被称为"邪恶"的人们的施虐心、偏执狂和病态的仇恨。但同时必须指出的是,这些个体的邪恶只有与一定的政治体制相连之后才会造成如此惊人的可怕后果。

———————

① ［英］特里·伊格尔顿:《马克思为什么是对的》,李杨等译,新星出版社 2011 年版,第101—102 页。

(四)社会主义基于对个人需求的充分关注

马克思到底是不是一个乌托邦思想家呢?如果"乌托邦思想家"意味着预见未来将远远好于现实,那马克思就是。他相信物质的匮乏、私有财产、剥削、社会阶级和国家都将有终结之日。但马克思从来没说那时的我们就会进入一种完美的状态。人类既然有能力实现他们的自由,也就有能力滥用这种自由。因此,我们有理由相信在共产主义社会中仍将存在许多问题,大量的矛盾冲突以及一些无法挽回的悲剧。同时,共产主义要求给每个人自我实现的条件,但即便是在富足的社会中,自我实现的程度也必须受到限制。我们不可能建立一个人人平等的社会秩序。伊格尔顿写道:

> 那些"社会主义会让我们变得一模一样"的抱怨也是没有根据的。马克思从来没有过这样的打算。他坚决反对那种毫无个性的统一。事实上,他认为平等是一种资产阶级的价值观。他将其视为交换价值在政治领域的反映,只不过这一次,所有商品的价值都被拉平而已。他曾经评论说,商品就是"已经实现了的平等"……马克思还将中产阶级的民主视为抽象的平等,认为人们作为选民和公民的平等掩盖了财富与阶级的真实差异,并将其与平等的概念联系起来。在《哥达纲领批判》中,马克思还基于个体需求的不同驳斥了那种收入平等的想法。因为他认为个体需求因人而异……但这并不意味着马克思彻底否定了平等概念。马克思不会因为一个观念来自资本主义,就不加分辨地批驳。他不仅没有不屑一顾地彻底摒弃那些源自中产阶级社会的观念,还坚定地呼吁将中产阶级的自由、自决和自我发展等革命价值发扬光大。在他看来,即便是抽象的民主与封建主义的等级制相比也是值得欢欣鼓舞的进步。他十分正确地指出,只要资本主义还存在一天,这些宝贵的价值就无法为全人类造福。①

在马克思眼中,目前最受认可的"平等"概念最大的不足之处就在于它太过抽象,没有对人和事物的个体差异性——或者马克思所说的经济领域中的"使用价值"——给予足够的重视。将各不相同的个人标准化的是资本主义而不是社会主义,这也是为什么马克思一直对"权利"概念持谨慎态度的原

---

① [英]特里·伊格尔顿:《马克思为什么是对的》,李杨等译,新星出版社2011年版,第105—106页。

因。权利的本性就在于使用统一的尺度,不同的个人用同一尺度去计量,只从同一角度,从一个特定的方面去看待他们,如把他们只当作劳动者,把其他一切都撇开了。这段话足以击破某些人对马克思不正确的认识了。在马克思看来,真正的平等不是以同样的标准对待每个人,而是对每个人的不同需要给予同等的关注,说到底,马克思所述的平等是为了个体之间的个性而存在的。社会主义建立的社会秩序将比现有的社会秩序更加多元,共产主义鼓励人们发展各自的天赋。正如阿多诺所说,马克思是乌托邦的敌人,但他的最终目的恰恰是乌托邦的实现。

七、结　语

马克思对人抱着热情的信念,对抽象教条怀有深深的疑虑。他没有时间去设想一个完美的社会,对平等的说法保持高度的警惕,也从来没有梦想过一个所有人都千篇一律的未来。他希望看到多样化而不是整齐划一。他从未宣传人是历史无助的玩物。他比右翼保守主义者更敌视国家机器,并把社会主义视为民主的深入,而不是民主的敌人。他心目中美好生活的模型基于艺术自由表达的理念之上。他认为有些革命可以用和平的方式取得胜利,也丝毫不反对社会改革。从事体力劳动的工人阶级并非他唯一关注的人群。将社会分为两个明显对立的阶级也并非他的主张。

他没有盲目崇拜物质生产,相反,他想要尽可能地废除物质生产。他的理想在于休闲而非劳动。如果他不屈不挠地关注经济问题,那不过是为了削弱经济对人类的控制力。他的唯物主义思想与人类秉持的道德和精神理念完全相符。他慷慨地赞美中产阶级,并将社会主义视为自由、人权和物质繁荣等这些伟大遗产的继承者。在自然和环境问题上,他有很多超越时代的惊人观点。马克思的著作所激发的政治运动更是为妇女解放、世界和平、反法西斯战争与殖民地解放运动等一系列政治运动作出了不可估量的重大贡献。

（本文作者：李隽）

第九篇 回归审美

——伊格尔顿《审美意识形态》导读

一、引 言

特里·伊格尔顿(Terry Eagleton),被公认为最具影响力的英国文学评论家,当代著名的西方马克思主义文学理论家和具有独特风格的文化批评家,其擅长于以独特的视角阐述马克思主义的美学和文艺理论,并用他的"新马克思主义"美学和文艺理论去分析评论西方现当代各种美学和文学理论批评流派。

伊格尔顿在1990年出版了恢宏大气的《审美意识形态》①(*The Ideology of the Aesthetic*)这一重要美学著作,在这本书中他对18世纪以来西方美学资产阶级意识形态的实质作了批判性的分析,试图建构自己的一种理论框架。这本书以20世纪德国美学的重要理论为对象,对叔本华、尼采、弗洛伊德、克尔凯郭尔、海德格尔、马克思、本杰明、阿多诺等在20世纪西方文化产生重要影响的"美学思想家"的理论作了深入的意识形态剖析,对于深化意识形态的批评方法,反思阿尔都塞学派研究思路的局限性,都作出了非常富于启发性的分析论证。《审美意识形态》一书共分为导言、自由的规则、心灵的法则、康德式的想象、席勒和领导权、人工制品的世界、欲望的死亡、马克思主义的崇高、真实的幻觉:弗里德里希·尼采、父亲之名:西格蒙德·弗洛伊德、存在的政治学:马丁·海德格尔、马克思主义的犹太博士:瓦尔特·本杰明、奥斯维辛之后的艺术:特奥多·威·阿多诺、从城邦制到后现代等十多个部分。

---

① 《审美意识形态》(*The Ideology of the Aesthetic*)是一本比较艰深的书,最早翻译到国内的版本是2001年王杰教授将之译作《审美意识形态》,2013年修订版时更名为《美学意识形态》。

在"序言"中他开宗明义地要从社会历史、政治经济、伦理规范探讨现代欧洲的主要美学理论是如何为政治霸权服务的,提出整个西方现代美学史就是一部意识形态话语史。伊格尔顿开始重塑"身体"的重要地位,将"身体"作为美学研究的物质基础,从感性经验和身体话语的角度去思考审美启蒙和生活世界的关系,以试图走出阿尔都塞结构主义思想的困境,回归到威廉斯"文化唯物主义"的理论思路。

　　着重从个体经验和时间角度,探寻在生活世界中获得启蒙和实现人的全面解放途径。①

　　"解放"是由历史的关系,是由工业状况、商业状况、农业状况、交往状况促成的……而且在它们有了更充分的发展以后再清除这些无稽之谈。②

在这部著作中,伊格尔顿试图在美学范畴内找到一条通向现代欧洲思想某些中心问题的道路,以便从那个特定的角度出发,弄清更大范围内的社会、政治、伦理问题,试图通过美学发展的线索,来书写不同时代社会意识形态的历史。对于西方现代思想而言,《审美意识形态》提供了一种美学史以及对美学概念的批判。开篇论述的对象为夏夫兹博里、休谟和伯克,尤其关注德国哲学传统,他对从黑格尔、马克思至本雅明、阿多诺、哈贝马斯的黑格尔学派以及从叔本华、克尔凯郭尔、尼采至海德格尔、福柯的反黑格尔学派尤为感兴趣。应该说,这一梳理是对西方现代哲学的一次考察,着重讨论了自启蒙运动以来至后现代主义期间美学、伦理学和政治学之间错综复杂的关系。尽管伊格尔顿自己声称这部《审美意识形态》不是一部美学史著作,因为本书中没有论及很多重要的美学家,但是可以看出,伊格尔顿在这部书中把美学自身作为研究分析的对象,我们可以把它看作是一种元美学。

二、唯物主义审美观

在伊格尔顿看来,美学不是美和美的规律的理论,也不是关于艺术的理

---

① 方珏:《伊格尔顿意识形态理论探要》,重庆出版社 2008 年版,第 21 页。
② [英]特里·伊格尔顿:《审美意识形态》,王杰等译,广西师范大学出版社 2001 年版,第 15 页。

论,而是关于人的理想以及人的现实生活的理论。伊格尔顿把美学问题引入了资本主义社会的发展过程中,他把美学作为一种意识形态来对待。在这部书中,作者揭示了美学意识形态的必然性、矛盾性和它的内在规律性,并探讨了美学意识形态的经济政治根源。伊格尔顿认为,在认识史上,审美活动具有唯物主义内涵,它包含着实然性和应然性两重维度。"美学话语的特殊性在于,它一方面植根于日常生活经验的领域"①,这是实然方面,审美或美学来源于人们的日常生活,它就是关于人们日常生活活动的感觉体现,反映了人们对于社会生活的认知和理解以及对于生活实践活动的态度,但是在阶级社会中,人们的这种生活审美体验却受到了扭曲。"另一方面,它详细地阐述了人们假定为自然的、自发的表现方式,并把它提升到复杂的学科知识水平"②,审美活动被曲解、升华为一种复杂的知识体系,抽掉了其活生生的生活现实性,开始走向抽象化和形式化,逐渐脱离现实的生活经验的真实性,走向应然性,"人们认为美学依然持有一份不能降低其特殊性的责任,美学应向人们提供一个看来属于非异化认知模式的范式"③。可见,审美源于生活,高于生活,而这种过于生活的结果却使得审美进入了应然的领域,去掩盖现实生活中的人类苦难,而抽象化为一种审美形式,这就先入为主地规定了神秘的功能,走向了唯心主义的窠臼。伊格尔顿认为,这种抽象化的审美形式实质上却伤害了审美本身。

因为美学始终是一个矛盾的、自我消解的过程,在提高审美对象的理论价值时,人们有可能抽空美学所具有的特殊性或不可言喻性,而这种特殊性在过去往往被认为是美学之最可宝贵的特征。任何一种抬高艺术的语言都会暗中对美学造成持久的危害。④

这种持久的伤害就是将审美理解为纯粹的形式活动,是一种无功利性和

① 〔英〕特里·伊格尔顿:《审美意识形态》,王杰等译,广西师范大学出版社2001年版,"导言"第2页。

② 〔英〕特里·伊格尔顿:《审美意识形态》,王杰等译,广西师范大学出版社2001年版,"导言"第2页。

③ 〔英〕特里·伊格尔顿:《审美意识形态》,王杰等译,广西师范大学出版社2001年版,"导言"第2页。

④ 〔英〕特里·伊格尔顿:《审美意识形态》,王杰等译,广西师范大学出版社2001年版,"导言"第2页。

无利害性的人类的普遍性活动,从而割裂了审美与现实生活的有机联系,掩盖了审美的社会性和阶级性。

　　传统审美观点认为,审美具有无功利性和无目的性,是人类普遍的先天能力,但是伊格尔顿指出了审美活动的社会性和阶级性。审美活动植根于日常的社会生活之中,是活生生的生活经验。但是后来审美被抽象为一种脱离现实生活的纯粹形式,成为一种人类对于他者世界的美好想象,成了一种彼岸的世界。伊格尔顿指出了这种审美形式化的矛盾,一方面审美成为意识形态的工具,意识形态将自己的内容镶嵌在审美理论之中,通过审美来灌输自己的思想观点;另一方面,审美具有想象性和彼岸性,能够唤起人们对于美好世界的向往,因此,审美也是一种现实社会批判的工具。伊格尔顿重点考察了现代审美意识中的资本主义意识形态,指出现代审美意识中确立的主体性的新形式,建构了资本主义意识形态中关于自由的内涵,实际上就是一种价值交换的自由,从属于资本的逻辑。为了反对审美形式化的趋向,伊格尔顿以感性的身体为中心试图建构一种唯物主义的审美学,以实现审美的具体性和实践性。

　　　　在我们的头脑将这个世界精确地加以规范之前,我们的肉体就一直在这个世界上经受磨炼。去"认识"就是去割裂与疏离那种与客体的自然交流,我们的躯体构造迫使我们无法逃避这种境遇,这种境遇反过来又以某种适宜的"形式"渗透了我们的思想,这是由于对海德格尔而言,决无没有形式的思想。在海德格尔哲学中最丰富最明确的全部思想,都来自于这种深刻的唯物主义。①

　　在这种审美唯物主义的启示下,针对资本主义社会中,资本压榨之下人的残缺不全的身体,伊格尔顿在马克思的影响下,主张通过社会主义革命消除资本主义制度,将身体从资本的逻辑中解脱出来,以促进人的感性身体的全部丰富性和实践性的回归。

三、美学的意识形态性及其表现

　　伊格尔顿指出,审美活动在被抽象为形式主义的同时,也在悄然地行使着

---

　　① ［英］特里·伊格尔顿:《审美意识形态》,王杰等译,广西师范大学出版社 2001 年版,第299 页。

其社会职能,这种社会职能并不是提供一种"美"的感受和享受,而是提供一种意识形态,以维护或批判统治阶级的意识形态及其政治统治。伊格尔顿指出,审美思想或美学范畴尤其是现代审美理论与政治斗争具有紧密的关联。

> 广义的美学范畴在现代欧洲思想中占有重要地位,因为美学在谈论艺术时也谈到了其他问题——中产阶级争夺政治领导权的斗争中的中心问题。美学著作的现代观念的建构与现代阶级社会的主流意识形态的各种形式的建构,与适合于那种社会秩序的人类主体性的新形式都是密不可分的。①

也就是说,美学中思想观念与主流意识形态观念以及社会主体的形式具有内在的一致性,审美活动作为一种美学观念建构活动,也在建构着意识形态的内容和社会主体的思想观念,"随着早期资产阶级的出现,各种美学概念已开始不动声色地在主流意识形态的结构中起着非同寻常的内部核心作用"②。因此,审美活动也就是一种社会政治活动,它对于当前的社会同时具有维护作用。但是,伊格尔顿也指出,审美活动的政治性还体现在对于当前社会秩序的反抗作用,"美学对主流意识形态形式提出了异常有力的挑战,并提供了新的选择,美学又是一种极其矛盾的现象"③,而这种矛盾性与审美的阶级性有关,不同的阶级具有不同的审美判断,并以这种判断为基础对主流意识形态或是支持或是批判。

伊格尔顿在考察了资本主义历史条件后,充分认识到美学所蕴含的矛盾性,他认为审美本身所具有的集意识形态的建构和意识形态的解构于一身的这种矛盾性,源于审美的自律性或自指性,而这种自律性与资本主义社会生产紧密联系在一起。

> 文化生产在资本主义社会的早期阶段通过物质的生产成为"自律的"——自律于其传统上所承担的各种社会职能,文化艺术生产的生产

---

① [英]特里·伊格尔顿:《审美意识形态》,王杰等译,广西师范大学出版社2001年版,"导言"第3页。

② [英]特里·伊格尔顿:《审美意识形态》,王杰等译,广西师范大学出版社2001年版,"导言"第4页。

③ [英]特里·伊格尔顿:《审美意识形态》,王杰等译,广西师范大学出版社2001年版,"导言"第3页。

过程由于摆脱了传统上政治制度的束缚,走向商品的市场,具有了较大的自主性,一旦艺术品成为市场中的商品,它们也就不再专为人或物而存在,随后它们便被理性化,用意识形态的话来说,也就是成为完全自在的自我炫耀的存在。①

但是这种自律性的存在只是一种形式,它在避开社会实践活动的同时,却被不同的社会思想观念所占据和控制,成为自相矛盾的存在,既维护主流意识形态的权威,又对主流意识形态构成挑战。对于资本主义而言,审美的这种自律性正好可以掩饰自身的弊端:

> 极易避开其他社会实践而孑然独处,从而成为一块孤立的飞地,在这块飞地内,支配性的社会秩序可以找到理想的庇护所以避开其本身具有的竞争、剥削、物质占有等实际价值。更为微妙的是,自律的观念——完全自我控制、自我决定的存在模式——恰好为中产阶级提供了它的物质性运作需要的主体性的意识形态模式。②

而这种主体性就是资本主义生产关系中劳动力交换的自由。这种资本主义的自由构成了人们真实的生活情境,正如马克思所说的资本的观念使得一切传统的东西都消失了,资本的逻辑统治了人们的头脑。

可以说,现代审美消解了传统的社会价值观念,树立了资本主义的"自由"的主体,从而掩盖了资本主义的剥削和压迫。但是另外,审美自律性对于自我力量和自我本质的强调又成为反对资本主义规范化生产的依据,审美自律性"一方面提供了资产阶级意识形态的核心要素。那么,另一方面,它又强调了人的力量和能力自我决定的特征,这种特征在卡尔·马克思那里和其他人的著作中成了革命性的反对资产阶级的功利主义的人类学的基础"。③ 在这里,伊格尔顿揭示了审美的这种双重性,审美既是一种资本主义的意识形态,提供了资本主义社会里人的主体性特征,同时也是一种资本主义意识形态

---

① [英]特里·伊格尔顿:《审美意识形态》,王杰等译,广西师范大学出版社2001年版,"导言"第9页。

② [英]特里·伊格尔顿:《审美意识形态》,王杰等译,广西师范大学出版社2001年版,"导言"第10—11页。

③ [英]特里·伊格尔顿:《审美意识形态》,王杰等译,广西师范大学出版社2001年版,"中译本序"第10页。

的批判,它为人们提供了一种解放的幻想,这种幻想坚决地反对工具主义或专制主义,提倡一种普遍性的平等主义,审美为当前社会"提供了一种和谐的乌托邦形象,那么美学又阻碍着走向这种历史性一致的现实的政治运动,并使之神秘化"[①]。在这里,伊格尔顿将审美视为一种主观性的意识观念,但是,这种审美意识确实是对客观社会结构和阶级现状的反映,也就是说,审美不是人类的普遍活动,而是与人的社会实践活动及其物质利益紧密相连。

四、审美意识形态与文本

根据唯物主义审美观,伊格尔顿提出了审美意识形态与其他意识形态的联系与区别,以此来规定审美意识形态的社会历史性。伊格尔顿提出一般意识形态主要是为了区别于其他特殊的具体意识形态,也是为了给所有意识形态形式提供一个总的名称。在文学文本理论中,他主要描述了审美意识形态和作者意识形态。审美意识形态是指文学艺术在审美表现过程中显示的意识形态内涵,其包含着审美的功能、意义以及价值的意识形态判断等因素,审美意识形态表明审美中浸透了意识形态,意识形态巧借审美传达出来。借用审美意识形态,伊格尔顿否定了文学艺术中审美的先天性和形式性,肯定了文学文本审美的社会性和政治性。作者意识形态是社会一般意识形态在个人身上的独特体现,是文本作者凭借其主观能动性对一般意识形态进行改写包括无意识的改写,它是由作者本身的性别角色、阶级地位、国家地区以及文化观念等各种因素所决定的思想观念。伊格尔顿提出作者意识形态既肯定了文本主体对文学文本的个人影响,又强调了社会因素尤其是意识形态对文学文本的重要作用。

伊格尔顿认为,文本具有意识形态的内涵,在文本的解读过程中,社会主体受到文本所包含的意识形态的影响和渗透,认同意识形态所宣扬的思想观念和价值系统,从而失去自己的独立性,成为被"塑造"的主体,这实际上是一个审美的过程,因此,文本批判的中心也就是审美意识形态批判。文本具有审

---

① [英]特里·伊格尔顿:《审美意识形态》,王杰等译,广西师范大学出版社2001年版,"导言"第10页。

美意识形态性,主要表现为文本的对象、文本的生产和文本的价值都是意识形态的一部分,而"审美等于意识形态"①,这就决定了文本审美就是一种社会主体和文本意识形态的互动过程,也就是一种审美意识形态的运动过程。

伊格尔顿指出,文本加工的对象不是社会历史,而是意识形态。

　　文本……是对于一般意识形态进行美学加工所得的产品。②

这也就说明了文本对象就是意识形态,而文本本身同样受到意识形态的影响,这种意识形态就是文本之外的潜文本即潜意识,"在某种意义上,可以把这种潜文本称为作品本身的潜意识"③,也就是说,意识形态既是文本的对象,又是文本的制约性规则。同时,意识形态决定文本的题材和内涵,意识形态的范畴和结构对于文本的形式和题材具有决定性的影响,文本要生产什么、如何生产以及生产的过程都会受到社会条件和思想观念的影响,这些社会条件和思想观念就包含着意识形态的内容。

文本的价值被伊格尔顿称为交换价值,文本价值又是意识形态决定的,"决定文本价值的,是它插入意识形态系统的和文学论述的通用等级的双重方式"④。即文本价值必须受到意识形态的决定性影响,文本的价值不在于其背后表达的时代内容或精神,而在于其与意识形态的联系,而这种联系所表达的意识形态的效果越强,则文本的价值越大。伊格尔顿指出,文本生产也是意识形态生产的一种形式,他重点探讨了意识形态与文本之间的双向同构关系。

　　文本与意识形态之间不仅是客观决定的关系,这种关系同时也被文本自身"主观地"炫耀、隐藏、暗示或者神秘化。⑤

文本生产在一定意义上就是意识形态生产,意识形态的内容制约了文本生产的内容,但是文本也具有自己的能动作用,它能够将意识形态的痕迹消除、隐藏起来,从而以更加隐蔽的形式践行意识形态的功能。

---

① ［英］特里·伊格尔顿:《审美意识形态》,王杰等译,广西师范大学出版社 2001 年版,第 89 页。

② ［英］特里·伊格尔顿:《审美意识形态》,王杰等译,广西师范大学出版社 2001 年版,"导言"第 1 页。

③ ［英］特里·伊格尔顿:《20 世纪西方文学理论》,吴晓明译,陕西师范大学出版社 1986 年版,第 221 页。

④ Terry Eagleton, *Criticism and Ideology*, London and New York:Verso, 1978, p. 186.

⑤ Terry Eagleton, *Criticism and Ideology*, London and New York:Verso, 1978, pp. 80-81.

文本的对象、价值都具有意识形态的内涵,文本的生产也是一种意识形态的生产过程,在伊格尔顿看来,文本就是一种意识形态的载体,文本的解读体现了主体与客体之间的互动关系,文本通过其思想观点对主体进行意识形态的灌输和教化,进而改变主体的思想状况,这实际上是一种审美意识形态的渗透。

因此,伊格尔顿指出文本批判的中心任务就是揭露文本中包含的审美意识形态,以便使得审美主体从文本的意识形态内涵中解脱出来,实现社会主体在文本解读和批判中的自主性。

五、审美主体与"身体"

美学意识形态主体是伊格尔顿深入思考的问题,经过长期的历史观察与理论反思,伊格尔顿指出,审美思想或美学范畴尤其是现代审美文本与政治斗争具有紧密的联系,现代审美"从百分之百的意义上说"就是资产阶级的概念。

伊格尔顿指出,在资本主义历史条件下,美学文本的生产过程由于摆脱了传统上政治制度的束缚,走向商品的市场,具有了相对的自律性,但是这种美学自律性的存在只是一种形式,对于资本主义而言,审美文本的这种自律性正好可以掩饰自身的弊端。

在资本主义社会中,资本将人的身体需求降为最低,以维护劳动力的生产和再生产,同时又将身体的需求与资本连接起来,感觉资本能满足人们的一切感性需求,从而维护资本主义的统治,在这种观点的影响下,伊格尔顿考察了意识形态在情感领域的社会功能,"通过理性化的劳动方式,消除人的本质以及把人变成单纯的功能等做法从科学领域进入了经验世界"[①]。这个经验世界属于感性情感领域。实际上,这是对人的丰富感性生活的剥夺与对人类自由本性的压抑。因此,伊格尔顿指出,现代审美是一种资本主义意识形态,它体现了对于社会主体的压抑,现代文本所包含的审美意识"为中产阶

---

① [英]特里·伊格尔顿:《审美意识形态》,王杰等译,广西师范大学出版社2001年版,第33页。

级提供了其政治理想的通用模式……另一方面,审美意指霍克海默所称的'内化的压抑',把社会统治更深刻地置于被征服者的肉体中,并因此作为一种有效的政治领导权模式而发挥作用"①,也就是说,资本主义通过审美意识形态将资本的逻辑强行楔入人们的肉体和心理之中。

现代美学理论由于高扬了理性的功能,压抑了身体感性的作用,从而将美学的理性抽象性与资本统治的普遍性联系起来。

在一个维度上,资本主义把男人和女人身体的丰富性降低到"原始和抽象的简单需要"……另一个维度上,资本是幻觉性的身体。②

即在资本逻辑统治的社会条件下,抽象的理性的资本或价值、剩余价值成为人们存在的最重要的意义与目标,而现实的具体需要被抽象为资本的手段与附属物。伊格尔顿认为,审美文本既是一种资本主义的意识形态,提供了资本主义社会里人的主体性的特征,同时也是一种资本主义意识形态的批判,它为人们提供了一种解放的幻想,这种幻想坚决地反对工具主义或专制主义,提倡一种普遍性的平等主义,审美文本一方面为当前社会"提供了一种和谐的乌托邦形象,那么美学又阻碍着走向这种历史性一致的现实的政治运动,并使之神秘化"③。那么,如何消除现代文本的资本主义审美意识形态的阻碍作用,实现人类主体与社会客体的和谐呢? 伊格尔顿提出了马克思主义审美意识形态的文化批判的思想。伊格尔顿指出,既然审美既是一种意识形态,又是一种意识形态批判,在资本主义社会这种特征更加鲜明,"审美作为这样一个范畴,一方面可以被保守地用来强调政治权力嵌刻于我们的主体之中,另一方面也用来强调主体的自主性是抵制权威的基础"④。那么,在这种情形下,如何发挥审美的解放作用呢? 伊格尔顿提出了身体的观念,"我试图通过美学这个中介范畴把身体的观念与国家、阶级矛盾和生产方式这样一些更为传统的政治主题重新联系起来",这个身体的观念强调感觉性,

① Terry Eagleton,*The Ideology of the Aesthetic*, London: Oxford Blackwell, 1990, p. 28.

② [英]特里·伊格尔顿:《审美意识形态》,王杰等译,广西师范大学出版社 2001 年版,第192 页。

③ [英]特里·伊格尔顿:《审美意识形态》,王杰等译,广西师范大学出版社 2001 年版,"导言"第 10 页。

④ 张亮:《英国新左派思想家》,江苏人民出版社 2010 年版,第 334 页。

认为这是审美活动的一种进步，"美学标志着向感性身体的创造性转移，也标志着以细腻的强制性法则来雕凿肉体"①。伊格尔顿认为，身体是一种物质性的存在，而这种物质性的身体在现实生活中具有活生生的情感体验，这种体验与社会地位、阶级经历以及政治意识联系在一起，感性的身体因而产生与这些东西相关的现实需要，而这种需要也是社会主体实现其自由的前提条件。

> 对身体最为基本的需要的不断肯定是实现伦理和政治的团结以及自我和他者相互联系的必不可少的基础，同时，与自我和他者的联系相伴而存在的是一种为公共社会秩序提供基础的潜能。②

在这里，伊格尔顿将身体与他者以及社会关系联系起来，主张从这种联系中发挥身体的潜能。

> 真正的生活是诗意的生活，是将心志沉迷于存在的神秘之中，明白自己不过是存在的谦卑的腹语者。在《艺术作品的本源》中，正是艺术品本身成了存在驯顺的此或"彼"，即存在自我显现的圣地。③

审美就存在于活生生的身体之中，构成此在的一个部分，并具有反抗的潜能，因为"人体的特殊之处在于，它具有在改造周围物质的过程中也改造自身的能力"④，这种身体的改造也包括改善身体的审美意识，以反抗社会权力的压迫，"审美是朴素唯物主义的首次激动——这种激动是肉体对理论专制长期而无言的反叛的结果"⑤，而通过这种对理论专制的反抗，感性的身体就能够提升自己的审美能力，"肉体中存在反抗权力的事物，而权力又规定着审美"⑥。因此，身体在反抗现实社会的权力实践中会使得审美意识得到进一步

---

① ［英］特里·伊格尔顿：《审美意识形态》，王杰等译，广西师范大学出版社 2001 年版，"导言"第 10 页。

② 张亮：《英国新左派思想家》，江苏人民出版社 2010 年版，第 334 页。

③ ［英］特里·伊格尔顿：《审美意识形态》，王杰等译，广西师范大学出版社 2001 年版，第299 页。

④ ［英］特里·伊格尔顿：《审美意识形态》，王杰等译，广西师范大学出版社 2001 年版，第371 页。

⑤ ［英］特里·伊格尔顿：《审美意识形态》，王杰等译，广西师范大学出版社 2001 年版，第200 页。

⑥ ［英］特里·伊格尔顿：《审美意识形态》，王杰等译，广西师范大学出版社 2001 年版，第17 页。

发展,从而实现身体的自由,"一旦他人已被确定,一旦他人注视我的目光把我置于他的视觉场,夺取了我的一部分存在,人们就能明白,只有我和他人建立联系,只有我使他人不受拘束的认识我,我才能收回被夺去的一部分存在,我的自由需要他人同样的自由"①,只有实现了我和他者的自由,我才能实现自身的全部存在和丰富性。

六、何谓审美解放

既然审美具有意识形态与意识形态批判的双重性,我们就要发挥审美意识形态批判的功能,实现审美的解放与自由。那么,如何实现这种自由呢?伊格尔顿在这里受到了马克思的启发,马克思指出,"感性必须是一切科学的基础"②,而在资本主义社会中,人的感性被严重地扭曲了。

在马克思这里,要恢复人的感性身体的丰富性,必须推翻资本主义私有制的统治,将身体从资本的枷锁中解放出来,"马克思主义的目标是恢复身体被掠夺的力量,但是只有废弃个人的财产,感觉才能回到他们自身"③。也就是说,只有在实现公有制、废除资本主义制度的前提下,才能实现身体感性的全部。

伊格尔顿又提出改造现代审美主体,建构社会主义新主体的设想。他指出,文本审美既是一种意识形态,又是一种意识形态批判,在资本主义社会这种特征更加鲜明,"审美作为这样一个范畴,一方面可以被保守地用来强调政治权力嵌刻于我们的主体之中,另一方面也用来强调主体的自主性是抵制权威的基础"④。那么,在这种情形下,如何发挥文本审美主体的自主性呢?

但是伊格尔顿没有简单地回到理性主义的主体理论,而是在身体自然性的基础上突出"主体"的能动创造力量。

　　　工业资本主义在人类与世界之间所开拓的鸿沟为一种永恒共生的幻

---

① [英]梅洛-庞蒂:《知觉现象学》,姜志辉译,商务印书馆2001年版,第450页。

② 《马克思恩格斯文集》,人民出版社2009年版,第194页。

③ [英]特里·伊格尔顿:《审美意识形态》,王杰等译,广西师范大学出版社2001年版,第192页。

④ 张亮:《英国新左派思想家》,江苏人民出版社2010年版,第334页。

想所遮蔽。存在本身变成了一种偶然:海德格尔否定了存在的所有形而上学基础,直截了当地把存在搁在其自身的虚无运动中。存在所立足的"基点"正是这种对自我自由超越的永恒的波动,其本身就是一种虚无。海德格尔的存在是深不可测的,是一种没有根基的基点,它如同人工艺术制品那样,在自由、空洞的游戏中证实自己。如果说存在作为整体是偶然的,那么此在则出人意外地并非如此,这是由于存在需要此在,它包含着一种必须由此在加以充实的内在贫乏。①

鉴于海德格尔的存在与此在关系的思考,伊格尔顿认为,我们不能放弃人们的自然属性,也不能随意抛弃身体的概念。

> 我们思考的方式源于我们的动物属性。我们的思想之所以具有延续性,也是因为我们的身体构成和感知这个世界的方式……人类的思想离不开感官、实践和情感因素。②

伊格尔顿在这里受到了马克思主义的启发,马克思主义认为,劳动是社会主体的自然属性,人的主体性是在具体劳动实践中形成并发展起来的,然而在阶级社会中,人类的劳动被异化,人的劳动自由受到了他者的束缚,丧失了人类的主体性和主动性,这才是"主体"的真正迷失。

> 哲学的解放是如何降纤屈尊地将其复杂的主题转向铁锤和林间小路的……另一方面,世界上这些鸡零狗碎的平凡之物只有在它们付出了这样的代价,即经受激烈的归化、凝结成永恒的固定状态之后,才能赢得它们新发现的本体论的尊严。要对世俗之物加以神话化,使之达到哲学从其基础脱颖而出的那种精确程度。用海德格尔的观点来说:哲学"正是包孕于农夫的劳动之中";阿多诺认为,这里的意思是,人们至少应该去了解农夫们关于哲学的观念。③

受此启发,伊格尔顿指出,"马克思主义的目标是恢复身体被掠夺的力

---

① 〔英〕特里·伊格尔顿:《审美意识形态》,王杰等译,广西师范大学出版社2001年版,第298页。

② 〔英〕特里·伊格尔顿:《马克思为什么是对的》,李杨等译,新星出版社2011年版,第174—175页。

③ 〔英〕特里·伊格尔顿:《审美意识形态》,王杰等译,广西师范大学出版社2001年版,第301页。

量,但是只有废弃个人的财产,感觉才能回到他们自身"①,消灭劳动异化及其产生的社会根源即资本主义私有制,恢复劳动的本来面目即人类自由自觉的劳动,才能真正实现人的自由而全面的发展,唯有如此,才能实现人类主体的地位和尊严。按照伊格尔顿的看法,只有通过这样的新主体,在资本主义中才能汇聚起冲破一切社会物质权力和意识形态权力的资源和力量,才能最终打破资本主义社会制度和意识形态的束缚,从而在社会主义的基础上实现人的真正主体性,展现个人和整个人类的全部丰富性。

因此,伊格尔顿的文本审美批判理论主张通过批判资本主义意识形态和后现代主义来重新发现人的主体性,并企图通过马克思主义理论的影响和社会主义实践运动的发展来培养社会主义新主体,并在这种新主体的运动中实现人类的解放和自由。

可见,伊格尔顿将审美视为一种社会实践活动,它涉及人们的生活经历、阶级情感和感情倾向,不同的阶级有不同的审美观,这是对社会存在和社会结构的独特反映。伊格尔顿揭示了审美活动的意识形态属性,并提出以物质性的身体作为审美的载体,通过资本主义批判来实现感性身体的复原,从而实现人类的自由和解放。可以看出,伊格尔顿反对审美的先天性和无功利性,坚持审美的物质基础和社会属性,主张通过审美批判实现人类的自由,这与马克思主义的审美批判具有某种一致性。

七、结　语

《美学意识形态》提供了一种美学史以及对美学概念的批判,通过对从黑格尔、马克思至本雅明、阿多诺、哈贝马斯的黑格尔学派以及从叔本华、克尔凯郭尔、尼采至海德格尔、福柯的反黑格尔学派等理论流派美学理论的梳理,深入反思了自启蒙运动以来至后现代主义期间美学、伦理学和政治学之间错综复杂的关系,并揭示了现代审美背后的资本主义意识形态本性。作为伊格尔顿美学理论与意识形态理论的代表性著作,《美学意识形态》对于揭示资本主

---

① ［英］特里·伊格尔顿:《审美意识形态》,王杰等译,广西师范大学出版社2001年版,第192页。

义审美的意识形态本质,揭露现代审美与资本的内在共谋性具有重要的理论价值,对于发掘社会主义革命主体的美学维度也具有较为重要的启示意义。

第一,在批判资本主义文本审美意识形态的基础上,伊格尔顿重点揭示了文本的意识形态性,从审美意识形态的角度揭示了文本内在的包含着意识形态的内涵,并且这种文本意识形态在建构文本内容的同时,通过文本解读将意识形态灌输给阅读主体,从而潜移默化地建构了社会主体的审美意识,实施了意识形态的功能。伊格尔顿更进一步,深入现代文本审美内部,揭露了现代文本审美的资本主义本质和对社会主体的内在压抑性,指出现代审美思想实际上就是一种资本主义意识形态的建构工具,通过树立所谓的自由和主体性,论证了资本逻辑对于人性的统治和压迫,并且深刻揭示了这种压抑的内化过程,这对于我们深入认识资本主义社会所宣扬的市场自由和个体自由具有重要的启示意义。

第二,针对资本主义社会人类主体的异化和人性的压抑,伊格尔顿主张进行马克思主义的审美意识形态批判,既要改造审美的主体即建构社会主义新主体,又要改造现代审美的内涵,即通过修辞学文本批评宣扬马克思主义审美意识形态,以促进人类的主体与社会客体的和谐,实现人类的自由和解放。伊格尔顿的这种现代审美意识形态批判,借助于语言学、结构主义以及文本学的理论成果进行了深入细致的分析,揭示了现代资本主义审美内在的意识形态性及其意识形态批判,并在此基础上揭示了审美意识形态的修辞学效果,提出了建构社会主义主体的构想,这对于认识资本主义审美意识形态的发展及其本质具有重要的理论价值,对于马克思主义意识形态理论和审美理论的发展具有较为重要的推动作用。

第三,伊格尔顿在反思美学概念的基础上,将感性审美与意识形态有机地联系起来,挖掘出意识形态中的身体感性与情感本能的内容,揭示了意识形态通过对身体的操纵从而实现其维护社会统治的功能,并指出感性本能在反抗意识形态的独特优势,因为身体感性与审美活动能够摆脱抽象理性"目的论的可怕控制,砸碎了把一切事物禁锢于其中的功能和因果之链"①,通过这种

---

① [英]特里·伊格尔顿:《审美意识形态》,王杰等译,广西师范大学出版社 2001 年版,第315 页。

方式可以从理性抽象中摆脱出来,实现人的全面的觉醒与解放,从而扭转了传统意识形态批判理论的方向。在《美学意识形态》中,伊格尔顿提出了"美学是一种有关身体的话语"的观点,强调审美活动的感性因素。他把马克思、尼采和弗洛伊德作为现代社会中三个最伟大的美学家。伊格尔顿对"身体"这个词语特别重视。马克思是劳动的身体,尼采是权力的身体,弗洛伊德是欲望的身体。在伊格尔顿看来,马克思主义的目标就是恢复身体上被掠夺走的力量,如何才能实现? 只有推翻私有制才能实现。从这个角度来理解马克思主义,颇给人启迪。就此意义上而言,伊格尔顿的美学意识形态确实是对《德意志意识形态》中意识形态理论作出的有益补充,指出了意识形态理性维度的单一性与不足性,拓展了马克思主义意识形态理论的感性审美与情感本能视域。

总之,伊格尔顿的审美意识形态理论从主体与社会意识形态的关系出发,通过审美意识形态的批判来促进人类的解放。审美批判的目标是实现人生的意义,伊格尔顿驳斥了宗教与后现代主义对于人生意义的观点,指出人生的意义既不是依托于一个伟大的神灵,也不是一种虚幻的建构,而应该依托于宏大的历史叙事即历史唯物主义的辩证发展过程之中得到实现,以自己的实践活动去践行人生的意义和价值,实现人生意义的过程也就是人类的解放过程;这种过程需要进行审美意识形态批判,伊格尔顿揭示了审美活动的意识形态性及其矛盾性,指出了现代审美背后的资产阶级意识形态内涵及其与资本主义社会主体建构的同步性,针对审美活动具有意识形态性和意识形态批判性这两种属性,他提出从感性的身体出发建立唯物主义的审美观,在马克思主义审美批判的基础上实现人的身体的全面性回归;在现实领域进行审美批判方面,伊格尔顿主张通过批判现代主义审美意识形态,揭露当代美学背后的资本逻辑,结合唯物主义审美观,在身体的基础上重新建立社会主义新主体,以促进社会主义运动的发展,并最终实现人类的解放。

(本文作者:薛稷)

第十篇　后现代主义不是现代社会的替代性选项

——伊格尔顿《后现代主义的幻象》导读

一、引　言

　　特里·伊格尔顿(Terry Eagleton)是英国当代著名的公共知识分子、马克思主义批评家,是继威廉斯之后英国最杰出的文学理论家,其著作主要有:《马克思为什么是对的》(2011)、《文化的观念》(2000)、《后现代主义的幻象》(1996)、《饥饿》(1995)、《审美的意识形态》(1990)、《莎士比亚》(1986)、《本杰明》(1976)、《批评与意识形态》(1976)和《马克思主义与文学批评》(1976)等。伊格尔顿以激进的文化政治批评而闻名于世,面对后现代主义理论的兴起和滥觞,他敏锐地意识到了后现代主义理论及其兴起背后的意识形态意蕴,在立足于马克思主义立场的基础上,对后现代主义进行了深刻的揭露和批判,并于1996年在著名的 Wiley-Blackwell 出版社出版其著作《后现代主义的幻象》(*The Illusions of Postmodernism*),作为现代性研究译丛的一部分,华明翻译的中文版于2000年由商务印书馆出版发行,其修订版于2014年继续由商务印书馆出版发行(本导读在阅读英文原著的基础上,参考文献以2000年版为蓝本,并参考了2014年译本的内容)。这本著作分为七个部分:前言部分,总体阐述了本书的写作目的与观点;第一章"起因",阐述了后现代主义的生成背景及其理论原因;第二章"犹豫"、第三章"历史"、第四章"主体"、第五章"谬论"、第六章"矛盾"等部分则深入分析了后现代主义的基本理论观点及其理论逻辑,并作出了自身的理论分析与判断。伊格尔顿通过这些分析后现代主义的观点,对后现代主义及其理论进行了较为系统而深刻的批判:

　　本书旨在提出一种对于后现代主义思想的批判,而不是仅仅提供一种对于它的阐述。它考察后现代主义某些关键的理论信条,对它们具有多少合法性和有用性进行评价。在后现代主义中有多少东西只是流行的和短暂的,又有多少东西具有持久价值?①

可见,对于后现代主义思潮,伊格尔顿总体上是加以怀疑和批判的,但这些怀疑与批判是基于对后现代主义的较为全面考察基础上的。由此,该书从起因、犹豫、历史、主体、谬论、矛盾等六个部分阐述了后现代主义的理论内容及其影响,充分表达了伊格尔顿对后现代主义的立场,这是一本总论后现代主义的代表作。在伊格尔顿看来,后现代主义在认识论上是片面的、简单的、绝对化的,是形而上学的翻版;在政治上是怯懦的、不负责任的,甚至是反动的,但是同样也认识到在当下以及不久的将来,后现代主义与马克思主义进行批判式的对话充满可能性。《后现代主义的幻象》出版以来受到了学界的热烈评价:"伊格尔顿具有揭示后现代主义观点内部互相冲突的卓越能力,他一次又一次地揭露了后现代主义观点的逻辑矛盾。"②"《后现代主义的幻象》是一本与处于意识形态'边缘化'的主流文化暗中相联系的人期待已久的作品。……证明了后现代主义的观点与我们日益全球化与地域化的当代世界是格格不入的。"③"这一杰出的批判探索了后现代主义的起源和出现,揭示了其矛盾。伊格尔顿主要关注的不是后现代哲学更复杂的表述,而是整个后现代主义的文化或环境。"④在《后现代主义的幻象》推荐语中,史蒂文·多诺万认为,在这部著作中,"伊格尔顿表现出了其对政治策略和历史知识的深刻把握"⑤。

《后现代主义的幻象》中文版也引起了国内读者的热评,并对此书进行了肯定:"作者把后现代主义视为资本主义新的历史时期内的一种文化风格,是一个充满内在矛盾的幻象。本书在对后现代主义进行批判的同时,也充分注意到它的力量与意义,对西方流行的后现代思潮提供了一种清新的

---

① [英]特里·伊格尔顿:《后现代主义的幻象》,华明译,商务印书馆 2000 年版,"致中国读者"第 2 页。

② David Siar,"Critical Survey",*Reviews*,1997,Vol. 9,No. 2,p. 139.

③ Avis Hewitt,"Christianity and Literature",*Reviews*,1997,Vol. 46,No. 2, p. 220.

④ Terry Eagleton,*The Illusions of Postmodernism*,Wiley:Wiley-Blackwell,1996,p.1.

⑤ https://www.amazon.com/dp/0631203230/ref=rdr_ext_tmb.

分析视角。"①

二、幻象的温室:写作背景

后现代主义是 20 世纪 60 年代以来在西方出现的具有反西方近现代体系哲学倾向的思潮,后现代主义主要理论家,例如利奥塔、德里达、福柯等人,均反对以各种约定俗成的形式,来界定或者规范后现代主义理论。因此,与现代主义理论的精确规定性不同,在理论内涵上,后现代主义是一个难以精准下定论的一种概念,同时也可以看出,后现代主义之所以在现代主义之前加上一个"后"字,同样表明其理论观点内部的复杂性与不统一性。实际上,在伊格尔顿看来,后现代主义缺乏一个明显的概念,其本身充满了争议性:

> 后现代主义是一种完全西方的甚至是美国的思潮呢,还是具有更多的全球意义? 它代表了一种与现代主义和西方"现代性"时期的彻底决裂呢,还是仅为这些思潮的一个最新阶段? 它在政治上是激进的,保守的,还是既激进又保守呢? 后现代主义中的多少东西已经被现代主义所预料? 如果后现代主义拒绝一切哲学基础,那么它如何能够给予自己合法地位? 它是像美国批评家弗雷德里克·詹姆逊指出的那样,是"晚期资本主义的文化逻辑",还是像其他人主张的那样,是一种更具破坏性的不稳定力量,它预示了一种与历史和道德信念的犬儒主义背离,还是它对快感、碎片、身体、无意识和大众化的关注指出了一种新的政治前途?②

关于什么是后现代主义这一问题,学术界议论纷杂,各抒己见而又各执一词,这个词语与意识形态一样,始终处于一种争论之中,很难对其下一个大家都肯定或赞同的定义,或许这也是后现代主义理论流行的一个语境,也显示了当今社会尚未出现一种强有力的理论形态来统一各种流派的理论观点。实际上,这些疑问既描述了后现代主义内容的丰富性,又体现了其中的复杂性和对立性。

后现代主义可谓包罗万象、纷繁复杂,从中梳理出其产生的社会历史背景

---

① https://book.douban.com/subject/25851207/.
② [英]特里·伊格尔顿:《后现代主义的幻象》,华明译,商务印书馆 2000 年版,"致中国读者"第 2 页。

有很大的难度,鉴于这一点,伊格尔顿从文化政治批评的视角考察后现代主义产生的社会背景和历史条件,并指出了后现代主义产生的政治语境和社会根源。

> 无论后现代主义出自什么地方——后工业社会、对现代性的最终怀疑、先锋派的重新发现、文化的商品化、生气勃勃的新政治力量的出现、关于社会的某些经典思想体系和主体的崩溃——它也是并且主要是一场政治失败的后果——它不是强行地把这场政治失败遗忘,就是一直把它作为假想的对手进行攻防练习。①

后现代主义表面上反抗资本主义的统治秩序与资产阶级主导文化,充满一种追求自由与解放的革命冲动,但是其本质上却是一种骨子里保守的思潮,不敢对现实资本主义社会进行根本性的否定与批判,只是表面上进行一些问题揭露与嘲讽,而不敢深入资本主义生产方式去彻底批判资本的逻辑从而推翻资本主义社会制度。在伊格尔顿看来,后现代主义是激进政治运动(西方社会中的政治左派)失败所引起的思想和情绪反应,是这一政治运动在力量减弱而无法挑战资本主义现实情形下的一种替代性选择。也就是说,在社会现实运动方面的无能为力,催生了在理论方面的畸形改变,后现代主义就是这种理论改变的产物。在伊格尔顿看来,后现代主义是战后西方资本主义发展的产物,旧的社会制度失去了生命力正在走向未知的边缘,但是其生命力尚未达到终结,而新的社会制度还没有到来,处于孕育与发展之中,力量弱小,形势不明朗,后现代主义的出现正是对这一时期资本主义社会发展的一种象征,表征了新旧社会制度之间的一种混沌的状态,

> 我们陷于两个时代之间,一个正在死去,另外一个尚无权利出生。②

伊格尔顿从文化政治角度出发,对这一论断做了深入的说明,他认为后现代主义实际上是激进政治运动失败所引起的理论上的反应。伊格尔顿所指的政治运动的失败,主要是指第二次世界大战后,伴随着 1968 年法国"五月风暴"运动的落幕,西方社会中政治左派所遭受的深刻的政治失败打击,这次失败严重摧毁了政治左派的政治理念和政治热情,使得它们中的很大一部分人不再相信未来社会的美好性,不再相信社会历史变化的规律和人类的自由和

---

① ［英］特里·伊格尔顿:《后现代主义的幻象》,华明译,商务印书馆 2000 年版,第 28 页。
② ［英］特里·伊格尔顿:《后现代主义的幻象》,华明译,商务印书馆 2000 年版,第 105 页。

解放的前景,他们陷入深深的怀疑主义之中:

> 如果制度注定是全能的——这种观点忽视了下述事实,即制度既有难以对付的巨大的力量,又有过十分沉重的失败——那么反抗的根源就只能从制度外面去找。①

后现代主义不能够从资本主义自身的发展中寻找未来美好社会的因素,而是将当前社会制度视为自身不灭的,进而从资本主义生产方式之外去寻找替代性社会的资源,这就忽视了社会历史发展的内在基本矛盾,注定不能找到一条科学的社会发展道路。

经过深入的考察,伊格尔顿指出,在政治运动失败后左派阵营在无法挑战资本主义现存制度的情况下,以一种新的文化主义的话语方式为我们上演了一出替代性的政治戏剧。伊格尔顿指出,这就是后现代主义的历史根源,是左派激进运动在无法挑战现存资本主义情况下的一种替代性选择。这不是说"政治"一词从后现代的理论词典上消失了,而是替换了经典政治的话语方式,以一种新的话语范畴和文化方式来讨论政治和政治问题。

> 除了其他更积极的事物之外,就是给他们自己提供某种非常需要的安慰。因为在一个具有广泛影响的政治行动看来都行不通的、所谓的微观政治学看来就是当今秩序的时代里,把这种非做不可的事情转变成为心甘情愿的事情,这就是一种解脱——即一个人劝告自己说,人的政治局限好像有一个坚实的本体论基础,因为事实是,在任何情况下,社会总体性都是一个幻想。②

由于将社会总体性视为一种幻想,后现代主义放弃了从宏观上去寻求社会发展规律的方案,将理论视角转向更加具体化和微观化的社会问题,转向日常生活的现实问题,转向一种更加个体化的主体存在。因此,后现代主义的政治话题从阶级、生产方式、经济基础、意识形态等传统政治范畴转向身体、权力、欲望、文本、符号等新的政治问题,力图重新开辟一条分析资本主义政治问题的新范式:

> 某些种类的总体性——监狱、主教、身体、专制主义政治秩序——是

---

① [英]特里·伊格尔顿:《后现代主义的幻象》,华明译,商务印书馆2000年版,第10页。
② [英]特里·伊格尔顿:《后现代主义的幻象》,华明译,商务印书馆2000年版,第13页。

可以接受的谈话论题,而其他种类的——生产方式、社会变革、教义体系——则被悄悄地加以管制。①

监狱、主教、身体、专制主义政治秩序等社会话题成为后现代主义常用的话语词汇,成为后现代主义者口中的重要的社会问题。后现代主义者大谈自认为极其重要的新的政治问题,是因为他们在老的政治问题上遭受了一场有尊严的失败,而且这些问题是无法被解决的。

> 激进分子像其他任何人一样,可以紧抱着他们的锁链,去装饰他们的牢房,在这艘泰坦尼克号上重新布置折叠躺椅,到灭顶之中去寻找真正的自由。但这一制度与它的对立面之间的最终同一只是如此玩世不恭的一种假设,以至于它很难描绘。②

这种话题的转换导致了后现代主义者政治态度的转变,后现代主义不再关注人的存在的基础性的问题,将生产方式、经济基础与上层建筑以及阶级问题抛在一边,去研究所谓的社会新问题,它对"大多数人没有食物可吃"的问题表现出惊人的冷漠,而对女权主义和民族主义大加关注,因为在某些人的头脑中,它们是我们在现实中所面临的最有生气的政治斗争的指示器。于是,后现代主义从19世纪60年代早期的政治骚动中悄然浮出,但是失去了斗争的锋芒与力量,变为一种絮絮叨叨的自言自语,它像被驱逐出国外之后逐渐变成了非政治化的某些忏悔了的斗士一样,除了其他方面之外,还是在话语层面上使一种泛滥于大街小巷的政治文化保持热度的一种方法,它成功地劫持了许多政治能量,并将其升华进入能指,只在符号层面进行一些说教与抗争。由此,后现代主义将激进的冲动转向了其他的地方:"文本、语言、欲望、身体和无意识。"③

而这些"文本、语言、欲望、身体和无意识"成为后现代主义话语的中心,并没有将这些东西还原到现实的社会历史深度中去,从而与现代资本主义社会的结构越来越远,与现实真问题越来越隔离,这就使得后现代主义关注于"制度的边缘和缝隙",成为反抗"中心"的边缘派④,以其他虚假问题或无关紧要的社会问题替代了真正的社会问题,开始心安理得地在一派虚假批判话

---

① [英]特里·伊格尔顿:《后现代主义的幻象》,华明译,商务印书馆2000年版,第16页。
② [英]特里·伊格尔顿:《后现代主义的幻象》,华明译,商务印书馆2000年版,第25页。
③ [英]特里·伊格尔顿:《后现代主义的幻象》,华明译,商务印书馆2000年版,第22页。
④ [英]特里·伊格尔顿:《后现代主义的幻象》,华明译,商务印书馆2000年版,第7页。

语的繁荣下,逃避真正的革命问题。

后现代主义的这种新的政治学说就是一种完全正统的异端,它像任何想象形式的本体一样,为了继续生存下去,需要找一些吓人的怪物和靶子来维护和掩饰自己,但是在掩护自己的同时也迷失了正确的方式,从而在一些不重要的问题上纠缠不休。伊格尔顿生动地分析了后现代主义的心理基础:面对无法撼动的资本主义,激进主义不必承认自己的失败,那毕竟是最痛苦的事情;也不必以卵击石,自取灭亡。在这种形势下,真正积极有效的办法就是努力在制度的边缘间隙下手,虽不能顺利推倒现存制度,但至少给它使个绊子,还能实现一定程度的自我满足。后现代主义的许多命题就是它这种自我幻象和自我麻木的表现。因此,伊格尔顿将后现代发生的背景定格于"一场遭受重大失败的激进运动"①之中,并自始至终都在一直强调着一点:无论后现代的显现形态如何,它"主要是一场政治失败的后果"②,后现代主义的出现就是一种"政治失败的明显事实"③。既然后现代主义是一种政治失败,那么后现代主义之中充满了一种悲观的理论情感,更多的是一种失败情绪的宣泄,而不是一种失败后的积极总结与进取。换言之,后现代主义的骨子里是一种情感懦弱与理论退却,最终退却为历史虚无主义,

> 在后现代主义自己的眼睛里,它不是一个"历史阶段",而是所有此类阶段主义思想的毁灭。它不是在实证主义接替唯心主义出现的意义上接替现代主义出现的,而是在认识到这位皇帝在众目睽睽之下没穿衣服这个意义上出现的。④

三、后现代主义的理论特征

关于什么是后现代主义这一问题,学术界议论纷杂,各抒己见而又各执一词,而对于后现代主义的特征则更是多种多样,观点迭出。伊格尔顿也没有给后现代主义下一个明确的定义,而是将后现代主义的理论观点摆列出来,从中

---

① [英]特里·伊格尔顿:《后现代主义的幻象》,华明译,商务印书馆 2000 年版,第 6 页。
② [英]特里·伊格尔顿:《后现代主义的幻象》,华明译,商务印书馆 2000 年版,第 27 页。
③ [英]特里·伊格尔顿:《后现代主义的幻象》,华明译,商务印书馆 2000 年版,第 21 页。
④ [英]特里·伊格尔顿:《后现代主义的幻象》,华明译,商务印书馆 2000 年版,第 38 页。

发现它们的共同之处,并在这种关于后现代主义理解的基础上描述其基本特征及其影响,这种特征体现了伊格尔顿对于后现代主义观点的较为系统的观察与比较,

　　"后现代主义作为一个复杂和范围广泛的术语"或"后现代主义——一个复杂和范围广泛的术语",它已经被用来涵盖从某些建筑风格到某些哲学观点的一切事物。它同时是一种文化,一种理论,一种普遍敏感性和一个历史时期。从文化上说,人们可以把后现代主义定义为对现代主义本身的精英文化的一种反应,它远比现代主义更加愿意接受流行的、商业的、民主的和大众消费的市场。它的典型文化风格是游戏的、自我戏仿的、混合的、兼收并蓄的和反讽的。它代表了在一个发达的和变形的资本主义社会条件下,一般文化生产和商品生产的最终结合;它不喜欢现代主义那种"纯粹的"、自律的风格和语气。某些该运动的倡导者把它看作是一种受欢迎的艺术的民主化;其他的人则把它斥责为艺术向现代资本主义社会的犬儒主义和商品化的全面投降。①

　　在伊格尔顿看来,后现代主义的这些特征并不具有统一性,而是相互冲突,共同构成了后现代主义这样一种复杂矛盾的统一体。由此,伊格尔顿指出,后现代主义是无法挑战现存资本主义的情况下左派激进冲动的一种替代性选择,后现代思想怀疑人们的理性判断、认识论的背后基础、总体性政治眼光和历史的宏大叙事,具有相对主义、怀疑主义、多元主义和微观主义的理论特征。

　　第一,相对主义。后现代主义反对之前的认识论模式,否认世界存在的客观性以及可知性,从而陷入相对主义的泥潭:

　　面对某些经典认识论模式的明显崩溃——这是一种与政治手段意识的丧失密切相关的崩溃——大概会有一种说明我们如何以及是否能够理解世界的需要。因为实践当然是我们遭遇世界的主要方式之一;如果它的任何一种雄心勃勃的形式都拒绝了我们,那么不久我们就将发现自己不知道外面真的是否还有任何东西存在,或者至少是否还有像我们自

---

　　① ［英］特里·伊格尔顿:《后现代主义的幻象》,华明译,商务印书馆2000年版,"致中国读者"第1页。

己一样迷人的任何东西存在。也许我们都完全被囚禁在我们话语的牢房里。①

在这种牢房中,客观事情本身已不重要,从而将客观存在的事物相对化,并由此提高了话语的重要性,认为话语比客观存在更加具有基础性:

> 无论是人们将语言设想成物质现实,还是将物质现实设想成语言,结果都是一样——确认没有任何事情和说话同样重要。②

在否定客观性的基础上,后现代主义思想的典型特征是否认绝对价值、坚实的认识论基础、总体政治眼光、关于历史的宏大叙事和"封闭的"概念体系,也反对任何形式的意识形态批判,后现代主义指出:"批判的意识形态观——假装知道社会的矛盾是什么以及如何才能真正得到解决——与其他元叙述一样,都带有极权主义特征:它们不仅过分简单化,而且也是'恐怖主义的',因为它们使对差异的压制合法化。"③由此反对统一化的认识模式以及宏大叙事,以相对主义的视角看待一切事物。

也就是说,通过将客观存在相对化,后现代主义力图从客观性中将差异解放出来,反对基础与本质,凸显差异的重要性,解构了社会基本结构与矛盾,将各种社会结构与秩序平面化,人为地解构各种矛盾的层次性。

第二,怀疑主义。在伊格尔顿的思想中,后现代主义是一种绝对的怀疑主义,它对于所有的东西都抱以怀疑的态度:

> 怀疑关于真理、理性、同一性和客观性的经典概念,怀疑关于普遍进步和解放的观念,怀疑单一体系、大叙事或者解释的最终根据……它把世界看作是偶然的、没有根据的、多样的、易变的和不确定的,是一系列分离的文化或者释义,这些文化或者释义孕育了对于真理、历史和规范的客观性,天性的规定性和身份的一致性的一定程度的怀疑。④

通过怀疑一切,后现代主义消解了客观性与同一性,否定了世界的本体论与本质论,通过怀疑社会历史的规律性,后现代主义将社会历史相对化,认为

---

① [英]特里·伊格尔顿:《后现代主义的幻象》,华明译,商务印书馆2000年版,第17页。
② [英]特里·伊格尔顿:《后现代主义的幻象》,华明译,商务印书馆2000年版,第21页。
③ [英]乔治·拉雷恩:《意识形态与文化身份》,戴从容译,上海教育出版社2005年版,第146—147页。
④ [英]特里·伊格尔顿:《后现代主义的幻象》,华明译,商务印书馆2000年版,第3页。

社会历史就是一个偶然的过程,没有规律可言,从而认为整个世界充满了多变性与偶然性,基础、本质、客观性都是人们建构的产物,没有客观性的基础。后现代主义就是在这种反对基础、本质、真理和同一性的基础上,形成了自己强烈的怀疑主义的风格。

> 也许后现代主义者们怀疑连续性的观念(虽然他们也怀疑完全的破碎),因为它打击了一种虚假均匀化的思维习惯,复活了一种受尊重的传统的幽灵,带给它一种反叛性的自命不凡的进步的含义。①

伊格尔顿认为,后现代主义的自由既然消解掉了其主体即自我,那么这种自由只能是一种抽象的自由,精神层面上实际只是一种空虚的概念和文字游戏。后现代主义的怀疑主义最终将走向一种历史虚无主义,成为一种赤裸裸的虚无主义的话语独白。

第三,多元主义。后现代主义用来和同一性对立的东西是多元性本身是积极的善,也是空洞的形式主义和非历史的,它将"差异"推进到更高的阶段,"只有大量残缺不全的身体,却很少有营养不良的身体"②。

伊格尔顿指出,由于只看到差异,而看不到这些差异的本原所在,使得后现代主义形成了自身的风格:

> 后现代主义是一种文化风格,它以一种无深度的、无中心的、无数据的、自我反思的、游戏的、模拟的、折衷主义的、多元的艺术反映这个时代性变化的某些方面,这种艺术模糊了"高雅"和"大众"文化之间,以及艺术和日常经验之间的界限。③

这就是伊格尔顿对于后现代主义的总结,后现代主义反对基础性的东西,主张进行平面化描述,重视边缘,远离中心;其语言风格不遵守既定的程序和规律,主张一种游戏式的、拼凑的和混杂的隐私的组合,而不追求一种同一的和谐;伊格尔顿指出,整个人类的历史特征表现出的是一种惊人的连续性,即剥削和受剥削的顽固持续的社会现实。后现代主义却无视这种苦难的连续性,而拾起了历史中的偶然性碎片,并以此作为历史的特征,而后现代主义这种对待历史的方式恰恰是:

---

① [英]特里·伊格尔顿:《后现代主义的幻象》,华明译,商务印书馆 2000 年版,第 61 页。
② [英]特里·伊格尔顿:《后现代主义的幻象》,华明译,商务印书馆 2000 年版,第 83 页。
③ [英]特里·伊格尔顿:《后现代主义的幻象》,华明译,商务印书馆 2000 年版,第 3 页。

> 以它自己多元论原则臭名昭著的侵犯性抹平了历史的多样性和复杂性。[①]

而这种多样性与复杂性却是真实存在的客观事物,从而掩盖了历史发展的真实过程,也不利于真正地认识和理解现实,这种理论态度是对现实历史的一种理论漠视,通过这种理论漠视,后现代主义混淆了社会历史问题的矛盾性与主次性:

> 后现代主义对历史多面性的一种漠视,这种漠视当然能够为这样一种混同策略颁发许可证。[②]

既然后现代主义忽略了真正历史发展的过程及其延续性,当然会否认历史中统一的东西,而提倡多元化的历史现实,并将之拼凑成历史的发展轨迹。后现代主义就是将碎片化的历史轨迹作为真正的东西,导致后现代主义只看中历史发展的细枝末节,而忽视了社会历史运动的基本规律。

第四,微观主义。后现代主义放弃了现代主义的宏大叙事模式,转而走向日常生活领域,关注社会微观问题,试图从现实的微观问题中寻求一种社会批判的路径。

> 从梅洛-庞蒂向福柯的转移,是作为主体的身体向作为客体的身体的转移。对梅洛-庞蒂来说,正如我们已经看到的,身体是"有事情可做的地方",对于新的身体学来说,身体是有事情——观看、铭记、规定——正在做给你看的地方。[③]

后现代主义围绕活生生的身体展开了一系列的学术话题,并将这种话题扩展开来,思考一切涉及人们身体感触的方方面面。因此,后现代主义反对总体性的思维方式与宏观的事实描述,从人们日常生活中阐述微观的事物及其意义:

> 人们有可能将下面的这些事物都称为"后现代":卧室的装潢修饰、建筑物的设计、电影的摆设、唱片的制作、一部拼凑而成的电视剧、电视商业广告、一部艺术纪实片或它们之间的"互文性"关系、时尚杂志或评论

---

① [英]特里·伊格尔顿:《后现代主义的幻象》,华明译,商务印书馆2000年版,第60页。
② [英]特里·伊格尔顿:《后现代主义的幻象》,华明译,商务印书馆2000年版,第71页。
③ [英]特里·伊格尔顿:《后现代主义的幻象》,华明译,商务印书馆2000年版,第83页。

性期刊的版面编排、认识论中出现的反目的论倾向、对"存在的形而上学"的攻击、当今世界普遍存在的感情淡薄、战后生育高峰出生的那一代人面对幻想破灭的中年而形成的那种失望的共同心态、反映能力的"尴尬处境"，一堆夸大其词的比喻，表面化的扩散，商品崇拜主义的新阶段，对偶像、习俗与时尚的痴迷，一种文化的、政治的或存在主义的分裂或危机的发展过程，主题的"偏离"，对"元故事"的怀疑，单一的权力轴心被众多的权力和话语结构取而代之，含义的爆炸，文化等级制度的崩溃，核自我毁灭威胁所造成的恐惧，大学的日渐衰退，新兴微型技术的作用与影响，社会与经济向"媒体"、"消费者"或"跨国"阶段的全面转变，"无地方特色"的感觉或对"无地方特色"的抛弃或时间与空间坐标的普遍互换。当所有这一切都能被称"后现代"，那么，很明显，呈现在我们面前的是一个"时髦词"。①

正是人们生活之中的这些方方面面的东西，成为后现代主义思考社会问题的对象，并以此抛弃了现代主义对于社会历史问题的总体性批判与统一性话语，使得后现代主义具有鲜明的微观主义特征。后现代主义认为正是这些微观的事物才是人们存在的具体样式，它们背后没有一个统一的基础与本质，现实世界就是一个分散的、凌乱的、多元的存在。

四、后现代主义的意识形态性

在伊格尔顿看来，后现代主义信奉的是一种多面、流动、没有任何实质性整一的幻象，不仅仅是一些自我麻醉和自我安慰的幻象，而且实际上充当了资本主义制度和一些邪恶势力的帮手，伊格尔顿认为，后现代主义不触动资本主义的经济基础，只是在形式上批评资本主义的意识形态和政治理论，只能沦为政治上的反对派和经济上的同谋者，实际上等于为资本主义制度做永久的广告而阻吓劳动人民的革命斗志和信心：

　　资本的力量现在是如此令人意气消沉地放肆、如此令人崇敬地无限

---

①　[美]约翰·斯道雷：《文化理论与通俗文化导论》，杨竹山译，南京大学出版社 2001 年版，第 243—244 页。

权威和无处不在,以至于甚至大批左派都继续采纳它、理所当然地把它看作是这样一种不可动摇的结构,好像他们根本没有勇气谈论它。作为一种贴切的类比,人们需要想象一个被打败的右翼,他们热烈地加入关于君主、家庭、骑士制度的死亡和开拓印度的可能性的讨论,同时对终归在本能上最吸引他们的东西即财产权利保持一种羞怯的沉默,因为它们已经被如此彻底地剥夺了,以至于似乎只有学究们才会谈到它们。①

后现代主义理论面对西方资本主义社会的现实问题,没有勇气揭露资本逻辑及其后果,更不敢反抗资本主义的统治秩序,反而在偷偷默认现实资本力量的前提下展开理论批判,从而维护了资本主义的统治秩序。在深入分析了后现代主义的理论之后,伊格尔顿对后现代主义进行严重警告,指出后现代主义与资本逻辑的同质性:

> 后现代主义也有同样种类的矛盾,它也同时既是激进的又是保守的。发达资本主义社会的一个鲜明特点就是,这些社会既是自由主义的又是权威主义的,既是享乐主义的又是压抑的,既是多元的又是单一的。造成这种情况的原因不难发现。市场的逻辑是快感与多元性的逻辑,短暂和不连续的逻辑,某种巨大的失去中心的欲望之网的逻辑,个人仅是这种欲望的稍纵即逝的效果而已。②

第二次世界大战后,西方资本主义获得了快速的发展,资本逻辑在资本主义市场经济的发展中进一步强化了自身的力量,资本逻辑渗透进社会生活的几乎所有领域,并与人们的欲望内在结合起来,表现为人们欲望的狂欢,资本逻辑隐藏在人们的各种生产和消费活动之中,社会生活仿佛失去了中心,后现代主义就是这种表面社会个体狂欢的产物,后现代主义批判不能深入揭示资本的本质,只能对西方资本主义社会的表象进行描绘和解读,逐渐成为阻碍人们认识资本主义生产方式本质的工具。

在揭示后现代主义生成历史条件的基础上,伊格尔顿对后现代主义的批判可谓是针针见血:

> 它的文化相对主义、道德约定主义、怀疑主义、实用主义和地方主义,

① [英]特里·伊格尔顿:《后现代主义的幻象》,华明译,商务印书馆2000年版,第30页。

② [英]特里·伊格尔顿:《后现代主义的幻象》,华明译,商务印书馆2000年版,第149页。

它的对团结和有纪律组织的观念的厌恶,它的缺乏任何关于政治中介力量的适用理论:所有这一切都将对它极为不利。①

后现代主义没有自己坚定的政治立场与组织原则,它认为一切社会历史的东西例如道德、文化、组织纪律等都是人为建构的,都是值得怀疑的,从而不选择任何一种确定性的社会规则。正因为这个理由,后现代主义是当今社会问题的一部分,而不是解决社会问题的方法。这种方法对于反抗资本主义霸权具有一定的理论意义,但是更是一种解构社会革命的理论工具,成为一种维护资本主义统治的意识形态,

> 当然,后现代主义并不只是某种纯理论的错误。除了其他事情之外,它是西方一个特定历史时代的意识形态,这就是被辱骂的和被羞辱的群体正在开始恢复他们的历史和人格的时代。②

后现代主义的这种思想倾向和理论方法很多时候就是一种语言游戏和政治策略,既要批判资本主义,又不至于引起资本主义的镇压,从而体现出一种模糊不清的理论态度。这种态度就鲜明体现在后现代主义的主体观上:

> 后现代主义的主体,和它的笛卡尔前辈不同,它的身体是它的身份所固有的。③

在后现代主义那里,主体已不再是客观存在的东西,而是一个理论建构的产物,"主体的死亡"成为后现代主义主体观点的口号:"主体是虚构思维,在极端意义上它只是一个建构,只是一个面具,一个角色,一个牺牲品;它充其量只是一个意识形态的建筑,至多也不过是一个让人怀旧恋昔的肖像。"④

既然主体不存在了,那么关于主体即人类的解放和自由也就不复存在了,文化批评和政治抗争也就失去存在的意义,意识形态批判也就成了一种虚幻的臆想和幻想。面对后现代主义的这种论调,伊格尔顿断然指出:恰恰相反,意识形态批判不是幻象,我们所要走出的不是人类解放的幻象,而是后现代主义的幻

---

① [英]特里·伊格尔顿:《后现代主义的幻象》,华明译,商务印书馆 2000 年版,第152 页。

② [英]特里·伊格尔顿:《后现代主义的幻象》,华明译,商务印书馆 2000 年版,第138 页。

③ [英]特里·伊格尔顿:《后现代主义的幻象》,华明译,商务印书馆 2000 年版,第 81 页。

④ [美]波林·罗斯诺:《后现代主义与社会科学》,张国清译,上海译文出版社 1998 年版,第 61 页。

象,只有如此,才能重建"主体",真正实现人类的解放。"后现代主义在意识形态问题上的进攻姿态没有彻底根除它希望抛弃的整体视角——反而暗中假定了它的存在,从而最终自相矛盾。它拒绝意识形态批评,但在攻击元叙述以及分析各种似乎掩盖了深层现实的社会现象时,又引入了一种意识形态批评。"①

后现代主义既批评资本主义,又没有从根本上否定资本主义,后现代主义坚持多元主义和相对主义,否认本质主义和基础主义,在高呼激情革命口号的同时,否认革命的主体性和现实性:

> 取而代之的是,人们高唱对分裂成对立面的、松散杂乱的主体的赞歌,而这样一个主体尚不成熟的能力,不要说是推翻现存政治状态,本身注定还是某种神秘的东西。②

这种分散的差异性的主体没有推翻现行资本主义社会秩序的能力,不能成为未来社会革命的依靠力量,反而在理论立场上代替了现实的团结的革命力量,取消了先进阶级进行统一革命行动的价值,

> 如果后现代主义除了是一场政治大溃败的余波之外什么也不是的话,那么用印象主义的话说,很难说明它那经常是浮夸的格调,根本不可能说明它的任何更积极的属性。例如,人们会被迫声称,它唯一的持久贡献——它已经帮助把性、性别和族性的问题如此坚实地放进了政治日程,以至于已经可能想象不经过一场强力斗争就能把这些问题抹去的这一事实——只不过是对更经典形式的激进政治学的一种替代,这种更经典形式的激进政治学涉及的是阶级、国家、意识形态、物质的生产方式。③

后现代主义的这种理论立场实际上是在消解了革命理论的科学性和人民群众革命意志的坚定性,这对于社会主义运动具有不利的影响:

> 没有一个根本不能自我命名的主体,也没有一个仅仅能够太轻易地给自己命名的主体,能够成为进行社会主义改造的卓有成效的力量。④

---

① [美]迈克尔·哈特、[意]安东尼奥·奈格里:《帝国》,杨建国、范一亭译,江苏人民出版社 2005 年版,第 167 页。
② [英]特里·伊格尔顿:《后现代主义的幻象》,华明译,商务印书馆 2000 年版,第 211 页。
③ [英]特里·伊格尔顿:《后现代主义的幻象》,华明译,商务印书馆 2000 年版,第 29 页。
④ [英]特里·伊格尔顿:《后现代主义的幻象》,华明译,商务印书馆 2000 年版,第 143 页。

　　仅仅宣称消灭主体，或命名一个新主体，而不是探索社会历史发展过程中真正的主体力量，是不能进行社会主义革命的。后现代主义者认为，现代主义的宏大叙事把"主体"虚构为凌驾一切的范畴，仿佛"主体"是超验的不受任何时空限制的永恒意义，其后果就是压制个体的生命价值。针对后现代主义的意识形态终结论，伊格尔顿坚决否认，认为这种观点无异于"掩耳盗铃"：

　　　　被后现代主义所培养起来的政治无知和历史健忘，以及它对昙花一现的理论时髦和直接知识消费的崇拜，必然会是一个带来白宫内的喜悦的事业，假定这一潮流在传到他们的耳朵之前没有消失不复存在的话。①

　　后现代主义的自我忘却及其对消费主义的无反思性的追随，实际上是维护资本主义社会统治秩序的理论工具，与资本主义文化霸权具有内在的一致性。伊格尔顿认为，在后现代主义这种意识形态理论大行其道的时刻，如果迷惑于后现代主义的口号而去断言意识形态已经终结，断言历史已经终结，将会是巨大的社会笑话，

　　　　我们必须深思一个异常的反讽，在一个强有力的、有时是致命的意识形态所左右的世界里，知识分子竟然断定意识形态的作用已经结束。②

　　伊格尔顿认为，这种意识形态终结论恰恰体现了后现代主义的意识形态的特征。可见，这种意识形态终结论观点是多么的不合时宜和多么的荒谬，在资本主义意识形态喧嚣的当代资本主义社会，提出意识形态的终结，不仅在理论上是错误的，在实践中是极其有害的，也是行不通的。伊格尔顿进一步认为，后现代主义的言论本身也是一种意识形态，是对当前社会现状的一种特殊形式的反映和辩护：

　　　　今天女权主义和族性主义主张流行，那是因为在某些的头脑中，它们是我们在现实中所面临的最有生气的政治斗争的指示器。它们流行也是因为它们并不必然是反资本主义的，因此也就十分适合于一个后激进的年代。③

　　后现代主义之所以能够流行，也是因为与资本主义文化霸权具有相容性，

---

① ［英］特里·伊格尔顿：《后现代主义的幻象》，华明译，商务印书馆 2000 年版，第 31 页。
② ［英］特里·伊格尔顿：《后现代主义的幻象》，华明译，商务印书馆 2000 年版，第 2 页。
③ ［英］特里·伊格尔顿：《后现代主义的幻象》，华明译，商务印书馆 2000 年版，第 32 页。

能够被纳入资本主义意识形态的内涵之中,能够成为维护资本主义统治秩序的工具:

> 后现代主义的政治摇摆与这种矛盾完全符合。粗略地一想,人们会猜测,许多后现代主义在政治上是对抗的,而在经济上是共谋的。①

或者说:

> 简而言之,后现代主义挖出了发达资本主义的某些物质逻辑,放肆地转而用它来反对它的精神基础。②

在当今意识形态斗争如此激烈的情形下,面对后现代主义对于意识形态的回避,伊格尔顿指出,这就更需要批判后现代主义的意识形态本质,揭示资本主义意识形态的多样性与隐蔽性,从而促进社会主义运动的胜利。

五、结　语

在《后现代主义的幻象》中,伊格尔顿集中批判了后现代主义的思想潮流与理论观点,试图通过后现代主义批判以恢复被后现代主义扭曲的马克思主义理论,重新思考社会主义革命的可能性。

第一,揭示了后现代主义的虚幻性。

> 对于马克思来说,关键不是使我们朝着大写的历史的目的前进,而是从这一切的下面摆脱出来,以便我们能够从此开始——以便严格意义上的历史,带着所有它们的丰富差异,能够从此开始。③

而后现代主义只强调差异性,否定社会历史发展的统一性与规律性,从而破坏了激进的革命运动。伊格尔顿指出:

> 激进的冲动还没有被放弃;但它逐渐从起改革作用的转变成为起破坏作用的,除了广告商没有人再谈及革命。激进主义一种较早的,更有希望阶段的病态欣快感将会继续存在,但它现在混合了它那令人幻灭的后

---

① ［英］特里·伊格尔顿:《后现代主义的幻象》,华明译,商务印书馆 2000 年版,第149 页。

② ［英］特里·伊格尔顿:《后现代主义的幻象》,华明译,商务印书馆 2000 年版,第150 页。

③ ［英］特里·伊格尔顿:《后现代主义的幻象》,华明译,商务印书馆 2000 年版,第78 页。

果带来的冷漠的实用主义,产生出了一种新式左派思想体系,人们可以称之为自由悲观主义。①

这种后现代主义的理论立场和理论方法对于马克思主义理论与社会主义革命运动具有消极的影响,对于当前的社会激进运动具有很大的理论危害,当务之急就是要揭示后现代主义的理论本质,对受到"污染"的社会激进运动进行补救,"伊格尔顿提出的补救办法是一种雄心勃勃的政治批评,依然遵循恢复了生机的马克思主义与社会主义传统"②。

每当伊格尔顿在与后现代主义交锋时,他总会站在马克思主义立场,捍卫和重申马克思主义的有效性。于是,伊格尔顿在对后现代主义的批判中寻找社会发展的新出路,这就是寻找新的社会主体力量,这种新的主体力量就是社会主义新人的构造。通过对后现代主义实质的批判达到对社会主体与社会革命的重新理解,这就是伊格尔顿思想最深处的本质。后现代主义通过幻想某种社会反抗的形式去争取社会的自由,通过解构西方资本主义的一切社会结构去获得解放,通过幻想性的斗争去争取人们的价值,无疑是一种美好的臆想:

> 如果对抗从未充分发生,但是人民好像它发生过一样地去行动,那又怎么样呢?这就好像某人要展示狂犬病的全部症状,但是他却从未进入过疯狗可能咬人的距离之内。③

第二,重提普遍性的人生意义。

后现代主义幻象通过解构当前社会固定的东西来实现人生的意义,伊格尔顿驳斥了后现代主义对于人生意义的观点,指出人生的意义既不是依托于一个伟大的神灵,也不是一种虚幻的建构,而应该依托于宏大的历史叙事即历史唯物主义的辩证发展过程之中得到实现,以自己的实践活动去践行人生的意义和价值,实现人生意义的过程也就是人类的解放过程;这种过程需要进行意识形态批判,伊格尔顿揭示了后现代主义的意识形态性及其矛盾性。后现

---

① ［英］特里·伊格尔顿:《后现代主义的幻象》,华明译,商务印书馆 2000 年版,"致中国读者"第 8 页。

② ［英］拉曼·塞尔登等:《当代文学理论导读》,刘象愚译,北京大学出版社 2006 年版,第 338 页。

③ ［英］特里·伊格尔顿:《后现代主义的幻象》,华明译,商务印书馆 2000 年版,第 26 页。

代主义实际上是一种理论的返照,追求一种纯粹性的差异性,而不顾及当时的社会历史条件,注定是一种虚无主义的幻象:

> 后现代主义想要既反精英主义又反普遍主义,因此它生活在它的政治和哲学价值之间的某种张力之中。它企图借助于简化普遍性,在前现代单一主义的意义上返回,来解决这个问题,但是现在回到了一种没有特权的单一主义,也就是说,回到了一种没有等级制度的差异。它的问题是,一种没有等级制度的差异如何免于解体成为纯粹的无差异,这样也就变成了一种它所批驳的普遍主义的颠倒镜像。[①]

后现代主义这种为差异而差异的理论特征,解构了社会历史存在的基础与根本矛盾,否定了社会主体的作用,将社会主义革命虚无化,从而成为资本主义意识形态的工具。在现实领域进行政治批判方面,伊格尔顿主张通过批判后现代主义意识形态,揭露后现代主义"主体终结论"的危害性,号召走出后现代主义的幻象,结合唯物主义审美观,在身体的基础上重新建立社会主义新主体即充满丰富性规定性的整体的人:

> 当男人和女人在剥削的形式下饱受折磨的时候,差异是不能够充分发展的;和这些形式进行卓有成效的斗争意味着必然是普遍的人性观念。[②]

因此,伊格尔顿强调社会历史发展的客观性与社会主体的普遍性进行资本主义批判活动,以促进社会主义运动的发展,并最终实现人类的解放。

第三,坚持马克思主义的革命性。

> 马克思主义知识的历史布满了自我反思的行动,因为马克思主义者们力求掌握关于他们自己的信条可能实现的某些历史条件;迄今为止,后现代主义尚未提出哪怕是稍微有些相同的东西。[③]

在伊格尔顿的眼里,马克思主义通过对历史的反思去探索实现人类理想的现实社会条件,而后现代主义只是为批判而批判,完全没有提出未来社

---

① [英]特里·伊格尔顿:《后现代主义的幻象》,华明译,商务印书馆 2000 年版,第130 页。

② [英]特里·伊格尔顿:《后现代主义的幻象》,华明译,商务印书馆 2000 年版,第138 页。

③ [英]特里·伊格尔顿:《后现代主义的幻象》,华明译,商务印书馆 2000 年版,第34 页。

会的发展趋势及其理由,由此作为英国新马克思主义者,伊格尔顿深入批判了后现代主义的观点,揭示了后现代主义的理论本质即激进社会运动的产物和资本主义意识形态的帮凶。同时,他指出必须坚持马克思主义的科学性与革命性:

> 马克思主义是一种关于人类社会以及改造人类社会的实践的科学理论;更具体地说,马克思主义所要阐明的是男男女女为摆脱一定形式的剥削和压迫而进行斗争的历史。这些斗争绝不是学术性的,如果我们忘记这一点,就要吃亏。①

也就是说,后现代主义者只是将马克思主义作为一种理论上论证的工具,而没有将马克思主义理论作为一种争取人类解放斗争的科学指南,这是伊格尔顿所不能忍受的。"马克思主义哲学批判性的锋芒,从对社会制度的一般批判转向了对主体的深入研究和剖析,尤其是在意识形态对主体的强大制约和影响作用的研究方面。因此,启蒙问题在新的历史和文化条件下重新成为现代西方哲学,特别是马克思主义哲学的重要主题。30 年过去了,从阿尔都塞到詹姆逊,对这个问题的思考有什么成效?马克思主义传统在后现代主义问题的讨论中有没有变化?这种变化有什么样的意义?这是伊格尔顿在《后现代主义的幻象》中所关心和思考的。"②

伊格尔顿对于马克思主义理论的审慎态度和深刻理解及其运用就体现了伊格尔顿坚定的马克思主义信仰和优秀的学术品质,他没有随波逐流,追求社会主流问题和肤浅现象,而是坚持在挖掘资本主义危机根源的基础上,启发人们对于马克思主义进行重新认识。"作为一位坚定的马克思主义者,伊格尔顿正是基于多年对马克思主义深入和系统的研究认为,让整个世界重新认识、反思马克思主义的契机正在显现"③并在这种契机来临之前,伊格尔顿高扬马克思主义的理论武器对资本主义进行了激烈批判,并在后现代主义理论批判中推进了马克思主义理论的发展。

---

① [英]特里·伊格尔顿:《后现代主义的幻象》,华明译,商务印书馆 2000 年版,第 2 页。
② 王杰:《幻象与真实——评特里·伊格尔顿的〈后现代主义幻象〉》,《南方文坛》2001 年第 6 期。
③ [英]特里·伊格尔顿:《马克思为什么是对的》,李杨等译,新星出版社 2011 年版,"前言"第 1 页。

第四,理论的自相矛盾性。

我们也要看到,在《后现代主义的幻象》这本著作中,伊格尔顿的某些思想观点与批判方法也存在问题与不足。为了达到文化批判的显著效果,伊格尔顿理论批判方法缺乏严格的一致性,"任何方法或理论,只要有助于人类解放的战略目标,通过社会主义改革有助于'更好的人'的生产,都是可以接受的"①。

或许正是为了人类解放这个目标,伊格尔顿对于各种社会批判方法可谓是兼收并蓄,来者不拒,具有一种拿来主义的理论态度。无论从近代的启蒙思想还是现代主义理论、形式主义或人本主义,结构主义或建构主义,伊格尔顿都是来者不拒,多多益善,但是又不能充分保证这些理论方法之间的内在统一性,导致理论内部互相冲突,从而体现了后现代主义叙事风格的多元性、差异性等特征。而这种后现代主义的叙事手法使得伊格尔顿的理论缺少了一种体系的完整性、结构的系统性和逻辑的周延性。因此,在《后现代主义的幻象》这本批判后现代主义的著作中,我们也能够看到伊格尔顿具有某些后现代主义的影子。

在《后现代主义的幻象》这本著作中,伊格尔顿基于对理论态度的策略性和阐释性话语的灵活性的突出强调,运用了多种方法与观点,不加选择地运用这些具有内在冲突和矛盾的理论方法甚至是观点,在一定程度上这一取向弱化了其理论的统一性和批判力量。在批判后现代主义并建构社会新主体的过程中,伊格尔顿不断变化的立场和过于辩证的表达,使得其理论观点与机会主义、折中主义或调和主义非常相似难以加以清晰地区分,这就使得伊格尔顿的后现代主义批判理论显得模糊、庞杂,让人费解。另外,伊格尔顿对于同一种理论方法的态度也是暧昧的,他会因为某一理论和事件具有进步的潜力而对其表示赞赏的同时,又因为其错误而对其提出公开批评,例如对于后现代主义中的解构主义,伊格尔顿既借用了这种解构手段,同时又对这一思想和手段进行批判,由此伊格尔顿的理论给人的一个印象就是:"伊格尔顿经常用右手拍一些人的脑袋,又用左手打他们的耳光。"②

① Terry Eagleton, *Literary Theory*: *An Introduction*, Oxford: Blackwell, 1983, p.184.

② [美]克里夫·麦克马洪:《论伊格尔顿》,汪正龙译,《马克思主义美学研究》2005年第8期。

这种飘忽不定的理论方法大大减弱了伊格尔顿后现代主义批判思想的系统性,这些问题也较为鲜明地存在《后现代主义的幻象》这部著作中,值得我们加以注意。

（本文作者:陈治国）

第二部分

新理性主义

在原则上，马克思主义渴望成为一种普遍的科学——同任何其他对现实的客观认识相比，并不更带有民族的或大陆的属性。

——安德森

我认为，社会主义没有引号，相反，是指对社会秩序的根本重铸。

——密里本德

我的目的并不在于证明在新近的话语史上自认为是创新的大部分东西早已为马克思所预见，而是想指出，对于"过去"与"现在"之间的差异所进行的神话解读妨碍了我们面对身边发生的变化。切断我们与马克思之间的联系，就是切掉我们敏锐的嗅觉以满足现代学术流行的肤浅外表。

——哈维

第十一篇　西方马克思主义研究的开山之作

——安德森《西方马克思主义探讨》导读

一、引　言

摆在读者面前的这部称为《西方马克思主义探讨》(*Considerations on Western Marxism*,中译本由人民出版社 1981 年出版)的书,是第一次以"西方马克思主义"这个名称冠以书名的著作,作者是英国新马克思主义者佩里·安德森(Perry Anderson),成书于 1974 年,1976 年由英国新左派书局(New Left Books)出版,1981 年出版了中文译本。该书出版 7 年之后,安德森又出版了其续篇《当代西方马克思主义》(*In the Tracks of Historical Materialism*),这两本著作被誉为介绍和研究西方马克思主义的经典之作,赢得了国际性的影响。

二、创作目的与总体框架

本书作者佩里·安德森是英国 20 世纪 60 年代成长起来的一位马克思主义知识分子,他精通六种语言,发表过数部专著与论文,涉及历史学、社会学、政治学、哲学和文学在内的诸多领域,而且在每一个领域都不乏独到之见,英国著名的文学评论家特里·伊格尔顿赞誉他为"英国最杰出的和最博学的马克思主义知识分子"。同时,《纽约书评》认为这是"一个令人敬畏的知识分子成就";《伦敦书评》认为他在欧洲公共知识分子生活中享有一种渊博的声誉;《泰晤士报文学增刊》评价他是这个时代最杰出的政治、历史和文学评论家之一。

安德森 1938 年出生于英国伦敦,1950 年就读于英国伊顿公学。1956 年进入牛津大学伍斯特学院。1962 年,当英国老一代新左派退出《新左派评论》

时,年仅24岁的安德森担任其主编。1983年,他把主编位置传给他的长期合作者罗宾·布莱克本(Robin Blackburn),随之转到加州大学洛杉矶分校的历史与社会学系任教。2000年,安德森重新执掌《新左派评论》。其出色的编辑工作使这份杂志在70年代中期成为英美新左派的重要理论刊物,具有广泛国际影响。安德森还主持和创办了新左派书局,组织出版了大量马克思主义方面的图书。

安德森的著作和文章颇丰,从英国史到欧洲史,从经典马克思主义到西方马克思主义,从现代性到后现代性,不胜枚举。就史学著作而言,《从古代到封建主义的过渡》(1974)和《绝对主义国家的系谱》(1974)于同年出版后便赢得了西方学术界的高度评价和普遍赞誉。塔里克·艾里称它们是"马克思主义的杰作";D. G. 麦克雷称它们是历史社会学的一个"重大贡献"。近代史专家艾瑞克·霍布斯鲍姆评价它是十分杰出的、具有权威性和透彻性的学识成就。安德森于20世纪60年代发表了一系列有关英国历史、社会、政治和文化的文章,如《当代危机的起源》(Origins of the Present Crisis, 1964)、《社会主义和伪经验主义》(Socialism and Pseudo-Empiricism, 1966)、《国民文化的构成》(Components of the National Culture, 1968)等,产生了广泛影响。他在《现代性与革命》(Modernity and Revolution, 1984)和《后现代性的起源》(The Origins of Postmodernity, 1998)中对现代主义和后现代主义进行了广泛而深入的探讨,得出了自己对现代主义和后现代主义的独特理解和阐释,把它们看作是社会经济、政治和文化三种并列因素综合作用的结果。同样值得注意的是,《交锋地带》(1992)和《思想的谱系:西方思潮左与右》(2005)两本论文集先后出版,标志着安德森与当代思想界之间的一次机智而尖锐的思想交锋,充分展现了安德森的学术思想。

《西方马克思主义探讨》这部书,原本并不是计划写给世界人民的,起初确定的读者群只是英国人,尤其是那些在英国愿意研究和信奉马克思主义的人。作者原来打算写成一部向英国人介绍欧洲马克思主义理论家的一本论文集,但这个计划后来取消了,读者现在看到的只是为那本未完成的书写的绪论。全书共约10万字,除"前言"外,正文由五章组成:

第一章对经典马克思主义的形成过程、主要思想和学术传统做了宏观的概述,包括马克思和恩格斯创立唯物史观的社会背景、过程和意义。其后,对第二国际和第三国际马克思主义的代表人物及其思想做了概览,涉及诸多人物、著作和思想,尤其是充分肯定了列宁在马克思主义发展过程中的作用和思想价值,分析了20世纪上半叶国际政治、经济和社会变化的状况,为讨论西方马克思主义做了必要的铺垫。

马克思主义从一百多年前诞生以来的历史,尚待编写。马克思主义的发展,历时虽然较短,然而却相当复杂,而且有过转变。对于马克思主义不断变形和转变的原因和形式,大部分仍然未加探讨。本书要探讨的有限主题是"西方马克思主义",这个名词本身并不指明精确的空间或时间。因此,这本小书的目的是要确定这一部分理论著作在历史上所处的位置,并提出其一致的结构关系——换句话说,本书要提出:西方马克思主义尽管存在种种内部分歧和对立,却仍然构成一种具有共同学术传统的理论。这就需要先涉及这些有关理论家出现以前马克思主义的早年发展,因为只有这样才能使我们看到他们所代表的那种类型的特殊新颖之处。当然,要对历史唯物主义的全部早期史实作出恰当的说明,则必须比本书进行更加详尽得多的论述。[1]

第二章讨论了西方马克思主义的产生过程、代表人物、地域分布、主要观点和整体发展的基本状况。

在这个改变了的世界上,革命的理论完全起了变化,这种变化产生了今天可以称为"西方马克思主义"的理论。我们现在将要谈到的作者们所撰写的著作,在历史唯物主义发展内部,实际上已经形成了一个完全崭新的学术结构。在他们的手里,马克思主义在某些批判性方面,已经成为一种与以往任何理论截然不同的理论。特别是第一次世界大战以前就在政治上已经成熟的整个这批理论家所特有的主题和关切的问题已经起了急剧的变化,这种转变既有世代特点,又有地区特点。

这种转变的历史是长期而又复杂的,在两次世界大战之间的时期里就已开始,并与早期传统的衰落交织在一起。探讨这个问题的最清楚的办法,是开列一个初步的简表,列出现在所讨论的这些理论家的生卒年份

---

① [英]佩里·安德森:《西方马克思主义探讨》,高铦等译,人民出版社1981年版,第7页。

及所属地区：

卢卡奇　　1885—1971 年　布达佩斯

科尔什　　1886—1961 年　托德斯塔(德国的西萨克森)

葛兰西　　1891—1937 年　阿列什(意大利的撒丁)

本杰明　　1892—1940 年　柏林

豪克海默尔　1895—1973 年　斯图加特(德国的斯瓦比亚)

德拉·沃尔佩　1897—1968 年　伊莫拉(意大利的罗马尼阿)

马尔库塞　　1898 年　柏林

勒菲弗尔　　1901 年　哈哥特毛(法国的加斯科涅湾)

阿多尔诺　　1903—1969 年　法兰克福

萨特　　1905 年　巴黎

戈德曼　　1913—1970 年　布加勒斯特

阿尔都塞　　1918 年　比尔曼德里埃斯(阿尔及利亚)

科莱蒂　　1924 年　罗马①

　　第三章以"形式的转移"为题,以批判精神和理性分析,集中讨论了西方马克思主义学术思想的特点和存在的主要问题。

　　　随着欧洲马克思主义越来越不把经济或政治结构作为其理论上关注的中心问题,它的整个重心从根本上转向了哲学。从卢卡奇到阿尔都塞,从科尔什到科莱蒂,这整个传统中最引人注目的一件事实就是:专业哲学家在其中占了压倒优势。从社会角度说,这种变化意味着新时代中产生的这个理论,其学术地位已日益增强。在第二国际时期,卢森堡和考茨基都一致蔑视讲坛社会主义者——那些在大学中任教的非党"教授——社会主义者"。第一次世界大战以前的那一代马克思主义知识分子,从来没有被结合进中欧或东欧的大学体制中去。他们所代表的那种理论与实践的政治统一形式,是同任何学术职位格格不入的。相反,作为战斗生活的活动之一,他们都在党校或工人义务学校任教。希法亭和卢森堡在柏林的社会民主党学校里教过政治经济学,而列宁和梁赞诺夫在龙寿姆党

---

① [英]佩里·安德森:《西方马克思主义探讨》,高铦等译,人民出版社 1981 年版,第37 页。

校向布尔什维克工人讲过学,鲍威尔则在维也纳的奥地利社会民主党总部开过课。西方马克思主义的第一批理论家们,仍然记得这一传统特点,卢卡奇在第一次世界大战期间曾在激进的布达佩斯伽利略学会任教;科尔什在20年代曾在柏林的卡尔·马克思实验学校讲课。法兰克福社会研究所(当时还是隶属于地方州立大学的一所独立的研究所)的成立,标志着在魏玛共和国时期的一个过渡时期。然而,在第二次世界大战结束以后,马克思主义理论实际上已经完全转移到了大学——既是外界政治斗争的避难所又是流亡地,在这个时期,卢卡奇、列菲弗尔、戈德曼、科尔什、马尔库塞、德拉·沃尔佩、阿多尔诺、科莱蒂和阿尔都塞,全都拥有教授级的大学职位,萨特先进入大学,后来作为作家获得成功后又离开大学。他们担任的学科无一例外,全是哲学。①

第四章为"主题的创新",结合西方马克思主义各个代表人物的基本思想,高度凝练了他们在马克思主义发展史上所做的创造性的工作,尤其是他们提出的那些重大主题及其内涵,展现了其理论意义和突出贡献。

自20年代以来,西方马克思主义渐渐地不再从理论上正视重大的经济或政治问题了。西方马克思主义思想家在著作中直接讨论阶级斗争中心问题的,葛兰西是最后一人。然而,从分析生产方式本身的运动规律这一经典意义来说,他的著作也没有论述资本主义经济本身。在他之后,对于资产阶级统治的政治秩序,以及对于推翻这种统治的手段,也典型地为同样的一片缄默所笼罩。结果,西方马克思主义作为一个整体,当它从方法问题进而涉及实质问题时,就几乎倾全力于研究上层建筑了。而且,最常为西方马克思主义所密切关注的,拿恩格斯的话来说,是远离经济基础、位于等级制度最顶端的那些特定的上层建筑层次。换句话说,西方马克思主义典型的研究对象,并不是国家或法律。它注意的焦点是文化。②

第五章在比较经典马克思主义,第二、第三国际的马克思主义和西方马克思主义的基础上,面对变化了的国际政治、经济和文化形势,深入思考和讨论

---

① [英]佩里·安德森:《西方马克思主义探讨》,高铦等译,人民出版社1981年版,第66页。

② [英]佩里·安德森:《西方马克思主义探讨》,高铦等译,人民出版社1981年版,第97页。

了马克思主义的历史使命和发展问题,充分地表达了安德森自己的学术思想,从引用列宁的两段重要的话,对全书做了系统的全面的总结。

> 最后,可以以列宁的话作结束。他有名的格言"没有革命的理论,就没有革命的运动",常常被人们正确地引用。但他还以同样的分量写道:"正确的革命理论……它只有同真正群众性的和真正革命的运动的实践密切地联系起来,才能最终形成"。这里每一句话都是有道理的。革命的理论工作是可以在相对孤立的条件下进行的——马克思在大英博物馆,列宁在为战火围困的苏黎世,但理论只有同工人阶级自己的集体斗争相结合,才能获得正确的和最后的形式。近年来,历史中所常见的那种仅仅成为一个党组织的形式上的成员,并不能算是结合;必须和无产阶级的实践活动取得密切联系。仅有革命小组的战斗精神也是不够的,必须和真正的群众相结合。反过来,和群众运动相结合也还是不够的,因为后者有可能是改良主义的;只有当群众本身是革命的,理论才能完成其卓越的使命。能成功地探讨马克思主义的这五个条件,自从第二次世界大战后,在先进的资本主义世界中还从来没有出现过。然而,重新出现这些条件的前景终于变得开阔起来。在一个成熟的工人阶级中诞生真正的革命运动时,理论的"最终形式"是不会有一模一样的先例的。现在只能说,当群众自己说话时,50年来西方所产生的那种理论家们就只好保持缄默了。①

总体而言,安德森的这部书,用一种大写意式的粗犷笔法,粗略勾勒了20世纪上半叶欧洲大陆马克思主义的思想和文化,把一些具有种种倾向和内在差异的马克思主义的流派和人物,置于统一的"西方马克思主义"的学术传统之下,对其总体特征进行了广泛的论述和评价,为国内外学术界和思想界提供了一部研究西方马克思主义的经典文本。中国旅英学者林春在《英国新左派》(The British New Left)一书中高度评价道:"安德森对于'西方马克思主义'的总结可与雷蒙德·威廉斯的《文化与社会》一书的成就相媲美。"

佩里·安德森之所以要把欧洲大陆的马克思主义引进英国,是有多方面

---

① [英]佩里·安德森:《西方马克思主义探讨》,高铦等译,人民出版社1981年版,第134页。

的原因的,认清这些原因,是深入阅读本书的起点。按照他的说法,这些原因至少可以概括为如下三点:

首先,也是首要的主题之一,发展英国的马克思主义。安德森认为,英国文化明显缺乏当代"西方马克思主义"的任何传统,这种情况肯定是消极的。因此,英国新马克思主义者们利用《新左派评论》这个阵地,积极引进、介绍和消化吸收欧洲大陆马克思主义研究的积极成果,出版和讨论德国、法国、意大利等国最杰出的西方马克思主义理论家的著作和思想,有意识地致力于着手弥补英国的这种不足。此项工作从 20 世纪 60 年代就开始了,借此使马克思主义在英国得到广泛的传播。安德森说,本书所考虑的主题就是在这种背景下开始发展起来的。

其次,提升英国马克思主义的战斗力。安德森认为,不管西方马克思主义在其最初的发展区域中命运如何,近年来已见到发轫于德国、法国和意大利的西方马克思主义在资本主义世界的新区域中得到广泛传播,特别是在盎格鲁-萨克逊和北欧国家中。这种扩散的结果是难以预见的。在英美国家,一直没有产生过任何重要的马克思主义理论体系。面对当今变化了的世界形势,如果马克思主义不能在英国这个世界上最古老的工人阶级的国土,在美国这个世界上最富有的帝国主义的国土上占据统治地位,马克思主义就不会同20 世纪下半期资本主义文明用以对抗马克思主义的那些课题的充分影响进行较量。如果马克思主义不能在盎格鲁-萨克逊世界的成熟的帝国主义堡垒中最终安下家来,它就不可能解决资本主义向社会主义提出的挑战。①

最后,推进马克思主义的理论发展,深化历史唯物主义的科学内涵。安德森认为,自 20 世纪 20 年代以后,在欧洲大陆,尤其是德国、法国和意大利,产生了大量马克思主义的学派和理论家,从卢卡奇到葛兰西,从萨特到阿尔都塞,从马尔库塞到德拉·沃尔佩,这是在苏联十月革命后发展起来的马克思主义的新的形态结构,已经产生了十分广泛的影响。尽管这些学派和理论家内部存在种种分歧和对立,却仍然构成一种具有共同学术传统的理论。由于这些理论都产生于西方,因此,可以用"西方马克思主义"一词来概括它,以便在

①　参见[英]佩里·安德森:《西方马克思主义探讨》,高铦等译,人民出版社 1981 年版,第130 页。

对其多样性进行有鉴别的分析的基础上，对其一致性进行历史总结，而这样的总结对于左派来说是必要的和有益的。通过对这些理论家的思想和这些思想出现以前马克思主义的早年发展的比较，使我们看到他们所代表的那种类型的特殊新颖之处，看到马克思主义的发展。

三、思想批判

"西方马克思主义"是 20 世纪 20 年代之后在欧洲大陆国家所产生的一种新的马克思主义研究思潮，是第一次世界大战后欧洲资本主义先进地区无产阶级革命失败的产物，是在社会主义理论和工人阶级实践之间愈益分离的情况下发展起来的。它对马克思的思想和马克思主义作出了一种既不同于恩格斯和列宁等人的解释，也不同于第二国际和苏联理论家的解释，在理论渊源上坚持了黑格尔主义、人道主义、结构主义和存在主义等西方哲学思潮，在学术方法上坚持了辩证的、否定的和批判的等思维方式。总体上，这一思潮对世界上不同国家和不同地区的马克思主义思想研究，产生了深远的影响。

安德森在介绍和探讨西方马克思主义的过程中，以唯物史观的基本立场为指导，在大量阅读西方马克思主义代表人物著作的基础上，以一种批判的眼光展开他的思考和分析，并不是一味地肯定和赞扬，这为我们正确开展国外马克思主义研究树立了一个好的样板。事实上，《西方马克思主义探讨》一书首先是在经典马克思主义的发生和发展过程论的基础上，以批判性地分析西方马克思主义的根本性错误和不足展开的，值得我们高度重视，其主要观点可概括如下：

第一，西方马克思主义完全颠倒了经典马克思主义的研究路径，[①]从而使其思想离开了历史唯物主义的核心理念。

在安德森看来，20 世纪初，"在这个改变了的世界上，革命的理论完全起了变化，这种变化产生了今天可以称为'西方马克思主义'的理论"。西方马克思主义故意闭口不谈那些历史唯物主义经典传统最核心的问题：如详尽研

---

① 参见［英］佩里·安德森：《西方马克思主义探讨》，高铦等译，人民出版社 1981 年版，第 61 页。

究资本主义生产方式的经济运动规律,认真分析资产阶级国家的政治机器以及推翻这种国家机器所必需的阶级斗争战略。① 西方马克思主义完全颠倒了经典马克思主义的研究路径,越来越不把经济或政治结构作为理论上关注的中心问题,它的整个重心从根本上转向了哲学。不是从哲学转向政治学和经济学,而是从政治学和经济学走向哲学、美学和文化等上层建筑,放弃了直接涉及成熟马克思所极为关切的问题,因而他们既没有提供有关资本主义经济的科学而透彻的分析,也没有发展出推翻资产阶级国家政治的有关理论,更没有走向有关社会主义策略的讨论。

第二,西方马克思主义共同传统的最为突出的一个特性是始终存在着种种类型的欧洲唯心主义及其影响。② 安德森认为,几乎在西方马克思主义所有的代表人物身上,都可以找到其与欧洲唯心主义的关系,这种同非马克思主义文化的一整套关联,使他们毫无例外地建立一种上溯到马克思以前的哲学渊源来阐明马克思本人的哲学,使之合法化,或加以补充。其所有主要的理论体系在这方面都表现了同样的自发机制,依赖马克思以前的哲学,这样被迫返回到马克思以前去寻找一个有利地位来解释马克思著作本身的意义。安德森强调,尽管这样做有利于深化对马克思哲学传统的认识,但长期求助马克思以前的哲学传统所带来的危险,是不需要再作强调的,它们之中所包含的大量唯心主义的或者宗教的主题是人所共知的。这就会给马克思主义带来巨大的危害。

第三,割裂马克思和恩格斯的学术思想,危害了对马克思主义的统一理解。

安德森认为,西方马克思主义是以对恩格斯的哲学遗产发出决定性的双重批驳而开始的。这种批驳是由科尔什和卢卡奇分别在《马克思主义与哲学》和《历史与阶级意识》两本书中进行的。从那时以后,西方马克思主义内实际上所有的思潮——从萨特到科莱蒂,从阿尔都塞到马尔库塞,一般都反对恩格斯后来的著作。然而,一旦恩格斯的贡献被认为不值一顾,马克思本身遗

---

① 参见[英]佩里·安德森:《西方马克思主义探讨》,高铦等译,人民出版社 1981 年版,第 61 页。

② 参见[英]佩里·安德森:《西方马克思主义探讨》,高铦等译,人民出版社 1981 年版,第 73 页。

产的局限性就显得比以前更加明显，对它加以补充也就更成为当务之急了。为此目的而在欧洲思想范围内求助于更早的哲学权威，在某种意义上，这可以被视为在理论上退到了马克思以前。在安德森看来，马克思本人宣布同他的学术先辈一刀两断，认为以前的哲学家们只是用不同的方式解释世界，而问题在于改变世界。马克思的这一思想却在西方马克思主义内部反响甚微，这决不是偶然的。① 因此，决不能把马克思和恩格斯的思想割裂开来。

第四，西方马克思主义使用"晦涩的语言"表达思想，表现出一种"悲观的基调"。

安德森认为，西方马克思主义的思想被包裹在一种古怪的、密码式的语言中，西方马克思主义理论的古怪深奥，是形形色色的：卢卡奇的语言烦琐难解，充满学究气；葛兰西则因多年遭到监禁而养成使人绞尽脑汁的支离破碎的深奥文风；本杰明爱用简陋而迂回的格言式语言；德拉·沃尔佩的语句令人无法捉摸，并喜欢反复地自我引证；萨特的语言则犹如炼金术士的一套刻板的新奇词汇的迷宫；阿尔都塞的语言则充满女巫般的遁词秘语。总体上陷入了悲观主义的泥潭无法自拔。虽然西方马克思主义在其他方面互不一致，但是有一个基本的共同的标记：一种潜在的悲观主义。谈方法是因为软弱无能，讲艺术是聊以自慰，悲观主义是因为沉寂无为，所有这一切都不难在西方马克思主义的著作中找到。所有这些都与马克思主义革命的乐观主义不一致。

第五，也是最重要的，西方马克思主义在本质上把理论与实践分离开来，尤其是它在结构上与政治实践相脱离。

安德森认为，西方马克思主义的一个最显著的最根本的特点，就是它在结构上与政治实践相脱离。第一次世界大战以前的一代经典马克思主义者，实现了理论和实践的有机统一，他们在各自所属的东欧和中欧党内，在政治和思想上起到了不可分割的作用，但从1918年到1968年这半个世纪里，理论与实践在西欧却越来越脱离。在第一次世界大战以后所产生的马克思主义的新的世代和地区领域内，理论与实践的割裂并不是立即发生或同时发生的。这是在巨大的历史压力下缓慢而逐步地发生的，只是到了20世纪30年代，理论和

---

① 参见［英］佩里·安德森：《西方马克思主义探讨》，高铦等译，人民出版社1981年版，第78页。

实践之间才最终脱离联系。到第二次世界大战以后的时期,理论和实践之间的距离更大,这种情况同西方马克思主义传统本身在实际上融为一体了。①

西方马克思主义是第一次世界大战后欧洲资本主义先进地区无产阶级革命失败的产物,是在社会主义理论和工人阶级实践之间日益分离的情况下发展起来的。他们既不满资本主义的统治,也看不到变革资本主义的希望。尽管他们对资本主义进行了毫不妥协的意识形态批判,但这一"批判的武器"并没有带来"武器的批判"。

四、理论意义

尽管安德森从唯物史观的视角对西方马克思主义给予了尖锐的和深刻的批判,但对其理论贡献和意义也给予了充分的肯定,作出了系统深入的分析,为我们研究西方马克思主义提供了一些重要的线索和引导。

首先,张扬了马克思主义的批判精神,围绕现实社会发展的重大主题和社会基本矛盾,推进马克思主义思想的发展。

安德森认为,与经典马克思主义相比,尽管西方马克思主义在研究主题和研究形式上发生了极大的转变,但有一点却是与经典马克思主义内在一致的,那就是毫不妥协的批判精神。西方马克思主义继承和发展了马克思的批判精神,尤其是法兰克福学派高举马克思的批判旗帜,深入到科学技术、日常生活、通俗文化、社会心理等领域,对资本主义社会中物欲奴役人、机器操纵人的现象进行了深刻的批判,创立了一种系统的"社会批判理论"。

可以看到,刚刚综述的西方马克思主义实质性主题的不断创新,反映了或预示了历史对第一次世界大战后半个世纪以来社会主义运动所提出的实际中心问题。葛兰西对领导权所表现的动人关注,预言了西方资本主义国家会出现为双方默认的稳定,这比这种稳定作为一种持久、普遍的现象而出现,早了 20 年。阿多尔诺对自然所表现的许多关心,在当时显然是法兰克福学派的邪说,可是后来在帝国主义国家有关生态学的广泛

---

① 参见［英］佩里·安德森:《西方马克思主义探讨》,高铦等译,人民出版社 1981 年版,第 41 页。

争论中突然重新出现。马尔库塞关于性欲的分析，预言对性欲的种种压抑和敏感在体制上会趋于瓦解，预言60年代中期以后由于许多资产阶级文化所特有的衰落而获得性的解放。阿尔都塞关于意识形态的主要补充论述，是由同一时期先进资本主义世界的高等教育体制中出现的反抗浪潮所直接激发的。萨特关于匮乏的论述，系统地归纳了在落后国家的每一场社会主义革命后会普遍地集中表现出官僚主义，而他的系列和集团的辩证法，则预见了第二次世界大战后发达国家中（1968年在法国）群众对资本主义进行首次造反的正式路线。在这里，我们所关心的并不是每一种体系对其研究的问题所提出的解决办法的相对价值，或这些办法的合适与否。要关心的倒是尚待阐发和强调的西方马克思主义所独有的理论创新的集体方向。①

其次，深化了马克思主义对上层建筑领域的认识，尤其是关于文化和意识形态的研究，为马克思主义思想文化的发展提供了新的启示。

安德森认为，相比经典马克思主义而言，"西方马克思主义"对于马克思和马克思主义作出了一种完全不同的解释，形成了一种多元的视角和多样的理解，诸如黑格尔主义的马克思主义、人道主义的马克思主义、结构主义的马克思主义、存在主义的马克思主义等诸多流派和代表人物。这一多元性和多样性告诉我们，马克思主义思想和理论的发展不是平面的而是立体的，不是单调的而是多彩的，因而有助于马克思主义思想文化的进一步丰富和发展。西方马克思主义在文化和意识形态的上层建筑领域作出的成就，获得了许多新的认识，如葛兰西的领导权理论，法兰克福学派对人与自然关系的看法，马尔库塞有关人性的分析，阿尔都塞关于意识形态的理论，萨特有关匮乏的讨论，所有这些都构成了西方马克思主义重要的主题创新。尤其是转向文化研究，丰富了马克思主义的思想内涵，使之同各种现代的不同思想潮流相关联，在各种不同的领域争夺话语权，具有突出的方法论意义。

西方马克思主义便这样，自始至终地主要关注文化和意识形态问题。

自从启蒙时代以来，美学便是哲学通往具体世界的最便捷的桥梁，它对西

___

① ［英］佩里·安德森：《西方马克思主义探讨》，高铦等译，人民出版社1981年版，第112页。

方马克思主义理论家始终具有一种经久不衰的特殊吸引力。在这方面所写的全部著作,其内容之广博、种类之繁多,同历史唯物主义的经典遗产中所有其他著作相比,都要丰富得多,也深刻得多。也许最终可以证明,这些作品是西方马克思主义最永恒的集体成果。①

第三,为马克思主义的本土化和地域化特色提供了一种多样性的参照。

安德森认为,英美马克思主义和欧陆马克思主义是源自不同地区和不同国家的马克思主义的思想文化体系。从安德森对于"西方马克思主义"的总体评价可以看出,源于欧洲大陆地区和国家的马克思主义思想文化的理论创新,对英国本土的马克思主义思想研究,提供了一种重要的理论和方法论的参照。

第四,西方马克思主义关于人与自然和社会关系的思想具有特别重要的价值。

安德森认为,主要由法兰克福学派发展起来的有关人与自然关系的看法,提出了许多新的问题,也大大开拓了马克思主义的视界,并带来一系列新的认识,包括人们将重新思考什么是自然的解放,工业生产和技术对于人的作用和意义,人对自然支配的后果,资本主义制度的危害性,人的异化等,这些思想是对马克思主义的新的发展。

第五,学术思想的广泛性体现了马克思主义的创新和包容性。

安德森认为,西方马克思主义传统内的每一个体系,都具有来自当时和过去不同范围和水准的社会和思想结构中多种决定因素的印记,在决定西方马克思主义传统本身的基本历史关头的背景中,产生了理论的广泛多样性,这些因素,是历史唯物主义的经典中所没有的,具有明显的独创性。这些新概念的发展或新主题的出现,对于它作为一种传统所具有的性质和力量,提供了最有批判性的标准,②它们正是西方马克思主义创新的表现。

除了这里指出的几点以外,安德森还在诸多方面肯定了西方马克思主义的思想的积极意义,例如他们关于文化领导权的思想、意识形态理论、主体理

---

① [英]佩里·安德森:《西方马克思主义探讨》,高铦等译,人民出版社 1981 年版,第 100 页。

② 参见[英]佩里·安德森:《西方马克思主义探讨》,高铦等译,人民出版社 1981 年版,第 95 页。

论、美学批评思想；关于国家、阶级、民主、民族、官僚制度等的思想；以及他们关于资本主义和社会主义的一些思想。这些，是我们在研读本书的时候，都应该密切关注的。

尽管有种种禁忌和失盲，在这些思想家的著作中，所阐明的历史经验，在某些关键方面，还是世界上最先进的，包括资本主义经济的最高形式、最古老的工业无产阶级和最悠久的社会主义思想传统。这些丰富多彩、错综复杂的内容，同它的苦难和失败一起，不可避免地进入它所产生或许可的那种马克思主义之中——尽管总是以一种转弯抹角的、不完全的形式。在它本身所选择的领域中，这种马克思主义较之以往所有阶段的历史唯物主义都更为深刻细致。它在这些方面的深度，是以牺牲其范围的广度为代价得来的。但是，如果说它注意的焦点大为缩小的话，它的活力倒并没有丧失殆尽。今天，过去50年来帝国主义时期的全部经验，仍然是有待工人运动加以集中思考的不可避免的中心内容。西方马克思主义是那段历史不可分割的一部分，帝国主义国家中任何新一代的革命社会主义者，都不能对此简单地置若罔闻或回避不谈。同这种传统进行清算——既向它学习，又同它决裂——便成为今天马克思理论获得局部复兴的先决条件之一。在原则上，马克思主义渴望成为一种普遍的科学——同任何其他对现实的客观认识相比，并不更带有民族的或大陆的属性。从这种意义上说："西方"这个词不可避免地暗示一种限制性的判断。缺乏普遍性，说明真理尚有欠缺之处。西方马克思主义正因为是西方的，所以必然比不上马克思主义。只有当历史唯物主义摆脱了任何形式的地方狭隘性，它才能发挥其全部威力。这种威力尚有待历史唯物主义来加以恢复。[①]

五、发展意识

《西方马克思主义探讨》以及安德森的其他一些重要著作和论文，充分展示了他对经典马克思主义的坚守，被誉为马克思主义的"理智的守门人"；与此同时，他也特别注重马克思主义在新时代的发展，把马克思主义的发展看

---

① 参见［英］佩里·安德森：《西方马克思主义探讨》，高铦等译，人民出版社1981年版，第120页。

作是马克思主义是否能够战胜一切腐朽思想的根本,是社会主义最终能否战胜资本主义的法宝。安德森在《西方马克思主义探讨》一书中系统地阐述了经典马克思主义的核心理念,对经典马克思主义、第二国际的改良主义的马克思主义、列宁主义、斯大林主义、西方马克思主义做了全方位的比较分析,不仅高度评价马克思恩格斯所开创的历史唯物主义的科学性和革命性价值,高度评价列宁主义的意义,深入批判第二国际的改良主义的马克思主义的错误,对斯大林给予彻底否定,同时也批判性地肯定了西方马克思主义。在安德森看来,结合马克思主义的历史和现实,我们有理由相信,马克思主义能够得到大力的发展,其新的发展的前景已经开阔起来。

安德森认为,马克思主义在现时代的发展,必须回答历史唯物主义在今天所遇到的主要挑战,这些挑战包括十多个方面的内容,简略来说,已成为先进国家的资本主义政权规范模式的民主,作为一种国家制度,其真正的性质和结构是什么?哪一种革命战略能够推翻这种如此不同于沙皇俄国的国家历史形式?在西方,在这种形式之后是什么样的社会主义民主的制度形式呢?在一个以阶级划分的世界中,作为一种社会单位,民族的意义和位置何在?特别是,作为过去两个世纪中基本力量的一种群众性现象的民族主义,其复杂的机制何在?作为一种生产方式,资本主义当代的运动规律是什么?它们是否具有特有的新的危机形式?帝国主义作为一种经济和政治统治的国际体制,其真正结构何在?从落后国家的社会主义革命中产生的那些国家,其一致性和区别性的基本特点和动力又是什么?这种进程的明确界限又是什么?[①] 不难看出,安德森所提出的这些问题,对于今天的马克思主义来说,尽管一些提法和认识不成熟,但是,多么尖锐。安德森认为,他自己在《西方马克思主义探讨》中正在尝试回答这些问题,因此,读者在阅读本书的过程中,应该带着这些问题,批判性地研究和思考。

安德森特别强调了马克思主义的现实运用,强调理论和革命运动的结合,对此,他特别批评了西方马克思主义者远离革命实践的思想和做法,同时也特别赞扬马克思和列宁把革命理论和革命实践结合起来的伟大意义。同时,安

---

① 参见[英]佩里·安德森:《西方马克思主义探讨》,高铦等译,人民出版社1981年版,第131页。

德森也提出了马克思主义与现实革命实践结合的五条件思想,即正确的革命理论只有同真正群众性的和真正革命的运动的实践密切联系起来,才能最终形成;革命的理论工作可以在相对孤立的条件下进行,但理论只有同工人阶级自己的集体斗争相结合,才能获得正确的和最后的形式;必须和无产阶级的实践活动取得密切联系;仅有革命小组的战斗精神也是不够的,必须和真正的群众相结合;反过来,和群众运动相结合也还是不够的,因为后者有可能是改良主义的,因此,只有当群众本身是革命的,理论才能完成其卓越的使命。①

安德森对于形成革命的理论以及革命理论与实践在新时代的结合充满了信心,认为尽管在第二次世界大战以后资本主义世界还从来没有出现过这样的情况,然而,重新出现这些条件的前景终于变得开阔起来了。②

六、结　语

《西方马克思主义探讨》一经出版,就获得了巨大的社会关注和反响,来自世界各地的赞誉声连绵不断,轰动一时,这是人们没有想到的,甚至连作者自己也没有想到。总体来看,这部书为研究“西方马克思主义”理论思潮,提供了一种整体的视角和深入认识的方法,不仅影响了整整一代英国马克思主义者的理论创造和学术思考,影响了整个世界的马克思主义传播和研究,甚至也影响了世界无产阶级的革命运动,在社会主义革命的意义上,也起到了在全球化时代马克思主义面对新形势如何认识世界和改造世界的启迪作用,这是值得肯定的。

我们知道,西方马克思主义产生于 20 世纪 20 年代,流派纷呈,人物众多,尽管在欧洲大陆受到了人们的重视,也多有对个别人物和流派的研究,彼此之间也多有争论,但影响有限,流传范围甚小。自从安德森把它作为一种共同的学术传统对待以来,对其产生、发展、主张、流派和人物等一致特征,进行了重要概括和总体评价,而没有着眼于对“西方马克思主义”的具体理论流派和代

---

① 参见[英]佩里·安德森:《西方马克思主义探讨》,高铦等译,人民出版社 1981 年版,第134 页。

② 参见[英]佩里·安德森:《西方马克思主义探讨》,高铦等译,人民出版社 1981 年版,第134 页。

表人物的优缺点进行比较评价和介绍,从而不仅把一个活脱脱的西方马克思主义展现在世人的眼前,使人们看到了马克思主义在新形势下的创新和发展,显示了马克思主义的生命力和解释力,而且也为我们整体上研究"西方马克思主义"奠定了思考和理解的思想基础,拓宽了马克思主义的理论和研究视域。在此意义上讲,安德森不仅增进了英国马克思主义文化与欧陆马克思主义文化的有益交流和对话,而且从整体上有助于马克思主义的发展。

安德森在分析和研究西方马克思主义的过程中,着力把握它的核心思想、理论意义和存在的主要问题,我们在如上所做的总结和概括,充分说明了这一点。不难看出,这一工作的难度其实是很大的,但安德森基本上做到了三个方面的统一:即理论产生背景分析与内容叙述的统一,坚持马克思主义经典思想和批评地总结西方马克思主义成果的统一,马克思主义作为整体对于认识世界和改造世界的统一,从而不仅展示了马克思主义对资本主义批判、追求人的自由和解放的一脉相承的传统和革命精神,而且用发展的眼光勾勒出马克思主义的艰难历程和实践意义,尤其是指出了马克思主义在全球化时代的历史使命和发展的可能方向,这些都有助于我们对马克思主义的研究。

然而,《西方马克思主义探讨》这部书,也有瑕疵或不足,甚至错误,这是我们在阅读和研究的过程中,需要引起特别关注的。其主要问题可简要分析如下:

首先,尽管安德森一再强调,他在坚持马克思和恩格斯所创立的历史唯物主义并把它运用于对西方马克思主义的分析和研究中,但他却错误地认为,马克思从未对历史唯物主义本身作过广泛而概括的论述,这对于当代人来说是更为明显的漏洞,①这完全是一个错误的论断。诚如所知,马克思恩格斯早在《德意志意识形态》和《共产党宣言》中就基本上形成了历史唯物主义的核心思想和基本理念,并初步做了论证,在《政治经济学批判》《资本论》和马克思晚年写的大量著作中,更是做了深入的和全面的阐述和概括。因此,安德森的论断显然是站不住脚的。

其次,安德森认为,马克思在身后留下了分析资本主义生产方式的严谨而

① 参见[英]佩里·安德森:《西方马克思主义探讨》,高铦等译,人民出版社1981年版,第11页。

成熟的经济理论,这在《资本论》中已经得到了阐述,但没有留下有关资产阶级国家结构的同等的政治理论,或有关工人阶级政党为推翻资产阶级国家而进行革命的社会主义斗争的战略、战术的政治理论①,这一论断,同样是错误的。且不说《资本论》不能仅仅被看成是经济理论,这是大家公认的。事实上,马克思和恩格斯的大量著作和文章,正是深入研究和分析资本主义国家结构的,《资本论》更是这一方面的代表作。再如《哲学的贫困》《共产党宣言》《法兰西内战》《路易·波拿巴的雾月十八日》《哥达纲领批判》《反杜林论》《社会主义从空想走向科学》等著作,都充分地讨论和阐述了这一问题,表达了一系列重要思想,需引起我们高度重视。

最后,尽管安德森从多方面对西方马克思主义做了批评,有些甚至是根本性的马克思主义立场上的批评,但整体上还是给予了过高的甚至是不切实际的评价,这一点,读者在阅读和研究过程中,需仔细甄别,切不可不加思考地接受。

另外,安德森认为,在斯大林的统治达到顶点时,马克思主义在俄国差不多已经沦为一种纪念品。② 他关于马克思本人在身后没有留下经典意义上的系统的哲学著作;经典马克思主义把对自然的驾驭看作是"自由王国"的标志;西方马克思主义完全脱离工人阶级运动和革命实践;等等。这些表述,并不很准确,有些是错误的或很武断的。限于篇幅,我们在此就不一一分析了。

总之,《西方马克思主义探讨》是一部研究马克思主义的历史和现实的著作,是从整体上分析和理解西方马克思主义的最早尝试。希望这篇导读,对于初次接触到本书的读者以及西方马克思主义的研究者,都能有所助益。

(本文作者:乔瑞金)

---

① 参见[英]佩里·安德森:《西方马克思主义探讨》,高铦等译,人民出版社1981年版,第11页。

② 参见[英]佩里·安德森:《西方马克思主义探讨》,高铦等译,人民出版社1981年版,第29页。

第十二篇　英国马克思主义与社会主义文化之重思

——安德森《英国马克思主义的内部争论》导读

一、引　言

《英国马克思主义的内部争论》(*Arguments Within English Marxism*)是佩里·安德森的最具代表性的一部作品,于1980年由左翼出版社(Verso)出版。本书既是一部论战性的作品,也是一部评述性的作品,主要是以安德森为代表的第二代新左派与以汤普森为代表的第一代老左派之间长期争论的最具总结性的作品。在此意义上,它既是安德森有关马克思主义和社会主义的代表之作,也是整个英国马克思主义和社会主义文化的经典之作。

就具体内容而言,本书主要是围绕汤普森的《理论的贫困及其它》(*The Poverty of the Theory and Other Essays*)所做的具体回应与反驳。全书共分为七个部分,第一部分为历史学的性质问题,历史学究竟应该被当作历史编纂学还是历史理论学? 第二部分为历史主体的作用问题,历史主体究竟是积极主动的还是消极被动的? 第三部分为马克思主义的本质特征,马克思主义究竟应该被理解为历史主义还是结构主义? 第四部分为斯大林主义,作为理论范式的阿尔都塞主义和作为实践范式的斯大林主义究竟应该如何理解? 第五部分为国际主义,社会主义的实现路径究竟是民族主义的还是国际主义的? 第六部分为乌托邦,社会主义的理想社会究竟是源于自由、浪漫和道德的人本主义立场还是源自现实、客观和理性的科学主义的立场? 第七部分为策略,社会主义的实现策略究竟是文化的改良主义还是政治的革命主义? 其中,前四个部分与《理论的贫困及其它》的四个章节即历史学的基本特征、主体的历史作用、马克思主义的本质和斯大林主义一一对应,后三个部分为新增部分,主要集中探讨社会主义的相关问题。从表层来看，这一著作所展现的是《英国马克思主义的内部争论》与《理论的贫困及其它》两个文本所涉及的具体问题的争论；从深层来看，这一著作所呈现的是以安德森为代表的结构主义学派与以汤普森为代表的历史主义学派有关英国马克思主义和社会主义问题的集中概括和全面总结。

纵观其整个历史背景，这一争论由来已久。从 20 世纪 60 年代伊始一直到 20 世纪 80 年代，以安德森为代表的结构主义学派与以汤普森为代表的历史主义学派之间展开了激烈的交锋和对峙，前后长达近 20 年的时间。首先，当汤普森于 1963 年出版了《英国工人阶级的形成》(*The Making of the English Working Class*)后，安德森和奈恩分别于 1964 年发表了《当代危机的起源》(Origins of the Present Crisis) 和《英国的工人阶级》(*The English Working Class*)文章做了回应；其次，当汤普森于 1965 年发表了《英国的特殊性》(*The Peculiarities of the English*)后，安德森在《社会主义和伪经验主义》(*Socialism and Pseudo-Empiricism*)和《国民文化的构成》(*Components of the National Culture*)等文章中做了具体回应；最后，当汤普森于 1978 年出版了《理论的贫困及其它》后，安德森又在《英国马克思主义的内部争论》中做了最后的回应。由此，《英国马克思主义的内部争论》一书的出版，就标志着以安德森为代表的结构主义学派与以汤普森为代表的历史主义学派之间的争论最终达成了某种初步的和解。正如安德森自己所认为的："抛却旧的争吵，共同探讨新的问题将是有益而无害的。"①

实质上，英国马克思主义的内部争论源自对经典马克思主义、欧陆马克思主义和英国马克思主义之间的错综复杂关系的种种探讨，真正的马克思主义应该是什么样？"西方马克思主义"理论思潮应该如何引进？英国本土化的马克思主义又应该是什么样？所有这些就成为摆在英国新马克思主义知识分子面前的亟待解决的重大理论课题。由此，以汤普森为代表的历史主义学派与以安德森为代表的结构主义学派在把英国传统文化资源与马克思主义理论遗产进行嫁接的过程中形成了两种截然有别的思维范式，前者带有人本主义、

---

① Perry Anderson, *Arguments Within English Marxism*, London and New York：Verso, 1980, p.207.

经验主义和历史主义的本质倾向,后者具有科学主义、理性主义和结构主义的本质特征,但无论如何,他们都属于英国马克思主义的内部争论,其目的在于促进英国本土化和地域化的马克思主义和社会主义文化本身的形成、发展和完善。

就具体写作来说,导论共分为历史学、马克思主义和社会主义三个部分,其目的在于说明英国马克思主义内部争论的核心问题和重要事实。需要说明的是,导论所涉及的文本不是单个文本,而是多个文本,所涉及的作者不是单个作者,而是多个作者,所涉及的争论不是一次争论,而是多次争论。因此,首先,导论在章节的安排上会尽量遵循原文的顺序,但不免会由于逻辑的秩序而有所调整;其次,导论会根据内容的需要,某些部分被详写,某些部分被略写,并不是所有的内容、问题和细节都会一一涉及;最后,导论会采用某种对比性或比较性的写作方式,以廓清英国结构主义学派与历史主义学派之间的具体争论。因此,未尽意之处,望读者见谅。

二、历史学:经验主义与理性主义之辩

(一)历史编纂学与历史理论学

在对历史学的分析和研究中,汤普森和安德森分别基于经验主义和理性主义的两种认知模式,通过对历史的研究对象、历史的概念范畴和历史的学科性质三个层面的具体论述,得出了有关历史唯物主义的不同看法和结论。

在汤普森看来,就其研究对象而言,它是对过去所发生的一切历史事件或历史事实尤其是对历史过程产生重大影响和意义的历史事实或历史事件的真实记载。就其范畴体系而言,它们具有一种独特的灵活性和机动性。就其学科性质而言,历史知识本身是临时的、不完美的和近似的,把历史命名为一门"科学"的尝试总是无意而混乱的。

相反,在安德森看来,历史可以成为一门科学,这是确定无疑的。首先,历史事件的多变和易变并不会妨碍历史概念的建立;其次,有关历史的概念不是越少越好,而是越多越好;再次,历史不是需要更少的决定论,而是需要更多的决定论;最后,历史科学本身就是不精确的,暂时性、选择性和可证伪性构成了科学事业自身的本质。

可见,汤普森倾向于对历史学的经验主义的研究路径,强调了历史事实或历史事件的特殊性与偶然性,否认了历史概念或历史理论的核心性与重要性,甚至否认了历史科学的可能性与必要性;而安德森则倾向于对历史学的理性主义的分析路向,凸显了历史概念或历史理论的精确性与明晰性,并彰显了历史的科学性本身。

由此,以汤普森为代表的历史主义学派与以安德森为代表的结构主义学派形成了对于历史唯物主义的不同理解与认知。在汤普森看来,历史唯物主义更类似于某种历史编纂学,它是对过去的历史事件或历史事实的编撰和整理,某种程度上,历史唯物主义变成了马克思主义的历史学。在安德森看来,历史唯物主义更类似于某种历史科学,它试图从复杂多变的历史事件或历史事实中找出其中隐藏的规律与必然,在某种意义上,历史唯物主义变成了马克思主义的理论学。

实质上,马克思主义历史与马克思主义理论两者缺一不可,彼此统一。因此,在历史唯物主义的话语体系中,历史和理论构成了不可或缺的两极,在历史中来考证理论,在理论中来阐释历史,把历史的考证和理论的阐释熔为一炉,以此形成一种融历史与理论、经验与理性为一体的科学阐释。

> 如果没有对理论概念的正式构建,那么马克思主义历史就是不可能的,因为它不是"总的历史编纂学"的概念;如果这些概念源自并回到可控的历史研究,那么它们才能产生真正的知识。①

(二)历史意志论与历史结构论

在安德森看来,结构与主体之间的关系一直是历史唯物主义的最根本和最核心的问题之一。然而,作为历史唯物主义的创始人,马克思并没有对这两种不同类型的机制作出统一、完美的阐释,他在《共产党宣言》中把历史变革的动力归因于阶级斗争,而在《政治经济学批判·序言》中又把历史变革的动力归因于生产力和生产关系之间的内在矛盾。因此,如何理解历史以及历史的主客体关系和作用就成为历史主义学派和结构主义学派争议的重要议题。

---

① Perry Anderson, *Arguments Within English Marxism*, London and New York：Verso, 1980, p. 66.

在汤普森看来，"历史不是一个无主体的过程"，它是追求着自己目的的人的活动，是主体意志和主体行动的过程。在有关历史主体的问题上，恩格斯最初在"平行四边形理论"中强调了个体意志的重要作用。在此基础上，汤普森部分改造了恩格斯的"平行四边形理论"，把个体意志变为了阶级意志，把主体的能动性和创造性赋予了阶级本身而非个体本身，强调了阶级意志的核心性和重要性。

> 历史是这样创造的，最终的结果总是从许多单个的意志的相互冲突中产生出来的，而其中每一个意志，又是由许多特殊的生活条件，才成为它所成为的那样，这样就有无数相互交错的力量，有无数个力的平行四边形，而由此就产生出一个总的结果，即历史事变。①

在汤普森看来，如果把历史看作是个体意志相互冲突的结果，那么就无法解释一种有意识的个体意志如何产生出一个无意识的历史结果；如果把历史看作是阶级意志彼此斗争的结果，那么就可以明白一种有意识的个体意志如何产生出一种无意识的历史结果。因此，尽管恩格斯的有关历史的客观过程与主观意志之间的协调是有益的，但依旧存在某种缺陷。在安德森看来，恩格斯的历史建筑模块是作为个体的男男女女，汤普森的历史建筑模块是作为群体的阶级，个体的男男女女受阶级的制约，同样，阶级又是由个体的男男女女构成。实际上，这两种论述和改造之间存在一种无限的回归和循环，仍然是某种唯心主义或唯意志主义的思维模式。

相反，法国结构主义学者阿尔都塞提出了"历史过程无主体"的著名论断。在他看来，历史的结果是历史自身的客观规律的必然结果，是历史结构不断形成、发展和衰落的客观过程。就历史的主体而言，它不再是人本主义者所赋予的先验的和统一的原因，而是结构主义者所赋予的分散的和异质的结果，它就生活在层层包裹的社会结构之内，毫无任何能动性和积极性可言。就客观结构而言，它仅仅只是生产关系的承担者和占据者；就主观结构而言，它仅仅是由意识形态通过一种内在的"召唤"过程自由地进入它所承担的位置。这样，在阿尔都塞的解读中，历史主体完全丧失了自身的积极性和自主性，成

---

① Perry Anderson, *Arguments Within English Marxism*, London and New York: Verso, 1980, pp. 49-50.

为被历史决定的客观存在物而非决定历史的主观存在者。

在历史主体与历史结构之谜的解答中,安德森试图在历史的意志论与历史的结构论之间进行某种协调和架构。他一方面反对阿尔都塞等结构主义者对社会结构的极端强调,另一方面反对汤普森等唯意志主义者对社会主体的极度信仰。在他看来,一种可行的历史唯物主义的解释应该结合结构主义和意志主义两种要素,既强调社会结构的根本性要素,也承认社会主体的意志论因素,以此形成有关社会结构与社会主体之间相互作用和彼此统一的科学理解和诠释。

> 对于历史结构必要性的义无反顾的强调,阿尔都塞更忠实于历史唯物主义的核心信条,同时相应于对历史的科学研究的经验总结——但也付出了代价,它掩盖了现代劳工运动的创造性并削弱了革命社会主义的使命。另一方面,对于人类代理人塑造集体生活条件的潜能的强烈意识,汤普森更接近于马克思和恩格斯在其时代的政治品性——但倾向于把历史看作是一个统一的整体,蔑视了必然王国中自我决定的千年否定。①

(三)阶级主体论与阶级客体论

在对阶级主体的界定中,汤普森在《英国工人阶级的形成》、《英国的特殊性》和《理论的贫困及其它》等著作和文章中倾向于某种主观主义的界定,认为阶级不仅是一种客观的存在物,更是一种主观的存在者,阶级意识是阶级形成的真正标志。对此,安德森批判了汤普森的主观主义界定中存在的三大矛盾和问题,得出了有关阶级的客观主义界定。

首先,安德森批判了汤普森有关阶级界定的"共同决定论"思想。在汤普森看来,人类本身就是一个矛盾的存在体,既是主体,又是客体;既是有意识的,又是无意识的;既是被决定的,又是自我决定的。同样,对于工人阶级而言,它既是历史条件的客观产物,也是阶级形成的主观产物,换言之,工人阶级既是资本主义制度和工业革命的自发产物,也是阶级意识和阶级文化的自我熏陶的必然结果。因此,这一阶级的形成是主客观共同作用的结果。

---

① Perry Anderson, *Arguments Within English Marxism*, London and New York: Verso, 1980, p. 58.

工人阶级并不像太阳那样在预定的时间升起。它出现在它自身的形成中。

工人阶级在被形成时也自己形成了自己。①

在安德森看来,这一宣称实际上暗含着一种"共同决定论"的思想,对于"主体论"和"条件论"的双重宣称实际上变成了阶级的自我决定论的单纯强调。首先,汤普森缺少对工业革命以来资本主义的生产方式,无产阶级的形成、发展与变迁以及整个历史过程的考察。其次,他缺少对资本主义社会中资产阶级,包括商业资产阶级和官僚资产阶级等经济和政治事实的考察与分析。再次,他缺少有关法国革命和美国革命对整个西方资本主义世界的意识形态影响的重要论述。最后,他缺少对19世纪帝国主义和沙文主义等意识形态的重要说明。结果,汤普森把这种复杂的主客观共同决定的整个运动变成了"简单的遭遇与反抗的辩证法",而这一辩证法又内在于阶级的主观形成之中,由此形成了有关阶级的唯心主义的认知模式,背离了有关阶级的唯物主义的研究框架。

其次,安德森批判了汤普森把阶级意识看成是阶级形成的唯一标准的界定。在《英国工人阶级的形成》中,汤普森把阶级意识看成是阶级形成的重要前提。

当作为共同经验(继承的或共享的)结果的一些人感受并表述他们之间的利益身份,并与其他人的利益不同(或通常相反)时,阶级就产生了。②

同样,在《理论的贫困及其它》中,汤普森进一步在阶级经验与阶级意识的区分中确证了阶级意识对于阶级形成的重要作用,并得出阶级意识是阶级形成的唯一标志。

由于在决定性生产关系中的人们开始认识到他们的对立利益,并以阶级的方式开始斗争、思考和评价时,阶级就产生了。阶级经验在很大程度上是由人们所诞生的——或不自觉进入的生产关系所决定的。阶级意

---

① Perry Anderson, *Arguments Within English Marxism*, London and New York: Verso, 1980, p. 30.

② Perry Anderson, *Arguments Within English Marxism*, London and New York: Verso, 1980, p. 39.

识是以文化的角度来处理经验的方式:体现在传统、价值体系、观念和制度形式中。假如经验是被决定的,阶级意识则不是……阶级被人们定义为好像他们经历了他们自己的历史,并且最终这就是唯一的定义。①

在汤普森的界定中,如果说阶级经验还带有主观与客观的双重属性,那么阶级意识则被看作是完全主观的产物,最终,这一阶级的形成就演绎为一种主观的形成过程而非客观的形成过程。由此,他在考察 18 世纪英国社会时得出了一种"没有阶级的阶级斗争"的重要命题。实际上,这一命题本身就包含了阶级、阶级斗争和阶级意识三者之间的自我矛盾和循环论证,因为阶级形成于阶级意识中,阶级意识形成于阶级斗争中,阶级斗争又形成于阶级中。

在安德森看来,无论是对阶级意识的强调,还是对阶级行动的强调,这一有关阶级的界定标准仍是唯心主义和唯意志论的。它存在着极大的问题和困难:第一,这一界定不符合重要的历史事实或历史证据。因为在历史上,阶级不断出现,但阶级意识并未出现。第二,如果把阶级意识当成阶级形成的唯一标准,即两大对立的阶级不是同时形成,而是先后形成,那么就会出现一只巴掌鼓掌的情况。第三,如果把阶级意识当作阶级形成的唯一解释,那么阶级意识的不断变化是否会对阶级形成产生影响? 当阶级意识变化、衰落和消失时,是否意味着阶级也在变化、衰落和消失? 因此,要想维护阶级概念的普遍适用性,就必须对它作出某种客观的和历史的表述,把阶级与客观的生产资料和生产方式相联系,而不是把阶级与主观的阶级经验和阶级意识相关联,从而能够在缺乏阶级意识的历史状况中来看待和认识阶级形成与发展的整个历史过程。

最后,安德森指出汤普森有关英国工人阶级形成的历史时间的定位是不准确的,甚至是完全错误的。在汤普森看来,英国工人阶级真正形成于 19 世纪 30 年代,因为在这一时期它完成了一种新的工人阶级的身份意识,体现在当地的工人协会和全国总工会中,也体现在《权利改革法案》中。然而,安德森反驳说,19 世纪 30 年代英国工人阶级并没有形成真正的阶级的身份意识,即便形成,也被 19 世纪 80 年代的劳工主义的身份意识所改变。如果说 19 世

---

① Perry Anderson, *Arguments Within English Marxism*, London and New York:Verso, 1980, p. 30.

纪 40 年代早期是英国工人阶级的英雄时代，那么 19 世纪 40 年代到 80 年代则陷入了一种深层的停顿，而 19 世纪 80 年代之后又陷入了一种典型的劳工主义而非马克思主义的意识形态之中。

在安德森的全面批判中，关键的问题在于汤普森在有关阶级的界定中存在一种主观主义或唯意志论的基本框架，只强调了阶级形成的主观要素和意识因素，而忽视了阶级形成的客观环境和物质条件，甚至过度夸大了阶级主体的历史功能和作用，得出了某种欺骗性和夸张性的结论。由此，安德森放弃了汤普森有关阶级的主观主义界定，而肯定了柯恩对于阶级的客观主义界定，把阶级置于生产方式的客观结构而非置于阶级的主观意识中来界定，把人们在生产关系中的结构、关系、地位和作用作为划分阶级的主要依据和标准，最终走上了有关阶级的唯物主义的传统框架和观点。

> 一个人的阶级仅仅只是由其所有关系网中的客观位置所构建的……其意识、文化和政治并不进入对其阶级位置的界定中。事实上，这些排除是为了保护马克思主义理论的实质特征，即阶级立场极大地限制了意识、文化和政治。①

总之，在对历史事实与历史理论、历史主体与历史结构、阶级主体与阶级客体的具体争议中，以汤普森为代表的历史主义学派在经验主义的认知基础上强调了历史的主体性、能动性和创造性，以安德森为代表的结构主义学派则在理性主义的认知基础上强调了历史的客观性、结构性和物质性。因此，唯有两者相互补充、彼此统一，才能形成有关历史唯物主义的科学理解与解释。

三、马克思主义：历史主义与结构主义之争

（一）经典马克思主义

对于经典马克思主义，尤其是马克思本人的思想历程，汤普森与安德森遵循了马克思不同时期的文本和思想，前者特别重视马克思早期有关历史唯物主义的经验研究，后者尤其强调马克思晚期有关历史唯物主义的理论研究，形

---

① Perry Anderson, *Arguments Within English Marxism*, London and New York: Verso, 1980, p. 44.

成了对于马克思主义思想的不同保卫和辩护。

汤普森对马克思的早期思想进行了积极的保卫。在《理论的贫困及其它》中,他对马克思本人的思想历程进行了一种全新的解读,认为历史唯物主义的真正对象是"一元社会知识"(a unitary social knowledge),其纲领体现在马克思的早期著作,如《1844年经济学哲学手稿》《德意志意识形态》《哲学的贫困》《共产党宣言》,其中《德意志意识形态》是最为接近的一个文本,因为它不仅仅是一个宣言式的文本,而且是对作为一元社会过程的全部人类历史进行唯物主义重建的一个轮廓性纲要。汤普森认为马克思晚期则转向了对资本主义政治经济学的批判和研究,在《政治经济学批判》和《资本论》的写作中放弃了对"一元社会知识"的追求,走向了一种狭隘的政治经济学。尤为严重的是,他对历史唯物主义的基本概念和理论进行了全面拒斥。首先,他几乎没有涉及任何有关生产力与生产关系的基本概念和理论,更别提生产方式的概念和理论;其次,马克思本人有关经济基础与上层建筑的理论模式是充满问题的;最后,阿尔都塞在结构主义的解读中把生产方式的概念和理论转变为一种狭隘的政治经济学范畴。

与此相反,安德森走向了对马克思晚期思想的辩护。在他看来,马克思的《政治经济学批判大纲》和《资本论》这些晚期著作绝不仅仅是政治经济学的著作,也不仅仅是批判政治经济学的著作,而是历史社会学的著作。因为作为历史唯物主义理论基石的生产力与生产关系的概念在19世纪40年代的早期著作中并未出现,有关"社会生产关系"的概念在《哲学的贫困》之前也未出现,在《政治经济学批判》之前则未获得全部的意义,它们首次形成于1859年《政治经济学批判·序言》中。正是在这篇序言中,有关生产力与生产关系、经济基础与上层建筑、生产方式与社会形态这些历史唯物主义的基本概念和理论才真正得以形成。因此,这些历史唯物主义的基本概念和理论的创立不是远离了历史,而是深入了历史;不是妨碍了历史的实证研究,而是促进了历史的科学研究。

> 正是这一进步的理论发现最终使对《资本论》中新的历史对象:资本主义生产方式的全面探讨成为可能。换言之,1848年之后马克思主义的重要运动并非"远离"历史,而是深入了历史。①

---

① Perry Anderson, *Arguments Within English Marxism*, London and New York: Verso, 1980, p. 63.

由此,安德森对历史唯物主义的基本概念和理论进行了一一辩护。

首先,就生产力和生产关系而言,作为历史唯物主义的理论基石,它们是历史变革最深层的动力。

马克思的理论远远并不缺乏任何遗传类型的解释原则,它显然拥有一种原则——带有一种独特的清晰和力量始于 1859 年《序言》:生产力和生产关系之间的矛盾运动是长期历史变革最深层的动力。①

其次,就经济基础和上层建筑而言,尽管这一理论模式确实存在一种唯经济决定论或经济还原论的错误倾向,但这一错误不能成为取消这一理论的全部罪证,构建一种可靠的有关社会经济结构的概念,并不会排除或危及对文化或政治上层建筑的历史研究,而是要促进它。因而,它在理论上仍具有一种必要性和合理性。

最后,就生产方式的概念而言,尽管马克思在《德意志意识形态》中将其称为"物质资料的生产方式",并在《资本论》的写作中得出了一套有关资本主义生产方式的抽象经济理论,但它并不仅仅是一个政治经济学的范畴,而是一个历史社会学的范畴,它是区分一种历史结构和另外一种历史结构的重要依据和标准。在此,生产方式从一种狭隘的政治经济学范畴转变为一种更广泛的历史社会学范畴,它不单单指称一种经济结构,而是泛指一种社会结构,或社会形态(social formation)的概念范畴。因此,生产方式的概念对于人类历史上不同历史社会形态的探讨就是本质的和核心的。

从遗传学和功能上来说,马克思对于生产方式概念的发现就标志着从政治经济学世界的退场,借此,它开始了一种新的历史类型。②

因此,以汤普森为代表的历史主义学派与以安德森为代表的结构主义学派对马克思本人所创立的历史唯物主义思想进行了不同的保卫和辩护。汤普森主要聚焦于马克思的早期文本,从人本主义的马克思主义的思维路径对历史唯物主义进行了积极的保卫;安德森主要集中于马克思的晚期文本,从科学主义的马克思主义的逻辑路向对历史唯物主义进行了不懈的辩护。

---

① Perry Anderson, *Arguments Within English Marxism*, London and New York：Verso, 1980, p. 81.

② Perry Anderson, *Arguments Within English Marxism*, London and New York：Verso, 1980, p. 64.

(二)结构主义的马克思主义

对于法国阿尔都塞的结构主义的马克思主义思想,汤普森和安德森持有完全不同的认识和看法。汤普森把这一思想看作是一种"理论的帝国主义"或"野蛮的斯大林主义"形式而加以坚决地拒斥;安德森则把这一思想看作是历史唯物主义思想的科学发展而加以批判地吸收和借鉴。

在汤普森看来,阿尔都塞对于马克思思想的结构主义解读渗透着一种"唯心主义的理论构造模式",其代表作《读〈资本论〉》带有明显的"结构主义和唯心主义的还原论"。更为严重的是,阿尔都塞把马克思在《政治经济学批判大纲》和《资本论》中的错误绝对化,试图使马克思主义成为一种生产方式理论而把历史唯物主义推向了"政治经济学"的监狱。这样,这一生产方式的概念就无法适用于对社会结构的探讨,正如资本主义生产方式不等同于资本主义社会,前者是指一种纯粹的经济结构,后者是指一种包含了经济、政治、文化和意识形态在内的复杂的社会结构。同样,这一生产方式的概念也无法适用于对人类历史过程的真正探讨,因为它只提供了经济实践的范畴,而没有为政治、文化、法律和意识形态实践提供任何范畴。实质上,这一反结构主义的马克思主义思想背后渗透的是一种历史主义的马克思主义思想。

与此相反,安德森对阿尔都塞所开创的马克思主义的理论贡献给予了充分地肯定,认为它开创了历史唯物主义的理论研究和经验研究的双重事业。

> 这种由阿尔都塞和巴里巴尔所尝试的体系化的概念阐释就是一种原创的和富有成效的事业,它产生了比任何先前的马克思主义讨论更为具体的和精确的解释……其贡献的合法性和成效性至少可以在两个领域中看到。一方面,它开启了对历史唯物主义原则的更为密切的理论考察……另一方面,它也影响了历史学家和人类学家的经验研究的重要著作……①

更为重要的是,安德森对于阿尔都塞的结构主义的马克思主义的核心概念和理论给予了辩证的理解和认识。首先,阿尔都塞在《保卫马克思》中提出了"社会结构"和"多元决定"(overdetermination)的思想,对于社会结构的复

---

① Perry Anderson, *Arguments Within English Marxism*, London and New York: Verso, 1980, p. 65.

杂性和多元性进行了充分论述。这一概念最初是作为对马克思的"社会"概念的替代而引入的,它表述了一种不同于黑格尔的"表述总体"(expressive totality)的"结构总体"(structural totality)的思想,使得社会结构的复杂性和多元性变得足够清晰和明确。其次,阿尔都塞在《读〈资本论〉》中为这一社会结构的各层面和各要素构建了一个历史时代(temporality)的概念,包括生产力的历史和时代、生产关系的历史和时代、政治上层建筑的历史和时代、哲学的历史和时代、美学的历史和时代、科学的历史和时代等。但关键的问题在于,这一历史时代的概念只是强调社会结构各层面和各要素的历史时间的概念,而没有赋予总的社会结构的历史时间的概念。这一社会结构的各层面和各要素的历史时间被召集到一起的不是一种空洞的日期方格,而是作为整体的社会结构的全面发展的历史时间,即生产方式的历史时代。再次,阿尔都塞在《保卫马克思》中探讨了社会结构的总体断裂,使用"断裂的整体"描述了1917 年俄国十月革命的典型事例。但社会形态更为经常地呈现为一种"抑制的整体""巩固的整体"或"遏制的整体"。最后,阿尔都塞有关生产方式与社会形态的理论探讨的方向是正确的,它产生了迄今为止对社会形态的最完善的和最具识别力的解释。

　　阿尔都塞著作的影响远不是把马克思主义者囚禁在生产方式和社会结构的严格等式中,而是使它们从中解放出来。①

(三)历史主义与结构主义的融合

　　对于安德森而言,他试图在历史主义与结构主义的结合中提供有关历史唯物主义的科学认知和理解。在有关社会存在与社会变迁的解释中,他不仅强调了社会形态的总体存在,而且强调了社会形态的分散存在;不仅强调了社会形态的静态结构,而且强调了社会形态的动态发展。

　　它是,而且一定是主导的生产方式提供了社会形态的基本统一,把其客观位置分配给它之内的阶级,并在每个阶级中分配代理人。结果典型地就是阶级斗争的客观过程。为了稳定和控制这一冲突,因而在国家内

---

① Perry Anderson, *Arguments Within English Marxism*, London and New York: Verso, 1980, p. 68.

外所实施的包含了压制和意识形态的政治权力的补充形式就是不可取代的。但是,阶级斗争本身不是秩序维持中的首因,因为阶级是由生产方式所构建的,而非相反。

所有社会变革机制的最根本因素是由生产力和生产关系之间的矛盾,而不是由生产关系所产生的阶级冲突和对立所引发,前者包含了后者。当然,两者并不完全等同,生产方式的危机并不等同于阶级的冲突,但在某个历史时刻,它们也许可以结合,也许无法结合。一方面,任何重大的社会经济危机,无论是封建主义的还是资本主义的都典型地吸收了所有无意识的社会阶级;另一方面,这一危机的解决一直是长期阶级斗争的结果。也就是说,在社会秩序的维持和颠覆中,生产方式和阶级斗争总是相互作用的。①

可见,这一有关社会存在与社会变迁的历史解释中存在着一种结构主义的马克思主义的思想本质。对于社会存在而言,其存在的总体性和结构性是由基本的生产方式所提供的;对于社会变迁而言,其变迁的根本动力是由生产力与生产关系之间的矛盾运动所首先引发,并最终由阶级斗争所解决。因此,这一解释是一种深层的结构主义思想基础之上的折中主义和调和主义,一方面强调了社会结构的首要的和深层的功能作用;另一方面强调了社会主体自身的积极的和能动的创造作用,由此形成了一种温和的结构主义的马克思主义思想。

总之,无论是对经典的马克思主义,还是对法国阿尔都塞的马克思主义,以汤普森为代表的历史主义学派与以安德森为代表的结构主义学派遵循了马克思本人思想的不同说明,最终形成了历史主义的马克思主义和结构主义的马克思主义的两种解释。因此,要想对马克思主义思想本身的多元性与综合性作出正确的理解和诠释,必须将历史主义与结构主义要素彼此结合、相互统一。

四、社会主义:人本主义与科学主义之论

最初,安德森在《社会主义和伪经验主义》一文中对汤普森的社会主义思想

---

① Perry Anderson, *Arguments Within English Marxism*, London and New York: Verso, 1980, pp. 55–56.

进行了三个层面的批判,认为它存在着民众主义、民族主义和道德主义的基本倾向。然而,汤普森进行了辩驳,认为他的思想中存在一种"社会主义的国际主义"而非"民众主义的社会主义"的倾向。同样,尽管安德森在《英国马克思主义的内部争论》中也有意纠正对于汤普森的民族主义和道德主义的两种错误指责,但仍然坚持了这一基本看法。总体上,汤普森的社会主义思想被称为"人本主义的社会主义"①,而安德森的社会主义思想被称为"科学主义的社会主义"。

(一)人本主义与科学主义

在有关社会主义的基本原则和立场上,汤普森与安德森在对斯大林主义和莫里斯的乌托邦思想的解读中,分别基于道德主义和理性主义的基本视域,得出了人本主义的社会主义和科学主义的社会主义的基本结论。

对于斯大林主义,汤普森区分了两种范式,认为阿尔都塞是一种"理论范式的斯大林主义",苏联社会主义是一种"实践范式的斯大林主义",是一种"机械理想主义"的形式,是一种丧失了人性的社会主义的理论和实践。实质上,汤普森的这一批判主要基于一种人本主义的立场,它不是从理性和知识的层面进行批判,而是从主体的道德和欲望的层面进行批判,试图把道德和理性、欲望和知识相分离,从而把阿尔都塞看作是理论上的反人本主义,把斯大林主义看作是实践上的反人本主义。

> 在很大程度上,汤普森基于阿尔都塞作品的无情的决定论思想,坚信阿尔都塞是一位坚定的斯大林主义者:对人类代理人的历史作用的哲学否认被解读为对活生生的男男女女进行实践镇压的理论化。因而,阿尔都塞的反人本主义与野蛮的斯大林主义相等同,其中,巴里巴尔对生产关系的"坚持"实际被同化为贝里亚的死刑队的受害者。换句话说,分析结构主义成为道德虚无主义的另一个名称。②

---

①　汤普森在《社会主义的人本主义》(1957)一文中指出,"它之所以是人本主义的,就在于它再一次把真正的男男女女,而非完全的抽象物置于社会主义理论和抱负的核心位置;它之所以是社会主义的,就在于它重新肯定了共产主义的革命视角,不仅是人类或无产阶级专政的革命潜能,而且是真正的男男女女的革命潜能"。在此,把"社会主义的人本主义"改为"人本主义的社会主义",其目的是说明和界定汤普森的社会主义思想。

②　Perry Anderson, *Arguments Within English Marxism*, London and New York：Verso, 1980, pp. 124-125.

相反,安德森站在科学主义的立场对阿尔都塞主义和斯大林主义作出了某种历史的因果解释,认为阿尔都塞主义是一种历史上的马克思主义的理论学说,斯大林主义是一种历史上的社会主义的实践模式。在他看来,阿尔都塞主义作为一种学术力量,极大地影响和促进了经济学家、政治学家、历史学家、社会学家和人类学家等的具体探讨,对于历史唯物主义的真正发展来说是积极的、有益的。对于斯大林主义,安德森认为斯大林主义的关键基础就在于其匮乏的物质基础和历史条件,由此产生了一种独裁和专制的社会主义的国家类型,而没有走向一种自由和民主的社会主义的国家类型。

与此同时,在有关19世纪英国杰出的社会主义者威廉·莫里斯的《乌有乡的消息》(*News From Nowhere*)的乌托邦思想的解读中,汤普森与安德森也倾向于这一鲜明的人本主义与科学主义的原则和立场。

在汤普森看来,莫里斯是一位伟大的天才,一位"独特的英国人"。他把莫里斯的乌托邦思想与英国传统的自由主义、浪漫主义和道德主义的文化资源相结合,试图从人本主义的原则下进行解读和评价。首先,莫里斯的乌托邦思想源于一种道德主义的传统思想。莫里斯的乌托邦思想源于一种"道德的现实主义",不仅在其政治和艺术作品中蕴含着深刻的道德意识,而且对作为社会变革的代理人所进行的也是一种道德的呼吁。其次,莫里斯的乌托邦思想源自一种自由主义和浪漫主义的传统遗产,缺乏科学的历史唯物主义传统的宏观与自信的视野。

在安德森看来,19世纪莫里斯的乌托邦思想的真正的独特性并不是体现在与自由主义、浪漫主义和道德主义的彼此结合之中,而是体现在与其独特的历史时代和物质基础的相互关联之中。因而,他试图从科学主义的视角下解析和评判莫里斯的乌托邦思想。

首先,莫里斯的乌托邦思想建立在更为真实的历史条件和物质基础之上。正是这一丰裕的物质财富使他能够在资本主义社会之外想象另外一种富裕社会的基本轮廓。其次,莫里斯的乌托邦思想建立在对资本主义社会的毫不妥协的批判精神之上。对于自文艺复兴、启蒙运动以来资产阶级的科学、文化和艺术,莫里斯基本上持有一种否定的看法和态度;对于工业革命以来的整个资本主义文明,莫里斯秉承了一种激进主义的态度。因而,正是这一反资本主义的激进态度使其思想更加接近于马克思的共产主义思想。最后,莫里斯的乌托邦思想建立在对未来理想社会的简单构想之上。对于莫里斯来说,这一乌托邦的理想社会将是一种简约化的社会,体力劳动和脑力劳动的社会区分将被克服,男女之间的性别差异将变得微不足道,看不见的技术和机械将轻松地维持着整个宇宙。对于马克思而言,这一共产主义的未来社会将是一个由科学和技术构成的更为复杂的社会形态,经济分配的问题依然存在,劳动的分工将更加多样,职业的划分将更为复杂。

> "知识"本身是一种基本的和无限的人类"欲望"。科学,在一些偏远乡村的后退中并没有被远远隔绝,而是将遍及所有的经济生活,提供日常生产的标准架构。体力劳动和脑力劳动,将伴随着行进的生产力节奏在逐步的更高的一体化的层次上彼此交换和相互结合。创造性的工作并不必然成为无忧无虑的快乐。①

因此,无论是对阿尔都塞主义和斯大林主义的解读,还是对莫里斯的乌托邦思想的解析中,汤普森的思想更接近于一种人本主义的社会主义思想,安德森的思想更接近于一种科学主义的社会主义思想。

(二)民族主义与国际主义

在有关社会主义路径的选择上,汤普森倾向于民族主义的社会主义道路,安德森倾向于国际主义的社会主义路线,以此实现未来社会主义的理想社会。

汤普森在《英国工人阶级的形成》《理论的贫困及其它》和《18世纪英国社会:没有阶级的阶级斗争》等著作和文章中,强调了社会主义的民族优先性的原则,表现出一种强烈的民族主义的情怀。他以英国为界标,讴歌了英国的革命精神,赞颂了英国的文化传统,肯定了英国的人民大众,认为英国能够凭借自身的文化与政治传统走向社会主义的伟大胜利。汤普森公开宣称其理论资源来自本民族。与其他民族相比,英国民族的传统文化资源具有一种优越于美国和法国等其他国家的理智传统,有利于人本主义的社会主义思想的形成,也有助于英国向社会主义的过渡和转变。

> 假如我还诚实的话,这就是我的识别力,远离了马克思、维科和一些

---

① Perry Anderson, *Arguments Within English Marxism*, London and New York: Verso, 1980, p. 167.

> 欧洲小说家,我最亲密的万神庙将是地方性的茶会:英国人和盎格鲁—爱尔兰人的聚会,谈到自由意志和决定论,我首先想到的是米尔顿;谈到人的非人性,我想到了斯威夫特;谈到道德和革命,我的脑海中远离了华兹华斯的孤寂;谈到社会主义社会的自我运动和创造运动,我便立即回到了威廉·莫里斯。①

与此相反,安德森指出,这一国际主义的社会主义的理论倾向不仅体现在其著作和思想中,而且鲜明地体现在《新左派评论》的国际主义尺度上。

> 这些年来,《新左派评论》在所追求的国际主义探讨中包含两种尺度:在采用了一种国外广泛的马克思主义著作的理论资源的意义上,它是文化的;作为对民主社会的因果解释原则,它是政治的。②

就文化的国际主义而言,当安德森及其《新左派评论》成员在20世纪60年代中期引入欧洲大陆的理性主义的马克思主义的理论资源来检验英国的历史、文化、政治和社会,对英国的经验主义的马克思主义文化作出否定断言时,就坚定地走上了一种理论的国际主义。

> 这一理论的国际主义建立在这一信念之上,正如诞生于19世纪的历史唯物主义汇聚了三种不同的国家体系——德国哲学、法国政治学和英国经济学——因而期待它在20世纪同等程度或更大程度地突破国界而获得自由有效的发展,换言之,我们不相信马克思主义是一国范围内的事。③

其实,安德森早在《社会主义和伪经验主义》和《国民文化的构成》等文章中就对英国的马克思主义和社会主义文化作出了否定性的判断和结论,认为英国是所有欧洲国家中唯一一个没能产生任何马克思主义文化的国家,既没有产生出像列宁那样的经典理论作家,也没有产生出像卢卡奇和葛兰西等杰出的西方马克思主义理论家,一种真正的革命的马克思主义的文化传统并不

---

① Perry Anderson, *Arguments Within English Marxism*, London and New York: Verso, 1980, p. 147.

② Perry Anderson, *Arguments Within English Marxism*, London and New York: Verso, 1980, p. 149.

③ Perry Anderson, *Arguments Within English Marxism*, London and New York: Verso, 1980, p. 149.

存在。

同样,安德森在《英国马克思主义的内部争论》中再次声明:

> 我们不是倾向于深入研究本国的历史来寻找一种更加进步的或可替代的传统,与英国的文化经验主义和政治宪政主义弹冠相庆。对我们而言,一个核心事实是,英国是20世纪主要欧洲国家中唯一一个没有产生任何民众的社会主义运动或重要的革命党派的社会,这一事业总是用来避免或做最低估计的。①

正是对英国马克思主义文化和社会主义文化的否定判断和结论,才使得以安德森为首的年轻一代马克思主义者走向了欧洲大陆的"西方马克思主义",尤其是法国阿尔都塞的结构主义的马克思主义的理论资源,最终创立了英国结构主义的马克思主义学派。

就政治的国际主义而言,这一国际主义的政治视野在《新左派评论》的编辑和出版事业中得到了具体体现,它不仅关注英国工人阶级的运动和实践,而且关注国际范围内工人阶级的运动和实践,诸如古巴革命、中苏冲突、中国"文化大革命"、布拉格之春、波兰哥穆尔卡叛乱、欧洲的共产主义运动以及苏联的勃烈日诺夫等等,都成为其密切关注的对象。

与此同时,安德森指出《新左派评论》的一个核心参照对象是托洛茨基主义。在安德森看来,托洛茨基是国际主义的社会主义的典型代表。他既是一位伟大的马克思主义理论学家,也是一位伟大的马克思主义历史学家。终其一生,托洛茨基都是一切形式的社会爱国主义和强国沙文主义的不懈敌手:在政治上,没有任何革命者曾如此长期而一贯地宣扬或实践着无产阶级的国际主义;在文化上,没有任何社会主义者如此深刻地了解过自己的国家以及其他国家的文化和社会,如德国、法国、英国和俄国;在理论上,他试图在国际的帝国主义秩序统一的理论基础之上找到有关自然的历史说明以及有关自己国家的未来的政治战略,因此,托洛茨基的这一政治的、文化的和理论的国际主义尺度超越了任何之前或后来的学者。在此基础上,安德森以及《新左派评论》成员继承了托洛茨基的革命的国际主义理论遗产,坚定地走上了国际主义的

---

① Perry Anderson, *Arguments Within English Marxism*, London and New York：Verso, 1980, pp. 148–149.

社会主义道路,成为英国年轻一代的革命马克思主义的典型代表。

总之,汤普森持有一种"一国社会主义"的思想,试图从本民族的历史、文化和政治等传统资源中探寻出英国工人阶级的革命主义精神,以此实现英国资本主义的社会主义过渡与转变。相反,安德森怀有一种"多国社会主义"的思想,反对发达资本主义世界中工人阶级对于民族主义情感因素的任何妥协,试图在国际主义的文化和政治事业中实现对于资本主义的社会主义改造。因此,汤普森被斥责为一种"奇特的弥赛亚的民族主义",安德森则被指责为一种"民族的虚无主义者"。

(三)改良主义与革命主义

在有关社会主义策略的问题上,汤普森和安德森都坚持了马克思的革命社会主义的战略思想。但不同之处在于,汤普森主要集中于社会主义的思想文化层面,提出了一种"文化革命"的策略模式,而安德森主要聚焦于社会主义的策略层面,提出了一种"政治革命"的策略模式。从历史渊源来看,前者源自卢卡奇和葛兰西等人的改良主义的思想谱系,后者源自列宁和托洛茨基等人的革命主义的理论谱系。

对于汤普森而言,所谓"革命"是一个历史过程的概念,是指两种制度模式或生活方式之间的对立和冲突,也是指阶级关系和社会制度的深刻变革。因而,这一"革命"是社会主义与资本主义不同文化制度和思想意识之间相互对立和彼此转变的时刻,它既非经济危机剧变的历史时刻,也非政治权力冲突的历史时刻,而是思想或文化革命的历史时刻。

他在 1960 年《革命》一文中写道:

> 这一突破性的时刻不是一种狭隘的政治概念,它将是整个社会中两种制度和两种生活方式之间的冲突。在这一冲突中,政治意识将变得突出:每一种直接的和间接的影响都将是保护私有财产;人们将被迫由于这些实践而实施他们全部的政治和工业力量。①

他在 1961 年《再革命》中再次重申道:

---

① Perry Anderson, *Arguments Within English Marxism*, London and New York：Verso, 1980, pp. 190-191.

　　革命的历史概念不是"结构"的转变或"变迁"的时刻,它无需大变动的危机或暴力。它是一个历史过程的概念,借此,民主的压力无法包含于资本主义的体系之内;某种程度上,危机是突如其来的,它导致了一系列相关的危机,这些危机导致了阶级、社会关系和制度中的深刻变革——在时代的意义上是权力的"变迁"。①

　　对于安德森而言,"革命"一词具有一种完全不同的政治内涵,它最初创始于17世纪晚期,是指一种完全的政治意义上的革命,即推翻一种旧的国家秩序并创建一种新的国家秩序。从形式上看,"革命"一词具有一种明确的、非延续的时间的边界;从内容上看,它始于一个社会的危急时刻,也止于一个社会的危急时刻,它是指来自下层民众的对于国家秩序的一种政治推翻和取代。在此,这一"革命"是社会结构变迁的时代,也是政治危机爆发的时代,换言之,它是资本主义与社会主义两种政治制度和国家权力之间相互斗争和激烈冲突的历史时代,也是政治革命的历史时代。

　　　对于我们而言,社会主义革命意味着一些更艰难、更明确的东西:现存资本主义国家的解体,从生产方式上对有产阶级的没收;一种新的国家和经济秩序的建立,其中,相关的生产者首次对其工作生活和政治政府实行直接的管理和控制。②

　　因此,理论可以预测,但只有未来的实践才能证实。在当前资本主义社会中,资本与劳动之间的根本对立,资产阶级与无产阶级之间的对立和冲突以及资本主义和社会主义之间的种种斗争的真正仲裁领域是历史,不是对未知未来的预测,而是对已知过去的检验。正是在这一基础之上,即每位马克思主义者应该立足的历史学家的坚实土壤之上,证据指向了列宁和托洛茨基传统更大的说服力和现实性。

　　　如果没有武装冲突和内战,资本主义不可能在当今世界的任何主要发达国家中获胜,无论是英国、法国、德国、意大利、日本还是美国。然而,是否可以设想,从封建主义到资本主义的经济过渡仅仅是从一种私有产

---

① Perry Anderson, *Arguments Within English Marxism*, London and New York：Verso, 1980, p. 192.

② Perry Anderson, *Arguments Within English Marxism*, London and New York：Verso, 1980, p. 194.

权转向另一种私有产权,那么这一从私有产权向集体产权过渡中所包含的更巨大的历史变迁,它必然会使对权力和财富的剥夺更加剧烈,它能够承担更少伤害的政治形式么?①

然而,无论是文化的改良主义策略,还是政治的革命主义策略,都没能实现资本主义国家向社会主义国家的成功转变,这是它们存在的一个共同的现实基础。因此,这一革命社会主义的策略信仰中应加入一种道德现实主义的乌托邦,把这一革命的马克思主义和社会主义的理想传达给工人阶级,以促进工人阶级的革命意识和革命行为。

> 无道德的策略是一种权谋的计算,它对真正的社会主义运动毫无益处和作用。斯大林主义在那个时代确实把马克思主义还原为一种无价值的权力……无策略的道德是一种仅仅配有反敌对世界的道德的人本社会主义,注定走向不必要的悲剧……②

综上所述,在有关社会主义原则、社会主义路径和社会主义策略等问题的论述中,以汤普森为代表的历史主义学派在经验主义的认知基础上更倾向于一种道德的、民族的和改良的社会主义思想,以安德森为代表的结构主义学派则在理性主义的认知基础上更倾向于一种科学的、国际的和革命的社会主义思想。

五、结　语

总之,在有关历史学、马克思主义和社会主义等问题的具体论述中,以汤普森为代表的历史主义学派与以安德森为代表的结构主义学派,由于思维范式的种种差异,展开了长期激烈的争论与交锋,前者呈现出某种人本主义、经验主义和历史主义的基本特征,后者呈现出某种科学主义、理性主义和结构主义的基本倾向。在此意义上,正是这一争论与交锋促进了英国本土化和地域化的马克思主义和社会主义文化的发展与繁荣,对中国特色的马克思主义理

---

① Perry Anderson, *Arguments Within English Marxism*, London and New York：Verso, 1980, p. 195.

② Perry Anderson, *Arguments Within English Marxism*, London and New York：Verso, 1980, p. 206.

论与社会主义实践提供了诸多的借鉴和参照。

首先,这一英国马克思主义的内部争论深化了对历史唯物主义的科学理解。无论是以汤普森为代表的历史主义学派,还是以安德森为代表的结构主义学派,他们都以历史唯物主义为指导原则,在对历史事实与历史理论、历史结构与历史主体、历史经验与历史理性之间关系的辩证探讨中,彰显了历史唯物主义的整体论的思维范式,凸显了历史唯物主义的唯物论的基本特色。

其次,这一英国马克思主义的内部争论促进了对马克思主义的辩证法的多元阐释。以安德森为代表的结构主义学派和以汤普森为代表的历史主义学派在对历史唯物主义的阐释中始终坚持了辩证唯物主义的方法论特征。他们在有关经验主义与理性主义、历史主义与结构主义、人本主义与科学主义的争论中使得马克思主义的辩证法呈现出更加多元而丰富的内涵特征,在此,自然的辩证法与社会的辩证法、历史的辩证法与结构的辩证法、主体的辩证法与客体的辩证法,彼此作用,内在统一。

最后,这一英国马克思主义的内部争论推进了对马克思主义的实践论的价值认知。无论是以安德森为代表的结构主义学派,还是以汤普森为代表的历史主义学派,都以社会主义为最终的价值诉求和目的旨归。他们以马克思的"革命实践论"为价值准则,试图通过文化的革命论与政治的革命论来实现马克思主义理论与工人阶级实践之间的完美结合,实现必然王国向自由王国的真正转变,最终实现人的自由而全面发展的共产主义的理想社会。

（本文作者:李瑞艳）

第十三篇 当代西方马克思主义视域下的民族主义理论

——奈恩《民族主义的面孔：重回贾纳斯》导读

一、引 言

英国著名新马克思主义者汤姆·奈恩(Tom Nairn)作为一名苏格兰裔民族主义理论家,在英国乃至世界的民族主义和政治学的研究上有着决定性的影响。半个多世纪以来,奈恩的民族主义研究取得了突出的成就,在纷繁复杂的民族主义研究中独树一帜,并具有广泛的影响。他从马克思主义的角度对民族主义作出阐释,极大丰富了马克思主义民族理论的思想体系构成,是当代西方马克思主义视域下的民族主义理论家当中至关重要的一位。社会理论家保罗·詹姆斯这样评价道:"汤姆·奈恩,他本人可能是最具影响力的当代马克思主义的民族理论家。"[①]究其根本,就是奈恩把马克思主义理论注入到了民族主义的肌体当中,并以此构建起系统、客观的理论框架。1997年在沃索出版社出版的《民族主义的面孔:重回贾纳斯》(*Faces of Nationalism*：*Janus Revisited*,以下简称《民族主义的面孔》)一书就是其马克思主义视域下的民族主义理论最具代表性的成果之一。

二、写作背景与整体构架

1932年6月2日,奈恩出生于英国苏格兰法夫郡(Fife),他独特的民族身

---

① James, P., "National Formation and the 'Rise of the Cultural': A Critique of Orthodoxy", in *Philosophy of the Social Sciences*, Vol. 19, No. 3, 1989, p.276.

份注定了他对民族主义的研究热情,在《苏格兰的问题》(The Question of Scotland)一文中,他写道:"我从来没有隐瞒这样一个事实:即我自己的两难困境和古怪是源于我自己的国家——苏格兰——的国情。这无疑解释了很大一部分我的学术热情和所关注的问题。"①此外,牛津毕业后,奈恩在意大利比萨师范学校念书,在这里奈恩从他的意大利同学处第一次接触到安东尼奥·葛兰西(Antonio Gramsci)的著作(那时英文译本还没出来),并且透过葛兰西认识了马克思。1967年底,他就彻头彻尾地变成了一个葛兰西式的马克思主义者,熟练地运用这一派的语言来诠释当代政治及社会,也由此开启了他跨越半个多世纪的从马克思主义视域解读民族主义的研究。有人这样评价道:"汤姆·奈恩,是他这一代人中最具影响力的苏格兰政治思想家。"②可以说,马克思主义和民族主义这两条主线一直贯穿于奈恩思想发展的脉络之中,奠定了他马克思主义的民族主义理论的学术研究内核。

作为当代英国的新马克思主义学者,奈恩总是在马克思所构建的历史唯物主义的范畴中对民族、民族国家、民族主义进行研究和探索,他以对人类历史的唯物史观解读为基础,从社会经济的分析角度来阐释民族主义的产生和发展,形成了独具特色的民族主义理论。1977年《不列颠的瓦解:危机与新民族主义》(The Break-up of Britain:Crisis and Neo-Nationalism)一书,作为发表在《新左派评论》中文章的一个选集,是奈恩关于民族主义主题最有名的著述,是世界范围内出现的较早从马克思主义视角对民族主义进行解释的分析之一,因为对资本主义不列颠帝国的不可持续性及其可能分裂成许多不同的共和国的预测,奈恩的《不列颠的瓦解:危机与新民族主义》一书备受关注,这一文本是民族主义研究领域的核心参考文献,并在世界各地数以百计的大学课程中使用。而20年之后,1997年出版的《民族主义的面孔:重回贾纳斯》一书集合了奈恩1977—1997年20年间的文章、评论和讲座,延续了其一贯的从社会经济视角出发认识民族主义的整体特点,思考了当代世界民族主义意识形态和运动,并建立了争论的领域,其早期所持立场都得到了提升和明确展

---

①　Nairn, T., *Faces of Nationalism*:*Janus Revisited*, London and New York:Verso, 1997, p.180.

②　Maxwell, J., "The Big Interview:Tom Nairn", in http://www. heraldscotland. com/news/14818711. The_big_interview_Tom_Nairn/.

开,如以历史唯物主义的分析视角来解释民族主义的现实状况,对马克思主义与斯大林主义的鉴别,对葛兰西市民社会理论的运用——即市民的和世俗的民族主义是现代性的一个重要特征,而不是对此的一个过时的反映等。奈恩在该书中从根本上重新思考了"自下而上的民族主义"的地位,提供了一系列经过深思熟虑的、有辨识度的、视域广泛的、引人深思的文章,补充和发展了他1977年具有先见之明的《不列颠的瓦解:危机与新民族主义》一书,标志着其民族主义理论的最终成熟。

《民族主义的面孔:重回贾纳斯》由导论及四个部分组成。

导论部分,奈恩清晰简明地对民族主义不同范式进行了尖锐的批判和概括,即对他所看到的、经常反复发生的、主要在欧盟以外的(特别是在东欧)、当代的民族主义的肤浅分析定下批判的基调。他试图超越盖尔纳在《民族和民族主义》中实用主义的论点,认为:

> 任何新模式取决于……一方面,建立一个更合理的生物学和亲属关系之间的联系,另一方面,建立政治民族国家和复兴的民族性的世界。①

奈恩没有提出一个新的范式,但是放开了"人性"的诸多界限,"民族"仍然是其中心节点,他以古希腊的双面神贾纳斯作为完美的比喻来抓住当代世界民族主义的本质精神。奈恩把民族主义和国家的复杂关系放置在现代化背景之中,指出民族主义是现代性的一个现象。在外围边缘地区和中心地区,民族主义有着多种表现的剧目,像两面神一样,有着现代化进步和退步的两方面。这里,奈恩提出了民族主义是现代化根本困境的反映,往往动员民族身份团体进行发展和对抗。因此,民族主义既是原因又是影响,既是民主的又是极权主义的,而且与人性并列于人类进步之中。奈恩着手理解现代性与人性在民族主义上的连接,在把民族主义的兴起解释为族裔断层线(ethnic fault-lines)和不均衡发展(uneven development)的结果之上,加入了亲属关系、人类对土地的依赖和其他"原生"因素的解释。

第一部分,"国际歌"。奈恩评论了"国际主义"并批判了对民族性和民族主义的妖魔化。在思考民族主义理论基础上,他指出,资本主义的国际性不仅产生了国际主义,同时也产生了民族主义,生成了两者之间的紧张关系。民族

---

① Nairn, T., *Faces of Nationalism*: *Janus Revisited*, London and New York: Verso, 1997, p.13.

主义与更深层次的现代化过程是分不开的,而对民族主义的负面偏见往往会趋向阻碍这一领域的理论发展。民族主义本身并不危险,比起帝国主义、资本主义,或者冷战的"炸弹秩序"它是更可取的,民族主义并不是恶魔的、难以治愈的、种族主义的和注定要被全球化淹没的意识形态和运动。奈恩在本质上倾向于保护种族语言多样性,或者换句话说,保护社会环境的多样性,并寻求民族国家的独立发展。奈恩认为:

> 民族主义现在不是,而且从来不是,一个不正常的或意外的"应该发生的事情"。它不是逆流或侧流,或干扰进步的浪潮:民族主义就是主流,我们是时候认识到这一事实了。①

第二部分,"民族主义的面孔"。由四篇论文组成(其中两个是长篇书评),扩展了"现代贾纳斯"的历史的和比较的方面,这部分奈恩提出了一些可以促进民族主义理论发展的观点。首先,通过对盖尔纳、葛兰西的研究,追溯了"市民社会"这一后冷战时代的社会学术语的历史基础,尝试对市民社会概念的复兴进行正面评论。奈恩追溯了它的系谱,不是作为一个社会现实,而是作为一种重要的意识形态或对过于集权的利维坦国家的指控。接下来,奈恩从"乡村论点"出发,指出种族民族主义冲突往往产生在农村地区,在现代性的外围边缘地区发生。奈恩看到,在农村,民族主义常常穿上一个种族性格的外衣,它有着巨大的情绪性和暴力性。奈恩的分析提供了对现代化动力的洞察,增加了对农业社会运动的比较研究。通过对农业地区的观察,奈恩区分了种族民族主义("一个农民的转化,至少在理想条件下,成为一个民族")和公民民族主义。他指出,"身份政治"应当纳入现代社会的积极和良性元素。

第三部分,"小的阵营"。分析了民族主义更详细的、当代的情况,致力于讨论一些有或没有国家的小民族,挑战了自由主义对超小国家的偏见(如安道尔、列支敦司登和新加坡)。通过对20世纪90年代微小国家成功扩散的事实分析,奈恩对现代国家的某些必要的最低条件的观点提出了挑战,表明旧的现实政治模板的规模和生存能力(如,"像法国一样")是与现代不再相关的。事实上,整个民族国家的生存问题受到广泛的社会经济发展和全球化的影响,

---

① Nairn, T., *Faces of Nationalism*: *Janus Revisited*, London and New York: Verso, 1997, p.48.

这种转变必将有利于较小的政治规模。因此,奈恩认为,在世界舞台上我们可能会看到更多近似于安道尔的微小国家。他继续用复杂的和预见性的分析深入探讨了当前热门的"民族主义"情况。

第四部分,"苏格兰"。奈恩以自己的家乡为作战基地进行了广泛的民族主义尝试,分析了苏格兰民族身份,从不同的角度来看待苏格兰性及其再政治化问题,提供了从1707年到1997年涉及中央国家权力的苏格兰自治和民族政治局限性的一个清晰的历史分析,逐渐表现出他对苏格兰真正独立前景的乐观。奈恩承认,每个人都与民族主义理论有一些特殊的利害关系。在成功捕捉了今天民族主义的双面相本质的基础上,奈恩提议在主权中发生一个结构性变化。在"全球化"的新环境下,民族主义政治组织想要寻求自治和尝试建立独立自主的国家。奈恩认为,苏格兰民族身份从未需要有一个国家来使其民族身份得以生存下去。因此,苏格兰应该通过民族自决和欧盟的演化作为进入未来的方式。

三、基本立场与主要观点

(一)民族主义诸面

奈恩始终全面而辩证地看待民族主义,这点最初清晰地表现在他在1975年撰写的《现代贾纳斯》一文中。贾纳斯是古罗马的两面神,他站在门槛上,一面望向未来,一面回望过去,作为一个十分形象的意象表现出奈恩对民族主义的看法,即民族主义生而具有两面性。他认为:

> 民族主义是现代性的一个现象,在边缘和中心地区有着不同的表现剧目。就像贾纳斯一样,它具有现代性进步和退步的两方面。[1]

> 民族主义既是原因又是结果,既是民主的又是极权主义的,而且并列于人类发展与人性之中。[2]

奈恩对民族主义的这一双关性的基本态度,既不是简单的反对,也不是简

---

[1] Tiryakian, E. A., "Book Review: Faces of Nationalism: Janus Revisited by Tom Nairn", in *Social Forces*, Vol. 78, No. 1, 1999, p.385.

[2] Lantis, J. S., "Book Review: Faces of Nationalism: Janus Revisited by Tom Nairn", in *The Journal of Politics*, Vol. 62, No. 4, 2000, p.1231.

单的赞成,而是致力于理解它的前因后果。他指出,民族主义具有一种普遍的含混不清的性质,它站在人类通往现代性的通道上,有着平民主义、政治自决与经济自主的诉求。对于奈恩来说,任何民族主义都具有两面性。奈恩并不侈称所有的民族主义都是完全合乎道德的,而是认为它最终都具有同样的矛盾本质。

民族主义能够引发激烈且巨大的忠诚,这种忠诚是一种对身份的认同和边界的捍卫,人们为了保护祖国的尊严和发展甚至可以放弃生命。这一令人肃然起敬的民族共同体信念,主要体现为现代世界历史进程中的民族解放斗争,如第一次世界大战后亚非的民族解放运动、第二次世界大战的反法西斯斗争、第二次世界大战后亚非国家的民族独立运动等。基于这种积极的、具有历史延续性的民族性认同建立起的民族共同体,无疑是大众意志的表达,我们有义务继续维护和珍惜祖先呕心沥血为我们建立起的民族国家。这种以民族自由、解放意志为主导的民族主义是一种社会正义的框架,是民族主义积极的一面。但是,一旦对民族主义的运用超出一定的伦理道德范畴,对其加以滥用,民族主义就会从争取合法利益的诉求变为资本主义的强取豪夺,成为沙文主义、法西斯主义。① 民族主义的内在困境实际上正是由民族主义两面性的特质所决定的,他写道:

> 关键是,作为最基本的比较分析显示,所有民族主义都既是健康的又是病态的。进步与退步两者从一开始就刻在其基因密码中。这是关于它的一个结构性的事实。而且这一事实没有例外:在这个意义上,说民族主义在本质上是矛盾的,是一个准确的(而非修辞的)表述。②

奈恩将民族主义的这种两面性属性比喻为"贾纳斯",这种"双面神"特质一方面引发了为祸甚烈的民族侵略,另一方面也带来了启蒙运动的民主理想。19世纪的学者并不嫌恶民族主义,它与自由主义是能够相提并论的,自由主义者追求个人自由,民族主义者追求民族解放,两者在最终诉求上是相通的。而随着资本主义、帝国主义的发展,进入20世纪以后,民族主义几乎等同于战争,根据迈克尔·布朗(Michael E. Brown)的研究,目前全世界很多地区的武

① 参见刘烨:《汤姆·奈恩:基于唯物史观的民族主义研究》,《世界民族》2016年第5期。
② Nairn, T., *The Break-up of Britain: Crisis and Neo-Nationalism*, London: NLB, 1977, pp. 347-348.

装冲突都和民族主义有关。① 因此,许多学者、政治家都对民族主义唯恐避之不及。然而,民族主义的健康与病态、进步与退步、积极与消极具有共生的特性,它同时具有健全的一面和残破的一面,我们不能简单地把它分为好的或坏的民族主义。如果纯粹地把民族主义以"好与坏"进行区分将会陷入二元论的窠臼,这种简单而粗暴的区分,道德批判意味太重,并不符合学术研究的精神。

作为现代社会与政治变迁的自然产物,民族主义表现出其与生俱来的两面性,而这种两面性体现出固有的矛盾性。奈恩20世纪70年代最著名的文章《现代贾纳斯》,就是为了呼应他这一关于民族主义基本双关性的观念,他指出:

> 民族主义的实质本身总是道德的、政治的、人性的模棱两可。②

《现代贾纳斯》一文发表20年后,奈恩在自己的《民族主义的面孔》一书中进一步发展论述了这一两面性特征,他不仅仍使用"贾纳斯"来形容民族主义的双面性特征,还使用"哲基尔医生和海德先生"来进一步加深了民族主义两面性特质中的矛盾状况。

"哲基尔医生和海德先生"是19世纪英国伟大小说家罗伯特·路易斯·史蒂文森(Robert Louis Stevenson)的代表作《化身博士》(*Strange Case of Dr. Jekyll and Mr. Hyde*)一书中的主人公,善良的哲基尔医生是一位温文尔雅的大善人,邪恶的海德先生则是四处作恶的恶魔,然而,他们却是具有善恶双重人格的同一个人。奈恩以此形象来描述民族主义内在矛盾,他写道:

> 通常在大多数哲基尔医生中都有一个海德先生,就像绝大多数海德先生里也有哲基尔医生一样。所有这一切都反映出他们在现代世界观中有潜在的联系,在现代世界观的大厦中他们占据着不同的楼层。③

可见,作为一个过程、一样工具,当落后的民族国家运用民族主义意识形态和运动来使民族共同体恢复骄傲和自尊时,它显现出积极、健康、建设性的

---

① 参见罗志平:《民族主义与当代社会——民族主义研究论文集》,独立作家2016年版,第213页。

② Nairn,T., *The Break-up of Britain*:*Crisis and Neo-Nationalism*, London:NLB, 1977, p. 348.

③ Nairn,T., *Faces of Nationalism*:*Janus Revisited*,London and New York:Verso,1997, p.41.

一面；但是，当帝国主义、资本主义国家运用民族主义来进行征战、侵略和沙文主义压迫时，它就是一种威胁、一种非理性的社会病态。

　　通过辩证、完整的分析理解，奈恩得出了民族主义生而具有两面性特点这一结论，民族主义的实质本身总是道德的、政治的、人性的模棱两可。这就是为什么对这一现象的研究仅从道德的角度出发来建设总是失败，无论他们是赞扬它或是指责它。许多学者只简单地抓住民族主义这一事物的一面或另一面，而不承认有一个共同头颅连接着他们。民族主义为人类社会站在现代性的道路上，因为人类被迫通过现代性狭窄的通道，民族主义的一张面孔必须绝望地回望过去，为了"痛苦的"发展聚集力量，另一张面孔要坚定地凝视未来，为了追寻更美好的世界创造条件。因此，我们必须抓住"附着在民族主义上的双重内在性质"[1]，并鼓励民族主义主要的、进步的、积极的、健康的一面，抵制那些派生的、衰退的、非理性的一面。

（二）种族民族主义与公民民族主义

　　奈恩关于民族主义两面性的阐释并不是简单地将民族主义区分为"好"与"坏"，或者划界出绝对意义上的"光明"与"黑暗"，而是辩证地看到了民族主义的矛盾本质，因此，不可以将其民族主义思想归类为理论上的"二元论"，或者演绎为方法论上的"二分法"。尽管如此，我们必须承认"二分法"是一种很好用的工具，可以借用二元划分的方法来方便地、清晰地解读奈恩的理论，即从价值判断的角度分类解析民族主义的两个不同面相。

　　1. 种族民族主义的暴力冲突问题

　　民族主义具有暴力的"非理性"的特征，尽管这一特征并不是所有民族主义的主要面相，但是，一旦走向民族暴力，势必会造成严重的后果。那么，民族主义与非理性暴力之间的关系究其根本是怎样的呢？为何苏格兰民族主义历史中少有暴力发生？而在未实现现代化的地区却时有暴力冲突发生呢？对此，奈恩在民族主义与种族民族主义之间作了区分，认为是后者激发暴力，而不是前者。苏格兰民族主义发生在生产力十分发达的现代化地域，是苏格兰

---

　　① Nairn, T., *The Break-up of Britain: Crisis and Neo-Nationalism*, London: NLB, 1977, p. 333.

民族对不列颠帝国主义和资本主义的反抗,苏格兰民族希望借由和平的手段,以一种与时俱进、解放而又革命的民族主义来实现苏格兰民族的自决与自治。与此相反,种族民族主义在本质上则是沙文主义的一个变形,表现出不合理的、过分的、盲目的、危险的、极端的民族情感。奈恩主要以农民沙文主义和大国沙文主义的民族主义两者为例分析了种族民族主义的非理性特征。他指出,在农业为主导的生产力不发达地区,民族主义的滥用会导致农民沙文主义的恶果;而在已经实现工业化和现代化的区域,民族主义的滥用则会导致种族主义、军国主义、法西斯主义、纳粹主义的恶果,如德意日三国的法西斯战争。

奈恩将民族主义的非理性病态归结为"种族民族主义"(Ethnic Nationalism,也译为"族裔民族主义"),这种"鲜血与土地"的民族主义形式充满越轨行为和暴力冲突。种族的民族主义极具沙文主义和排他主义的信念,它以传统的亲属和身份关系把民族中的人民凝聚在一起,主张自身民族优于其他民族,表现为对本民族语言、文化和血统的自负,是一种非自由主义的、仇视其他民族的情绪。由此,奈恩解释了有关民族主义的种族灭绝方面的问题,他认为问题不是民族主义本身,而是种族的民族主义,尤其是在那些民族主义被用来动员生活在"现代化"威胁之下的农民人口地域。

> "沙文主义"的真实故事表明现代化需要通过像一个巨大水渠的通道,其中有一个许多代的斗争,试图解决农村的过去和城市工业的未来两者间的矛盾。[①]

与农民沙文主义民族主义不同,大国沙文主义(Great Nation Chauvinism)的民族主义一般发生在已经实现工业化的区域,奈恩以对德、意、日三国的大国沙文主义民族主义为例分析了这一现象。他指出,这三个社会都有一个相对(比对英法)的"落后"经验,他们不是处于真正的边缘地区,而是半边缘地区。对于这种突然被剥夺和虚弱的困境,这三个国家以特别强烈的、补偿性的意识形态机制应对,即民族主义的信念和情感,在此基础上,以实质性的民族国家权力实现高速工业化和国家强制的社会严格控制。

这样,这些社会就能够以前所未有的力量去实现"民族主义"的意识

---

① Tom Nairn, *Faces of Nationalism: Janus Revisited*, London and New York: Verso, 1997, p. 104.

形态。……本世纪上半叶,所有这三个国家都面对这样一个事实,或者直接的可能性,即,瓦解。对他们来说,这意味着贬谪:永久地限制在二流水平、半边缘的位置、被排除在核心地区的"日不落之地"之外。物质的与道德的失败,内部崩溃的威胁,或者(在他们看来)继续或再度被核心帝国主义力量所侵略——这些动机,促使他们进入一个更加强化的民族主义动员的形式。①

毫不奇怪,此时,强大的大国沙文主义民族主义意识形态出现了,并被迅速挪用于帝国主义的真正资源力量之上,最终造成了法西斯主义的可怕后果。正如马克思的民族理论所揭露的:"资产阶级的沙文主义只不过是一种虚假的装饰,它给资产阶级种种无理性要求穿上一件民族的外衣。"②与马克思的这一论断不谋而合,奈恩这样感叹道:

> 大国沙文主义,或"反动的民族主义",是一个都市统治阶层的阴谋,它借用了世界民族解放斗争的思想和情感,并雇佣他们来欺骗无产阶级。遗憾的是,这似乎常常是奏效的。③

2. 公民民族主义的温和演变

人类文明在现代社会的生存、延续与发展依赖于对两个真理的认同,一是既不可能有绝对的国家主权,也不可能消灭民族属性,二是民族与国家间必须保持平衡,民族国家内部的阶级利益和阶级合作更应保持均衡。只有这样,破坏性的、极端的种族民族主义才可能避免。④ 对此,奈恩着重论述了公民民族主义在当今世界的具体状况。与种族民族主义相反,公民民族主义普遍是相对温和的。伊格纳提夫指出,公民民族主义认为民族应由认同民族政治教义的所有人组成,不必管种族、肤色、信念、性别、语言或族裔关系为何。这种民族主义之所以称为公民的,在于他们所设想的民族是一个所有公民权利平等的共同体,因为一种爱国主义的依附心理,加上共同遵守的政治仪典与价值观

---

① Nairn, T., *The Break-up of Britain: Crisis and Neo-Nationalism*, London: NLB, 1977, p.346.

② 中国社会科学院民族研究所编:《马克思恩格斯论民族问题》(上),民族出版社 1987 年版,第 479 页。

③ Nairn, T., *The Break-up of Britain: Crisis and Neo-Nationalism*, London: NLB, 1977, p.347.

④ 参见[英]休·希顿-沃森:《民族与国家——对民族起源与民族主义政治的探讨》,吴洪英、黄群译,中央民族大学出版社 2009 年版,第 632—633 页。

而团结在一起。① 罗伯特·法恩也指出：

> "温和民族主义"是当代社会理论的主题。它以"公民民族主义"、"民族认同"、"宪法爱国主义"，甚至是以"后民族主义"的名目出现。它向世界标榜自己是开明、宽容、反省、包容和以权力为基础的。它以认识到民族—国家存在的必要性及其异质性，即民族—国家包含混合杂交的各色人等而骄傲。②

可见，公民民族主义原则，是一种社会契约论，其中的成员人人都是自由平等的。"公民民族主义"是世界潮流，是一种普世的价值观，它欢迎在国家整体框架下的多样性，"民主政治"与"公民民族主义"几乎可以画上等号，公民民族主义多数是温和而民主的。

奈恩分析了从"市民社会"(civil society)到"公民民族主义"(civic nationalism)的发展演变。③ 什么是市民社会呢？奈恩认为，"市民社会"作为一个哲学政治伦理理念，已经从学术圈的讨论扩展到最流行和最有影响力的群众当中去了。他指出，市民社会是一种"过渡性的意识形态"④，从本质上看是现代社会政治反映性的观念，市民的集体意志是决定民族政治形式的依据，国家之构建也取决于市民的政治行为。他认为，"市民社会"秩序有以下观念：

> "正直"、隐私、个人和团体或少数人的权利、主动性和创造性的自由，等等，……且取决于长期的民族认同的一个适当的公民形式。后者也被称为"民族主义"。⑤

换句话说，公民民族主义是长时间的民族认同下的一个公民形式，具有更加理性的特点。市民社会概念下民族国家的具体历史可以在英国、法国、美国

---

① Ignatieff, M., *Blood and Belonging*: *Journeys into the New Nationalism*, Toronto: Penguin Canada, 2006, pp.3-4.

② [英]爱德华·莫迪默、罗伯特·法恩编：《人民·民族·国家》，刘泓、黄海慧译，中央民族大学出版社 2009 年版，第 173 页。

③ civil 与 civic 两个单词属同源，都既可翻译为"市民的"，又可翻译为"公民的"，但是在具体的使用当中，civil society 常常译为"市民社会"，而 civic nationalism 常常译为"公民民族主义"，因此，在本研究中"市民"与"公民"并无区别，只是在具体术语的使用中采用了习惯性的翻译。

④ Nairn, T., *Faces of Nationalism*: *Janus Revisited*, London and New York: Verso, 1997, p.73.

⑤ Nairn, T., *Faces of Nationalism*: *Janus Revisited*, London and New York: Verso, 1997, p.87.

等民族国家看到。因此,较之种族民族主义,公民民族主义更加理性,基于市民社会发展出的公民民族主义主要植根于普遍主权的自由民主国家,它对内尊重个人权利和公民社团的联盟,对外发展与其他民族的友好合作关系,既有自由契约主义的冷静与理智,又有对民族文化认同的感性与情感。从这一观点看来,公民民族主义完全不同于基于单纯的族裔性、血统、语言等的种族民族主义,而是建立在现代主权国家之上,简而言之就是:

> 种族民族主义认为应由民族来界定国家,而公民民族主义认为应由国家来界定民族。①

接下来,奈恩就要回答公民民族主义是如何在市民社会中产生的呢? 对此,奈恩诉诸了对苏格兰民族主义的分析。奈恩指出,"市民社会"是指一个国家或政治共同体内的一种介于"国家"和"个人"之间的广阔领域。它由相对独立存在的各种组织和团体构成,是国家权力体制外自发形成的一种自治社会,是衡量一个社会组织化、制度化的基本标志,具有独立性、制度性的特点。奈恩指出,苏格兰就是一个典型的"市民社会","至少在不列颠帝国的框架中,它本身就是一个经过历史的偶然,一个边缘的'市民社会'的兴盛,而没有国家地位和独立的政治身份"②。可见,苏格兰民族的历史和社会总是在不列颠帝国的整体中,他们既缺乏国家地位,又无政治身份,处于整体当中的边缘,并以这种"沉默的方式"存在于不列颠帝国当中。

> 然而,沉默的方式不可能永远持续。……在苏格兰人中产生了对解放的渴望。③

反抗不列颠帝国的苏格兰民族主义萌芽了。20 世纪 60 年代,在苏格兰萌芽的政治民族主义就是一种公民民族主义。那么,为何公民民族主义少有暴力事件发生呢? 他们是使用何种手段进行斗争的呢? 奈恩认为,公民民族主义主要发生于已经实现了现代工业化发展的较为先进的地区,在这里,经济与政治主要以现代化的城市为核心,而不以农业为主导,因此,公民民族主义在自由主义的市民权利理论之上产生了,它扬弃了种族民族主义以血统和乡

---

① [英]爱德华·莫迪默、罗伯特·法恩编:《人民·民族·国家》,刘泓、黄海慧译,中央民族大学出版社 2009 年版,第 176 页。

② Nairn, T., *Faces of Nationalism*: *Janus Revisited*, London and New York: Verso, 1997, p.88.

③ Nairn, T., *Faces of Nationalism*: *Janus Revisited*, London and New York: Verso, 1997, p.88.

村为基础的民族成员身份认同,主张以高度发达的理性和公民权利来进行对独立自治的追求,因此,公民民族主义一定是自由主义的,具有自由、平等、宽容、和平等民主社会的基本要素,而其手段也常是温和的和非暴力的。

纵观世界历史,诉诸暴力的统一和独立屡见不鲜,而采取和平手段的公投则是近代"市民社会"民主思潮下的产物。国际上借由公投而独立的国家有南苏丹脱离苏丹、黑山共和国脱离塞尔维亚、东帝汶脱离印尼等,而公投后选择留在大国之内的有美国的波多黎各、加拿大的魁北克以及不列颠的苏格兰(尽管其在寻求二次独立公投)。这些以公投来解决国内民族主义诉求的历史事件是现代社会当中应该被提倡的,它们没有极端与暴力,抹去了杀戮与战争,在笔者看来,是人类在解决民族问题上的一种进步。

通过以上分析可以看出,奈恩从民族主义的两面性特征入手,区分了公民民族主义与种族民族主义的差异。他这样写道:

> 温和的、合理的民族主义是被称赞的,但是,一个超出这些历史限制的极端的或过度的民族主义则被视为是不健康的和危险的。①

因此,我们在采取民族主义意识形态及运动以实现自由和解放时,应该仔细分辨其中的各种因素究竟是平民主义的诉求还是沙文主义的阴谋?是谋求发展的斗争还是帝国侵略的暴力?是民族的解放还是资本的侵蚀?以避免退化为沙文主义的种族民族主义。

(三)民族主义与国际主义

首先,民族主义与国际主义两者均产生于普遍的现代性社会状况之中。奈恩指出:

> "主义"都不是机械的或直接的起源于它所代表的真实的历史实体。过去和现在无论有没有民族主义,民族都是存在的。只有在特定历史阶段民族和国家才开始发展"民族主义",这是民族主义理论的基本论题:一般来说"民族主义"是从18世纪后期开始萌芽的……是被伟大的资产阶级革命和帝国强加于世界的。②

---

① Nairn, T., *The Break-up of Britain: Crisis and Neo-Nationalism*, London: NLB, 1977, p. 333.

② Nairn, T., *Faces of Nationalism: Janus Revisited*, London and New York: Verso, 1997, p.28.

可以看出,奈恩认为,民族主义是18世纪以后在资产阶级革命及其帝国主义政治下显现的,伴随着资本的发展而席卷全球,民族主义并非直接来自客观的民族实体,而是在世界资本主义、帝国主义秩序的强迫下产生的。在现代历史中,资本主义、帝国主义的世界秩序对人类社会的全面统治势必也会造成国际主义的普遍兴起和发展。在反对剥削制度、争取自身解放的斗争中,各民族国家无产阶级从政治、经济、道义等方面互相支持、互相援助,国际主义团结的思想和政治原则由此产生。正如奈恩所写道:

> 资本主义的国际性引发了民族主义和国际主义的产生,事实上,自拿破仑的法国帝国革命的兴衰以来,这些政治的世界观相互之间就存在着永久的、不稳定的紧张关系。①

> 国际主义和民族主义是完美的双重意识形态(以一种奇怪的方式)。他们都是单一的、全面的、现代的思想世界的一部分。②

其次,在现代性社会中,相较于国际主义,民族主义的意识形态和运动被赋予了一种主导性和支配性。奈恩这样写道:

> 就现实而言,所有我们需要做的是记住现代国际性中占主导地位的政治副产品是民族主义。不是国际主义逻辑上规定的常识,而是民族国家的非逻辑的、杂乱无章的、桀骜不驯的、分裂的、特殊主义的事实。不是增大"更高的统一"而是"巴尔干化",一个应当有规则的世界的尖锐的例外。这些例外已经变成了规则。这才是重点。如果我们允许历史唯物主义对我们的理论有哪怕一点点的影响,那么我们就无法否认"巴尔干化"是必要的、不可避免的转变这种想法……③

这段论述表明,对于现代社会,民族主义是一个主导性的政治副产品。在当代世界,重点的事件并不是整个世界的统一化的国际主义,而是令人头痛的、分裂的、例外的巴尔干化,而造成世界范围内广泛的巴尔干化的主导就是民族主义的意识形态和运动。奈恩强调历史唯物主义作为方法论的重要解释性,并以此认识到民族主义是比国际主义更具支配性的世界主要规则,"作为

---

① Nairn, T., *Faces of Nationalism：Janus Revisited*, London and New York：Verso,1997, p.28.

② Nairn, T., *Faces of Nationalism：Janus Revisited*, London and New York：Verso,1997, p.41.

③ Nairn, T., *Faces of Nationalism：Janus Revisited*, London and New York：Verso,1997, p.27.

一种参考框架和社会、政治组织的原则,民族主义无所不在"①,我们必须认清这一点。

最后,民族主义与国际主义之间的转化和联系的过程。奈恩特别聚焦于民族主义对于建立国际主义观念、结构的铺垫作用。我们知道,国际主义是马克思创立的关于指导世界社会主义运动的一条基本原则,即,"全世界无产者,联合起来"。国际主义是实现社会主义的条件,只有达成了国际主义才有进一步实现全人类的社会主义的可能,同时,国际主义也是社会主义的特征,一个社会主义社会必定具有国际主义的博大关怀。在一定程度上,马克思主义者所秉承的国际主义就是指社会主义或共产主义的运动和理想。因此,奈恩对民族主义与国际主义的探讨,实则是解释民族主义与社会主义的潜台词,他写道:"国际主义是世界精神的更高和谐。"②只有在民族界限消失的国际主义社会中才能进一步实现社会主义。历史是人类共同体的记忆,自民族主义出现以来,关于其与国际主义的争论没有一刻停歇,大部分学者主要关注两者的相互对立、矛盾与斗争,但是奈恩看到了它们内在的相互联系、渗透与接洽。

民族主义是如何带来国际主义的演进和发展的呢? 奈恩的答案是:

> 民族主义这一社会演变过程是之后更加令人满意的状况的必要先决条件,即"国际主义"。③

因此,民族主义的继续演变将会给我们带来国际主义的结果,民族主义的意识形态和运动促成了国际主义的命运。奈恩不止一次地分析过资本主义的发展阶段,他指出,只有在工业化、现代化达到完全的成熟,社会才会发生本质上的变革,只有在实现了民族主义认同、统一和自主的民族国家中,社会中的民族性因素才会不再是最主要的社会特征,只有人们达到了真正的自由和解放,民族共同体间不再存在压迫与反抗,民族国家的边界才会模糊,这时,国际主义便会取代民族主义成为主流意识形态,整个世界也将会以全体人类为单

---

① [土耳其]乌穆特·奥兹基瑞穆里:《当代关于民族主义的争论——批判性参与》,于红译,中国社会科学出版社 2017 年版,第 2 页。

② Nairn, T., *The Break-up of Britain: Crisis and Neo-Nationalism*, London: NLB, 1977, p. 333.

③ Nairn, T., *The Break-up of Britain: Crisis and Neo-Nationalism*, London: NLB, 1977, p. 333.

位的命运共同体形式而存在。真正的国际主义无疑应当以独立的民族组织为基础,奈恩这样写道:

> 一首真实的国际歌只能建立在人类本性的解放基础上:它(首先)意味着民族性,这是民主和个体解放的前提。①

奈恩并未把民族主义与国际主义二者放在一个相互矛盾的状况当中,他指出:

> 工人首先是德国人、古巴人等等……民族性属性与无产阶级或社会主义的国际主义的属性之间并没有真正的矛盾:前者只是在去后者(等等)路上的一个阶段。②

可见,在当今现代化、全球化的新形势下,民族国家间的矛盾、问题和混乱首先要以民族共同体为单位进行解决,在还未实现国际主义的、以民族国家为主导的世界,民族性的调节应该居于核心位置。对于奈恩来说,民族、民族性、民族主义是现代历史的中心,而伴随着社会结构的发展和成熟,会逐渐让位于后者。可以说,民族主义是一种阶段过程,是一种暂时的现象,是达到国际主义的必要阶段,是为了社会主义的未来而做的斗争。这样就不难理解奈恩对苏格兰民族主义以及欧洲一体化的支持,正如列宁所指出的:"一切民族都将走向社会主义,这是不可避免的。"③

毫无疑问,民族主义是一个历史的建构,尽管民族主义的发展偶尔会绕弯路,甚至倒退,但是奈恩坚信民族主义的总趋向是发展、解放、自由,随着这一理想的实现,社会主义的美好社会就是一个水到渠成、收因结果的政治构架。奈恩在马克思主义唯物史观的视野里,找到了解释民族主义与国际主义两者的重要关系,在他看来,民族主义不仅是一种必然性的历史现象,也是人类社会发展、进步得以实现的基本形式。如果没有民族主义,那么就既没有资本主义的终结,也没有国际主义、社会主义的到来。

---

① Nairn, T., *Faces of Nationalism*:*Janus Revisited*, London and New York:Verso, 1997, p.134.

② Nairn, T., *The Break-up of Britain*:*Crisis and Neo-Nationalism*, London:NLB, 1977, pp. 354-355.

③ 《列宁专题文集　论社会主义》,人民出版社 2009 年版,第 398 页。

四、结　语

诚如所知,英国的新马克思主义代表人物众多,具有各自不同的学术观点和思维范式,作为第二代新左派思想家,奈恩具有更加国际化的眼光和政治追求,他从马克思主义视角出发提出了诸多民族主义的理论观点,看到了民族主义作为一种意识形态和运动在世界政治中的强大力量,与本尼迪克特·安德森(Benedict Anderson)、安东尼·史密斯(Anthony Smith)和厄内斯特·盖尔纳(Ernest Gellner)一起,是当今世界有关民族主义最广泛引用的四个学术权威之一。

近二百年来,世界历史上出现的民族主义意识形态及运动究竟有多少种,没有任何一位学者可以给我们一个明确的答案,然而,我们可以利用学术研究的经验法则和方法建构出各种类型学的民族主义来进行解释,并由此认识世界政治经济机制的深刻变化。马克思主义是民族主义研究的主要学派之一,其关于民族主义的理论素养十分丰富,能够科学地解读民族主义浪潮、民族自决权、全球化与区域问题、民族国家间的政治经济折冲以及帝国的终结等问题,具有鲜明的时代感、预见性和实践指导性。奈恩就是其中的杰出代表,其唯物史观的民族主义思想契合了反帝国主义、反资本主义、反殖民主义、反霸权主义、反极端主义的正义方向,既彰显出马克思主义的宏观性,又涉及了民族主义的诸多面相,值得学界重视。

奈恩在继承马克思主义传统和批判性地借鉴各种流派的马克思主义理论的基础上,构建了其极具个人风格的民族主义理论,表现出浓厚的"新"马克思主义的民族主义理论张力,是一种把民族主义与马克思主义相融合的"跨界"体系,是英国新左派探索解释民族主义范畴的重要理论创新。奈恩从马克思主义视角来剖释民族主义,将经典的历史唯物主义、现代主义的理论方法、整体主义的分析视域、平民主义的理论立场和社会主义的理论构想浇筑到民族主义的理论结构中,这一极具创造性、开拓性的阐释方法,打破了传统意义上马克思主义与民族主义的解释障碍,无疑是马克思主义、民族主义发展史上重要的理论创新,具有时代进步性。其民族主义理论的代表性巨著《民族主义的面孔》建立了民族主义意识形态和运动的论争领域,也标志着奈恩民族主义理论的日渐成熟。在这本书中我们认识到了民族主义与现代性、国际主义、人类社会发展的重要关联，对于我们着眼现代世界、解答一系列关于民族的现实问题，提供了重要的理论视角和价值坐标，是把握英国、欧洲乃至世界局势的不可多得的宝贵资源。杜克大学教授爱德华·蒂里亚基恩(Edward Tiryakian)这样评价此书：

> 《民族主义的面孔》是关于民族主义问题的一个高级读本和重要论著。它有着法国思想家雷蒙·阿隆政治社会学式的风格，带有对著名民族主义学家厄内斯特·盖尔纳的评论与致敬，和被解读为对英国经济学家舒马赫《小即是美》的补充的可能性。《民族主义的面孔》运用马克思主义的分析方法，作为一个整体强烈刺激了民族主义的理论发展并旨在告诉读者，民族主义，这种有益的东西最好被看作是一个在制品。①

总之，《民族主义的面孔》是一部从马克思主义视角分析和理解世界民族问题、研究民族主义历史和现实的扛鼎力作，是一部兼具学术价值和现实意义的著作，其思想内容宏大且视域广泛，不仅有着深厚的马克思主义的理论积淀，而且也呈现出西方主流民族主义的观念特点，并在此基础上确立起自身独特的当代西方马克思主义视域下的民族主义理论体系，其理论继承与发展并重、历史与现实兼顾、理论与实践相符，实现了把马克思主义融入民族主义研究的新探索。奈恩始终在世界的整体背景下审视民族主义，从不同时空、不同地域、不同展现形式、不同影响后果的民族主义实际状况出发展开思考，而不囿于一时一地，不仅注重主导民族主义特性的宏观因素，也深入到民族国家发展进程中的诸多细节；不仅站在民族问题之外省察民族主义，也不忘时刻回归民族主义的真实现状，体现出马克思主义辩证法的光辉。

（本文作者：刘烨）

---

① Tiryakian, E. A., "Book Review: Faces of Nationalism: Janus Revisited by Tom Nairn", in *Social Forces*, Vol. 78, No. 1, 1999, p.387.

第十四篇　马克思主义政治学的
时代反思与重构

——密里本德《马克思主义与政治学》导读

一、引　言

　　拉尔夫·密里本德(Ralph Miliband)是英国新马克思主义的重要代表人物,他对马克思主义政治思想的探讨具有重要的贡献,由牛津大学出版社于1977年出版,1988年再版的《马克思主义与政治学》(*Marxism and Politics*)无疑是反映其思想的力作,一经出版立即在学术界引起巨大反响。该书中文版于1984年由黄子都翻译、商务印书馆出版。该书内容一共分为六章,第一章作为"导言",就什么是马克思主义政治学密里本德做了自己的解答,第二章至第六章密里本德分别针对马克思主义政治学的核心概念——阶级、阶级斗争、传统的意识形态与旧秩序、阶级与政党的关系、改良与革命等重要问题进行了系统的阐释。在《马克思主义与政治学》中,密里本德根据马克思、恩格斯和列宁等原著中的大量材料,对马克思主义的政治学进行了重建,概括出了马克思主义政治学的主要内容和基本特征,并且探讨了一些过去没有解决和目前正在争论中的问题。例如,马克思主义是怎样看待阶级,特别是在现实政治生活中,工人阶级同其他阶级、同政党以及同国家的关系如何;改良和革命的区别是什么;等等。所有这些都是20世纪政治中至关重要的问题。因此,对于马克思主义政治学的研究来说,在敢于直面这些问题并进行深刻思考的意义上,像有学者所称道的,它是"当前介绍马克思主义政治学的最好的、最不执偏见的书"①。当然,

---

① 转引自[英]拉尔夫·密里本德:《马克思主义与政治学》,黄子都译,商务印书馆1984年版,"译者的话"第1页。

作者的许多观点同马克思主义的经典学说存在出入,而同某些欧洲共产主义者的观点很接近。在这些分歧中,笔者认为有些是密里本德的相对保守主义的立场造成的,有些则是基于时代的发展而对马克思主义思想作出的深化与发展,因而值得肯定。

二、什么是马克思主义政治学

密里本德在"前言"部分说明了本书的意图与目的:马克思主义政治学的建构,方法理论抽取与新的政治经验的吸收与总结。密里本德在"前言"部分直接指出了该书的目标是要探讨马克思主义的政治观点,或马克思主义政治学,而实现这一目标的具体的途径主要是通过把从马克思、恩格斯、列宁的著作中抽出的材料"理论化"的办法来做到这一点。当然,密里本德指出自己在思考马克思政治学重建的依据不仅仅是马克思的经典理论,同时也利用了20世纪马克思主义政治的实际经验。密里本德也明确地指出,本书并非一本全面介绍马克思主义与政治学的著作,而是帮助读者了解什么是马克思主义政治学的总体特征及其存在的问题。

首先,既然本书的目的与意图是要探讨马克思主义政治学,密里本德指出涉及的基本问题是:什么是马克思主义的政治学,这是我们要首先关注与思考的问题。正是意识到了这一点的重要性与迫切性,密里本德在第一章"导言"中对此问题进行了探讨。首先,密里本德对"马克思主义"一词展开了具体的考察,指出它包括以下几层含义:(1)马克思本人的思想;(2)恩格斯对马克思思想的扩展;(3)直到今天看来那些重要与不重要的人对马克思思想的扩展;(4)列宁对马克思、恩格斯思想的发展。密里本德本身在如何看待马克思主义的态度上,并没有直接表明自己的立场,不过在问题的研究中,他更加倚重马克思本人的思想,同时指出这不仅是一个学院性的问题,而且是有着浓烈现实影响的实际政治问题。

其次,密里本德从自己的立场出发探讨了如何建构马克思主义政治学这一关键问题。由于马克思主义政治学在马克思主义的思想发展中并不是一个独立的部分,因此需要基于既有的思想进行建构,但是这种建构必须要有文本上的根据,因此,作者对这一建构的文本根据进行了探讨。密里本德通过系统考察之后发现在马克思主义的诸多文献中没有系统的政治学著作与政治学研究,而大多是特定历史条件与历史环境的产物,"在称得上是马克思主义的经典著作中,对政治理论的探讨不仅多半是不系统的和片断的,而且往往是其他著作的一部分"①。密里本德同时还发现了与之形成鲜明对比的另一件事,即马克思主义的重要代表人物全力从事政治斗争和他们全都重视理论这一事实,这一点是很独特的。在对此进行解释时,密里本德认为这与马克思主义中的"政治"概念含义和地位有关。密里本德指出,由于马克思、恩格斯和他们最杰出的继承人没有系统地建立有关政治学的理论,这实际上意味着需要从构成马克思主义主体的大量的各种各样的片断材料中创建和重建马克思主义的政治学。这一目标的完成显然存在如下潜在的危险,即在选材和选择着重点方面采取的武断态度,密里本德认为承认这一危险比较容易,而要避免它却更困难,但必须尽最大努力去避免它。在文本的选取与思想的依据方面,密里本德指出关于马克思主义政治学,这需要对马克思本人和恩格斯的原著给予最优先的注意。在文本的阅读与思想的重构过程中,密里本德指出对于马克思思想内在矛盾性的肯定与承认是重要的前提,尊重思想本身,而不是以外在的要求裁剪思想:

> 值得一开始就指出的是,即使对原著进行最仔细的阅读,也不可能产生一个顺畅的、和谐的、首尾一贯和没有疑问的马克思主义政治理论。反之,通过肤浅的阅读,或通过下指令的方式,倒是能够得到这样的马克思主义政治理论,但却是一种被歪曲了的理论。不仅对原著可以有各种各样和相互矛盾的解释,原著本身确实也包含有矛盾、对立和没有解决的问题,这些也是马克思主义政治思想的一个内在组成部分。不承认或掩饰这一点不仅是歪曲了这一思想的真正性质,而且使这一思想失去了大部分兴味。②

站在历史发展的角度,密里本德同时提出了一个重要的问题,即为什么在最近 50 年内没有能够在经典的马克思主义所提供的基础上,在把我们时代最

---

① [英]拉尔夫·密里本德:《马克思主义与政治学》,黄子都译,商务印书馆 1984 年版,第 3 页。

② [英]拉尔夫·密里本德:《马克思主义与政治学》,黄子都译,商务印书馆 1984 年版,第 7 页。

重要的经验形成马克思主义的政治理论和一般地创建马克思主义的政治理论方面做得比现在更多些？密里本德指出对此问题的解答至少有一部分答案要从斯大林主义的经验中以及斯大林主义从 20 世纪 20 年代末起约 30 年的时期内对马克思主义的统治中去寻找，由此作者对斯大林主义进行了深入反思，指出斯大林主义的一个特点在于它对必须遵循的"路线"下定义时的专断性和强制性。在理论上这就导致了对马克思主义"基本原理"的教条式回答，进而导致对马克思主义思想的僵化理解与对马克思主义思想的有限传播，以及对其他"非正统"马克思主义思想的排斥。密里本德同时指出这种禁锢与束缚在 50 年代终于被打破了，对马克思主义思想的态度开始由封闭转向开放，"公认的"、得以普遍遵从的正统的马克思主义不再得到有效认可，因此推动了对马克思主义理论的重新理解，密里本德指出需要反思的领域非常多，但政治领域无疑是十分重要的一个。

三、对马克思主义政治理论的重估与建构

前面密里本德曾指出，政治是马克思主义的重要关注点，但没有一个重要的马克思主义者曾经试图系统地陈述马克思主义政治理论的实质和特点。正因如此，经典马克思主义没有把马克思主义的政治见解系统地理论化这一事实就更值得注意。密里本德认为造成这种情况的原因需要从说明马克思主义的政治概念中去寻找。事实上，这些原因是深深地寓于有关社会生活以及政治在社会生活中的地位的马克思主义思想结构之中的。

密里本德本人站在马克思的立场上阐发了其对政治学及其独立性的理解。密里本德认为，马克思从一开始就坚持认为社会是一个整体，把政治、经济、社会和文化各部分分割开来是不符合实际和武断的。密里本德指出，"根据这一观点，政治是社会冲突，特别是阶级冲突的无所不在的表现形式"[①]，并且渗透在一切社会关系之中。政治的这种普遍存在性似乎使它失去了自己的特性，不便于进行独特的论述，除非是对其过程和制度作纯形式上的描绘，而

---

① ［英］拉尔夫·密里本德：《马克思主义与政治学》，黄子都译，商务印书馆 1984 年版，第 8 页。

这正是马克思主义者所力求避免的。密里本德认为政治的这一"整体"特性并不妨碍我们把政治当作一种特定的现象来论述：

> 也就是把它当作是社会冲突，特别是阶级冲突借以表现的方式和方法冲突借以表现的方式和方法。一方面，这可能意味着分歧不大（或分歧大）的社会集团之间达成和解和协议；另一方面，也可能意味着内战，用克劳塞维兹（Clausewitz）的话来说，战争是用另一种手段推行的政治。①

但是，马克思主义者忽视政治理论还有一个更特殊、更直接的原因，而这同它与"经济基础"的关系有关。马克思关于经济基础与上层建筑的论述是唯物史观的基本内容，但由此也很容易被解释为把政治变成完全是"被决定的"和"附属性的"活动。把这一点推到极端，这就使马克思主义变成"经济决定主义"，从而使政治失掉任何实质上的自主性。

密里本德认为，作为马克思主义创始人的马克思和恩格斯，明确地摒弃对"决定论"的任何僵硬的和机械的看法。恩格斯特别反对下述看法，即马克思和他曾经试图说明"经济因素是唯一决定性的因素"。不过，在密里本德看来把"经济基础"看作是出发点，是起"最初的"作用的东西却更为合适和更有意义，由此出发给出了对政治相对独立性的合法论证，为马克思主义政治学的建构提供了重要的基础。在这种用法中，密里本德强调"第一位"的观念乃是分析问题时的一个重要的和明确的指南，而不是分析上的"公式"。这就有可能由此出发，在任何特定情况下赋予政治形式和政治力量以任何恰如其分的自主权。

> 这个"第一位"是怎样决定着政治形式和其他形式的尚待弄清，并且必须根据每一情况具体地、详尽地和有条件地对待；政治形式和过程是怎样反过来影响、决定和适应经济领域，也有待作出估价。政治反过来影响经济这当然是事实，从马克思起的马克思主义者都承认这一事实。②

密里本德在这里通过区分"经济论"与"经济决定论"来澄清问题，并寻找

---

① ［英］拉尔夫·密里本德：《马克思主义与政治学》，黄子都译，商务印书馆1984年版，第8页。

② ［英］拉尔夫·密里本德：《马克思主义与政治学》，黄子都译，商务印书馆1984年版，第11页。

重建马克思主义政治学的突破口。密里本德认为,马克思主义者对经济基础和生产方式的重要性的强调,在涉及社会分析方面导致了马克思主义思想上明显的"经济论",虽然它在性质上不同于"经济决定论"。密里本德指出,"经济论"一方面意味着在决定社会和政治关系的进程中,赋予经济领域以夸大了的——几乎是独特的重要性,容易被人们误解为"经济决定论";另一方面包含着相对地低估了"上层建筑"领域的重要性。马克思与恩格斯由于过于突出这个"主要原则",有时使"其他因素"模糊不清或被挤掉,而在这些作为"其他因素"的"上层建筑"中,密里本德认为政治理论是最受忽视的。对于造成这种状况的原因,密里本德认为可以追溯到马克思政治生涯最初时期对"政治解放"和"人类解放"所作的基本区分。通过这一区分,马克思强调了政治解放的局限性,人类的解放决不能单独在政治领域中获得,而要求着经济和社会秩序的革命转变。大多数马克思主义者坚持认为:如果不在政治制度和政治形式下面进行探索,政治现实就无从得出定论。密里本德指出这一观点是马克思主义政治分析和政治社会学的基础,但同时也导致了一种轻视政治的不良倾向。马克思主义内部这种倾向一直是非常强烈的,以至许多人低估和忽视"纯粹的"政治形式的重要性,所以密里本德指出:

> 由于存在着一种非常自负的看法,认为政治问题(制服资产阶级的反抗除外)在革命后的社会中将能够很轻易地得到解决,而使这种倾向进一步得到加强。政治被看作是人的异化的表现。"人类解放"的另一个方面就意味着政治的终结。正如伊·梅斯扎罗斯所概括的那样:"政治必须被看成是这样一种活动,它在积极超越的复杂过程中,作为一个必要的阶段完成自己确定的使命后,其最终目的是它自身的终结。"①

另外,密里本德先后基于文本对社会主义革命后政治制度建构的经典论述,指出马克思与恩格斯都明确认为社会主义革命后,随着阶级对立的消亡,作为阶级统治工具的国家也将消亡,政治将走向终结。密里本德指出,对于马恩经典作家的论述,我们作何理解?是社会主义革命后我们不再需要国家也不再需要政治了吗?如果不是,社会主义的国家与政治如何建构?密里本德

---

① ［英］拉尔夫·密里本德:《马克思主义与政治学》,黄子都译,商务印书馆1984年版,第13页。

不仅从理论上对这一问题进行了考察,而且立足后恩格斯时代的社会主义实践,重新反思与界定对政治制度建构重要性的理解与思考。密里本德认为产生于马克思、恩格斯的革命后政治消亡这种乐观的看法在列宁的《国家与革命》一书中,以极端的形式再度得到肯定。但是,当布尔什维克取得政权之后,列宁和其他布尔什维克领导人几乎立即就深刻地认识到现实政治问题的复杂性,它们又现实地威胁着新生的苏维埃制度,但列宁和他周围的人在革命前的年代里都没有认真考虑这些问题。密里本德认为造成这一状况的很大一部分原因必须从马克思主义缺乏进行政治探讨的严肃传统中去寻找;另一个原因就是,在 1917 年以前,马克思主义者普遍认为:由于社会主义革命是一个广泛的民众运动,它本身将能够解决向它提出的主要政治问题。因此,在马克思主义发展中有一种错误的观念,对于政治领域,我们不需要也不能够作出什么样的贡献。所以,对这个课题急需进行严肃的和持续的马克思主义的政治分析和重新解释。

四、对阶级、阶级斗争、工人阶级等 基本政治学概念的重思

密里本德首先对马克思的斗争与阶级概念进行了考察,他指出斗争的概念是马克思主义政治的核心。在密里本德看来,马克思主义认为斗争不是什么有“问题”需要去“解决”,也无法通过理性与善良的意志达成的妥协而受到“控制”,而是要结束统治和被统治的状态。另外,在马克思的视野中所谈斗争不是个人之间的斗争,而是不同阶级之间的斗争,斗争的参加者并不是作为个人的身份,而是作为社会集团,也即阶级的成员的身份。某个阶级的一分子很可能感到他同其他阶级的成员之间并不存在对抗,而且阶级和阶级之间也可能具有变动性。但是,密里本德认为不管斗争是否发生,也不管斗争可能采取或不采取哪些形式,阶级仍然是不可调和地对立着。密里本德还辩证地指出,马克思主义社会的内部斗争主要体现为阶级对抗和阶级斗争,但这并非意味着马克思主义不承认社会内部或人群之间存在着其他斗争形式,如:种族的、宗教的、民族的斗争等等,但马克思主义认为这些抗争、冲突和战争直接或间接地来源于阶级斗争,或与阶级斗争有关。即使在阶级斗争方面,密里本德

指出,马克思、恩格斯完全意识到在资本主义社会里除资产阶级和无产阶级外,还继续存在着其他一些阶级;他们并不期望这些阶级会简单地消灭。也不应当把这个表述解释为这两个阶级之间的矛盾是阶级社会中唯一的矛盾。密里本德认为真正的重要之点是,马克思和恩格斯坚持主张资本主义社会的基本矛盾是资本家同雇佣劳动者之间的矛盾。最重要的是,密里本德指出:

> 统治并非"人类状况"固有部分,正如斗争并非"人性"的固有特征一样。统治和斗争是阶级社会所固有的,是以具有明确、具体的特征的社会生产方式为基础的。它们根植于对人类劳动生产物的榨取和占有的过程之中。阶级统治不单纯是个"事实";它是一个过程,是一个(或几个)统治阶级为了维持、加强、扩大和保卫其统治而不断努力的过程。①

密里本德在进一步的分析中指出,既然阶级矛盾是社会的基本矛盾,那么这种矛盾的内容是什么? 矛盾的主体是谁? 这个主体作为阶级如何定义? 由此,密里本德转向了对"工人阶级"或"无产阶级"以及相对应的"资本家阶级"或"资产阶级"等概念的考察。对马克思来说,工人阶级作为一个阶级的看法在某种程度上是有条件的。只有达到了某些条件,工人阶级才可以恰如其分地说是已经成为一个阶级。在密里本德看来,马克思认为工人阶级的产生需要从自在与自为两个方面加以理解。

首先,从自在的方面来说就是市场经济的成熟与机器大工业的出现,"把大批的居民变成劳动者。资本的统治为这批人创造了同等的地位和共同的利害关系"②,从而使工人自在的作为一个"阶级"而出现。从这个角度来看,工人阶级这个重要的概念主要是指"生产工人",而作为"生产工人"就是生产剩余价值的工人。③ 密里本德指出,这里马克思把"工人"的概念扩大到远远超出了产业的和工厂雇佣劳动者的范围,它不仅包括与实际生产过程有关的"工人",也包括了一大批根本不参加工业生产过程的人们。因此,我们需要就工人阶级与总体的工人作出区分。密里本德指出就经典的马克思主义而言,"工人阶级"是"总体工人"中的那一部分人,他们生产剩余价值,处于附属

---

① ［英］拉尔夫·密里本德:《马克思主义与政治学》,黄子都译,商务印书馆1984年版,第21页。

② 《马克思恩格斯文集》第1卷,人民出版社2009年版,第654页。

③ 参见《马克思恩格斯文集》第5卷,人民出版社2009年版,第582页。

地位,在收入的等级中处于最低等,在所谓"受人尊重的等级"中也处于最低等,基本上是由产业雇佣劳动者、工厂工人和"现代无产阶级"组成的。

其次,密里本德指出,在马克思的视野中,工人阶级仅仅作为一个自在的阶级,并不构成真正意义上的"阶级",因为它并没有达到"自为",只有在达到自为的意义上,工人阶级才是真正意义上的阶级。如何达到"自为"?关键在于工人阶级必须通过共同的斗争才逐渐变成一个"自为的阶级",而这个斗争是以觉悟到自身的利益为先决条件的。另外,在密里本德看来,在马克思那里工人要成为一个阶级,还必须具备一定的组织条件,即"无产者组织成为阶级,从而组织成为政党"。因此,在马克思看来,工人阶级除非具备了在政治上组织起来的能力,否则是不能算作一个真正的阶级。由于阶级觉悟是实现工人阶级从自在走向自为的重要因素,密里本德专门对工人阶级的"阶级觉悟"进行了考察。

在考察阶级觉悟的问题时,作为对比,密里本德先对资产阶级的阶级意识及对作为阶级意识体现的"意识形态"进行了考察。密里本德指出,资本家阶级的真正利益大概就在于维持和保卫资本主义。它在这方面的阶级觉悟或阶级意识是很容易达到的。为了宣扬自己的利益的合法性,资产阶级还往往将其扩大化、普遍化,为此,马克思和恩格斯用"意识形态"这一概念来揭露这一变化及其欺骗性。随后在转向对无产阶级进行分析的时候,密里本德提出,无产阶级的阶级利益是什么?我们能否用"意识形态"进行概述?为什么要认为并断言工人阶级是个"全体的"阶级?密里本德认为答案的根据是:工人阶级不但占人口的大多数,而且是历史上唯一不靠压迫和剥削其他阶级以谋求自己的利益和幸福的阶级。无产阶级一经消灭旧的生产关系,那么它在消灭这种关系的同时,也就消灭了阶级对立和阶级本身的存在条件,从而消灭了它自己这个阶级的统治。至今发生过的一切革命,由于造就革命的那些人狭窄的阶级利益,在范围上必然都受到了限制。反之,"共产主义革命就是同传统的所有制关系实行最彻底的决裂"。在无产阶级身上体现了人类解放的普遍要求,它是唯一能够搬掉一切障碍中最大和最严重的障碍,即资本主义的生产方式,以便使其自身得到无限发展的阶级。通过上述考察,密里本德指出,在马克思主义看来,无产阶级的阶级觉悟可以理解为:无产阶级的解放和社会的解放要求推翻资本主义。从这个意义上说,无产阶级的阶级觉悟也就是革命觉悟。在此基础上,密里本德还对这一问题做了更加深入的思考,为什么工人阶级应当有或应当提高革命的阶级觉悟,即认识到它必须消灭资本主义以求得自身和社会的解放? 而不是在资本主义范围内寻求改良? 密里本德认为,马克思在他早期著作中,对这类问题就有了确切的回答,即无产阶级由于其所处的地位,已经不能作为一个阶级而存在了,它只有彻底推翻当前的资本主义制度,才能使自己得到彻底的解放,革命是使它摆脱压迫、剥削和现存社会强加给它的异化的唯一办法。

除此之外,密里本德还对资本家阶级进行了简要分析。密里本德认为,马克思把它称作资本家阶级是因为这个阶级通常占有并掌握生产资料和经济活动手段,他们是资本主义企业中巨大的制造业、金融业和商业的"利益集团"。但是,"资本家阶级"现在已大大超出了这些"利益集团",它包括大批代表这些"利益集团"而从事某种具体职业和其他职务的人。这些人由于收入、地位、职业、身份等原因,在各个方面同资本家阶级联系在一起。正是这个混杂体,在马克思主义者的用语中被称作"统治阶级"。密里本德还对资本家阶级的特征进行了分析,即从他们的作用、社会学以及其他许多方面来说,是一个"不纯一"的阶级,它包括许多不同的成分或"部分"。当资本主义发展到使不同形式的资本之间的相互关系更加密切的时候,也决不会使它们之间的差别模糊起来。在许多问题上,资本家阶级作为一个整体或多或少是统一的。这种统一性使得它们有可能采取多少是比较一致的政治态度。而当阶级斗争尖锐化,"船在下沉"的时候,就肯定会采取这种态度。然而,这个阶级的经济上的分裂仍然存在,其他各种各样的分裂也仍然存在,只是因各国情况而异。这些分裂的重要性,从政治的观点来看,是值得重视的。

五、对马克思主义国家观及国家自主性的分析

密里本德不仅就什么是工人阶级、工人阶级的阶级觉悟与阶级意识问题进行了深入分析,而且对工人阶级阶级意识的现实确立的阻碍性因素进行了分析。既然工人阶级的阶级觉悟体现为要推翻资本主义社会,而以社会解放为宗旨建立一个新社会,那么工人阶级无疑要与现存的"传统"资本主义文化进行决裂。密里本德则在承认这一基本观念的前提下,强调了"传统"的根深

蒂固性,改变传统并不会像马克思和恩格斯所断言的那样彻底。随后,密里本德指出这样思想领域就决不是完全由"统治阶级的思想"所占领,而是一个争夺得十分激烈的领域,作为统治阶级的资产阶级本身为了维护"传统"的权威性与合法性,会动用"阶级权力"进行普遍的渗透,而实现"阶级权力"的主体即包括为实现这一目的的直接机构,如:统治阶级的政党、利益集团和压力集团等,也包括间接性的机构,即可能不是专为这一目的设置的,但也可为此目的服务,如教堂、学校、家庭等。但密里本德指出:

> 不管是不是为此目的而设置的,它们都是统治阶级企图借以确保其"统治地位"的机构和代理机构。这一阶级权力通常总是受到来自被统治阶级的反对势力的挑战。这种挑战往往是通过同样的机构,有时也通过不同的机构来进行。头一种情况的例子是家庭、学校和教堂,后一种情况的例子是工人阶级的政党和工会等。①

密里本德认为我们对此应该加以区分,但在这些机构中,政治国家无疑是非常重要的。由此,密里本德转向了对马克思主义国家理论及国家自主性的探讨之中。在传统的政治理论中,对国家的重视屡见不鲜,但这些理论的大多数都有一个共同的观点,就是认为国家负有代表"社会整体"的责任,国家是普遍的社会利益的代表。密里本德认为马克思主义政治和国家理论的出发点却是断然否认把国家看作"社会整体"的托管人、工具或代理人的观点。这种否认必然来自马克思主义关于社会是阶级社会的观念。在阶级社会中,国家只能代表"统治阶级"的利益,而非"社会整体"和"民族利益"。可能在有些场合和有些事件上所有阶级的利益恰好相合,但是在大多数情况下和本质上,这些利益从根本上是相左的而且是不可调和的,因此国家不可能成为它们的共同托管人。因此,马克思主义总是认为,国家实际上是阶级统治的重要工具。国家并不是互相竞争的利益集团间的中立的裁判者,而不可避免的是一个深深介入其中的偏袒者。

紧接着的问题是马克思主义使用的关于"统治阶级"的概念。根据这一概念,被称作"统治阶级"是因为它拥有并控制绝大部分物质生产资料和"精

---

① [英]拉尔夫·密里本德:《马克思主义与政治学》,黄子都译,商务印书馆1984年版,第60页。

神"生产资料,并由此控制、操纵和指挥国家或在国家中占支配地位。① 密里本德认为这一概念是建立在阶级权力自动转化为国家权力这个假定之上的,实际上,并不存在这种自动转变。密里本德指出资产阶级是一个由不同的、因此也是潜在的或事实上互相冲突的部分组成的社会整体,在这种情况下,不可能有那样的阶级能够发布首尾一致的指示。在此基础上,密里本德强化了马克思的国家自主性的观点。他给出的理由是,当国家按照马克思主义的说法代表"统治阶级"采取行动时,它多半并不按照统治阶级的指令行事。国家诚然是一个阶级的国家,是"统治阶级"的国家。但是,当它作为一个阶级的国家而行动时拥有高度的自主和独立,而且,如果它是要作为一个阶级的国家而行动的话,必须真正拥有这种高度的自主和独立。国家作为"工具"的看法不符合这一事实,并且会使现在看来是国家的一个极其重要的特征,即它对"统治阶级"的相对的自主性,以及一般说来对公民社会的相对自主性,变得模糊不清。国家的相对自主性的观念是马克思主义国家理论的一个重要组成部分,而且是马克思和恩格斯以这样或那样的方式讨论得很多的一个问题,对这一问题的探讨是密里本德重建马克思主义政治学的关键点。国家的自主性展示了经济基础与作为上层建筑的国家之间关系的复杂性,这种复杂性不能仅仅从作为其出发点的"经济基础"中得到解释,而且需要我们将国家本身做相对独立的考察与研究。

　　密里本德还举了改良的例子来论证国家的自主性问题,改良已经成了资本主义政权的一个重要特征。要担当改良的组织者,掌权者就需要有某些行动上的自由,也就是要有一块施展政治手腕的地盘,以便他们能够真正施展管理国家的本领。对什么让步,什么时候让步,是比较微妙的事情,这是目光只盯住眼前利益和要求的统治阶级所不能恰当处理的。掌权者本身也可能失败,但他们的机会要好一些,至少在以下这个方面,即保卫资本主义的经济和社会秩序方面,他们是相当成功的;虽然这里也需要考虑到对手的各种弱点、错误和困难。另外,掌权者在资本主义社会中组织的许多改良(即使不是大多数的改良),一般都遭到"统治阶级"中的这个或那个派别,甚至是统治阶级

---

① 参见[英]拉尔夫·密里本德:《马克思主义与政治学》,黄子都译,商务印书馆 1984 年版,第 72 页。

中的大多数的强烈的乃至激烈的反对,并不是说这些反对全都是"不合理的"。毫无疑问,一个在经济上和社会上占统治地位的特权阶级对改良的反抗,终究必然要引起很大的麻烦、不稳定、反叛,甚至推翻现政权;从这个意义上说,这种反抗是"不合理的"。系统地、全面地从原则上反对一切改良无论如何是愚蠢的和偏执的。但是,从有关的这个(或这些)阶级的观点来看,反抗掌权者组织的改良,只要这种反抗是有选择的和灵活的,就不应认为必然是"不合理"。毕竟掌权者很可能失算,管理国家的本领也可能施展得不得当。

六、对工人阶级的组织性与政党关系的反思

如何才能消灭这些统治阶级? 一个新的社会秩序将如何建立起来? 毫无疑问,渴望的变革从客观上说必须要依靠资本主义矛盾的深化以及这些矛盾对上层建筑所产生的必然的和多方面的影响,或至少与这些有联系。从主观上说,这个变革还必须通过人类的干预和实践才能取得,而且这将是日益发展的阶级矛盾和阶级对抗的结果,在这些对抗中工人阶级必然起着主导的作用。在进行阶级斗争时,面对着统治阶级所能部署的一整套强大力量,为了使工人阶级有效地发挥这一作用,就必须组织起来,成立自己的政党,否则想要取得成功是不可能的。密里本德认为这说明在马克思主义的传统中阶级和政党关系是涉及革命成败与否的一个非常关键的问题。

首先需要考察马克思本人在此问题上的态度,密里本德指出就马克思自己的着重点是十分强调阶级的行动这点上看,他所关心的是工人阶级通过自己的努力取得解放。他的著作中曾经无数次提到工人阶级有必要把自己组织起来。另外,他不是特别关心无产阶级政治组织应该采取的形式,而是情愿把这个问题留给不同国家的工人阶级根据各自的情况去决定。不论党采取什么形式,对马克思来说真正重要的是工人阶级、工人阶级日益提高的觉悟和它为自身的解放所作的斗争。政党只是阶级的政治表现形式和工具。密里本德认为,对此的更确切的解释是:工人阶级履行它自身的政治使命,而政党是帮助它这样做。工人阶级的政党应当是而且必须是群众性的政党,应当深深地卷入各自国家的政治生活中去。密里本德认为马克思之后人们对党的重要性的拔高导致了把党的地位提高为工人阶级在国家生活中被信任的和有更大影响

的代表,提高为工人阶级在一切方面政治存在的表现,并且提高为工人阶级的护卫者。密里本德认为在这一倾向中,如果进一步夸大党的领导作用,而忽视工人阶级本身就容易导致党对工人阶级的取代,导致所谓的"取代问题"。在这个问题上,密里本德考察并分析了列宁的观点。列宁事实上非常强烈地认为,在沙皇俄国的情况下,既需要建立一个特殊的政党,又需要同工人阶级保持尽可能密切的联系。没有工人阶级经常对党注入新的活力,党就会停滞不前和变得官僚化,并"落在群众的后面"。列宁并不担心工人阶级的被动状态,而是担心它的斗争缺少政治效果和革命目标。正是为了这一目的,党才是必需的。没有党的指引和领导,工人阶级将成为一个只能进行间歇的和不连贯的活动的社会力量,但却不能使自己成为一支为推翻沙皇制度并进而成为社会主义政权所必需的有纪律的部队。

最后,密里本德总结性地指出革命由少数人进行,它经常只是相对小的少数人的事。至少,"取代"的某些因素在这里是不可避免的,而拒绝这种"取代"可能带来致命的后果。太热衷于"取代"会变成布朗基主义和导致大灾难;但在一定条件下反对"取代"也会导致失败和灾难。换句话说,革命不仅必然要包括一定程度的"取代",而且实际上需要这种"取代"。把无产阶级政党的作用看成是工人阶级的"集体知识分子"以及工人阶级的基本政治组织形式,没有为解决阶级和政党的紧张关系提供理论性的素材,它所能做到的只是减轻这种紧张关系。总之,在马克思主义政治学方面,这个问题仍旧存在,而且这一问题与关于社会主义民主的讨论是同这一进程交织在一起的。

七、革命道路的选择:改良与革命

马克思主义作为一种政治学说首要目标就是要实行社会主义革命,不管这一目标多么明确,密里本德指出如何才能达到这一目标却成为马克思主义队伍内部最有争论的问题。这种分野之所以持久和难以消除是因为它们代表着两条完全不同的发展道路,而且这些分歧也涉及社会主义"革命"和"推翻"资本主义制度这些概念的含义。这两条道路实际上就是通常被称为"改良主义"的道路和"革命"的道路。密里本德认为在目前情况下,重点不在于判定在某一特定时间马克思、恩格斯或列宁对这一战略问题的立场是什么,更重要的是设法澄清马克思主义思想内部在这一革命战略问题上真正的分野在什么地方。① 密里本德指出,与一般意义上的社会改良不同,"改良主义"不仅是马克思主义传统的两个主要战略之一,而且还是这个传统中经常得到最大赞同和支持的一种战略,尽管关于这一战略也有一些欺骗性的花言巧语。这一战略自然包括在资本主义范围内寻求各种各样的改良——经济的、社会的和政治的。但是,和社会改良党不同,这些受特定的马克思主义传统指导的政党则并不认为这些改良是他们的最终目的,它们至多只是通向一个要大得多的目标的最好步骤和部分手段。这个更大的目标就是"推翻"资本主义并达到一个完全不同的社会,即社会主义社会。

密里本德指出,这里实际上涉及对资本主义制度本身的一种态度,即马克思、恩格斯虽然立足人的社会解放而从根本上对其持批判态度,但是马克思和恩格斯同时也辩证地指出资产阶级民主制度为无产阶级革命运动的发展提供了最有希望的场所;他们还为革命运动设想出一种战略,这种战略要求彻底卷入"平常的"政治生活中去和寻求改良,把它同他们长期关切的推进革命的目标联系在一起。由此,密里本德指出马克思主义革命目标的一个重要特点"只有宣布革命是不间断的"②,不间断地进行革命显然意味着在资本主义和资产阶级民主制度的范围内奋力推进这些目标,而这个奋力显然包括了为进行各种改良而施加的压力。因此,不管人们对这一"方案"怎么看,有一点是很清楚的,即经典的马克思主义从来就不认为在资产阶级民主制度中为改良而斗争同推进革命的目的和目标是不相容的。相反,这种斗争是马克思主义传统的一个内在组成部分。马克思主义的"改良主义"对推进到社会主义确实有一个长期的观点,通过循序渐进的变革切除资本主义的结构。但"改良主义"是从斗争方面来设想这一过程的,更具体地说,它包括许多不同阵线和不同方面的阶级斗争,虽然这种斗争在政治上是通过强调宪政、选举制和代表体现出来的。在这个意义上,密里本德认为"改良主义"仍然十分明确的是一种斗争的政治。从这个方面来看,密里本德认为"改良主义"政党同他们的左翼反对者之间的区别只是其所强调之点和对前景的看法不同,而不是在根本

---

① 参见[英]拉尔夫·密里本德:《马克思主义与政治学》,黄子都译,商务印书馆1984年版,第165页。

② 《马克思恩格斯文集》第1卷,人民出版社2009年版,第33页。

问题上和眼前的选择上有什么不同。①

　　马克思主义中与"改良主义"相对的另一个派系密里本德称之为是"起义策略"，并将对这一问题的探讨追溯到了列宁，因为列宁突出强调了"起义"的重要性。密里本德指出列宁相信，战争开辟了加强阶级斗争的时代并把无产阶级专政列入了议事日程，一个崭新的、同过去完全不同的组织登上了历史的舞台，作为战争的一个结果，列宁所做的就是把起义策略列入议事日程，随着这一策略在俄国的成功，由此产生了广大的影响。"起义策略"不是指列宁要任何地方的革命者都准备立刻举行起义。他确实相信的是，把准备夺取政权作为一件极端迫切的任务的时机已经成熟；夺取政权不可能立即在所有资本主义国家中举行，但是把这列入许多资本主义国家的革命议事日程却是刻不容缓的事。"起义策略"是适应于一种特殊政治战略的政治类型。密里本德指出，起义策略虽然在俄国取得了巨大的成功，但在先进资本主义国家中却遭到了失败，由此给这一策略蒙上了阴影。对于这些失败，马克思主义内部提出了许多不同的理由来说明这一点。这些理由与资本主义经受经济混乱和衰退考验的出人意料的能力有关；与保守势力保卫其制度的同样出人意料的能力有关。同时，也与资本主义对危机和压力作出反应的能力有关。另外，一个最重要的因素密里本德认为是对资本主义社会工人运动中的绝大多数人来说，合法性、宪政、选举制和议会类型的代议制机构所具有的强烈吸引力。

　　毫无疑义，"改良主义"战略和列宁主义战略所提出的近期经济和社会变革的规模和程度有很大的不同，但密里本德认为主要的理论分歧在于：一方接受必须"打碎"现存的资产阶级国家而代之以完全不同类型的、体现和表达"无产阶级专政"的国家的思想；另一方则或多或少地明确摒弃这一思想。表面看来似乎分歧来源于和平和合法过渡的前景与暴力前景的对立。前者基于左派在选举中获胜，后者基于一个政权在战争中的失败从而使夺取政权成为可能，或基于极度的经济上的危机和混乱、或政治上的垮台、或任何这些可能性的综合，为夺取政权提供了可能性。但实际上这并非必然是二者对立的所在：通过宪法途径取得政权后，也可以对国家机构进行全面的重建；而夺取政

---

　　①　参见［英］拉尔夫·密里本德：《马克思主义与政治学》，黄子都译，商务印书馆1984年版，第173页。

权并不必然包含这种全面重建。但是,就这两种"模式"中没有一种"模式"描述了现实的前景和预测来说,事情很可能是这样,即互相对立的说法是错误的。

八、结　语

综上所述,密里本德对马克思主义政治学进行了系统的思考,在这种思考中,不仅就核心的问题,即什么是马克思主义政治学,以及马克思主义政治学的重要性及其相对独立性进行了论证,而且对马克思主义哲学中包含的基本的政治学范畴进行了深入的分析与梳理,对既往研究中存在的误解进行了澄清。除此以外,密里本德还对自己的研究方法进行了明确的说明,从而提供了马克思主义政治学研究的方法论论证,从而从一个比较全面的角度推进了马克思主义政治学的建构,为马克思主义政治学的学科体系的建构作出了重要的贡献。

但在密里本德对马克思主义政治学分析,尤其是在对国家的自主性以及对革命与改良的道路分析中,他所表现出的对国家的合理性的信任,对革命悲观主义与对改良道路的赞扬,在一定程度上偏离了经典马克思主义哲学的立场,对于这种偏离,我们可以说一部分是其基于对马克思逝世之后社会主义革命道路经验的总结,另一部分则是受西方资产阶级民主改良思想的影响,在这个意义上我们可以说革命的意志被削弱。另外,值得一提的是,在书中,密里本德还从不同角度对中国的社会主义革命与建设发展道路予以了关注,但是由于其对中国的发展道路与经验缺乏深入了解,所以导致其对中国的政治建设的评价有失偏颇。

（本文作者：于永成）

第十五篇 资本主义国家如何成为
资产阶级统治的工具

——密里本德《资本主义社会的国家》导读

一、引　言

作为一名英国新马克思主义学者,拉尔夫·密里本德(Ralph Miliband)素以其国家理论而著称。密里本德的国家理论被称为"工具主义"国家理论。虽然密里本德一生都在持续关注和研究国家以及与国家相关的理论和现实问题,也有相当数量的论文和著作面世,但集中研究国家问题,并因此而引起广泛关注和争议的有关国家的著作当属其《资本主义社会的国家》。《资本主义社会的国家》一书由英国伦敦韦登费尔德和尼科尔森出版社于1969年出版,其中译本由商务印书馆于1997年出版,译者是沈汉、陈祖洲和蔡玲。当年围绕《资本主义社会的国家》而产生的理论争议,最为知名的是"密里本德—普兰查斯之争",因为当年两人之间关于国家问题的那场争论,无论在当时,还是在其发生之后的多年之中;无论是在当时的英国和法国,还是在更广阔意义上的世界范围内,都产生了重要而深远的影响。可以说,这部著作的出版,引起了西方资本主义学术界尤其是西方马克思主义学术界对国家问题的兴趣和关注,使得国家问题重新进入学术研究视野,逐渐成为人们研究的热点问题之一。

作为密里本德最为知名的代表作,《资本主义社会的国家》一书不仅是一部研究发达资本主义社会国家的政治学著作,也是一部哲学著作,更是一部研究发达资本主义社会和国家经济、政治、文化相互关系和作用机制的综合性力作。作为一部政治学著作,密里本德全面而又重点地归纳了发达资本主义社会和国家的政治现象以及具有政治意义的其他现象,并对其进行了深刻的政治学剖析,力图揭示各种复杂的社会现象背后深刻的政治联系和真正本质,并对一些人们普遍感到困惑和疑问的政治问题进行了答案揭示和前景预测;作为一部哲学著作,这部著作初步展现了密里本德的学术思维方式,即以权力及其相互关系为核心的研究视角和统筹国家和社会以及经济、政治和文化相互区别和联系的整体性研究方法;作为一部综合性作品,密里本德分析了发达资本主义社会和国家的各种主体、权力以及它们之间的内在关系,揭示了统治阶级为何能够在公开的政治竞争条件下实现对资本主义国家权力的垄断和控制,最后预测了发达资本主义社会和国家的前途和命运。

二、思想渊源和现实背景

密里本德在为《资本主义社会的国家》一书所写的"前言"中认为他自己的这本著作"富于论辩性",事实的确如此。《资本主义社会的国家》的写作发轫于第二次世界大战后密里本德基于英国新马克思主义学者的立场,对当时盛行的资产阶级政治学观点的分析和批判。密里本德的国家理论之所以被贴上"工具主义"的标签,其中很大部分原因是在其代表作《资本主义社会的国家》中,密里本德重申了马克思在《共产党宣言》中对资本主义国家性质的判断,即现代的国家政权不过是管理整个资产阶级的共同事务的委员会罢了。①密里本德认为,自列宁以后,除了葛兰西,马克思主义者对于结合活生生的资本主义社会的社会经济以及政治和文化的现实发展来讨论国家问题,只做了很少的有价值的努力。即便是有这种"努力",但在解释现代文明和国家之间的关系时,也因为过于简单而受到挫折。所以,密里本德撰写《资本主义社会的国家》的一个重要目的就是要对上述不足做些贡献,即运用马克思主义的基本立场和方法,结合现代资本主义国家活生生的现实,重申经典马克思主义的基本国家观,同时对各种资产阶级民主多元论思想进行有力批判。

因为《资本主义社会的国家》是一部富于论辩性的理论著作,所以作者根据该书设定的逻辑框架和写作主旨,旁征博引,或引证,或批驳,较为有力地对与其同时代的相关理论观点进行了分析和点评。因此,在阅读密里本德这部

① 参见《马克思恩格斯选集》第 1 卷,人民出版社 2012 年版,第 402 页。

著作时,可以根据书中的线索进行相关的拓展性阅读,这样更利于从整体上理解和把握这本著作的写作意图、核心观点和理论意义。本文首先尝试在这方面对其进行分析,以期给本书的初次阅读者提供些许线索,具体分析如下:

一方面,随着第二次世界大战后西方各发达资本主义国家的新变化和新发展,出现了各种对此种现象和情况的解释性、分析性理论,这些理论或者是从社会主义和资本主义两种制度的对立角度出发,或者是从两种制度的替代关系角度出发进行探讨,其中最具代表性的理论目的是通过各种理论解释,力图为资本主义制度进行辩护,直接或间接地消解马克思主义的基本理论框架和问题。

这其中一种最具代表性的理论就是工业社会理论。随着工业技术的发展,工业效率的提高,在一些经济发达社会中,工业部门在国民经济中占有重要的比重,农业部门等传统经济部门只占有少量的比例。与这种经济发展现象相适应,产生出与马克思主义的资本主义社会理论相对应的另外一种理论——工业社会理论。可以说,工业社会理论源远流长。从圣西门开始,有许多代表性的思想家。以法国著名的社会学家雷蒙·阿隆为例,他认为资本主义制度和苏联式的制度在一定意义上说,它们是同一类事物的两种形态。二者都是工业社会,因为它们具有相同的特征:首先是人数日益增多的劳动力被工厂或服务部门雇佣,其次是更加关注劳动生产率的提高,最后是技术的不断进步是人们过上更好生活的唯一途径。因此,虽然他承认两者之间存在差别,但其始终认为,在所谓的"铁幕"两边,两种制度不存在根本差别。因此,阶级和阶级斗争只是早期工业社会——资本主义社会张力的表现和产物,随着技术的不断发展,工业化进程的推进,人们生活水平不断提高,平等地位得以拓展和巩固,阶级流动性增强,阶级身份的界定日益困难,因此阶级矛盾不再是社会的主要矛盾,社会的基本冲突也不再具有你死我活的阶级斗争性质。另一位工业社会理论家达伦多夫也认为,资本主义社会注定是要被超越和取代的社会,因为资本主义社会仅仅是工业社会的早期形式,而工业社会才是无可避免地将要主导我们时代的社会。

另外一种代表性理论是从社会主义取代资本主义需要完成的历史任务角度进行分析的。这种理论认为,基于战后资本主义的显著变化与进步,社会主义所宣称的对资本主义进行彻底改造的目标和任务已经实现了。因此,资本主义在历史的发展和进化中已经被自然超越了。既然资本主义的根本弊端已经被克服，因此，传统上社会主义与资本主义的根本紧张与对立点已经解决了，从本质上而言，资本主义已经被消解和超越了，因而需要重新审视和定义所谓的"资本主义社会"。

> 这种信念不单是认为当代资本主义的结构发生的重要变化，对此不存在疑问，而且认为它实际上超越和演变成为一种完全不同的制度（并且毋庸置疑是一种更高级的制度），它构成对西方社会多元论解释的一个主要因素：这种经济制度和旧制度的不同，不仅在于经营上的不同，用加尔布雷斯教授的话说，同样也表现出对私人资本出现了一种有效的"抵消力量"；而它始终是靠国家干涉和控制转变而来的。由于所有这一切，需要取消资本主义便自然地消失了；而出于一切实际需要提出的任务都已经完成。用利普塞特教授的话来说，政治学的中心问题不再是去解决"围绕修改或摧毁资本主义和它的结构的变革问题上"；"中心问题"乃是"官僚社会的社会状况和政治状况"；或者如利普塞特教授所写的："工业革命的基本政治问题已经解决：工人已经取得了工业和政治上的公民地位；保守党人已接受了福利国家；左翼民主派已经承认，国家权力的全面增长对自由的危害，远比解决经济问题为甚。"换句话说，"打倒马克思，拥护韦伯"。在资本主义社会剧烈变革期间，这一信息同样支持当今时髦的观点，即世界的真正基本区分是："工业化"社会和"非工业化"社会。①

而密里本德对战后社会性质的判断，与上述观点正好相反。他认为工业社会理论只看到事物的表面，而有意或无意地忽略了事物的本质。他坚信马克思在 19 世纪对自由竞争资本主义的观察和判断依然适用于 20 世纪的资本主义社会。密里本德承认，随着科学技术的发展，资本主义产业部门的调整，经济形势和经营方式的转变，无论是发达资本主义社会的阶级状况、阶级结构还是国家的职能、民主法治等诸领域都发生了很大的变化，但这不意味着资本主义国家两大对立阶级的模糊甚至消失，也不意味着经典马克思主义作家对

---

① ［英］拉尔夫·密里本德：《资本主义社会的国家》，沈汉、陈祖洲、蔡玲译，商务印书馆 1997 年版，第 14—15 页。

资本主义社会的本质定性已经失效。恰恰相反,发达资本主义社会民主政治的发展在一定程度上是资本主义生产工业化的结果,随着技术与工业生产的进一步结合,不仅不会削弱发达资本主义的政治特征和本质,反而是对其特征和本质的进一步增强。因为虽然第二次世界大战后,发达资本主义国家的功能日益显著,资本主义经济也存在着大量的公有部分,但是资本主义社会的大部分经济仍由私人控制,国有部分只占有少数的比例,而且国有领域的范围也极为有限,"混合经济"的观点和现实只是对人们认识资本主义社会的本质起了很大的迷惑作用。对于战后经济发达的资本主义国家消费领域所发生的变化,密里本德认为,这并不能够从根本上消解马克思主义的基本命题,因为,首先,无论从消费的数量还是质量而言,从属阶级与上层阶级都不可同日而语;其次,无论在消费领域发生何种变化,无论年轻的冶金工人与经理的女儿的关系发生了何种变化,冶金工人与资本家本人的关系"依然如故"。因此,密里本德认为,这种在资本主义发展过程中出现而其缺陷将进入历史垃圾箱的观点是极端不成熟的。这种观点要么别有用心,要么是只看到事物的表象而忽视了本质,因而也是根本错误的观点和信念。密里本德通过对资本主义社会一系列现象的客观分析,得出了非常肯定的结论,即已经变化和正在变化的现实社会在本质上仍然是资本主义社会。

另一方面,第二次世界大战后资本主义世界体系的经济获得了飞速的发展,生产力大大提高,工业化水平和规模空前进步,相应地,由于多种因素合力的作用,资本主义世界采取了一系列社会福利、社会保障政策,政治制度和法律制度也更加完善,社会平等进一步发展。在这一历史形势下,在发达资本主义社会产生了一系列"平等主义"论调。

首先表现出来的就是社会平等论。这个观点有着多层的表现,比如"阶级平等论""阶级消失论""权力竞争论"等等。对此,密里本德描述道:

绝大多数西方"政治学者"就其著作来看都倾向于以假设西方社会中权力是通过竞争、破碎而扩散开来作为出发点:任何人都(直接地或通过有组织的团体)拥有一些权力,但没有人拥有和能够拥有太多权力。在这样的社会中,市民享有普遍的、自由的和规定的选举权、代表制度、包括言论、结社和表示反对的自由在内的实质性的市民权利;无论是个人还是集体,在法律、独立的司法和自由的政治文化保护下,都能充分地行使这些权利。①

对于这个问题,密里本德通过客观、系统的分析,对资本主义社会的阶级问题进行了细致、具体的分析,指出了资本主义社会不仅不是一个没有阶级的社会,还是一个阶级分裂日益明显、阶级斗争日趋激烈的社会。

> 资本主义社会的经济和社会生活,首先是由资本主义生产方式所形成的社会关系决定的,即由所有者阶级为一方,工人阶级为另一方的两个阶级之间的关系所决定。仍然是这些社会力量,其相互冲突极其强有力地决定着发达资本主义的政治制度和社会趋势。事实上,这些社会的政治进程主要靠这些力量的对抗推动,并且试图制约他们间关系的条件。②

其次是"经理主义"。第二次世界大战后,随着资本主义企业规模的扩大,其逐步超越了国家的界限,形成了大量的跨国公司。在这种情形下,传统上的所有权和经营权由二者合一变为逐步分离,所有者在很多情形下不再参与经营,而是出现了大量的经理人阶层。经理人阶层的出现,引起了人们的极大兴趣,认为职业经理人的出现,颠覆了传统上的资本主义企业模式,职业经理人的活动在很大程度上不受企业单个股东的控制甚至不受其施加的压力,而企业越大,它的所有权就越分散,它的豁免权似乎就越大。因此,经理人主义也被称为"经理人革命",认为它不仅改变了自由主义经济的基础,而且形成了新型的企业和国家、社会之间的关系,资本主义在职业经理人的带领下,不再以单纯的经济利润作为自身的行为动机和结果判断标准,现代经理型企业将改变其传统的自私、唯利是图的形象,成为富有同情心和负责任的社会主体。对于这些观点,密里本德批驳道,其实这些都不是什么新鲜的观点,在古典资本主义发展史上,同样出现过类似的见解,从这点来看,这种对于经理人主义的新的宣传,也许除了一阵喧嚣之外,没有多少意义。

最后是"民主多元论"。第二次世界大战后,相当一部分资产阶级学者认为在发达资本主义社会,事实上并不存在一个在经济上占支配地位从而在政治上也占统治地位的阶级。资产阶级学者认为资产阶级要么对政治不感兴

---

① [英]拉尔夫·密里本德:《资本主义社会的国家》,沈汉、陈祖洲、蔡玲译,商务印书馆1997年版,第6页。

② [英]拉尔夫·密里本德:《资本主义社会的国家》,沈汉、陈祖洲、蔡玲译,商务印书馆1997年版,第21页。

趣、要么对政治不擅长、要么因为社会的激烈竞争从而使政治权力弥散化等等,从而认为在发达资本主义社会根本不存在所谓的"统治阶级",更不存在经典马克思主义所谓的国家是统治阶级实行阶级统治的工具。对此,密里本德通过对发达资本主义社会权力状况的系统分析,有力证明了"民主多元论"的谬误和虚伪。密里本德认为这种"民主多元论"的观点是对资本主义制度的错误认识和看法,因为这只是对资本主义制度的一种表面认识。诚然,在资本主义社会,的确存在多元精英,而且精英之间也有不同的利益冲突,在许多情况下,国家也只能是在不同利益集团的竞争中充当"和事佬"的角色,而且,民主多元论更进一步加强了资本主义统治,而不是相反。

　　这种在西方式社会和国家中占统治地位的多元论的观点,并不杜绝对社会秩序和政治体系的这方面和那方面的批评,这也许是同样值得注意的。但是,批评和对改革的倡导,主要是遵从改进和加强其基本"民主的"和令人向往的特性已经确立但有待巩固的制度这样的原则。然而,对这种制度存在着大量的错误看法,如认为它已经是"民主"社会,因此,"统治阶级"和"权力精英"的概念对它根本是文不对题。①
密里本德进一步分析道:

　　这种流行的正统主义的力量有助于把这些要求(因为它们不超过要求这个范围)转变为政治知识固定的条款;冷战酿成的观念和政治气候倾向于对那种知识不仅在政治才智上同时在政治道德上进行考验。然而,一般地接受一种特别的社会观念和政治制度并不表明它就是正确的。这部著作的主要意图实际上是要详细地说明,在考察发达资本主义国家时,对于它的社会、政治和国家的那种多元民主论的观点是完全错误的,这种观点远未提供一种对于现实的指导意见,却造成了一种对于现实的深刻的困惑。②

　　综上所述,可以说密里本德国家理论的理论出发点就是结合已经发展变化了的资本主义国家的现实,对各种流行的资产阶级理论进行批判,同时验证

---

　　① 〔英〕拉尔夫·密里本德:《资本主义社会的国家》,沈汉、陈祖洲、蔡玲译,商务印书馆1997年版,第8页。
　　② 〔英〕拉尔夫·密里本德:《资本主义社会的国家》,沈汉、陈祖洲、蔡玲译,商务印书馆1997年版,第8—9页。

经典马克思主义基本国家观点的正确性和现实适用性,并力图对其加以发展和完善。这可以被看作是密里本德写作《资本主义社会的国家》这本著作的背景和初衷。在阅读本书时,只有对此有足够的注意和理解,才能够站在时代立场上反观这本著作的理论意义和现实价值。

三、逻辑理路

《资本主义社会的国家》主要是运用马克思主义基本原理,同时结合资本主义发展的现实,从而论证资本主义国家的性质和作用。全书总共分九章内容,总结起来,其对资本主义国家的性质的研究论证主要是按照以下逻辑理路进行的。

(一)经济权力与国家权力的通融

密里本德基于经验主义的立场,认为国家是一个客观存在的事物,它具体是由一系列要素组成的,其中,政府是第一个要素,但是注意不能把政府等同于国家,因为政府权力和国家权力虽然密切相关,但绝对不是完全等同。国家的第二个要素是行政机构,现代国家行政机构大为膨胀,因此存在着各种行政机构。在发达资本主义社会,行政机构和政府有很大的区别,虽然表面上行政机构远离政治,好像仅是执行机构,但事实上并非如此,需要加以认真考察和区别。国家的第三个要素是国家强制性机器,具体包括军队、国家准军事的、保安和警察力量。国家的第四个要素是司法机构,司法机构是资本主义国家体制的重要组成部分,也是国家权力的重要拥有者和行使者。国家的最后一个构成要素是各种次中央政府单位和议会:各种次中央政府单位对于中央和边缘地区而言,起着重要的桥梁和沟通作用,能够非常明显地影响它统治下的居民的生活,因而也是一种国家的权力结构系统。在西方代议民主制的背景下,事实上,议会并不像表面上那样与政府针锋相对,只要加入了立法工作,它们在很大程度上就要帮助政府工作。

密里本德认为,正是上述组成国家的各要素,构成了国家,它们之间的相互关系构成了国家制度的具体形式。在发达资本主义社会,正是这些要素部门,成为国家权力的主要贮存所,这些机构中的高层和领导人员构成了发达资本主义社会中的国家精英集团。

正是这些机构——政府、行政机关、军队和警察、司法分支机构、次中央政府和议会——它们构成了"国家"。而且，它们相互之间的联系构成了国家制度的形式。国家权力正是存在于这些制度之中，权力的行使正是通过每个在这些机构中占据领导职位的人——总统、首相和他们的大臣阁僚；高级文官和其他国家行政官员；高级军官；法庭的法官；议会两院的一些领导人，尽管这些人常常又是政治执行机构的高级官员；以及在他们后面躲得远远的一些次中央单位的政治和行政领导人，特别是在中央集权国家中。就是这些人构成了可称为国家精英的集团。①

因而，分析国家的行为和性质，就是分析上述国家机构和国家精英的渊源、关系、行为及其动机和目的等。同时，密里本德还强调说，在社会中，除了这些直接掌握国家权力的精英以外，还有一些社会组织，其行为也在很大程度上影响着国家的权力和行为。因此，在研究国家时，对这些组织，也应当加以统一考虑。

综上可见，密里本德对国家概念的界定是非常具体的、经验性的，他把国家看成是由一系列掌握国家权力的国家机构组成的有机联系的结构体系。在这个由国家机构组成的结构体系中，各种国家机构是国家的载体，国家权力是国家的核心，国家行为是考察国家本质的主要参照物。

密里本德认为，发达资本主义国家虽然有不同的历史、传统、文化、语言、制度等诸多方面的差别，然而它们有着至关重要的共同特点，即首先它们都是高度工业化的国家，其次它们绝大多数经济活动手段都是私人所有制或者由私人控制。这些特点使得所有的发达资本主义国家有了基本的共性，也使得把它们作为一个整体进行国家性质和作用的研究成为可能。密里本德进一步认为，要考察发达资本主义国家的性质，首先要确定的一个问题是，在发达资本主义社会是否存在着一个明显在经济上占优势甚至是绝对优势的所谓"经济阶级"。通过一些核心数据分析，密里本德认为，在发达资本主义国家，确实存在着人数很少的一个阶级，他们拥有大量财富，他们的收入来源主要是他

---

① ［英］拉尔夫·密里本德:《资本主义社会的国家》,沈汉、陈祖洲、蔡玲译,商务印书馆1997年版,第58—59页。

们对大宗财产的所有权和控制权,而且他们借助对大量财富所有权的控制从而得到了许多特权。而且,这种所有权以及由此而来的身份、教育、机会等资源,都具有顽固而明显的阶层固化特征。虽然第二次世界大战以来,社会流动性有了提升,然而这种流动是极其有限的,一般来说,工人阶级进入中等和上等社会的机会是非常少的。即便是少量的工人阶级跻身上层社会他们也是很容易被同化成"有产阶级",从而与原有的出身以及与之相关的思想、生活方式等划清界限,而这只会有助于加强发达资本主义社会的阶级寡头制,有助于资本主义制度的加强,而不是会对其有所改变,或者说不会有根本的质的改变。

毋庸置疑,在发达资本主义社会确实存在着一个在经济上占优势的阶级,这个阶级在社会和国家中享有很多特权和机会,紧接着的问题就是这样一个经济上占优势的阶级是否可以被称为"统治阶级"呢?这里的关键问题在于经济权力阶级是否也同样能够在政治上拥有起决定性作用的政治权力即政治决策的控制权呢?

如前所述,在发达资本主义国家,确实存在着一个在经济上占有绝对优势的阶级,他们凭借自身在经济上所具有的优势地位,拥有更多机会,享有更多特权。然而问题在于在经济上拥有优势地位的人们就一定会是政治上的统治阶级吗?尤其是在当代国家成为最为重要的政治力量的时代背景下,人们看到的更多的政治情境是,国家在许多场合并不听命于大企业家,甚至会出台许多法律、政策和规定来反对大企业,比如大企业的垄断等,而且在当代社会,国家往往也会做出许多有利于中下层社会成员的决定和政策,何况在现代民主政治的背景下,确实存在着多元的政治竞争,比如普选制和竞选制等,占人口极少数的经济上等阶级在这种背景下如何能够保障自己或自己的代理人上台执政从而得以控制国家权力,最终使得国家的决策和行动时时有利于自己呢?

密里本德认为,上述矛盾主要是通过以下方式得以解决,即实业家亲自进入国家体制之内从而控制国家权力。密里本德指出,实业家进入国家体制的情况通常被大大地低估了。事实上,长期以来,在许多发达资本主义国家,实业家一直是政府内阁的最大组成部分,这种情况在美国和英国的表现最为明显,在其他发达资本主义国家,虽然不如英美明显,然而实业家在政府中的作用也完全不容忽视。实业家除了直接进入政府内阁,国家的行政机构上层也是他们不断渗透的领地。除此之外,实业家还会通过其他方式,比如政府邀请的方式进入国家的财政、信贷以及其他国有化部门担任重要职位,从而实现对其他经济集团的控制。实业家之所以能够通过各种方式进入国家及其相关体制,主要是由于实业家良好的经济条件,使得实业家及其子女拥有更好的教育机会、条件以及丰富的人脉资源等等,这些都有助于他们事业的成功、愿望的实现。

密里本德认为,至于在发达资本主义国家公职人员中所出现的社会淡化现象,这一现象毕竟只是少数,而且从属阶级在其中一般扮演的也是从属角色。从总体而言,在发达资本主义国家,国家重要的支配职位,还是根据社会出身、教育和阶级状况进行分配的,并且绝大多数情况下这些职位上的人员主要来自实业家和有产者,或者是自由职业中的中等阶级。对于占人口最大多数的人们而言,无论是根据任命还是根据普选和政治竞争而获得国家职位的机会是相当有限的。也就是说,在发达资本主义国家,拥有经济权力的人也同时直接控制了国家权力,在经济上处于从属地位的多数人受到在经济上和社会上占支配地位的少数人的统治,这是一个不言而喻的基本事实。

(二)国家权力的资本意向

密里本德认为,政府不等同于国家,但政府却是国家权力的主要贮存所。一定程度而言,掌握国家权力,就是通过一定的途径上台执掌政府的权力。在发达资本主义国家,一届届政府前后相继,政治竞争激烈,不同党派之间政治立场和政治观点看似鸿沟巨大,但事实上却是一种蒙蔽迷惑人们的假象,因为资本主义国家各种权力精英无论表面上看去多么针锋相对,但他们却有着基本一致性,即资本主义生产方式的一致性,这种一致性来自他们本身或者直接出身于此,或者是其代理人,或者是其衷心拥护者和支持者。在这种背景下,资本主义国家及重要决策和政策,都是为资本主义经济服务的,这种服务或者是直接的,或者是间接的。一方面,资本主义企业会在很大很广的范围内直接依靠国家的支持和帮助来获得充足的发展;另一方面,即便是备受质疑和诟病的国家干预,即国家会采取一定的手段反对某些资本主义财产权和资本主义特权,然而这种国家干预也可以被看成是资本主义企业为了获得国家的帮助以及保持和发展资本主义私有财产权而支付的"赎金",而且资本主义企业也会由于各种"制度的偏见"从大量的国家干预行动中获利。这种"制度偏见"存在于资本主义体系的很多方面,税收政策被看作是能够实现国民收入再分配、调节贫富差距和消除经济不平等的重要手段和措施,然而在资本主义经济制度条件下,国家税收的上述功能很难得到充分有效的发挥。在国家处理"劳资关系"的过程中,情况依然如此。国家在处理劳资关系时,并不是以一个中立者的身份和地位出现,而是带有很大的党派观念,他们在调停时总是倾向于雇主一方,而且一旦调停失败,国家会以维护国家利益、法律秩序等名义对有组织劳工诉之高压。在处理劳资关系中,国家的态度和高压手段已经成为发达资本主义社会限制有组织劳工的重要因素,也进一步分化了工会成员。

资本主义国家为资本主义经济服务的作用,不仅体现在其处理国内事务的方面,在国际事务上也毫不例外。历史上帝国主义扩张的重要目的之一,就是为了促进国内资本主义经济利益的发展,即便这种扩张还有其他利益,政治官员最终还是要服从于为其扩张投资的金主。法西斯主义宣称要建立一种完全不同的社会秩序,但事实证明,法西斯的统治也不会从根本上损害资本主义体系的基本框架,人们关于法西斯主义是典型的国家统治社会的观点,真实但不全面,因为其忽略了一些重要事实,即在法西斯统治下,德国、意大利乃至整个欧洲的资本家阶级依然保持了巨大的优势地位,在这种条件下,法西斯独裁制可以被看成是资本家为了保持其优势地位而向独裁者支付的高昂代价。

政府在工党或者社会民主党组成的情况下客观上会有一些不同,但是也并非完全不同。工党和社会民主党都是欧洲传统左翼政党,这些政党上台执政,往往会使用权力实施广泛的社会改革,尤其是在社会、经济等领域,他们希望通过这些改革逐步削弱资产阶级的统治。他们所实施的改革通常会对资产阶级的财产权以及其他特权产生一定的抑制作用,但是不会从根本上改变资本主义秩序。因为左翼政党一般都是在组织联合政府、国家战争失败、政权面临崩溃等特定情况下上台执政,即其上台时往往面临许多财政、经济、秩序等的困境和危机,所以他们迫切需要得到资本家的支持,在这种背景下,他们迫于压力,需要取得后者的理解和支持,因而他们的改革会变得相当温和,他们的执政活动往往是从国家利益而不是阶级利益出发,受制于资本主义"铁律",所谓的"新政"最终仍然是为了恢复和加强资本主义制度。密里本德以1936年法国勃鲁姆领导的人民阵线政府为例证,认为它本可以依靠人民群众的运动取得更大的成就,然而其为了维持所谓的"秩序",通过小妥协大强硬的态度阻止了劳工的战斗精神,最终被迫于 1937 年 6 月辞职。

密里本德认为资本主义国家权力除了政府直接行使以外,还有其他几个部分也拥有国家权力,具体包括行政精英、高级军事人员以及法官等,这些人员也是国家权力的行使者,而这些人员的意识形态、行为动机和目的等都能够充分体现国家的性质。

在西方发达资本主义国家,大都实行文官制度,这些文官往往在表面上不具有党派性质,他们保持政治上的中立性,而且在国家权力系统中一般只负责执行政策而不进行决策。然而在密里本德看来,这种中立性并不符合现实图景,正确看法应是高级文官往往在政府决策中起着重要的作用。由于特定的意识形态倾向,无论在向政府提供咨询还是在处理行政事务中,他们往往具有很大的倾向性。由于同样的原因,使得他们能够"中立"地为不同的政府提供服务而毫不担心。密里本德指出,资本主义国家中的上层文官由于社会根源、教育和阶级处境等方面原因,他们从根本上也具有相似的意识形态,他们都是公司资本主义秩序的积极支持者。密里本德多次强调,资本主义国家经济干预主义的实现需要资本家和国家政治精英之间的经常联系和人员流动,再加上现代资本主义国家系统的复杂化,各种公共机构大量出现,技术专家在其中大量任职,对传统政府和国家决策的执行产生重要影响,甚至出现"专家治国论"。密里本德指出,所谓的技术专家,既不属于政界也不属于实业界,而是属于二者的共同部分,其能够非常容易地在二者之间移动,从而使政界和实业界的界限日渐模糊和朦胧。

资本主义国家的高级军事人员给人的印象一般也是完全献身于"国家利益",并具有"军人美德",不参与党派之争,不偏不倚。然而在密里本德看来,认为军人不具有意识形态倾向是错误的,事实上军人中的高级军事人员由于社会背景、教育、阶级地位等同样的原因,他们往往是保守主义者甚至是反动者。

密里本德指出,在资本主义国家,司法独立无疑具有一定的积极意义和价值,其对于政府而言确实具有很大的独立性。然而法官不可能不受到其自身阶级出身、教育程度、阶级地位和职业趋向等的影响,从而使得其形成相对稳定保守的世界观,同时法官又是由政府任命的,而政府最喜欢的一般是保守的人。比如在美国这样的资本主义国家,法官拥有较大的权力,甚至是"造法"的权力,在造法和裁判过程中,法官不可能不受到其自身世界观和价值观的深刻影响,虽然事实上许多法官本身倾向于否认这一点。

(三)国家权力的有限竞争

密里本德认为,民主多元论有一定的社会现实基础。比如在发达资本主义国家,允许存在大量的社团,还允许这些社团为实现其成员的希望和目标而奋斗。但是民主多元论的根本谬误之处在于其认为在资本主义国家,所有的主体尤其是在资本家和劳工之间,存在着平等的竞争关系。

密里本德指出,在资本主义国家,确实存在着竞争,然而这种竞争是一种不平等的竞争、有限的竞争。资本家由于其对经济资源的控制,具有了得天独厚的竞争条件,从而使得其在与其他社会团体尤其是劳工,在对国家权力的竞争上处于绝对优势地位。国家在处理各种事务时,不得不考虑资本家的利益和诉求。即便是最为激进的政府,也担心失去实业界对其的"信任感"。

在资本主义国家,虽然劳工以及劳工组织也构成了一个重要的压力集团,然而由于其不具有经济权力,在企业运营和决策中不具有重要地位,因此其对国家的影响力远没有实业家集团那么强大。一旦劳工使用了罢工武器,其就会受到雇主和政府的指责,认为其正在毁灭企业或国家;在这种情况下,劳工往往面临巨大压力,也经常会选择屈服。在密里本德看来,发达资本主义国家的劳工有两方面的不足:一是其劳工的全国性组织权威性不够;二是劳工容易陷入深层次根本性的分裂。

密里本德认为,资本主义统治合法化需要政治社会化。密里本德分析了资本主义统治合法化的两类情况:一是包括政党、宗教、民族主义在内的政治派别或政治形式对资本主义合法化的促进作用;二是包括大众媒体和教育界在内的社会力量也加强了资本主义合法化的进程。值得注意的是,密里本德还指出了作为经济和社会制度的资本主义本身的存在程度,使得其能够在资本主义从属阶级和其他阶级中产生出合法化的条件,这个条件就是从属阶级的条件本身。

这种"自然的"从属关系没有极为明显地排斥改善产生这种关系的

条件这一愿望。但它一般说来确实产生了可怕的心理障碍,使人们不愿完全废除这些条件。……一个简单而又重要的事实是,附属身份不总是但却常常造成对资本主义的有条件接受而不是完全排斥。……三十多年过去了,尽管人们津津乐道工人阶级的生活发生了很大的变化,上面这种观察仍然是现实存在的。再者,包括工人阶级在内的各个阶级,他们不仅在进行物质再生产,而且还进行精神再生产,倾向于向他们的儿童灌输与他们的阶级相联系的意识、期望和心理习惯。在家庭所履行的所有社会化功能中,没有什么比这更"功能化"了;因为在目前的背景下,它意味着工人阶级家庭倾向于用各种方式使自己的孩子与自己的附属地位相协调。……简言之,工人阶级的条件本身就是工人阶级"政治社会化"的主要因素,它为所有其他寻求促进这一过程的力量提供了肥沃的土壤。[1]

(四)资本主义国家的功能选择及其本质展示

密里本德在该书的最后一章分析了在资本主义条件下资本主义国家的两种职能,即改革和镇压以及改革和镇压的适用条件以及相互关系。资本主义由于其内在的极度矛盾性,所以时常处于失衡状态,这种失衡会对国家产生巨大的压力,此时国家首先会尝试改革,当矛盾积累到一定程度,改革难以奏效,国家转而会进行镇压,或者改革和镇压互补并举。

为了适应这种形势,国家随后便作出了第二种选择,即镇压;或者说改革与镇压同时并举。这里不存在二者择一,而是互补关系。然而,由于改革表明它本身无力制服压力和抗议,于是便强调转向压制、高压、警察力量、法律和秩序、反颠覆斗争等。由于他们面临难以对付的问题,那些操纵着政权杠杆的人发现,越来越需要浸蚀民众压力可以借以实施的"资产阶级民主"的那些弱点。代议制机构的权力必须进一步削弱,并且行政权必将更有效地使其孤立起来。工会的独立性必将被削弱,而工会的权利特别是罢工的权利必将被新的而且也是更加严厉的禁令所折服。

---

[1]　[英]拉尔夫·密里本德:《资本主义社会的国家》,沈汉、陈祖洲、蔡玲译,商务印书馆1997年版,第263—264页。

国家必将用更广泛更有效的镇压手段武装自己,寻求更加严厉地限制"合法的"不同政见者和反对派活动的领域,使那些企图越过它的人感到恐惧。①

同时,资本主义国家镇压功能的选择,也使得其引以为傲的所谓"民主"成为笑谈。由于资本主义国家所常常面临的矛盾和困境,可以肯定的是,镇压必将成为其经常使用的统治手段和功能常态,这也充分展示了资本主义国家的本质。对此,密里本德写道:

> 这一进程具有日渐增强的趋势。因为没有什么比改革更能抑制它达到这一目的。与此相反,国家越是试图镇压,激起的反对就越大,而它激起的反抗越烈,它祈求的力量就越大。这样一来,"资产阶级民主"便转变为保守主义的独裁主义。②

以上是按照密里本德《资本主义社会的国家》一书的顺序对其逻辑理路进行的梳理。可以看出,其对发达资本主义社会的国家作用和性质的分析,从国家的整体概念到国家的内部构成,从国家的制度形态到国家的意识形态,从国家统治制度化到社会统治合法化,从国家的现在到国家的未来,整体展现了资本主义国家的本质。毫无疑问,这本著作较为集中地体现了密里本德的国家理论,然而密里本德的国家理论绝不仅限于此,事实上密里本德与同时代的汤普森、霍尔等英国新马克思主义学者不同的一点就是,其终其一生都是在直接或间接地研究国家问题。所以要系统了解把握密里本德的国家理论,就不得不关注和研读其在不同历史时期的所有政治学作品,唯其如此,才能够避免以偏概全,从而获得这方面的真知。

四、结 语

《资本主义社会的国家》是密里本德专门研究资本主义国家问题的代表作,然而事实上国家问题一直是密里本德学术研究的核心领域,其终其一生都

---

① [英]拉尔夫·密里本德:《资本主义社会的国家》,沈汉、陈祖洲、蔡玲译,商务印书馆1997年版,第270—271页。

② [英]拉尔夫·密里本德:《资本主义社会的国家》,沈汉、陈祖洲、蔡玲译,商务印书馆1997年版,第271页。

在持续地研究国家问题。基于上文分析,结合密里本德国家研究的整体剖析,可以得出密里本德的国家理论有以下几方面的理论意义和现实启示:

第一,密里本德的国家理论丰富了马克思主义思想,促进了马克思主义思想的时代化。正如前文所述,密里本德认为马克思主义者的政治分析长期以来一直有着明显的欠缺,再者,马克思当年本打算写一部有关国家的著作,但由于种种原因没有付诸实施。长久以来,经典马克思主义关于国家的观点都被后来者简单化、公式化了,除了个别研究外,鲜少有结合活生生的资本主义发展现实的时代性研究。因而运用马克思主义基本原理和方法,结合活生生的资本主义发展现实,发展马克思主义政治学研究,已经成为迫切的理论需要。而从密里本德关于国家问题的研究成果、研究结论、研究影响等方面而言,其研究的理论价值和初衷得到了充分彰显,《资本主义社会的国家》早已成为西方马克思主义的经典之作。

第二,密里本德的国家理论穿透西方资产阶级自由主义经济学的表象遮蔽,使得国家问题重新成为人们关注和学术研究的重点。在相当一部分学者看来,密里本德的国家理论无论是核心观点还是研究方式,都显得过于老套。对于当年的密里本德—普兰查斯之争,也有学者认为最后是密里本德落了下风。即便如此,人们也不能否认密里本德国家理论的重要影响和学术贡献。何以如此? 其中一个最为根本的原因就是密里本德在西方学术界重新唤起了人们对国家问题的充分重视。密里本德认为,资本主义国家与资本主义企业远非其表面上所呈现出的疏离关系,而是一种广泛而深刻同时又呈现出多重复杂性的合作关系。在这种背景下,资本主义理论界却普遍忽视对资本主义国家作用和本质的研究,这本身就是一种不足甚至是误导和蒙蔽,因而亟须祛魅和理性分析。

第三,密里本德的国家理论深刻揭示了发达资本主义社会和国家权力关系的真正本质。密里本德逝世于 1994 年,自他去世后,世界已经发生了很广很深的变化。但是,无论表象如何纷繁复杂,我们依然可以从密里本德对发达资本主义国家民主政治现象的描述中找到其身影和对照,从而充分认识到资本主义民主政治背后深藏的阶级专制和社会不平等的本质,而且,随着国内和世界政治形势的不断变化,资本主义国家面临的压力日益增加,其为了调和阶级矛盾而进行的改革可能会举步维艰,发达资本主义国家的阶级本质日益暴露,阶级和国家专制的功能不断加强,这也与密里本德当初的预言不谋而合。从这个角度而言,虽然站在当今的立场和视角阅读《资本主义社会的国家》,或许会感到其结论、思维等都有些老套,但仔细思考,该书最动人之处在于其对资本主义政治民主制和其他社会不平等现实的现象描述和本质揭露以及其对资本主义政治前景的判断和推测,是如此的真实、深入和准确。这一点即便放在当今时代,也毫不落后和俗套,反而彰显了其作为经典的历史穿透性和时代性。

最后需要说明的是,《资本主义社会的国家》这本著作在思维方式和写作方法上有经验主义的显著特征,纵览全书,可以看出其对发达资本主义社会中各种有意义的经验性事实的观察和描述,同时为了论证一个观点,其也引用了大量的历史事实和统计数据。密里本德在书中也明确提出了事实胜于雄辩。然而,这样做的一个显著不足就是,事实有余,雄辩不足。对于一些核心观点,本需要更为细致入微的理论分析,甚至是一定的新论建构,才有可能使得自身观点和理论深入人心,然而该书在这方面还有明显不足。在当年的密里本德—普兰查斯之争中,普兰查斯就认为密里本德的研究呈现出太多的经验主义痕迹,缺少一个整体性理论框架,因此在论证中,只是大量的堆砌资料,缺乏逻辑严密的论理和分析;另一方面,这种经验主义研究方式,导致其轻而易举地掉入了资产阶级政治学研究的理论体系当中,首先承认了资产阶级理论逻辑的合理性,实际上已经把对手的概念合法化并接受了它们的存在。然而,大量的例子证明,用事实来反对概念、用经验来推翻理论经常是不可能的。从这个角度而言,当年普兰查斯对密里本德这部著作的评价还是较为客观中肯的。

（本文作者:孙军英）

第十六篇　德性如此重要

——麦金太尔《依赖性的理性动物——人类
为什么需要德性》导读

一、引　言

1929 年阿拉斯戴尔·麦金太尔出生于苏格兰格拉斯哥,是当代著名的伦理学家,其美德三部曲使德性伦理学思想逐渐深入人心,并推动西方伦理学界发生德性伦理学转向。作为德性伦理学的代表人物,麦金太尔始终致力于"人类与德性"的关系思考。人类为什么需要德性? 德性为什么如此重要? 麦金太尔在历经 9 年磨砺后推出的这部新著《依赖性的理性动物——人类为什么需要德性》(Dependent Rational Animals: Why Human Beings Need the Virtues)(1999 年),从本体论的层面对人类的脆弱性和依赖性进行了哲学思考,并指出只有德性才能帮助人类克服生命的脆弱和生存的依赖,实现人类的兴盛发展。

《依赖性的理性动物——人类为什么需要德性》中文版由译林出版社于 2013 年翻译出版。本书共分十三个章节,大致划分为三部分。

第一部分,麦金太尔通过寻找人与其他动物的相似性尤其是海豚等非人类动物的智能性,确证了同样作为动物的人的动物性以及人所表现的生命脆弱性与生存依赖性。由此引发思考:人不仅仅是理性的动物,其所表现的脆弱性与依赖性更加需要关注。

第二部分,麦金太尔认为人是依赖性的理性动物。人如何从依赖性发展成为实践推理者? 这是麦金太尔需要回答的第二个问题。在麦金太尔看来,这个问题的答案需要在一种给予和接受的社会关系中去寻找,"正义的慷慨"与"承认依赖性"的德性是这种给予和接受的社会关系的核心德性。

第三部分,麦金太尔对给予和接受的社会关系所存在的政治社会类型进行了大胆设想。麦金太尔认为在给予和接受的社会关系中,需要强调三点要素:其一,全民的共同参与,而不是精英分子独霸话语权;其二,关注"正义的慷慨"的德性,既实现独立者的正义,同时保障依赖者的正义;其三,对共同体之共同善的思虑需要所有人的共同谋划。在麦金太尔看来,满足以上三点的政治社会类型不是现代国家形式,而是某种地方性的共同体。这既是对当前资本主义国家的批判,也是对未来社会政治类型的期盼与愿景。

二、创作目的:"发出一个邀请"

熟悉麦金太尔的读者大概都知道他的美德三部曲:《追寻美德》(1981年)、《谁之正义? 何种合理性?》(1988年)、《三种对立的道德探究观》(1990年)。正是这三本著作奠定了麦金太尔在西方德性伦理学界的标杆地位。时隔9年之后,麦金太尔又推出一部极具原创性和洞见性的著作,即《依赖性的理性动物——人类为什么需要德性》。

当读者阅读麦金太尔的著作尤其是美德三部曲和此书时,需要始终关注两个重要问题:其一,"对我们来说,关注并理解人类与其他智能物种之间的共同之处为什么重要?"其二,"对道德哲学家而言,关注人类的脆弱性和残疾为什么重要?"①在麦金太尔看来,迄今为止,尤其是后者在道德哲学领域尚未得到足够的关注。因此,麦金太尔在其著作中始终关注并竭力阐释的便是这两个问题。尤其在本书中,麦金太尔不仅延续美德三部曲的主题,而且还将对一些观点作出几点修正。

第一,重新定位亚里士多德"形而上学的生物学"。在《追寻美德》一书中,麦金太尔尽管试图按照亚里士多德的方式去理解德性、阐释德性,但是却又将此理解方式独立于亚里士多德"形而上学的生物学",认为有可能存在一种独立于生物学的伦理学。但是,在《依赖性的理性动物——人类为什么需要德性》一书中,麦金太尔重新修正了这种观点。在麦金太尔看来,之所以不

---

① [美]A. 麦金太尔:《依赖性的理性动物——人类为什么需要德性》,刘玮译,译林出版社2013年版,第1—2页。

可能存在独立于生物学的伦理学,原因在于,如果我们要充分论述德性在道德生活中的重要性,就不能忽略我们是作为生物学意义上存在的生命形式,而这种生命形式最初是以动物状态为起点的。另外,更为重要的是,人类除了理性、健康的一面,还有脆弱、残疾的一面,如果未能将人类的脆弱性、依赖性纳入人生的核心特征体系之中,也必将无法全面认识德性的其他重要性。因此,本书的前六章主要探讨的便是同样作为生物学意义上存在的生命形式——人类和动物,它们之间的相似性和共同性以及它们是如何在依赖性、脆弱性和动物性的相互关系中保持一致的。由此引申出本书的一个核心论点:"我们从最初的动物状况发展成独立的理性行动者所需要的德性,与我们面对和回应自己与他人的脆弱性和残疾所需要的德性,其实属于同一系列的德性,即依赖性的理性动物特有的德性,我们的依赖性、理性和动物性必须被置于相互关系之中来理解。"①

第二,重新审视亚里士多德与阿奎那的关系。在《谁之正义? 何种合理性?》与《三种对立的道德探究观》中,麦金太尔将阿奎那视为一个亚里士多德主义者,并且倾向于将他视为亚里士多德的优秀传承者、解释者和改写者。但是,在《依赖性的理性动物——人类为什么需要德性》一书中,麦金太尔发现阿奎那与亚里士多德之间的差别超乎他的想象,并且开始重新"反思阿奎那对德性的论述如何既补充又修正了亚里士多德的观点"②。正是基于阿奎那式的亚里士多德主义,麦金太尔才逐渐发现关于德性的论述不能忽视人类的动物状态,并且需要承认人类的脆弱性和依赖性。这一点在道德上是非常重要的。麦金太尔认为人类的幸福生活不仅需要人类具有理性的独立性(第八章详细阐释了我们如何成为独立的实践推理者,以及德性如何使之成为可能),而且更为重要的是需要承认依赖性的德性(第十章着重探讨了这种承认依赖性的德性)。

第三,重新描绘地方性共同体蓝图。地方性共同体概念是麦金太尔在《追寻美德》的末尾对现代性提出的一种解决方案,抑或一种愿景。但是,麦

---

① ［美］A. 麦金太尔:《依赖性的理性动物——人类为什么需要德性》,刘玮译,译林出版社 2013 年版,第 6 页。

② ［美］A. 麦金太尔:《依赖性的理性动物——人类为什么需要德性》,刘玮译,译林出版社 2013 年版,第 3 页。

金太尔并没有详细说明这种地方性共同体究竟是一种什么样的社会组织形式,只是笼统又模糊地提出"等待另一个戈多"。在《依赖性的理性动物——人类为什么需要德性》中,麦金太尔通过最后三个章节重新对地方性共同体进行了具体描述,并且认为"现代民族国家和现代家庭都无法提供(让理性的独立性和承认依赖性的德性)持续存在和广泛传播……所需要的政治和社会组织形式"①,只有他所描绘的地方性共同体才有可能成为理想的社会组织形式。

最后,麦金太尔强调,他在本书中所呈现的观点并不是为了反驳那些与他持有不同见解的人,而是向他们发出一个邀请:"请他们表明从他们各自的立场出发,如何能够赋予动物性、残疾和脆弱性这些事实以及承认这些事实的需要以恰当的位置。"②由此,读者在阅读的时候,请应邀对人类的动物性、脆弱性和依赖性给予足够的关注和思考。

三、德性起点:依赖性的理性动物

无论是一般意义上的好还是我们自身的好,如果我们想要作出真实的判断,都需要向他人学习,我们最初接触到的老师是父母、姨妈、护士等等。为了发展独立推理者的能力,为了获得作为我们这个物种成员的幸福,我们每个人都要实现这样的过渡,从接受最早的老师对我们的教导,到自己作出关于好的独立判断,这些判断给了我们用特定方式采取行动的好理由,使我们能够向自己或他人作出理性的辩护。这个过渡有三重特征。

它始于我们作为人类这种动物的婴儿状态,那时的我们就像婴儿时期的海豚或大猩猩一样充满依赖性。它完成于我们成为独立的实践推理者。这一过程至少包括三个维度,我们已经提到了其中两个。这三个维度都需要拥有语言才可能实现,但是每个维度都不仅需要使用语言的能

---

① 〔美〕A. 麦金太尔:《依赖性的理性动物——人类为什么需要德性》,刘玮译,译林出版社 2013 年版,第 12 页。

② 〔美〕A. 麦金太尔:《依赖性的理性动物——人类为什么需要德性》,刘玮译,译林出版社 2013 年版,第 4 页。

力,还需要以特定方式使用语言的能力,因此还需要其他能力。正如我之前提到的,这个过渡的第一个突出方面是从仅仅拥有理由发展到能够评价理由的好坏,并以此改变行动的理由,进而改变我们的行动。假如我们对某些好没有最初的指向性(这种指向性是人类与海豚和大猩猩所共有的,并且为我们的行动提供了最初的理由),那么这个过渡就没有了起点。假如我们不能逐渐参与那些可以让孩子和年轻的成年人学会认识一系列不同的好的活动,我们就无法在完成过渡的道路上取得进步,这种进步总是伴随着障碍、困难和危险。

这些障碍、困难和危险与那些威胁到海豚的致使因素大体相同:疾病、受伤、捕食者、营养不良和饥荒。然而在此基础上,我们还需要加上所有那些威胁到儿童语言能力和理性评价能力发展的其他因素和状况:无法为大脑活动提供充分的刺激、智力迟钝、自闭症、因焦虑产生的不安全感、使孩子无法控制侵略性的状况、过分恐惧、对未来缺乏希望——我们还可以继续增加这个清单,但是它已经足以将我们的注意力引向小孩从依赖性的婴儿过渡到独立实践推理者的另一个已经提到的维度,它涉及小孩欲望和激情的转变。

学会在某种程度上从当下的欲望中抽身出来,从而能够评价它们,这是对行动的理由进行合理推理的必要条件。这里的一个危险是,对那些无法充分脱离自己的直接欲望的人来说,对真正的好的欲望在很大程度上还没有变成高于一切的目标,因此他们不大可能认识到关于自己的这一事实。他们对自己的好或最高的好的欲望实际上可能是,甚至经常只不过是,某种不被认可的幼稚欲望,他们将这种欲望保护起来免受评价性的批判。因此在思虑时,他们既从不合理的前提出发进行推理,又从有严重缺陷的动机出发采取行动。正确的实践推理与良好的动机之间的关系有时很复杂,但是无法让自己与欲望保持距离,对二者来讲都很危险。

当然,任何人实现这一过渡的历史都不仅仅是那个特定自我的历史,也是某些特定的他者的历史,他们的出现与否、介入与否对决定这一过渡能完成到何种程度至关重要。这些他者以两种不同的方式进入过渡的历史。他们首先提供了实现过渡所需的资源,包括护理、喂养、提供衣物、培养、教导、约束和建议。每个个体所需要的资源因其所处环境和自身气质的不同而不同,最重要的是,还因为他所要面对的障碍和困难而有所不同。我们需要他人的帮助从而避免遭遇无能为力的状况,但是这种情况却经常无法避免,当我们真的失明、失聪、伤及肢体、患上衰竭性疾病或心理失调时,不管是暂时的还是永久的,我们都需要他人支持我们,帮助我们获得所需的、经常是稀缺的资源,帮助我们发现可能还有什么前进的新道路,有时还要为我们做那些我们自己无法做到的事。不同的个体在能力上有不同方式和不同程度的欠缺,同时也拥有各自不同的天赋、可能性和困难。因此每个人都需要他人注意到自己的特殊状况。我们所有人都处于一个能力欠缺的等级体系中,记住这一点非常重要。能力欠缺在程度上和时间上都只是个或多或少的问题。在人生的不同阶段,我们经常会毫无预料地发现自己处于这个等级体系的不同位置上。当我们从一个位置转变到另一个位置,我们需要他人认识到我们还是发生转变之前的那个个体。在协助我们实现这些转变的过程中,他者扮演的角色远不是他们出现在我们历史中的唯一方式。

……

实现从婴儿到独立实践推理者的过渡的第三个维度是从仅仅有对当下的意识发展到对想象中的未来有所意识。与评价我们行动理由的能力和与当下欲望保持距离的能力一样,这种能力也是既需要拥有语言,又需要对语言进行广泛的应用。不使用语言的智能物种无法拥有这种能力。维特根斯坦曾说:"一个人可以想象动物(Tier)发怒、害怕、不悦、高兴和惊恐,但是能想象动物充满希望吗? 为什么不能呢?"他继续指出,狗可以相信主人正在门口,但是它不会想到主人将在后天到来。

如何构建对未来的理解当然在某种程度上依赖钟表、日历的使用以及某种文化的安排方式。但是作为实践推理者,我必须能够想象对我来说不同的可能未来,能够想象我自己以当下为起点朝着不同的方向前进。各种不同的未来给我呈现了不同系列的好以及实现幸福的不同方式。重要的是,我应该能够设想较近和较远的未来,并且给不同行为方式在未来产生的结果赋予大致的或然性。对此知识和想象力都是必需的。

……

从充满依赖性的婴儿向实践推理者的独立性过渡的第三个维度与另

两个维度密切相关。当某人问自己认为的某个行动的好理由是不是足够好时，他通常必须要考虑本来或者现在还可以怎样，本来有哪些或者还会有哪些未来的可能性。同样，学会如何让自己脱离直接的欲望，从而能够问"此时此地为了满足某个特定的欲望采取行动是不是好的和最好的？"也需要理解不同的未来给了我们哪些欲望对象和好。我们必须学会理解自己，认识到我们是以一系列或多或少远离我们目前情境的目标为指向，并据此安排我们的欲望。

这三个维度之间的关系非常复杂。但是它们都在同一个发展过程中发挥作用，三者中的任何一方如果出现严重失败都很可能导致或强化其他方面的失败。这一点适用于学生，也适用于老师：老师如果在其中一个方面有缺陷，就可能导致在三个方面都有缺陷。这里说的老师当然是指所有关心孩子、与他们交流、教育他们直到他们可以独立面对人类特有的幸福的那些人，尤其是孩子的父母。这里说的独立的实践推理是指在不同类型的文化和经济中，因此也就是在不同的实践语境（比如狩猎、农耕、商贸、工业）下，人类理性能力的运用。对于人类而言，幸福是什么当然随着语境的不同而不同，但是在每个语境中，只要一个人通过相应的方式运用独立实践推理者的能力，他就发展了自己以某种人类特有的方式获得幸福的潜能。因此如果想要理解对人类来说如何生活才是好的，我们就要知道对一个独立的实践推理者来说怎样才是卓越的，也就是说我们需要知道独立的实践推理的德性是什么。但其实我们需要知道更多东西。

他人在帮助我们从婴儿发展到独立实践推理者的过程中扮演了角色，因此我们也需要知道，对那些人而言卓越地扮演他们的角色意味着什么，关心和教导的德性是什么，它们与实践推理者的德性又有什么联系。在提出人类特有的"幸福是什么"的问题之后，我们几乎立刻发现，这个问题变成了"德性是什么"以及"按照德性的要求生活是什么"的问题，就像亚里士多德所做的那样。有人会反驳说，这一点也不奇怪。因为如果像我那样，从一开始就用亚里士多德的路线发展。但是人们会说，像我这样开始讨论其实是认定了尚未证实的东西，是想当然地认为而非表明某种版本的亚里士多德主义优于其他相关哲学立场。我必须承认这一指控,但是在承认它的同时,还有两点需要说明。

第一,哲学探究的每一个起点恰恰都像这样认定了尚未证实的东西。不存在没有任何预设的起点。证实某个起点正确性的是接下来要进行的、从该起点出发的探究以及对某个主题的某种理解带来的结果。充分的理解有一个突出的标志,就是能够以回溯的方式解释,为了达到这一目标经过精心设计的探究过程为什么可以从某些类型的起点开始。只有最终充分阐明了那些相关的首要原理之后,我们最初的假设和程序才得到了证实。

然而对此有人会说,我只是为那个指控提供了进一步的证据,因为现在我在有些亚里士多德式的起点上,又加上了一个有些亚里士多德式的关于如何进行探究的观念。我必须再次承认这一点:确实还有很多进一步的哲学工作要做,虽然我不会在这里做。在某个特定的领域尤其如此。

此前我曾罗列了各种将好归于某物的情况,"好"及其同源词的各种用法。"好"的核心用法在于用直接或间接的方式将幸福归于某种植物或动物的成员。这些核心用法为解释对"好"的不同归属提供了统一的基础。由于我已经将某个特定物种成员的幸福是什么当作一个事实问题,虽然有时在某些方面这也是一个争议颇多的问题,因此我必然要提出关于好和"好"的某种自然主义论述,因为某种植物或动物的幸福就在于拥有一系列相应的自然特征。但是这样说当然不意味着通过某些自然特征的清单就可以给出"好"的含义,即便是一个非常长的、按照析取方式排列的清单也不行。说好是伴随一系列自然特征的属性,我们只是给了如何理解好与这些特征之间关系的难题一个名称,而不是要解决这个难题。

在这个领域出现了一些非常著名和困难的哲学问题,我暂时把它们放在一边。在这里我只想指出,即便用这种方式对"好"的用法进行分类,似乎也会使某些关于"好"的哲学理论在表面看来很不合理。当我们说某些特定物种的特定成员实现了幸福,或实现了它的好,或某个东西对它来说是好的,将会使它幸福(对蓟草和卷心菜、驴和海豚做这些论断时,我们是在相同的意义上使用"幸福"和"好"),很难说在作出这样的论断时,我们是在归属某种非自然的属性,还是仅仅在表达某种态度、情绪或认可。①

按照亚里士多德的观点,人类是一种特殊的生物,其终极目的是依循德性而快乐的生活。这也是人类生活的本质目的。如果人类不通过有德性的行为追求幸福生活的终极目的,那么就不可能成为一个有德性的人。由此可见,目的论为事物的评价提供了标准规范。对那些分享终极目的的人,及其表达共享终极目的的共同体而言,道德具有语境与意义。作为人类,虽然不会一直倾向于过有德性的生活,致力于对德性的追寻。但是,这是一种应该倡导的生活。麦金太尔将此称作"偶然所是的人性"与"实现其目的而可能所是的人性"的区别。② 伦理学的作用就是将人们从前者转化为后者,教会人们如何克服人性的弱点,成为能够成为的样子,以及为什么这应该是人类的善。然而,现代世界的人们却不相信任何固定的终极目的;没有什么是注定要成为的,也没有什么与生俱来的目标是需要前行的。麦金太尔将霍布斯与"利维坦"视作这一哲学信仰的例子及其后果。

值得注意的是,麦金太尔在《追寻美德》中,曾经反对亚里士多德的生物学目的论。而在他的后续作品也就是《依赖性的理性动物——人类为什么需要德性》中,麦金太尔又重新接受了亚里士多德生物学目的论的观点。但是,与亚里士多德认为只有人类具有语言和理性的能力不同。麦金太尔认为,其他智能物种也具有这种能力,并且,我们可以从它们如何追求个体与集体的善之中学习有关人类如何追求共同善。麦金太尔指出,对人类而言,实现幸福的关键是成为独立的实践推理者。从嗷嗷待哺的婴儿成长为独立的实践推理者,包括以下三个维度。

第一个维度,从拥有理由发展到能够评价理由,从而改变行动的理由,进而改变行动。在这种过渡中,伴随着各种危险与障碍,它包括身体上的疾病、饥饿,还有威胁儿童语言、理性评价等能力发展的因素,比如:智障、自闭症和不安全感。

第二个维度,涉及小孩欲望和激情的转变。麦金太尔认为,学会摆脱欲望,并评价它们,这是对行动理由进行合理推理的必要条件。在这一过渡的历

① ［美］A. 麦金太尔:《依赖性的理性动物——人类为什么需要德性》,刘玮译,译林出版社 2013 年版,第 60—66 页。

② ［美］A. 麦金太尔:《追寻美德》,宋继杰译,译林出版社 2008 年版,第 60 页。

史中,必须承认包括自己在内的所有人都处于能力欠缺的等级体系中,他者的出现与介入是至关重要的。

第三个维度,从对当下的意识发展到对想象中的未来有所意识。作为实践推理者,需要想象自己有不同的可能未来,各种未来呈现了不同的好以及实现幸福的不同方式。重要的是,对不同行为方式在未来产生的结果赋予或然性。此时,知识和想象力是肯綮。①

从以上三个维度,可以发现,从婴儿时期过渡到独立的实践推理者,人类的存在具有三重特征,即依赖性、理性与动物性。麦金太尔指出,人们尤其注重第二重特征——理性,却忽略了第一重特征和第三重特征。麦金太尔将关注点更多集中在人类与非人类动物的联系之上,尤其是人类理性与非人类动物智能的可类比性。麦金太尔认为,人类以一种重要的方式保留他们的动物本性。事实上,"人类和一些非人类动物在相互陪伴和相互合作的过程中追求各自的好"②。因而,相比于人类的理性特征,麦金太尔更强调人类的依赖性与动物性。

麦金太尔认为,人类的依赖性贯穿人的一生。作为动物的我们,在面临困境与缺陷时,会表现出脆弱性。这种脆弱性的本能会驱使我们寻求他者的帮助。无论是为了生存还是实现幸福,对他者的依赖始终存在。人类在婴儿襁褓期,甚或孩提时代,这种依赖性体现得最明显,也最好理解。随着年龄的不断增长,到了老年时期,又会重新对他者产生身体上的依赖。然而,麦金太尔强调的依赖性并不仅仅指的是身体上的依赖,他更多意涵的是如何依赖他者,学习成为有理性、有道德的人。比如,父母需要教育儿童学习如何克制自己的欲望,明白在整个人生的语境下,什么对他们是最好的,而不是仅仅盯着眼前的利益和欲望。即便超越童年时代,我们也需要朋友的监督与提携。他们为我们提供了洞察力与自我理解力,使我们不断反思自己的动机与目的,以便能够以朋友理解的方式解释它们。于是,在他者的帮助下,我们的理性得以发展,也因此对他们产生依赖。总而言之,人无法凭借一己之力成为有理性者。

---

① 参见[美]A.麦金太尔:《依赖性的理性动物——人类为什么需要德性》,刘玮译,译林出版社2013年版,第60—63页。

② [美]A.麦金太尔:《依赖性的理性动物——人类为什么需要德性》,刘玮译,译林出版社2013年版,第52页。

同样,人们也会发现,他者在不同时期,以不同方式也依赖于我们。我们有义务帮助他们发展理性,形成德性,如同他们帮助我们一样。

因此,每一个人自身作为共同体的一部分,接受他者的帮助,同时也给予他者以帮助,这是一个给予和接受的社会关系,也是一个责任与义务的关系网络。但是,这样一种给予和接受的社会关系也会存在系统性的缺陷和潜在的危险。正如马克思、福柯等人提醒的一样,"给予和接受的制度化网络也总是权力不平等分配的结构,这种精心设计的结构既是为了掩饰也是为了保护这些不平等的分配"①。只要参与这个社会关系网络,就会存在统治与剥削。但是,只有意识到这一点,才能真正发挥德性的作用。因而,只有在给予和接受的社会关系网络中,才有可能使人成为理性者,并拥有德性的行为。这种社会模式意味着它服务于一种共享的善,即使人拥有德性,过上德性生活。这恰巧也符合麦金太尔所理解的城邦。

四、德性核心:正义的慷慨与承认依赖性

在此我们或许应该总结一下之前对德性的讨论。我首先指出,与海豚与大猩猩的理由相比,人类行动理由的特别之处在于我们能够评价自己理由的好坏;随后我列举了要成为好的实践推理者必需的特征:脱离欲望的直接性的能力、想象其他具有现实性的未来的能力、识别不同种类的好并做出真正实践判断的能力。我认为只有那些已经获得了某些理智和道德德性的人才有可能实践这里提到的任何一种能力。如果想要成为独立的实践推理者,如果想要能够面对选择做出决定,我们就需要那些德性。但是要想获得那些必需的德性、技巧和自我认识,我们必须在很大程度上依赖某些我们不得不依赖的他人。我们最终成为独立的推理者通常是在成年早期,此时这种依赖关系中有很多当然也就结束了,但并非所有的都结束了。因为直到生命结束,我们都一直需要他人在实践推理中支持我们。这又是为什么呢?

---

① ［美］A. 麦金太尔:《依赖性的理性动物——人类为什么需要德性》,刘玮译,译林出版社 2013 年版,第 84 页。

在实践推理中,我们随时可能因为理智上的错误而误入歧途:比如没有充分了解自己所处情境的具体状况,或者超出了证据因而受到误导,或者过分依赖那些未经证实的普遍结论。然而我们也有可能因为道德上的错误误入歧途:比如受到了对某人厌恶情绪的过分影响,或者陷入被幻想掌控的情境之中,或者对他人的痛苦不够敏感。我们理智上的错误经常植根于道德上的错误,虽然并不总是如此。对于这两种错误,最好的防范措施就是友爱和共同生活。①

按照麦金太尔的理解,人类作为一种依赖性的理性动物,首先,要承认人的本质是一种特殊的动物;其次,要承认对他者的依赖性,依赖他者发展理性,成为独立的实践推理者;最后,人们需要运用自己的理性去帮助其他依赖者。如前所述,德性使人们参与到给予和接受的社会关系中,并帮助人们实现成为独立的实践推理者的目的。

这种给予和接受的社会关系的核心德性是什么呢?麦金太尔认为它应该包含"慷慨"和"正义"两个方面的含义。麦金太尔列举了一个来自北美印第安部落拉科塔(Lakota)的名词 wancantognaka 来表示这种核心德性。它指的是"这样一些人的德性,他们认识到自己对直接的家庭、扩展的家庭以及部落的责任,他们表达这种认识的方式是参与那些需要不加计算的给予的仪式活动,参与感恩、纪念、授予荣誉的各类仪式。Wancantognaka 所指的慷慨是我应当给予所有人的,同时也是他们应当给予我的。因为我应当给予,因此如果未能表现出它同样也是没有实现慷慨"②。从中不难发现,麦金太尔所强调的关于给予和接受的核心德性不能单纯地看作是慷慨,因为它只表现了给予,而没有接受;也不能单纯地看作是正义,因为正义涉及"应当给予什么"③的问题。给予需要不加计算,接受需要得体,如何才能维持这种关系呢?麦金太尔提出"正义的慷慨"的德性,"正是对某些缺乏的恰当反应,它们通常不仅是缺乏身

---

① [美]A. 麦金太尔:《依赖性的理性动物——人类为什么需要德性》,刘玮译,译林出版社 2013 年版,第 79 页。

② [美]A. 麦金太尔:《依赖性的理性动物——人类为什么需要德性》,刘玮译,译林出版社 2013 年版,第 99 页。

③ [美]A. 麦金太尔:《依赖性的理性动物——人类为什么需要德性》,刘玮译,译林出版社 2013 年版,第 100 页。

体上的关心和理智上的指导,而且最重要的是缺乏对他人的关心和关爱"。①因此,"正义的慷慨"德性"就是要求我们出于并带着某种关爱行动"。②

先来看看给予的德性。给予的德性,预设了人的独立性。"正义的慷慨"是给予德性的核心,它贯穿于三种关系之中:其一是人们为共同体付出情感的共同关系;其二是超越共同体成员的长期关系,延伸到对陌生人的好客关系;其三是运用怜悯(misericordia)③的德性,扩展自己的共同关系,将那些对共同体成员提出迫切需要的人也包括其中。④ 麦金太尔认为,从某种意义而言,"正义的慷慨"是一种明智的计算。它要求人们在"获取时勤奋",这样就有能力去进行给予;在"储蓄时节俭",当他者有迫切需要时,有资源可以帮助;在"给予时明辨",将资源给予那些确实有迫切需要的人。⑤ 这些要求实际上反映了人们的节制德性。

除了给予的德性外,还需要对接受的德性予以关注。接受的德性,包含着对依赖性的承认。麦金太尔认为,承认依赖性也是一种德性,正如独立是一种德性一样。承认依赖性的德性,重点是要学会运用接受的德性。比如,知道如何恰当地表达感激之情又不让它成为负担、对给予者的无礼还以礼貌、对给予者的不充分表示宽容。换言之,如果没有接受的德性,就不会承认自身的依赖性。这在麦金太尔看来是一种坏品格。然而,亚里士多德却对否认自身依赖性的人给予赞美,并将他们称作"豪迈的人"(megalopsychos),对他们而言,"接受好处是可耻的,因为给予好处是优越的标志,而接受它们是低下的标志"⑥。豪

---

① ［美］A. 麦金太尔:《依赖性的理性动物——人类为什么需要德性》,刘玮译,译林出版社 2013 年版,第 100 页。

② ［美］A. 麦金太尔:《依赖性的理性动物——人类为什么需要德性》,刘玮译,译林出版社 2013 年版,第 101 页。

③ Misericordia,拉丁文。阿奎那说 misericordia 的出现伴随着恰当的理性判断,在这个意义上,它指的是一种德性而不是一种激情。它满足了共同生活本身需要超越共同生活界限的德性的要求。它使我们的给予关注于需要本身,而不是人际关系。参见［美］A. 麦金太尔:《依赖性的理性动物——人类为什么需要德性》,刘玮译,译林出版社 2013 年版,第 102 页。

④ 参见［美］A. 麦金太尔:《依赖性的理性动物——人类为什么需要德性》,刘玮译,译林出版社 2013 年版,第 104 页。

⑤ 参见［美］A. 麦金太尔:《依赖性的理性动物——人类为什么需要德性》,刘玮译,译林出版社 2013 年版,第 105 页。

⑥ ［美］A. 麦金太尔:《依赖性的理性动物——人类为什么需要德性》,刘玮译,译林出版社 2013 年版,第 105 页。

迈的人只记得他所给予的东西,而擅于忘记他所接受的东西。这种对自身依赖性的否认产生了"自足的幻觉"①,使他们从共同体的共同关系中被排除出去。也正是由于亚里士多德对人类依赖性经验的否认,使麦金太尔从亚里士多德转向了阿奎那。阿奎那对人类终极目的与德性的论述包括共同体中每一个成员,而不仅仅是亚里士多德所谓的一小部分精英。

因而,在麦金太尔看来,一方面,人们需要通过某些共同关系学会给予的德性与接受的德性;另一方面,人们需要这些德性来维持这些共同关系。承认依赖性的德性,就是承认个人在共同关系网络中得到认可,并且成为"思虑性共同体"(deliberative community)②的一员。那么,究竟何种类型的政治社会才能体现出给予和接受的共同关系,从而实现每一个人的善及共同体的共同善呢?

五、德性运用:地方性共同体设想

关于这些共同体,我们需要记住三点。

第一,即使在它们的最佳状态之中,对共同的思虑性理性的运用也总是不完美的,我们应该关注的不是犯下的错误和在某个特定阶段运用这种能力的局限性,而是经历了时间和矛盾之后改正那些错误,超越那些局限性的能力。共同体中实践关系的运用总有一个历史,重要的是那个历史的方向。

第二,当那些共同体处于最佳状态,至少是朝向正确的方向前进时,它们的政治便不是现代国家政治中的那种竞争性的利益关系。因为这种本地共同体的基本的政治问题是,如果每个个体和群体要为公益作出贡献,他们需要什么资源,当这个共同体处于良序状态时,符合所有人利益的做法是让每个人都可以作出贡献。当然,因为本地共同体在某种程度上总是不完美的,因此竞争性的利益关系总是可能出现,那么重要的就是

---

① [美]A. 麦金太尔:《依赖性的理性动物——人类为什么需要德性》,刘玮译,译林出版社2013年版,第105页。

② [美]A. 麦金太尔:《依赖性的理性动物——人类为什么需要德性》,刘玮译,译林出版社2013年版,第106页。

共同体的组织结构要尽可能限制它的出现。从经济上讲,重要的是收入或财富的不平等要相对较小。因为收入或财富的巨大不平等本身总是很容易引发利益矛盾,并且会掩盖从公益角度理解社会关系的可能性。

如果本地共同体作为给予和接受的网络想要生存下去(更不用说繁荣),经济考虑必须服从于社会和道德考虑,上面提到的当然仅仅是一个例子。为了维持家庭和其他机构的持续性和稳定性,可能必须要对劳动力的流动性施加限制;如果从经济学的观点看,这个共同体之中必然会有教育孩子方面的不当投资,因为这类投资不会带来经济产出;在可能的范围内,每个人都必须轮流从事乏味和危险的工作,以避免另一种带有破坏性的社会不平等。……

第三,按照这种方式构建起来的共同体的显著标志之一就是它们重视小孩和残疾人的需要。这在某种程度上是分配关注和其他资源的问题。小孩永远无法组成一个现代意义上的利益群体,它们的需要也很少能够仅仅由家庭充分提供。因此尽管不可避免地受到共同体资源的限制,只有当小孩得到的关心不会因为对他们将来能够给予多少回报的预测而受到限制时,他们才算得到了充分的关心。这一点不仅适用于小孩,也适用于老人和在精神或肉体上有缺陷的人。重要的不仅仅是在这种共同体中小孩和残疾人是关心和关注的对象;而且那些已经不再是小孩的人在小孩身上看到自己的过去,那些现在还未因年龄增长变得无能的人在老人那里看到了自己的将来,那些现在没有患病或受伤的人在病人和伤者身上看到了自己过去经济和将来可能的状态;同样重要的还在于,这些认识并不是恐惧的来源。因为这些认识是充分意识到共同需要和公益的条件,那些共同需要和公益是通过给予和接受的网络,以及独立性和承认依赖性的德性实现的。然而那种意识不可能在没有那些德性的情况下自己实现。①

麦金太尔在《追寻美德》开篇便表明了自己著作的主旨是为了批判现代性,反抗现代世界,包括现代政治。他指出:"现代系统的政治观,无论自由主

① 　[美]A. 麦金太尔:《依赖性的理性动物——人类为什么需要德性》,刘玮译,译林出版社2013年版,第119—120页。

义还是保守主义,无论激进主义还是社会主义,从一种真正忠于美德传统的观点来看,都必须被拒斥,因为现代政治本身以其制度性的形式表达了对于这一传统的系统拒斥。"①因此,在该书结尾处,他表达了对理想中的社会类型——地方性共同体的期待,但是却没有对此政治理论作出具体的描述,取而代之的是一种模糊地、周期性地回归到圣·本尼迪克特。然而,这种回归却不足以解释"无尽的政治之海"②。或许当时的麦金太尔已经意识到,真正的共产主义政治的机会在目前现代性的结构中是没有指望的,因而他没有提供任何具体的共同体政治理论。在"回应共同体"的信中,麦金太尔表达了这种忧伤:"尽管有相反的传言,但我不是也从来不是一个社群主义者。因为我的判断是,这个国家先进现代性的政治、经济和道德结构,正如别处一样,排除了有实现任何有价值的政治共同体类型的可能性,它在过去的不同年代曾经实现过,即使是不完美的形式。"③正是基于这样的认识,麦金太尔有关地方性共同体的构建必须打破现代性的政治结构——资本主义,才有可能实现其政治诉求与价值目标。换言之,地方性共同体可能预示着另一种社会主义。④

关于这样一个共同体的社会究竟是何种政治社会类型,在时隔近 20 年后的《依赖性的理性动物——人类为什么需要德性》一书中,麦金太尔为我们描绘了这种共同体蓝图的具象。在麦金太尔看来,现代政治的重建必须依靠地方性共同体。这种地方性共同体因其特有的气质与蕴含承担起救赎现代性的重责。

第一,共同参与的需要。政治不应该是以某种内战的形式展开,它是一个共享的筹划,为所有成年人所共享,而不是局限于一小部分精英通过操纵获得权力,并且利用权力为自身谋取利益。政治不再是人们为一己之私争夺权力与金钱,而是"将政治活动当作每个有能力参与其中的成年人日常活动的一

① [美]A. 麦金太尔:《追寻美德》,宋继杰译,译林出版社 2008 年版,第 289 页。

② Ashwani Kumar, "Requiem for Modernity or Return to Monastic Community?", *The Indian Journal of Political Science*, Vol. 67, No. 4(OCT.−DEC., 2006):936.

③ Daniel Bell, *Communitarians and Critics*, Clarendon Press: Oxford, 1993:17.

④ 本研究所讨论的"社会主义"特指以英国新左派为代表的有关社会主义的思想。麦金太尔作为英国新左派早期的代表人物,其关于社会主义人道主义等思想为后期新左派人物的社会主义思想发展奠定了道德基础。因而,在英国新左派的语境下讨论社会主义,其有历史的承继性与一贯性。

个方面"①。因此,"这种共同体的政治便不是现代国家政治中的那种竞争性的利益关系"②。它体现更多的共享与共同参与。

第二,对"正义的慷慨"的德性关注。在地方性共同体中,特别关注"正义的慷慨"这种德性。因为它是给予和接受关系网络中的核心德性之一。马克思在《哥达纲领批判》中指出的社会主义社会的正义公式——按劳分配,是对独立的实践理性者而言的正义。但是,对于那些有能力给予的独立者,尤其是需要接受的依赖者而言,更好的正义则是马克思所说的共产主义社会的正义公式——各尽所能,按需分配。尽管第二个公式的实现还需要一个漫长的未来,但是麦金太尔认为,在地方性共同体中,我们可以用有限的经济资源,以一种不完美的方式去应用它。这样既承认了实践推理者的独立性,又承认了人类的依赖性,从而实现对独立者与依赖者的正义。

第三,共同思虑的德性。每一个人必须"都可以在这些正义的规范所要求的共同思虑中拥有发言权"。③ 这是地方性共同体重要的政治诉求。政治作为一种实践存在,必将追求内在善,而非外在善。"通过给予和接受的网络构建起来的共同体之中必然会有某种共同的道德承诺,正因为有这些承诺,共同的思虑才有可能,对那种思虑以及它构成其中一部分的生活方式进行共同的批判性探究才有可能。"④当共同体成员共同思虑何为最好的生活方式时,就是在为共同体选择一个终极目的,即共善的政治。这种共善的政治将会反映所有共同体成员的需要,无论独立者,还是依赖者。麦金太尔强调共同思虑的德性,也就是要求共同体每一个成员对共同思虑都拥有发言权,尤其是如何保障依赖者的有效发声。他提出通过依赖者的代理人承担此角色。需要注意的是,麦金太尔认为代理人的角色并不是为了表达依赖者群体的特殊利益,而应该是有关对共同体终极目的的共同思虑。

---

① ［美］A. 麦金太尔:《依赖性的理性动物——人类为什么需要德性》,刘玮译,译林出版社 2013 年版,第 117 页。

② ［美］A. 麦金太尔:《依赖性的理性动物——人类为什么需要德性》,刘玮译,译林出版社 2013 年版,第 119 页。

③ ［美］A. 麦金太尔:《依赖性的理性动物——人类为什么需要德性》,刘玮译,译林出版社 2013 年版,第 108 页。

④ ［美］A. 麦金太尔:《依赖性的理性动物——人类为什么需要德性》,刘玮译,译林出版社 2013 年版,第 133 页。

　　麦金太尔认为,对共同体的共同善的思虑,必然要求一种地方性共同体的社会政治模式,而不是现代国家,或是家庭。在麦金太尔看来,国家最大的政治职能是提供公共安全,但是公共安全的重要性也不能遮蔽一个事实,那就是"人们分享的现代民族国家的公共利益并不是一个真正的国家范围的共同体的共同善,而当民族国家将自己伪装成这种共同善的护卫者时,其结果必然是荒谬可笑的或灾难性的,也可能二者兼有之"①。换言之,公共利益与共同善不能混为一谈。承认依赖性的德性,要求对共同善有广泛的认同。尽管国家是实现某些人类目标的有效手段,比如制定并通过《未成年人保护法》,但是,现代国家的政治框架中由于缺乏"正义的慷慨"的德性,因而无法实现给予和接受的社会关系网络。此外,家庭由于缺乏自足性,因而也无法实现承认依赖性的德性所要求的对共同善的认同。因此,麦金太尔认为,通过承认依赖性的德性产生和维持的共同善,不能在国家和家庭这样的团体形式中实现,而只可能是某种形式的地方性共同体。尽管不是每一个地方性共同体都是良好的,但是一种良好的政治只可能发生在地方性共同体之中。麦金太尔没有精确指定这种地方性共同体的规模,但是肯定它的规模将处于国家与家庭之间。

　　基于给予和接受的社会关系网络的地方性共同体,是麦金太尔对重建现代性的一种政治构想,并用以反抗现代资本主义制度的具体政治主张,其充分体现了对资本主义的批判。同时,他还认为,"人类已经经历了所有其他社会形态,社会主义则是他们将要生活于其中的社会形态"②。由此看来,如果在现行社会形态下无法实现地方性共同体,那么,在麦金太尔心目中,地方性共同体应该是某种社会主义的政治形式。这不仅仅因为地方性共同体是麦金太尔关于未来社会政治模式的筹划,而且还因为地方性共同体也确实蕴含着社会主义的关键特质。

　　首先,推翻资本主义制度是社会主义的基本任务。乔瑞金教授在《英国

---

　　① [美]A. 麦金太尔:《依赖性的理性动物——人类为什么需要德性》,刘玮译,译林出版社 2013 年版,第 110 页。原文译者将 common good 译为公益,笔者以为,"公益"在中文语境下所蕴含的意义与 common good 表示的内涵有所偏差,容易引起误解。在现行的伦理学及政治学著作中,对此概念的理解更趋向于一种共同的善,故笔者将此称作"共同善"。

　　② 张亮等编:《伦理、文化与社会主义——英国新左派早期思想读本》,江苏人民出版社 2013 年版,第 84 页。

新左派的社会主义政治至善思想》一文中指出，"推进政治解放运动，尤其是社会制度方面的变革，是迫切的任务"①。对此，新左派倡导："必须恪守马克思主义的原则，即如果没有同制度的内在可能性结合起来的话，寻求社会变迁在实践上就没有什么作用。正是借助于该原则，马克思才使自己与乌托邦主义鲜明地区别开来。"②结合制度，新左派设计了许多关于未来社会主义的理想模型。麦金太尔的地方性共同体可以看作是这种制度预设的成果之一。

资本主义制度由于对共同善的忽视，削弱了任何类型的共同体。"市场关系如果要对整体的幸福有所贡献，而非像它们事实上经常的那样损害和腐蚀共同的纽带，那么市场关系的维系就必须内嵌于某些本地的非市场关系——即那种不加计算的给予和接受关系——之中。"③这种给予和接受的关系正是地方性共同体所具备的社会关系。在此关系中，人们生活的目的不再仅仅是获取财富，社会的福祉也不再仅仅由经济因素衡量。由于"美德传统与现代经济秩序的各主要方面——尤其是它的个人主义、它的贪得无厌和它的将市场价值观抬高到社会的核心地位——格格不入"④。因而，在麦金太尔的地方性共同体中，制度形式"并不推动经济增长，并且在很大程度上需要被隔离和保护起来，免于外部市场力量的冲击"⑤。地方性共同体的组织结构要尽可能限制竞争性利益关系的出现，关键在于缩小收入或财富的不平等。同样，分析的马克思主义者柯恩在平等主义的社会主义构想中也提出，"收入的巨大差别导致了社会缺陷的巨大差别，这些社会缺陷也就破坏了共同体"⑥。因此，麦金太尔在关于地方性共同体的经济体系重建的思考中，与其他的左派社会主义者一样都不再将资本作为第一要素。因为在麦金太尔看来，对财富的追求是对外在善的关注，而不是内在善。它不符合地方性共同体将共同善作为优先的生活方式原则。

---

①　乔瑞金：《英国新左派的社会主义政治至善思想》，《中国社会科学》2014 年第 9 期。

②　[英]安东尼·吉登斯：《现代性的后果》，田禾译，译林出版社 2000 年版，第 136 页。

③　[美]A. 麦金太尔：《依赖性的理性动物——人类为什么需要德性》，刘玮译，译林出版社 2013 年版，第 96 页。

④　[美]A. 麦金太尔：《追寻美德》，宋继杰译，译林出版社 2008 年版，第 289 页。

⑤　[美]A. 麦金太尔：《依赖性的理性动物——人类为什么需要德性》，刘玮译，译林出版社 2013 年版，第 119—120 页。

⑥　乔瑞金：《英国新左派的社会主义政治至善思想》，《中国社会科学》2014 年第 9 期。

其次,共享思想是社会主义的核心价值观。它体现了社会主义的共同体文化特征。在柯恩看来,共同体文化是一种互惠性文化,是非市场的原则。人们不是为了获取回报才提供服务,而是因为人们需要才进行的服务。① 这一观点与麦金太尔所强调的给予和接受的社会关系相契合。在给予和接受的社会关系网络中,给予的德性要求人们不加计算地给予对方以帮助,而不是计算自己得到多少回报。接受的德性则暗含了人们对依赖性的承认,也就是承认了依赖者在共同关系网络中得到认可。独立性和承认依赖性的德性,使人们能够充分重视共同体每一个成员的需要。尤其是对那些依赖者需要的重视,使人们充分意识到这也有可能是他们将会遭遇的境况,从而形成对共同需要和共同善的认识。这也是地方性共同体的显著标志之一。

共享思想不仅体现在互惠性的共同体文化方面,而且还体现在共同参与的政治需求方面。麦金太尔所设想的地方性共同体不再是现代国家政治中竞争性利益关系的角逐场,而是每一个人都对共同思虑拥有发言权的政治共同体。简言之,地方性共同体是一个共享的筹划,共同体成员有着共同善的政治目标和平等的政治话语权。

最后,无论麦金太尔的地方性共同体构想是否是一种社会主义形态,它都是对未来美好社会的一种愿景。无论这种未来社会是社会主义还是共产主义,地方性共同体在性质上无疑是与资本主义社会迥异的,而且也非常不同于目前存在的各种社会主义社会。如果希望实现社会主义的美好愿景,麦金太尔建议人们从地方性共同体的筹建开始。因为面对自由资本主义制度,地方性共同体有能力保留实践与德性,使它们免受现代国家和现代资本主义制度的破坏。在《三种对立的道德探究观》中,麦金太尔提出通过修改大学及其课程,可以更接近于他所鼓励的共同体。

六、结　语

《依赖性的理性动物——人类为什么需要德性》一书是麦金太尔在 1997 年美国哲学年会太平洋分会上发表的三场卡鲁斯讲座的基础上修订、扩充而

---

① 参见乔瑞金:《英国新左派的社会主义政治至善思想》,《中国社会科学》2014 年第 9 期。

成。该书虽然只有 13 万余字，但是著作观点极具洞见，表述清晰易懂，将深邃的哲学论证轻轻松松地呈现在广大公众读者面前。关于人类的脆弱性、为何需要承认依赖性的德性的相关论证也极具说服力。尤其是关于地方性共同体的设想，可以视为麦金太尔对现代性批判的建构性思考。

众所周知，麦金太尔对资本主义制度的拒斥，受到马克思主义的影响。马克思主义对资本主义制度无情的批判，尤其是对资本主义私有制下人们对财富赤裸裸追求的批判，让麦金太尔对现代资本主义社会失望至极。因此，他高声拥护亚里士多德的德性观，期待地方性共同体能够在现时代社会语境下重现亚里士多德的德性光辉。然而，对这样一种未来的社会愿景，许多学者都提出了自己的诘问。比如，麦金太尔对地方性共同体的经济体系规制为对市场关系的控制与限制。从亚当·斯密到哈耶克，再到冯·米塞斯，他们都曾认为，试图控制或限制市场将不可避免地成为试图控制和限制人类的结果，这种方式导致了古拉格（集中营，即极权政治），而不是德性。并且，麦金太尔通过抑制经济增长来缩小贫富差距的希望不仅不会实现，而且还会使穷人陷入持续贫穷的境地并阻止整体生活水平的增进。与此同时，对那些为人们提供生活所需，又从中获利的人给予的是惩罚而不是鼓励。这些都会扼杀人们的主动性和创新性，从而导致社会发展的停滞。①

尽管麦金太尔的地方性共同体构想存在着上述种种不足，但值得欣慰的是，人们对共同体应该追求何种生活方式的讨论仍在继续。或许麦金太尔的地方性共同体无法照亮现实性的黑暗，但是也绝不像其他学者所言，麦金太尔对现代性的拯治方案，不过是在资本主义社会边缘进行修补而已。麦金太尔的目标是要努力说服人们改变对资本主义的忠诚，并且彻底改变资本主义，使人们相信还有一种更好的社会主义存在。

但是，诚如麦金太尔所言，该书还有很多未完成的论证："人类的身份、知觉、评价性判断与事实性判断之间的关系，以及特定性格特征的心理现实。"这四个方面由于篇幅所限，麦金太尔都没有对此展开论述，这是阅读此书的一大遗憾。或许这也给广大读者提供了一个契机，正如麦金太尔在开篇所发出

---

①　Cf. *Political and Philosophy of Alasdair MacIntyre*. http://www. iep. utm. edu/p‐macint/ (2016‐09‐15).

的邀请一样,他为我们指明的是一种方向,而不是提供一种结论。重要的是让读者看到麦金太尔为我们指出了一种重新思考德性的方式以及可探究的路径,这或许可以视作该书的价值所在。

（本文作者:骆婷）

第十七篇　现代主义与后现代主义之争

——哈维《后现代的状况——对文化变迁之缘起的探究》导读

一、引　言

大卫·哈维(David Harvey)是当代著名的英国新马克思主义者,他在继承和坚持唯物史观基本立场的基础上,创造性地将地理学中的空间概念与唯物史观相结合,形成了历史—地理唯物主义的哲学思想,并把它作为解释现代性社会诸多问题的方法论原则,拓展马克思主义在现时代的解释领域,追求马克思主义哲学在社会实践中的主导地位和话语权。哈维在《后现代的状况——对文化变迁之缘起的探究》(本文参考的版本为商务印书馆 2003 年版,以下简称《后现代的状况》)一书中指出:

> 历史—地理唯物主义是一种无限制的和辩证的探究方法,而不是一种封闭的和固定的理解实体。元理论并不是对总体真理的一种陈述,而是与历史和地理真理达成协议的一种努力,那些真理在总体上和在现阶段赋予了资本主义以特征。①

他秉持英国新马克思主义的学术传统,把对资本主义的社会批判和文化批判置于思想建构的核心,基于马克思主义对现代主义与后现代主义展开批判,并将其视为现时代发展文化的正确路径,形成总体性与多样性辩证统一的文化思想的科学方式,消解资本主义混乱和推进社会主义进步的关键。

---

① ［美］大卫·哈维:《后现代的状况——对文化变迁之缘起的探究》,阎嘉译,商务印书馆 2003 年版,第 411 页。

二、回归马克思是文化批判的必要前提

哈维走上展现马克思主义时代意义的道路,是与他所研究和关注的学术问题密切关联的。哈维认为,1972 年以来,文化实践与政治—经济实践中出现了一种剧烈变化。这种剧烈变化与我们体验空间和时间的新的主导方式的出现有着密切关系。① 正是为了破解这种剧烈变化的实质,哈维对现代主义和后现代主义展开批判,旨在通过对时间和空间中资本主义的发展过程及其问题的研究,找到走出现实迷雾的路径。在这一过程中,哈维认识到,资本主义的现实危机并不仅仅是经济和政治问题,同样也包括文化和意识形态问题,甚至后者在现时代处在更加重要的位置。哈维把他的研究成果确定为是对后现代状况的分析,副标题则明确地使用了"对文化变迁之缘起的探究",是很能说明问题的,并在书的第 1 页的第一句话讲的就是"文化实践"的剧烈变化,放到政治—经济实践的前面。

作为英国新左派后期的一个代表人物,哈维秉承了新左派把文化研究置于中心地位的传统,开展了积极的文化批判工作。我们知道,英国新左派的文化研究以威廉斯、汤普森、霍加特和霍尔等为核心,从 20 世纪 50 年代就开始了卓有成效的研究活动,其成果成为新左派的标志。1989 年,新左派旗手威廉斯出版了他自己积 10 多年研究的理论成果《希望的源泉:文化、民主与社会主义》一书,以唯物史观的基本思想,讨论了大量与文化相关联的问题,引发巨大的社会反响和文化研究的热情。2000 年,哈维出版了标题为《希望的空间》的代表作,在"导言"中,明确指出之所以使用这一标题,就是为了与《希望的源泉》相呼应,相信"在历史的这一时刻,我们有一些极为重要的事情需要通过实践一种理论的乐观主义来完成,以便打开被禁锢已久的思想的道路"②。

在哈维看来,我们现在正在面临"文化转向"的问题。文化转向有两个重要的源头,包括"雷蒙德·威廉斯的著作以及对葛兰西著作的研究(两者对于

---

① 参见[美]大卫·哈维:《后现代的状况——对文化变迁之缘起的探究》,阎嘉译,商务印书馆 2003 年版,第 1 页。

② [美]大卫·哈维:《希望的空间》,胡大平译,南京大学出版社 2005 年版,第 16 页。

文化研究运动特别重要。文化研究运动兴起于伯明翰,斯图尔特·霍尔是其最核心的成员)。这一运动的几个令人惊奇的、出乎意料的结果之一是把葛兰西关于'理论悲观主义与意志乐观主义'的论述转变为人类本质的一个有效法则"。① 在《后现代的状况》一书中,哈维集中对现代主义与后现代主义的孰是孰非进行了探讨。哈维认为,面对当前的混乱,人们急切盼望某种政治和思想的指导,似乎只有回到马克思才是正确的和恰当的。正是这样的思想意识,促使哈维去研读马克思的《资本论》,并从中得到了一系列重要的结论。

首先,哈维充分肯定了马克思在《资本论》中对现代工业文明的评价,认为机器大工业是资本主义对人类历史作出的最伟大贡献。

> "马克思提供了有关资本主义现代化最早的和最完整的描述"。他"把启蒙思想的全部广度和力量同对于资本主义易于出现的悖论和矛盾的细微感受结合起来,而且也因为他所提出的资本主义现代化的理论特别有助于在针对后现代性的文化主题时能激发起阅读的兴趣"。②

现代工业文明不仅为人类生产力的发展作出了杰出贡献,而且为人的全面自由发展奠定了坚实的物质基础。工业革命是人类历史上生产力的一次重大飞跃,实现了由"手推磨"向"机器磨"的转变,彻底改变了社会生产方式,形成了以蒸汽机为动力的现代工业体系。大工业也开了人类利用科学技术手段解决实际生产问题的先河,促使人类逐渐意识到了科学技术在改造客观物质世界实践中所起的作用。但是,资本主义生产方式的内在矛盾性就决定了生产资料私有制必将导致现代工业的异化。

其次,哈维坚信《资本论》所揭示的剩余价值学说。

> 马克思在《资本论》中提供的答案是全面的和令人信服的。市场竞争的"强制法则"迫使所有资本家寻求技术上和组织上的各种变化,以增强他们自身相对于社会一般水平的赢利能力,进而把所有资本家带进创新的跳跃式过程,这种创新只有在大规模剩余劳动的条件下才能达到其极限。把劳动者控制在工作场所的要求,压低劳动者在市场上讨价还价的力量(特别是在劳动力相对缺乏和积极的阶级反抗的情况之下),也激

---

① 　[美]大卫·哈维:《希望的空间》,胡大平译,南京大学出版社 2005 年版,第 16 页。

② 　[美]大卫·哈维:《后现代的状况——对文化变迁之缘起的探究》,阎嘉译,商务印书馆 2003 年版,第 99 页。

励资本家去创新。资本主义必然在技术上是能动的,并非因为创新的企业家们具有被神话了的能力(如熊彼特后来要论证的),而是因为资本主义所特有的竞争的强制法则和阶级斗争的状况。①

再次,哈维完全认同马克思在《资本论》中对资本主义现代化过程及其社会危机根源的描述。

马克思所描述的,是在资本主义之下起着作用的各种社会过程,它们有助于个人主义、异化、分裂、短暂性、创新、创造性的破坏、投机性的开发、生产方式和消费方式(愿望和需要)不可预测的转变、变化着的对空间和时间的体验,以及社会变化的充满危机的动力。如果说资本主义现代化的这些状况形成了现代主义与后现代主义思想家们和文化生产者们打造其审美情感、原理和实践的物质语境的话,那么似乎有理由得出结论说:向后现代主义的转折并没有反映出社会状况的任何根本性的"变化"。后现代主义的崛起或者代表了能够或应当就这种社会状况做什么的思考方式的偏离(如果是这样的话),或者反映了资本主义现在正在起着作用的方式的一种变化(这是我们在第二部分中要深入探讨的问题)。就这两种情况而言,如果马克思对资本主义的描述是正确的话,那么就为我们提供了一个非常坚实的基础,以此来思考现代化、现代性与各种美学运动之间的总体关系,它们都从上述状况中汲取了自身的能量。②

最后,哈维认为《资本论》是解读资本主义文化的窗口。

正是马克思的《资本论》,才十分丰富地洞见到了流行的思维状况的内容。它也有助于我们理解:比如说在"世纪末"的维也纳中起作用的各种文化力量,如何构成了这样一种复杂的混合物,以至于几乎不可能说出现代主义的冲动始于何处或者终结于何处。它有助于我们把现代主义与后现代主义两方面的范畴融入一个表现了资本主义文化矛盾的各种对立因素的合成物。我们于是得以把现代主义与后现代主义两者的各种范畴,看成是强加于对动态的各种对立因素易变的解释之上的静态的具体

---

① [美]大卫·哈维:《后现代的状况——对文化变迁之缘起的探究》,阎嘉译,商务印书馆2003年版,第141页。

② [美]大卫·哈维:《后现代的状况——对文化变迁之缘起的探究》,阎嘉译,商务印书馆2003年版,第150页。

化。在这种内在关系的模型内部,决没有一种固定的结构,却有集中化与分散化之间、权威与解构之间、等级制与无政府之间、持久性与灵活性之间、细致的与社会的劳动分工之间(只列举了众多对立因素当中的一些可以确证的)的一种来回摇摆。现代主义与后现代主义之间范畴的鲜明差别消失了,要被一种考察所取代,即对于当作一个整体的资本主义内部内在关系之不断变动的考察。①

在我们看来,哈维基于马克思《资本论》等经典著作形成的这些认识,对于文化批判的学术工作来说,是十分重要的,用哈维的话来说,是奠定了文化批判的基础。

三、现代主义文化背弃了启蒙思想的政治诉求

正是基于马克思主义哲学和历史—地理唯物主义的基本立场,哈维反对将空间视为机械的、单一的传统观念,认为空间不仅具有物质性,还具有社会性。而文化作为社会的产物,与空间有着千丝万缕的联系。他指出,地理学的空间概念"取决于亲身的实际经验和特定社会中积累起来的文化阅历"②。在面对现代主义与后现代主义的激烈碰撞时,哈维并没有对这两种思潮采取武断的全盘肯定或是全盘否定态度,而是将二者视为资本主义在文化层面的现实写照。现代主义所表现出的刻板的总体性与后现代主义所表现出的叛逆的个性,并不是当代文化发展的理想选择。作为一个坚定的马克思主义者,哈维选择了回到马克思,试图在时空辩证的语境中塑造一种总体性与多样性相协调的文化。

哈维充分肯定了现代主义文化对于人类打碎封建主义枷锁,从扭曲的宗教意识中解脱出来,大力发展了社会生产力的积极作用。同时,它也是一个内在矛盾的结合体,既表现出永恒不变的一面,又表现出短暂分裂的一面。纵观现代主义的发展历程,永恒或分裂成了各个时代的主题,二者势均力敌,此消

---

① ［美］大卫·哈维:《后现代的状况——对文化变迁之缘起的探究》,阎嘉译,商务印书馆2003年版,第424页。

② ［美］大卫·哈维:《地理学中的解释》,高泳源、刘立华、蔡运龙译,商务印书馆2012年版,第274页。

彼长,而在二者的激烈对抗中也暗含着一种总体性的规划。但是这种总体性的规划并不是要实现人类的解放,而是对人类的一种普遍的压迫,并以文化霸权的形式表现。

哈维对现代主义文化霸权的特征做了较为全面的概括,具体内容包括:现代主义已然成为人类秩序的巨大的破坏性力量;它本身具有一种内在断裂和分裂的绝无止境的过程,从而使文化成为分裂的牺牲品;尽管现代主义是一种进步的观念,具有人类解放的意义,但它在今天却成了文化支配和压迫的逻辑;现代主义使一切流变凝固下来,转变为对永恒的发言者;现代主义打造了现代生活的机器,从而成为文化统治者;现代主义是一种都市文化,导致了文化的断裂;现代主义试图以其民主化精神和普遍主义,抵制无政府主义、混乱和绝望,但它却蜕变为帝国主义;现代主义是一种英雄主义,试图消除各种经济上、政治上和文化上的挑战,展现正义,但它却带来了社会剥削和巨大的不平等;现代主义是权力中心主义,造就了官僚主义、权威和等级森严的社会阶层。

> 当反现代主义运动与自由资本主义和帝国主义结合起来时,几乎就像是现代性的普遍主张已经获得了如此巨大的成功,以至于为抵抗盛期现代主义文化霸权的世界主义的、跨越国界的、因而全球性的运动,提供了物质上的和政治上的基础。1968年的这场运动虽然失败了,但至少按它本身的条件来判断,却必须把它看成是后来朝着后现代主义转折的文化上的和政治上的预兆。[①]

总体而言,哈维对现代主义的看法是,它丧失了作为一种相对于反动的、"传统主义的"意识形态的革命性矫正方法的吸引力。

哈维认为,早期的现代主义继承了启蒙文化的价值理念,启蒙理性的规划奠定了现代主义的总基调。

> 有一条延绵不断的思路,从伏尔泰对理性化的城市计划的关注,到圣西门关于通过大量投资于运输和交通而把各种资本与统一的土地联系起来的观点,和歌德在《浮士德》里英雄主义式的祈祷——"让我为了千百

---

① [美]大卫·哈维:《后现代的状况——对文化变迁之缘起的探究》,阎嘉译,商务印书馆2003年版,第55页。

万人开创空间/以供居住,虽不牢固却积极自由"——以及这些规划作为19世纪资本主义现代化进程之组成部分的最终实现。启蒙运动的思想家们相似地指望通过科学预言的力量、通过社会工程和理性计划、通过把社会调节和控制的理性体系常规化来支配未来。他们实际上盗用了文艺复兴的空间和时间概念,并把它们推向力求建造一个新的、更加民主的、更加健康的和更加富裕的社会的极限。①

启蒙运动在理性光环的照耀下将世俗社会从宗教迷信与封建领主的压迫中解放出来,力图创造一个普遍的、永恒的理想社会。依靠先进的科学体系和合理的社会组织,人类的自由与解放指日可待。

但是,事实却并非如此。

启蒙运动的思想家们把某些理想化的空间与时间的概念当作真实的,冒着把人类体验与实践活动的自由流动局限于理性化结构的危险。正是在这些条件中,福柯才发觉了启蒙运动的实践中朝着监视和控制的压迫性转折。②

伴随着19世纪资本主义社会内部矛盾的日益尖锐化,启蒙理性遭到了普遍的质疑。非欧几何学与相对论的出现彻底颠覆了启蒙时代的传统科学根基;审美观念与艺术、绘画等表现手法的改变激烈地排斥着启蒙运动的文化元素;各地不断爆发的工人起义与周而复始的经济危机将整个资本主义世界推向了混乱的巅峰。两次世界大战的创伤促使人们急需寻求一种总体性社会规划理念来结束两次世界大战带来的混乱局面。

启蒙运动的思想家们追求一种更加美好的社会。他们在这么做时不得不关注作为必要条件的空间与时间的合理安排,以建构一种确保个人自由和人类幸福的社会。这个规划意味着按照全新的条件重建权力空间,但它证明了不可能详细说明这些条件可能是什么。③

----

① ［美］大卫·哈维:《后现代的状况——对文化变迁之缘起的探究》,阎嘉译,商务印书馆2003年版,第311—312页。

② ［美］大卫·哈维:《后现代的状况——对文化变迁之缘起的探究》,阎嘉译,商务印书馆2003年版,第316页。

③ ［美］大卫·哈维:《后现代的状况——对文化变迁之缘起的探究》,阎嘉译,商务印书馆2003年版,第322页。

于是,代表着启蒙文化复归的企业资本家登上历史舞台,成为社会主导的权力中心。在"技术—官僚理性"的主导下,企业资本家完成了以"线性进步"、"绝对真理"、"理想社会秩序"为特征的总体性规划,并以跨国公司为载体在第三世界迅速蔓延。这正是作为战后世界霸主的美国将自身视为文明标尺在全球范围内推行霸权主义文化的表现。因此,

> 文化帝国主义在维护全面霸权中,成为一个重要的武器。美国将自己构想成自由的灯塔,其独一无二的力量能够将世界其他国家带入永恒的、和平与繁荣的文明世界。①

正是这种"技术—官僚理性"的总体性压迫,最终导致了20世纪60年代在巴黎、东京、柏林等城市掀起的反文化与反现代主义的运动,并由此催生了后现代主义。

哈维将现代主义视为资本主义生产方式下的文化表现形式,要想厘清文化产生之根源就必须考察文化幕后的经济因素。哈维以资本积累体制为切入点,阐释了现代主义产生的经济根源。他认为,现代主义是所谓"福特主义"积累体制的产物,主要依靠的是企业管理与技术上的创新,而不是资本主义初期原始资本积累过程中所凭借的侵略与殖民。它主要通过以下两个方面来实现:一是以大规模的生产流水线替代高度熟练的手工工业,优化劳动力的配置;二是以凯恩斯主义为指导的国家干预政策。它的目标是通过运用企业的力量来构建一个理性的、现代主义的、平民主义的民主社会。这种资本积累方式所导致的后果就是加快了资本的周转速度,促使资本在更大的范围内拓展其市场,即产生了"时空压缩"效应。

正是由于"福特主义"在全球范围内的横行,其在意识形态上必将表现为一种霸权主义,而现代主义的总体性倾向恰恰也迎合了这种刻板的、标准化的、大规模的生产模式。

> 在所有这些特定的刻板的背后,存在着一种相当难以控制的、表面上的政治权力和相互关系的固定结构,那些关系把大劳动力、大资本和大政府限制在日益显得是那么狭隘地界定的既得利益的机能失调的包围之

---

① [美]大卫·哈维:《新帝国主义》,初立忠、沈晓雷译,社会科学文献出版社2009年版,第47页。

中,以至于破坏了而不是确保了资本积累。①

由此,"福特主义"在推行过程中也必将受到阻碍。劳动控制的刻板、大众消费统治之下生活质量的平淡乏味、第三世界的抵触最终导致了"福特主义"积累方式向灵活积累方式的转变,这也是导致现代主义向后现代主义变迁的根源。这一切都表明,现代主义文化背弃了启蒙思想的政治诉求,人类期盼新的思想和文化。

四、后现代主义文化并不是积极的替代方案

哈维认为,后现代主义产生于20世纪60年代的反文化、反现代主义的运动之中,以分裂、不确定性、对总体性的否定为标志,表现为对现代主义的反抗与叛逆。它在电影、绘画、文学作品、城市规划等领域都彻底颠覆了现代主义的审美观和价值观。它放弃了绝对真理的信仰,拒斥一切普遍主义,捍卫"他者"的发言权,张扬个性,最终陷入了相对主义的漩涡。哈维明确指出:

> 后现代时空压缩的条件,在很多方面都夸大了过去一次又一次困扰着资本主义现代化过程的各种困境。当经济的、文化的和政治的回应可能恰恰都不新颖之时,这些回应的范围在某些重要的方面都不同于以前所出现的各种回应。自60年代以来西方资本主义时空压缩的强度,以及它在政治、私人和社会领域过多的短暂性与分裂的所有一致的特点,看来的确表明了一种体验的语境,它使后现代的状况变得有点特殊。但是,通过把这种状况放到它的历史语境之中去,作为由资本积累及其不断追求通过时间消灭空间和减少周转时间所产生的时空压缩接连不断的浪潮之历史的一部分,我们至少可以把后现代的状况拉进历史唯物主义的分析和解释可以接近的一种状况的范围之中去。②

事实上,后现代主义不是凭空出现的,它只是现代主义在晚期资本主义社

---

① 〔美〕大卫·哈维:《后现代的状况——对文化变迁之缘起的探究》,阎嘉译,商务印书馆2003年版,第188—189页。

② 〔美〕大卫·哈维:《后现代的状况——对文化变迁之缘起的探究》,阎嘉译,商务印书馆2003年版,第385页。

会的延续,是现代主义内在危机与矛盾的集中反映。

后现代主义表现的是"他者"的诉求,因此在文化上必定表现出通俗性,它以短暂而流变的行为艺术取缔由精英主导的高雅文化,从表现形式上更加贴近大众,迎合不同阶层社会成员的欲求。但是哈维并没有被后现代主义所呈现的价值理念所迷惑,他将其视为资产阶级意识形态的伪装,掩盖了日益激化的阶级冲突。哈维从城市规划角度,对比了现代主义与后现代主义在城市设计理念上的差异,阐述了城市规划理念对人们生活方式的影响。现代主义的城市规划理念主要呈现出大规模集中的、以技术理性为核心的、倡导功能性的、简朴的特点。哈维指出,现代主义的都市格局是一种不加修饰的国际主义,它是资产阶级意识形态的赤裸裸的表征,是象征着资本逻辑的纪念碑。随着战后资本主义社会内部矛盾的日益激化,城市中心成了受压迫群众表达不满、进行反抗的场所。纪念碑式的现代主义建筑风格给予人们一种强大的意识形态压迫感,暴动、骚乱在现代主义都市中不断上演。与理性主义、国际主义、功能主义的现代主义城市规划理念相反,后现代主义的城市布局则显现出拼贴的、层层相覆的、分裂的特征。后现代主义把空间视作独立自主的。因此,后现代主义的城市规划理念注重于个性化空间的创造,热衷于彰显本地历史和传统,追求特殊需求与癖好。面对愈演愈烈的阶级冲突与社会分裂,后现代主义彻底改变了现代主义纪念碑式的建筑风貌,以科学中心、水族馆、会议中心、小船坞、各种旅馆以及类似于迪士尼乐园的娱乐城堡等服务性建筑充斥着城市中心。文化的商业化促使消费主义价值观极度膨胀,这些"令人愉快的建筑"背后蕴含着资本嗜利的本性。后现代主义虚幻的城市布局转移了人们的视线,暂时缓解了社会不同阶层的紧张情绪,这只是资产阶级为应对各种危机而被迫作出的对社会内部机制的改良,而不是社会制度的根本性变革。

哈维从社会基本矛盾出发,认为作为一种文化的变迁,现代主义向后现代主义的转变必将归因于资本主义经济体制的改变。自 20 世纪 60 年代以来,凯恩斯主义主导下的国家干预政策无法应对资本主义的固有矛盾,无法根治资本主义周而复始的经济危机。在此大背景下,"福特主义"的积累方式受到普遍质疑,其致命弱点开始显现,具体表现为三大"刻板":第一,长期的、大规模的对生产体系固定资本投资的刻板;第二,劳动力分配和劳动契约方面的刻板;第三,国家干预政策的刻板。因此,"刻板"的"福特主义"积累方式终将被灵活积累方式所取代。与大规模集中化的"福特主义"规模经济模式不同的是,灵活积累采取以小批量生产与转包为特点的区域经济模式。这种模式有效地克服了"福特主义"体制刻板的缺陷,满足了更大范围的市场需求。灵活积累体制的实现主要依赖于以下两个方面:一方面取决于对最新、最准确的商业信息的把握,另一方面取决于对最新科技成果的运用。灵活积累体制引起了产业模式的变化,服务业由此兴盛,取缔了制造业的主导地位。而服务业的兴起刺激了文化产业的发展,于是后现代主义文化成了晚期资本主义意识形态的风向标。哈维敏锐地意识到:

> 灵活积累在消费方面已经伴随着更加密切的关注快速变化着的时尚、调动一切引诱需求的技巧和它们所包含的文化转变。福特主义的现代主义相对稳定的美学已经让位于后现代主义美学的一切骚动、不稳定和短暂的特质,这种美学赞美差异、短暂、表演、时尚和各种文化形式的商品化。[①]

因此,后现代主义"是一种日常生活中的替代,产生于积累形式的变化——由相对稳定的凯恩斯和福特模式而转向由高度竞争、企业主义和新保守主义而推出的一种更具弹性的体制"[②],是现代主义的延续,是资本主义经济体制在文化层面的反映,并不能解决根本问题。

后现代主义之所以要对总体性进行反抗并捍卫"他者"的发言权,其主要原因就在于现代主义的元叙事、元语言、元理论掩盖了差异性,忽视了分离与细节,最终导致 20 世纪 60 年代的现代主义危机。后现代主义将注意力转向性别、种族、阶级所表现出的各种差异,突出那些被现代主义抛弃的弱势群体的诉求,然而,它并没有战胜现代主义,因为后现代主义对现代主义的全面抛弃,特别是对现代主义物质成就的否定,是一种草莽之举。

> 轻易地一笔勾销了现代主义实践的物质成就,同样是错误的。现代主义者们找到了一种控制和容纳爆发性的资本主义状况的方式。例如,

---

① ［美］大卫·哈维:《后现代的状况——对文化变迁之缘起的探究》,阎嘉译,商务印书馆2003 年版,第 201—202 页。

② David Harvey, *The Urban Experience*, Oxford(UK), Cambridge(USA): Blackwell Publishers, 1989, p.13.

他们在组织都市生活、有能力以这样一种方式建造空间去容纳造成20世纪资本主义都市迅速变化的各种交叉进程方面卓有成效。如果说在所有这一切之中蕴涵着一种危机的话,那么并不清楚的是:该受谴责的是现代主义者而不是资本家们。在现代主义的先贤祠里确实有一些杰出的成功者(我注意到了60年代初期英国的学校建筑和设计计划,它们在紧张的预算压力之下解决了一些尖锐的教育房舍的问题)。①

后现代主义所倡导的理念是危险的,因为它回避了当代政治经济的发展现状与全球权力格局的变化,是一种虚幻的假象。

利奥塔把向每个人开放数据银行当作彻底改革之开端的"根本建议"(似乎我们都将拥有利用那种机会的同等权利)的愚蠢,是具有启发性的,因为它表明了即使是最坚定的后现代主义者最终也具有把某种姿态普遍化的一面(如利奥塔对正义的某种纯真概念的诉求),或者像德里达那样陷入政治上的完全沉默。元理论不可能被破除。后现代主义者只不过把它推到了隐蔽之处,它在那里继续作为一种"现在没有被意识到的功效"起着作用。②

后现代主义,以及它对"享乐"之短暂的强调,它坚决主张他者的不可测知性,它专注于文本而非作品,它爱好近于虚无主义的解构,它偏爱美学而非伦理学,都把问题带得过远。它把它们带到了超出连贯一致的政治所能允许的地步,它寻求与市场无耻地和解的方面则把它牢牢地置于一种企业文化的轨道之上,而那种文化则是反动的新保守主义的标志。后现代主义哲学家们告诉我们,不仅要接受,甚至还要通过理解现代世界的困境而迷恋分裂与不和谐的声音。他们迷恋于解构自己所碰到的一切论证形式并使之非合法化,因而只能以宣告他们自己的合法主张无效而告终,以至于没有任何东西还是合理行动的基础。后现代主义要我们接受非人的异化和隔离,实际上是赞美伪装和掩饰的行为,赞美对地方、场所或社会群体的盲目崇拜,却又否认那种能够把握政治—经济过程(货

---

① 〔美〕大卫·哈维:《后现代的状况——对文化变迁之缘起的探究》,阎嘉译,商务印书馆2003年版,第154页。

② 〔美〕大卫·哈维:《后现代的状况——对文化变迁之缘起的探究》,阎嘉译,商务印书馆2003年版,第156—157页。

币流动、国际劳动分工、金融市场及类似的东西）的元理论，那些过程在其深度、强度、达到和支配日常生活的力量方面正在变得愈益普遍化。①

　　最糟糕的是，后现代主义思想在通过承认他者声音的本真性而展现出一种根本性的前景的同时，随即通过使他者聚居在一群愚钝的他者之内而阻隔了那些他者的声音接近更为普遍的权力资源，阻隔了这种或那种语言游戏的特性。因而，它剥夺了在一个不平衡的权力关系世界里的那些人（妇女、少数民族和种族、殖民地人民、失业者、年轻人等）的发言权。国际银行家集团的语言游戏也许是我们难以理解的，但这并没有使它等同于市中心贫民区的黑人们出于权力关系立场的同样难以理解的语言。②

后现代主义是资本主义意识形态的一种伪装，捍卫"他者"的发言权只是一句毫无意义的政治口号，对总体性的彻底否定不仅阻隔了各群体间的相互联系，而且将不同群体的心声仅仅限制在各自的特定空间之内，实际上是剥夺了"他者"的发言权。

　　哈维最终得出如下结论：

　　在现代主义广泛的历史与被称为后现代主义的运动之间更多的是连续性，而不是差别。在我看来更明显的是，把后者看成是前者内部的一种特定危机，一种突出了波德莱尔所阐述的分裂、短暂和混乱一面的危机（马克思十分令人钦佩地把这个方面当作资本主义生产方式的整体来分析），同时又表达了对于一切特定处方的深刻怀疑态度，正如怀疑应当如何设想、表达或表现永恒与不变一样。③

　　由此可见，现代主义与后现代主义的矛盾就是普遍主义与多元主义、本质主义与非本质主义、总体性与个性的矛盾。后现代主义并不能成为现代主义的真正替代方案。

---

　　① ［美］大卫·哈维：《后现代的状况——对文化变迁之缘起的探究》，阎嘉译，商务印书馆2003年版，第155—156页。

　　② ［美］大卫·哈维：《后现代的状况——对文化变迁之缘起的探究》，阎嘉译，商务印书馆2003年版，第156页。

　　③ ［美］大卫·哈维：《后现代的状况——对文化变迁之缘起的探究》，阎嘉译，商务印书馆2003年版，第155页。

五、在时空辩证统一的语境中重构当代文化

哈维在对现代主义和后现代主义展开批判的过程中,一方面确立了马克思主义的基础地位;另一方面也看到了现代主义和后现代主义的重大问题,即:

> 不把差异和"他者"当作某种附加于更为根本的马克思主义范畴(如阶级和生产力)之上的东西来对待,而是当作试图把握社会变化之辩证法时从一开始就应当无所不在的某种东西。在历史唯物主义的探究(及其对货币和资本流通之力量的强调)与阶级政治(及其对解放斗争的统一性的强调)的全面框架之内恢复种族、性别、宗教这些方面的社会组织的重要性,不能被估计得过高。[①]

他结合在地理学、政治学、经济学等方面的研究,认识到,只有在时空辩证统一的语境中构建一种既能集中体现人类解放的总体性,又能充分给予"他者"发言权的多样性的新型文化,才是根本的出路,并形成了历史—地理唯物主义的哲学思想。

在哈维看来,马克思的历史唯物主义着重强调了时间维度,但也蕴含着对空间问题的思考。

> 认识到了空间维度与时间维度有关系,存在着社会行动的现实的地理学,存在着现实的与隐喻的权力领域和空间,它们在把资本主义地理政治学的各种势力组织起来时变得至关重要,同时,由于它们是无数差异和他者的场所,因而必须根据它们自身并在资本主义发展的全面逻辑之内来进行理解。历史唯物主义最终将开始认真对待它的地理学。[②]

在马克思的《共产党宣言》和《资本论》等著作中,不仅看到了资产阶级在反对封建主义和解放生产力方面对人类社会进程所做的积极贡献,同时也从空间角度对资本主义生产方式进行了批判。马克思敏锐地察觉到,资本主义

---

① [美]大卫·哈维:《后现代的状况——对文化变迁之缘起的探究》,阎嘉译,商务印书馆2003年版,第411页。
② [美]大卫·哈维:《后现代的状况——对文化变迁之缘起的探究》,阎嘉译,商务印书馆2003年版,第411页。

制度所创造的这种表面上的繁荣景象,无法掩饰诸如劳资冲突激化、贫富分化加剧等一系列社会危机,这一切都对资产阶级所赖以生存的生活方式造成了严重的破坏。面对这一系列社会危机,资产阶级所采取的措施是:

> 一方面不得不消灭大量生产力,另一方面夺取新的市场,更加彻底地利用旧的市场。这究竟是怎样的一种办法呢? 这不过是资产阶级准备更全面更猛烈的危机的办法,不过是使防止危机的手段越来越少的办法。①

马克思早已意识到了资本主义在地理上呈现出的不平衡发展及其在资本积累中的作用,其集中表现为资产阶级在创造新的发展空间的同时又毁灭了其自身的地理基础。更值得关注的是,在马克思的思想中,已经体现出了时空压缩的概念:资本主义

> 把商品从一个地方转移到另一个地方所花费的时间缩减到最低限度。资本越发展,从而资本借以流通的市场,构成资本流通空间道路的市场越大,资本同时也就越是力求在空间上更加扩大市场,力求用时间去更多地消灭空间。②

但是,哈维认为马克思恩格斯在将空间问题引入其研究领域时也存在着矛盾:

> 一方面,城市化、地理转型和"全球化"这些问题在他们的论述中占据着显著地位,但另一方面,地理重构的潜在结果往往会迷失于下列这样一种修辞模式中,即最后总是把时间和历史凌驾于空间和地理之上来考虑。③

因此,哈维着重强调了空间维度在研究社会历史问题中的重要性。

针对现代主义与后现代主义所表现出的总体性与个性之间的矛盾,哈维创造性地将时空维度引入对现代主义与后现代主义的批判之中,认为"在理解世界时,应该给予过程、洪流、潮流本体论的优先地位"。④ 现代主义的时空体验作为启蒙运动时代时空体验的延续,表现出了时空压缩的特性。启蒙运动的时空观表达了新兴资产阶级对理性主义的、普遍主义的、永恒不变的社会

---

① 《马克思恩格斯文集》第 2 卷,人民出版社 2009 年版,第 37 页。
② 《马克思恩格斯文集》第 8 卷,人民出版社 2009 年版,第 169 页。
③ [美]大卫·哈维:《希望的空间》,胡大平译,南京大学出版社 2005 年版,第 24 页。
④ David Harvey, *Justice, Nature and the Geography of Difference*, Oxford: Blackwell Publishing, 1996, p.7.

运行模式的向往。启蒙运动彻底动摇了封建统治的根基，将世俗社会从封建教会中解放出来，时间与空间也获得了全新的含义。哈维指出，1847年到1848年所发生的席卷资本主义世界的社会危机在时间的体验上彻底打破了启蒙运动"一往无前的时间"的体验，现代主义在经济危机上更多地呈现出了某种"循环的时间"意义，而在阶级冲突中表现出了一种"交替的时间"感觉。从空间维度来看，资本在空间上的扩张，削弱了各国抵御风险的能力，加剧了经济危机在全球范围内的蔓延。在资本国际主义的支配下，文化不可避免地呈现出普遍性、共时性、短暂性的特征。哈维把现代主义危机的根源归于时间对空间的侵蚀，后现代主义的出现正是为了消除这一时空矛盾。后现代主义奉行空间保护主义，对时间进行反抗。一方面，"福特主义"积累机制向灵活积累机制的转变，使得区域经济取代了规模经济，小规模、分散的生产机制能够有效地适应市场的需求，避免因盲目地加速生产而导致供过于求；另一方面，后现代主义为不同阶层量身定制了文化的空间，试图通过创建封闭式的空间来抵制文化霸权主义的蔓延。然而，后现代主义的这种多元主义倾向是危险的。这种主张非但不能解决时空矛盾，反而造成了新一轮的更加剧烈的时空压缩。它将人类社会引入普遍的混乱之中，最终导致资本主义生产方式遭到破坏，社会革命因此到来。

从马克思主义立场对现代主义与后现代主义文化危机的思考，使哈维认识到，需要在时空辩证的语境中来创建一种总体性与多样性相统一的新型文化，才能消除困惑，走出现实的危机。他在《希望的空间》一书中，将时空乌托邦分为两种类型：一种被称为空间形式的乌托邦，另一种被称为社会过程的乌托邦。他用培根笔下的新大西岛来描述空间乌托邦的情形：它营造了一种孤立的、封闭式的空间，时间因素被排除在外，历史被永恒地定格在了"快乐的稳定状态"。与此截然相反的是，社会过程的乌托邦以时间序列为轴线，完全忽略了空间地点的特性。哈维认为，斯密所倡导的古典自由主义与随后兴起的新自由主义，都是这类乌托邦形态的典型代表。从文化角度来看，现代主义与后现代主义分别对应着社会过程的乌托邦与空间形式的乌托邦。

社会过程乌托邦所蕴含的普遍主义、理性主义的价值理念与现代主义所表现出的总体性文化特质是相吻合的。值得注意的是，现代主义文化在资本主义生产方式的主导下，在全球范围内的强行推广消解了地域性文化的差异，吞噬了文化的多样性，最终走向文化霸权主义。哈维认为，现代主义文化的总体性暗含着资本的逻辑，即资本增值的无限制加速与资本在空间范围内的无限制掠夺。因此，现代主义文化的总体性表现为资本对人类的压迫，而这正是后现代文化所要反抗的。后现代主义所倡导的空间保护主义正是空间形式乌托邦的展现。它试图捍卫地域性文化，并将其限制于封闭式的空间之中，以此来抵御文化霸权主义的侵蚀。但是，它对文化总体性的排斥抹杀了不同文化进行沟通的可能性，阻碍了文化的交流与融合，最终步入了文化多元主义的危险境地。哈维指出：

> 金钱社会加上理性化了的空间和时间，不仅按一种相反的意义来解释自己，而且各种运动也必须面对价值的问题、它的表现以及适合于它们自身再生产的空间与时间的必要结构。它们在这么做时必然会使自身面对化解金钱的力量、通过资本流通的动力而达到对空间和时间的不断变化的解释。简言之，资本在继续支配着，它这么做部分是通过控制空间和时间的优势，甚至是在反对运动暂时获得了对于一个特定场所的控制之时。后现代主义的政治所强调的"他者"和"区域抵抗"可能在一个特定的场所繁荣兴旺。但是它们在协调普遍被分裂的空间时，在资本主义全球化的历史时代的前进中，都过于经常的服从于资本的力量。①

因此，后现代主义的反抗依旧无法逃脱资本对文化的控制。

社会过程的乌托邦形态与空间形式的乌托邦形态都是片面的，二者都只是强调了时间与空间中的一个维度，割裂了时间与空间之间的联系。哈维认为，这是资产阶级惯用的"非此即彼"的辩证法所导致的认识论危机。对此，哈维所要做的就是将这两种乌托邦形态所表现出的特质统一于时空辩证乌托邦之中，以"既又"的辩证法取缔"非此即彼"的辩证法。从更深层次分析可知，强调宏大叙事的社会过程乌托邦与突出地域性特质的空间形式乌托邦蕴含着共性与个性的矛盾，而这正是哈维解决现代主义与后现代主义文化危机的时空语境。哈维认为，现代主义文化与后现代主义文化之间的矛盾就是总体性与多样性之间的矛盾，而这一矛盾在资本主义语境中是无法解决的。因

---

① ［美］大卫·哈维：《后现代的状况——对文化变迁之缘起的探究》，阎嘉译，商务印书馆2003年版，第298—299页。

此,哈维试图在时空辩证的乌托邦语境中,运用"既又"的辩证法,彰显文化的总体性与文化的多样性。

六、结　语

从价值观上看,现代主义更倾向于普遍主义与国际主义而拒斥地方观念与民族主义。文化霸权主义淹没了文化的多样性,这种文化的总体性规划所表达的绝非启蒙运动所倡导的人类解放,而是对人类的一种普遍压迫。而后现代主义的出现非但没能解决霸权主义所带来的全球危机,反而造就了一种更为剧烈的时空压缩体验。后现代主义打着捍卫"他者"的旗号对现代主义采取全盘否定态度,而结果却是种族主义、恐怖主义、极端主义在全球范围内的肆虐,最终陷入了多元主义的境地而无法自拔。在《后现代的状况》一书中,哈维始终坚持以《资本论》与《共产党宣言》为理论工具对现代主义、后现代主义展开批判,揭露了现代主义所呈现出的文化霸权主义,批判了后现代主义者对工人阶级的不信任与对历史唯物主义的抛弃。他认为,马克思主义的最大功绩在于强调了在差异性和多样性中寻求统一性,而哈维在《后现代的状况》中则着重强调统一性中的差异性与多样性。"共同性与差异性的辩证法尚不能够以《共产党宣言》的概述所暗示的方式达到令人满意的效果(如果说它曾经能够做到),即使其团结起来的基本逻辑和指令是正确的。"[①]因此,必须发展马克思主义,进一步拓展马克思的唯物史观与辩证唯物主义理论,在新的历史条件下,赋予马克思主义强大的解释力、生命力、创造力。《后现代的状况》一书集中体现了哈维力图在多样性与统一性的辩证语境中探寻文化希望空间的迫切愿望,这正是他发展马克思主义的一种尝试。

(本文作者:毛振阳)

---

① ［美］大卫·哈维:《希望的空间》,胡大平译,南京大学出版社 2005 年版,第 39 页。

第三部分

新现实主义

在我看来,社会主义是势不可挡的,人们只是因为受阶级和其他偏见的非理性因素的影响才反对它。社会主义运动当然需要鼓动原则,这些原则在社会主义运动中也大量存在。我的研究工作就是澄清和捍卫历史唯物主义。

——科恩

马克思主义在社会领域中与原子和分子的等同物就是劳动价值和生产方式。而《资本论》是马克思经济学的基础,它科学地应用了马克思的科学方法,并且,根据这个方法,它能够脱离政治和社会的其他方面而抽象地分析经济。对马克思而言,科学进步就是从现存的概念出发,通过形成高度抽象的简单概念以及通过理性过程产生更加复杂、更少抽象的概念,直到在思想中再现为具体。

——科琴

我们必须恪守马克思主义的原则,即如果没有同制度的内在可能性结合起来的话,寻求社会变迁在实践上就没有什么作用。正是借助于该原则,马克思才使自己与乌托邦主义鲜明地区别开来。

——吉登斯

第十八篇　超越资本主义

——科恩《为什么不要社会主义?》导读

一、引　言

G.A.科恩(G.A. Cohen)生前是英国牛津大学万灵学院的政治哲学教授,分析马克思主义学派的奠基人,世界著名的马克思主义者。虽然生处资本主义国家,但是其始终坚守马克思主义信念,笔耕不辍,穷其一生为马克思主义与社会主义进行理论阐释与辩护。在 2009 年 8 月去世前,科恩出版与发表了大量学术影响巨大的理论著作与论文,例如,《卡尔·马克思的历史理论:一种辩护》、《历史、劳动与自由》、《论平等主义正义的通货》、《自我所有、自由和平等》、《如果你是一个平等主义者,为何你会如此富有?》、《为什么不要社会主义?》、《拯救正义与平等》等等,为马克思主义以及社会主义在当代世界的影响与传播作出了杰出的贡献。

《为什么不要社会主义?》这本小册子是科恩去世后两个月由普利斯顿大学出版社出版的,写于 2001 年。段忠桥教授翻译的中文译本 2011 年由人民出版社出版。为什么要对一篇写于 8 年前的旧文进行再版这一问题,普林斯顿大学出版社没有做过明确的说明,按照译者段忠桥教授的推论,"《为什么不要社会主义?》在 2009 年的出版表明:一方面,尽管这本小书实际上是多年前写的,但普林斯顿大学出版社认为其内容至今还将会受到大众的欢迎;另一方面,科恩本人直到去世前,仍认为他多年前提出的那些见解现今还有重要的理论意义和实践意义"。① 这一推论无疑是客观与正确的,但是,在笔者看来,

---

① ［英］G.A.科恩:《为什么不要社会主义?》,段忠桥译,人民出版社 2011 年版,"译序"第3 页。

从科恩的角度来看,这本书的出版与其说是再次强调其多年前的见解,不如说是对其政治哲学学术思想以及所坚守的社会主义信念的总结与再次声明。这本书虽然简短但是精练,将科恩所坚守的社会主义优于资本主义的两个原则即社会主义机会平等原则与共享原则以及社会主义的可欲性与可行性等问题进行了简明扼要的阐释,是浓缩科恩一生思想、信念及其困惑的墓志铭。

二、为社会主义进行道德辩护

《为什么不要社会主义?》是科恩从道德的角度来为社会主义辩护的一本著作。从道德上为社会主义辩护是科恩学术研究发展的第二个阶段,其学术思想的第一个阶段是以分析哲学的方法来为马克思的历史理论辩护,致力于恢复经典马克思主义历史理论的权威,从而反对以阿尔都塞为代表的结构主义马克思主义对马克思思想的误读。对此,科恩这样写道:

> 我发现《读〈资本论〉》的很多内容极为含混。逻辑实证主义以及它坚持的理智活动的精确性主张,在巴黎从未受到重视,这也许是一件令人遗憾的事。英语国家的哲学早已超过逻辑实证主义,但好在它一直同后者有关系。阿尔都塞的含混会给英国的马克思主义造成不幸的后果,因为在英国明晰是一种宝贵的遗产,而且在英国一般都不假定理论陈述必定是一种难以理解的东西。①

科恩由对马克思的历史理论的研究转向从道德规范的角度来为社会主义辩护,既有理论上的原因,也有现实的原因。

首先,从理论上来讲,科恩起初坚信"社会主义是势不可挡的,人们只是因为受阶级和其他偏见的非理性因素的影响才反对它……政治哲学是对正确原则以及实现这些原则的结构(非常笼统地说)的系统探索,没有必要建立同盟,也不可能把敌人拉上社会主义道路,因为他们对社会主义的抵触不是原则上的",因而,政治哲学不是科恩研究的重点,其工作集中在对历史唯物主义的澄清和捍卫。然而,诺奇克的思想,即从自我所有权的角度推崇自由,反对

---

① [英] G. A. 科恩:《卡尔·马克思的历史理论:一种辩护》,段忠桥译,高等教育出版社2008年版,"序言"第2页。

平等的论证,使科恩"开始从教条社会主义的麻木中苏醒开来"①。按照诺奇克的观点,平等只能在以不公正为代价的情况下才能实现,因为维护和保障平等必须侵犯自我所有权。因而社会主义如果要倡导平等,也必将是不正义的。科恩在德沃金的提醒下,意识到了诺奇克对马克思主义的冲击,因为自我所有权作为马克思主义理论的一个基本原则,是难以被否定的,马克思主义与平等不可兼得,无疑是令人困扰的。

其次,从社会发展的现实情况来看,实现社会主义的两个前提条件很难出现。这两个前提条件:一是赞成平等的有组织的工人阶级在规模和力量上会不断增强,从而成为社会中占绝大多数的阶级;二是社会生产能力的不断提升,会使人类的集体财富充分涌流,"各尽其能,按需分配"将成为社会的分配方式,社会的不平等将会成为历史。对此,科恩指出:

历史已经把上述预言打得粉碎。无产阶级在一定时期内确实不断壮大队伍,增强势力,但却从未成为"绝大多数",最终,随着资本主义生产过程在技术上日益高精尖化,无产阶级发生分化,队伍减少,而资本主义生产却有望继续扩大规模,扩张势力,生产力的发展也遇到资源不足的障碍。②

简言之,社会历史的发展,使马克思主义所预想的社会主义实现的阶级保障与生产力不断满足人类需求的物质保障不再可能。

正是基于这两个方面的原因,科恩转向了对道德规范理论的研究,试图从道德上来论证在物质欠丰富的条件下,社会主义为什么还具有吸引力以及实现社会主义的可行性路径在哪里。

三、社会主义的两个基本原则

为了证明社会主义社会在道德上是可欲的,科恩假想了一个野营旅行的思想实验来证明他的观点。在野营旅行中,通常我们会三五成群,放下生活琐碎与工作的烦扰,本着愉悦的目的,期望一起度过一段美好的时光。为此,在

---

① [英] G. A. 科恩:《自我所有、自由和平等》,李朝晖译,东方出版社 2008 年版,第 4 页。
② [英] G. A. 科恩:《自我所有、自由和平等》,李朝晖译,东方出版社 2008 年版,第 8 页。

旅程中,没有人会在意其他人在旅行之前有着怎样的社会地位,多么富有,也不会在旅行中以自我为中心,斤斤计较。我们会以平等的身份与合作的共识,尽其所能承担旅行所需要做的工作,为大家做贡献,彼此之间会亲如兄妹,一起享受旅行中的风景。没有人会对旅行所遵循的平等与共享的原则产生怀疑,因为那样的话,会与旅行的精神相违背。如果假想一种野营旅行,参与者不以合作与共享为共识,十分在意自己的权利,追求一种等价对换,那么这样的野营旅行会被大多数人所嫌恶。例如,假想在一次旅行中,哈里因为是钓鱼的高手,总能比其他人钓到更多的鱼。如果在对大家所钓之鱼的共同享用中,他主张获得比别人更多的份额,或享用更好品质的鱼,那么别人必然会对他的要求感到不满与厌恶。前一种是以共享为原则的社会主义模式,后一种是以私有原则为基础的具有市场交换性的模式,两种野营模式相比较,很显然我们会选择前一种。以此,科恩指出,"大多数人被社会主义的理想所吸引,至少是在某些限定的环境中"①。

社会主义模式的野营旅行之所以具有吸引力,是因为其实现了两个基本原则,即社会主义机会平等原则与共享原则(community principle)。② 科恩曾指出,这两个原则是社会主义必须坚持的两个基本原则。机会平等,顾名思义,意在"消除一些人承受而另一些人不承受的机会障碍,以及有时因更具特权的人们享有的增大的机会所造成的障碍"③。不管是资产阶级还是社会主义者,都倡导机会平等,但是他们所主张蕴含的内容是有截然差异的,相比于前者,科恩所倡导的社会主义机会平等更加激进。科恩阐释了三种不同的机会平等以及相应的机会障碍,以此来澄清其所倡导的机会平等概念。

第一种是资产阶级的机会平等,其意在消除"由社会造成的地位对生活机会的限制,这种限制既包括正规的地位限制,也包括非正规的地位限制。正规的地位限制的一个例证,是这种限制下的封建社会的农奴劳动;非正规的地位限制的一个例证是,由于这种限制,一个因肤色受到歧视的人,在一个摆脱了种族歧视的法律,但却拥有产生种族迫害的种族主义意识的社会中,可能会

---

① [英] G. A. 科恩:《为什么不要社会主义?》,段忠桥译,人民出版社 2011 年版,第 17 页。

② "community principle"指一种"共同体原则",段忠桥教授将其翻译为共享原则,本文采用了他的译法。

③ [英] G. A. 科恩:《为什么不要社会主义?》,段忠桥译,人民出版社 2011 年版,第 24 页。

受到的损害"①。这种机会平等是启蒙运动以来,资产阶级所普遍倡导的一种平等观念,其意在实现人们在政治与法律等方面的形式平等。这一平等观念正如马克思所讲,是伴随着资本主义市场商品经济的形成与确立而产生的,因而,这一平等观念,是所有的自由主义者都普遍接受与倡导的,并通过权利的平等分配与对社会偏见的根除来扩大人们的机会。第二种是左翼自由主义者所倡导的机会平等,其超出了资产阶级机会平等的意涵,不仅要求人们在社会身份与地位方面的平等,而且要求消除社会环境即出生与成长环境带给人们的限制。由社会成长环境带给人的生活前景的不平等,无疑是一种重要的不平等,因为出生与成长环境的差异,会导致人在接受教育、获取社会资源等方面形成重要差异,从而导致人在市场竞争中处于一种劣势。对此,在《正义论(修订版)》中,罗尔斯指出,由于社会基本结构致使出生于不同地位的人具有不同的生活前景是一种特别深刻的不平等,因而社会正义的原则首先加以应用的正是这些不平等,其意在通过一种社会基本结构的调节来实现基本的权利义务与不同阶层中存在着的经济机会和社会条件的分配平等。② 科恩指出,左翼自由主义的机会平等只注重通过人们所享有的初始教育机会的平等来消除人们所遭受的不平等,而不考虑人们由于自然天赋所形成的不平等,因而还不是一种社会主义的平等观念。在他看来,社会主义的机会平等,也就是第三种机会平等观念,不仅要消除社会的不利条件,而且要消除自然的不利条件对人的机会的限制。

> 社会主义的机会平等试图纠正所有非选择的不利条件,即当事人本身不能被合理地认为对其负有责任的不利条件,无论它们是反映社会不幸的不利条件还是反映自然不幸的不利条件。一旦社会主义的机会平等得以实现,结果的差异反映的就只是爱好和选择的差异,而不再是自然和社会的能力与权力的差异。③

从上可见,科恩所倡导的社会主义机会平等是一种追寻人的生活境遇不应受非选择的任意性或者说运气所限制的平等观念,不平等只能来源于人的

---

① [英] G. A. 科恩:《为什么不要社会主义?》,段忠桥译,人民出版社2011年版,第25页。
② 参见[美]约翰·罗尔斯:《正义论(修订版)》,何怀宏等译,中国社会科学出版社2009年版,第6页。
③ [英] G. A. 科恩:《为什么不要社会主义?》,段忠桥译,人民出版社2011年版,第27页。

自身爱好与选择,以此,在保障人生活与发展的条件绝对平等的前提下,为人的个性差异与应承担的自身责任留下了空间。

在科恩看来,即便是社会主义的机会平等原则得以施行,仍会产生一些与平等原则相容的不平等,因为"遍及生活方式选择的偏好和选择的多样化意味着一些人比其他人有更多的物品",例如,由于一部分人爱劳作,而另一部分人爱休闲,必然会导致其各自所经营的土地作物收成不一,或者,一部分人由于判断失误没有像他人一样准备足够的食物过冬导致挨饿,或者,一部分人由于运气,导致其在市场中的经济投资出现巨大亏损致其没有获得与他人一样的收益。科恩认为,上述三种不平等的形式,只有第三种会导致总体益处的重大不平等,必须以共享原则加以限制。

共享原则是科恩所倡导的社会主义所必须遵循的另一个重要原则,即"人们相互关心,和在必要和可能的情况下相互照顾,而且还要在意他们的相互关心"①。在科恩看来,共享原则所倡导的是这样两种关心模式:"第一种是抑制因社会主义机会平等导致的某些不平等的模式"②,第二种是共同的互惠形式,其"不是平等所要求的,但却是实现一种可欲的人类关系形式所要求的"③,因而是社会主义观念中最为重要的原则。这两种关心模式也被分别称为"团结性原则"(solidarity)与"互惠原则"(reciprocity)。

共享的团结性原则是对社会主义机会平等原则进行限制与调节的一种原则。按照科恩的观点,社会主义的机会平等原则所导致的不平等结果,按说是与平等原则相容的,不应该被谴责。然而,由于"使人懊悔的选择"和"选择上运气"的差别而造成的这两种不平等,其不平等结果的扩大会对社会主义共享的理念造成冲击,因而必须对之进行调节。例如,在市场的经济活动中,你和我因为运气的差异,造成了我们之间的贫富差距,并且你拒绝以你的财富来帮助我渡过生活的难关。那么,你我二人就会生活在不同的世界中,你所享有与关心的将与我无关。④ 然而,你和我这种生活的隔离与互不关心是违背社

① [英] G. A. 科恩:《为什么不要社会主义?》,段忠桥译,人民出版社 2011 年版,第 40 页。
② [英] G. A. 科恩:《为什么不要社会主义?》,段忠桥译,人民出版社 2011 年版,第 40 页。
③ [英] G. A. 科恩:《为什么不要社会主义?》,段忠桥译,人民出版社 2011 年版,第 42 页。
④ 参见[英] G. A. 科恩:《为什么不要社会主义?》,段忠桥译,人民出版社 2011 年版,第 40—41 页。

会主义的共享理念的,因而,共同体的团结性原则要求人们帮助处境较差的人,恢复条件的平等,不管他们的境遇是由于其在赌博中糟糕的运气,还是鲁莽的不明智的选择,或者其他什么原因造成的。

互惠原则是共享所要求的另一个关心模式,其不同于资本主义的市场互惠。资本主义倡导的互惠原则,是在市场交往中的交换互惠。正如马克思所讲,在资本主义社会的商品流通领域,"大家都是在事物的前定和谐下,或者说,在全能的神的保佑下,完成着互惠互利、共同有益、全体有利的事业"①。然而,在科恩看来,他所讲的共同互惠是一种反市场的原则,"根据这一原则,我为你提供服务不是因为这样做我能得到作为回报的什么,而是因为你需要或你想要我的服务,而你给我提供服务也是出于同样的原因"②,人们如此行为是基于对人与人交往应该以慷慨与大方为原则这种价值观念的认同。与此不同,市场互惠是以回报为目的,人与人之间的服务与商品交换不是基于一种奉献,而是基于一种自利与恐惧的动机,是期望得到与其付出相应或更多的回报。

依据科恩的观点,市场之所以不具有吸引力,是由于其背后内在的令人厌恶的动机,即贪婪与恐惧。资本主义正是依靠制度激发市场背后的这种动机来不断地提高其生产力与向前发展。资本家唯利是图的本性与在市场竞争中不进则退的恐惧感使资本家不断地通过扩张生产来促使其手中资本升值的同时,也使资本主义变为一种普遍化的商品生产,使人变为一种商品,导致人的深层异化。在失业、生存与穷困的威胁下,无产者不得不出卖自己的劳动力,成为被剥削的对象。在追求利润最大化的诱使下,资本主义市场必然将人的劳动力作为一种商品,因为没有哪一种生产资料与工具能使资本家获得比剥削人更高的收益。因而贪婪与恐惧具有一种内在的恶。科恩指出,亚当·斯密在承认市场动机所具有的外在价值时,即其具有促使生产力发展的工具性的价值,并没有否认其在道德上所具有的内在可恶性,"当我们依赖于屠夫向我们所提供的食品时,我们并不是相信他是慷慨大方的,而是相信其是自私自利的",如果"它不具有它们唯一的价值——工具主义的价值,那么有谁会提

---

① 《马克思恩格斯文集》第 5 卷,人民出版社 2009 年版,第 205 页。
② [英] G. A. 科恩:《为什么不要社会主义?》,段忠桥译,人民出版社 2011 年版,第 43 页。

出以这样的动机为基础来管理社会,并因此提倡它们所从属的那种心理呢?"①因而社会主义者更不能因为市场所具有的工具主义价值,而忘记市场动机是内在地令人厌恶的。其次,市场"会产生令人厌恶的结果,包括重大的非正义的不平等"②。在科恩看来,在市场社会中,由自利所驱动的市场行为将会引起薪酬的不平等,会照顾那些天赋与非选择的运气较好的人,因而"市场是一个很难逃避的赌场……资本主义国家中富人和穷人之间的巨大鸿沟不是由于运气和在选择的赌博中缺少它,相反,是由于不可避免的赌博和简直无理可言的运气"③,而这明显是对社会主义机会平等的违背。

综上所述,平等与共享两原则构成社会主义的两个基本原则,二者缺一不可。科恩学术转向以来,其主要精力都放在对社会主义平等观念的辩护与论证上,而共享原则以一种隐性的形式暗含在对平等观念的阐释中。

四、社会主义的可欲性与可行性

将平等与共享这两种价值原则拓展至全社会的领域是社会主义者的共同志向。虽然一些右翼的反对者认为,将共享原则所倡导的关爱与朋友式的人与人之间的关系拓展至全社会是不可行的或者即便是可行的也不是可欲的,因为野营旅行是以一种消遣的方式展现了社会主义的共享价值,其没有考虑到社会的竞争因素对这种价值的影响,但是科恩依然坚信社会主义的价值原则是可欲的,因为以友谊为联系纽带的社会将是一个极好的社会,正如他所喜爱的一首左翼歌曲所描绘的那样,"如果我们能相互对待,似邻居、朋友或兄弟,这个世界就会是个极好、极好的世界。它将是一个极好的世界"④。

在探讨了社会主义的可欲性之后,科恩接着探讨了社会主义的可行性问题。在野营旅行这种消遣性的活动中,无疑社会主义的原则是易于被人们所接受的,而将其扩展到全社会则不易被人所接受。科恩指出,思考过这一问题

---

① 〔英〕G. A. 科恩:《为什么不要社会主义?》,段忠桥译,人民出版社 2011 年版,第 72 页。
② 〔英〕G. A. 科恩:《为什么不要社会主义?》,段忠桥译,人民出版社 2011 年版,第 73 页。
③ 〔英〕G. A. 科恩:《为什么不要社会主义?》,段忠桥译,人民出版社 2011 年版,第 38—39 页。
④ 〔英〕G. A. 科恩:《为什么不要社会主义?》,段忠桥译,人民出版社 2011 年版,第 53 页。

的人多数会认为社会主义在全社会范围内实行是不可行的,究其原因,通常认为有两个方面的限制,一是与人的本性限制有关,二是与社会技术的限制有关。因为即便人在野营旅行中具有一种慷慨与合作的精神,人也天生被假定为是缺乏慷慨与合作的,即使人具有慷慨和合作的精神,我们也不知道如何利用这种精神来驱动经济的车轮。人类有史以来制度的设计都是用来适应与激发人性的自私,从而推动历史的车轮向前运转。对于这两种否定的理由,科恩认为技术的缺乏更重要,"我们的问题主要不是人性的自私,而是我们缺乏适当的组织方面的技术:我们的问题是设计的问题"①。

人性是自私的,这不仅是斯密等学者所坚持的一个观点,而且是马克思所认同的观点。在《德意志意识形态》中,马克思认为只要生产力还没有得到充分发展,竞争就会存在,"人们各尽所能,为自己攫取最多的物质,而不顾及他人的需要"。对此,科恩曾指出,马克思对于人性太过于悲观了,"在富裕程度不那么高的情况下,自愿平等也是可能的"②。在社会主义可行的论证中,科恩坚持了人性可以是慷慨的这一观点,指出即便现在以自私驱动的市场经济为主的社会,"大量的事情也要依靠慷慨……医生、护工、教师和其他类似的人,都不,或都不完全像资本家和工人在并非为他人着想的工作中那样,根据他们可能得到的作为结果的钱的数量,来判断他们在其工作中做什么"③。

科恩指出,我们之所以需要市场,不仅是因为人性是自私的,而且是由于市场能为我们提供信息,"市场价格起到了两种在逻辑上可以区分的作用:提供信息的作用和提供动机的作用"④。如果缺乏市场的信号,我们不知道在广阔的商品领域,如何生产与生产什么,而人的自利性会驱使商人设法搞清楚市场需要什么。医生、护工等职业之所以能够发挥人类的慷慨,正是因为其不需要市场信号的引导,在这些领域我们知道应该做什么。既然市场具有这两方面的功用,那么是否可以保留市场的信息作用而抛弃市场对人性动机的预先假定以及其所导致的分配后果呢?

---

① ［英］G. A. 科恩:《为什么不要社会主义?》,段忠桥译,人民出版社2011年版,第58页。
② ［英］G. A. 科恩:《自我所有、自由和平等》,李朝晖译,东方出版社2008年版,第147页。
③ ［英］G. A. 科恩:《为什么不要社会主义?》,段忠桥译,人民出版社2011年版,第59页。
④ ［英］G. A. 科恩:《为什么不要社会主义?》,段忠桥译,人民出版社2011年版,第60页。

对此,科恩考察了约瑟夫·凯任斯(J. Carens)与约翰·罗默(J. Roemer)所设计的社会模型。在《平等、道德激励和市场》一书中,加拿大多伦多大学凯任斯教授设计了一种乌托邦式的经济制度,即社会的经济活动仍然按照资本主义的市场方式来进行组织,但是通过税收制度来消除市场活动带来的不平等从而实现收入平等。① 这种制度设计满足了社会主义的平等与共享这两个原则,同时利用了市场的效率,因而科恩认为这是一个值得改进的方案,同时,他也指出这一方案是乌托邦的,因为其完全依赖非利己的选择。换句话说,凯任斯并没有给出个人在市场中的自利行为与在政治领域中的利他行为如何能够有机地统一在一起。罗默所坚持的市场社会主义则倡导一种消除资本与劳动分离的社会制度,即"每一公民都对她的国家的全部资本财产的一份按人计算的份额享有一种生来具有的权利"②,但是在经济的运行中则按照资本主义市场的方式进行组织,"她(公民)可以在股票市场上自由交易体现她的份额的证券,并从而因技术和运气而比其他人得到更多的股票,和/或股息收入"③。也就是说,这种社会主义不保证人们在市场活动中的收入平等。对此,科恩指出,虽然这种制度消除了资本家阶级,因为"企业股票可被用来交换购买消费品的货币的那种市场被关闭了"④,但是:

> 从社会主义的观点来看,市场社会主义仍然是有缺陷的,因为按照社会主义的标准,在一个给予那些偶然具有特殊才能的人和那些组织高水平生产企业的人以高报酬的制度中存在着非正义。市场社会主义是一种有缺陷的社会主义还因为,处于其核心的市场交换倾向反对共享的价值。⑤

总之,在科恩看来,不管是凯任斯所设计的乌托邦经济制度还是罗默所倡导的市场社会主义,都不能很好地将市场的经济效率与社会主义的平等与共享的价值理念结合起来。他讲道:

---

① 参见[英]G. A. 科恩:《为什么不要社会主义?》,段忠桥译,人民出版社2011年版,第62页。

② [英]G. A. 科恩:《为什么不要社会主义?》,段忠桥译,人民出版社2011年版,第67页。

③ [英]G. A. 科恩:《为什么不要社会主义?》,段忠桥译,人民出版社2011年版,第67页。

④ [英]G. A. 科恩:《为什么不要社会主义?》,段忠桥译,人民出版社2011年版,第68页。

⑤ [英]G. A. 科恩:《为什么不要社会主义?》,段忠桥译,人民出版社2011年版,第70—71页。

我们社会主义者现在还不知道如何在全社会范围内,在与全社会伴随出现的错综复杂的情况中复制野营旅行的做法。我们现在不知道如何给出在对野营旅行的描述中具有、但在苏联和类似制度的国家却不具有的共同所有和平等的真正含义。①

至于未来我们是否会知道如何构建他所倡导的社会主义制度,他持一种不可知的态度。然而,以市场组织经济活动的方式,虽然现今是无法获得替代性选择的,但是这并不意味着我们需要放弃尝试克服市场机制的社会主义。

五、结　语

虽然《为什么不要社会主义?》一书是科恩的一篇旧文的再版,并且书中的内容在其先前出版的《回到社会主义的基础》(*New Left Review*, 1994)、《拯救正义与平等》(*Rescuing Justice and Equality*, 2008)等文章与著作中都有涉及,但是其出版仍然获得了很高的评价与赞誉。当代美国著名的哲学家、圣母大学的阿拉斯戴尔·麦金太尔(A. MacIntyre)教授评论道:

> 如果评选最近 200 年来出版的政治哲学最好的简短著作的话,那么《共产党宣言》将会赢得这一奖项。如果评选近 20 年来出版的有关政治哲学的最佳简短著作,那么一个有趣的竞争者将会是《为什么不要社会主义?》。它相当清晰地展现了一个需要被聆听与评价的案例。它提供了许多比其长三或四倍篇幅的著作更多的思考。并且它的优点使我们悲伤地怀念这是我们将会拥有的来自 G.A.科恩的最后一本著作,连同他的更长的一本书《拯救正义与平等》。②

《为什么不要社会主义?》这本著作以及科恩的政治哲学思想之所以会得到如此多的关注与赞誉,主要有以下几个方面的原因。

首先,作为坚定的马克思主义者,科恩从规范政治哲学的视角补充了马克思主义正义思想的研究。在西方学界,向来有许多学者认为马克思主义没有赋予人的道德权利应有的重视,道德权利概念在马克思主义那里是要接受批

---

① 〔英〕G. A. 科恩:《为什么不要社会主义?》,段忠桥译,人民出版社 2011 年版,第 71 页。

② A. MacIntyre, "Review of Why Not Socialism?" *Ethics*, Vol. 120, No. 2, pp.391-392.

判的一种否定性的存在。例如，英国哲学家史蒂文·卢克斯（S. Lukes）直言，马克思关于权利的思想是狭隘与贫乏的，"它仅仅把人权看成个人主义和资产阶级生活矛盾的表征"，其只是从消极、否定的层面来理解权利，而没有从积极、肯定的层面来理解权利对于"非自利、非资产阶级的社会生活方式的适用性以及它们与社会主义斗争的直接相关性"①。而以塔克、伍德为代表的一批人则提出了著名的"塔克—伍德命题"，即认为，在马克思看来，判断资本主义制度的交易是否是正义的，要看其是否与生产方式相适应，正如马克思所指出的：

> 生产当事人之间进行的交易的正义性在于：这种交易是从生产关系中作为自然结果产生出来的。这种经济交易作为当事人的意志行为，作为他们的共同意志的表示，作为可以由国家强加给立约双方的契约，表现在法律形式上，这些法律形式作为单纯的形式，是不能决定这个内容本身的。这些形式只是表示这个内容。这个内容，只要与生产方式相适应，相一致，就是正义的；只要与生产方式相矛盾，就是非正义的。在资本主义生产方式的基础上，奴隶制是非正义的；在商品质量上弄虚作假也是非正义的。②

据此，伍德得出，资本主义的工资关系是资本主义制度所需要的，是符合资本主义的生产方式的，因而资本对劳动进行的剥削不是非正义的，"正如马克思所阐释的那样，资本主义交易的正义仅仅在于他们在本质上是资本主义的，在于资本主义的占有与分配符合为资本主义制度本身服务的正义标准"③。对于这种否定马克思具有正义观念的观点，科恩给予了反驳：

> 正如伍德会赞同的，马克思并不认为按照资本家的标准来看资本家是盗窃者，而因为马克思又确实认为资本家是在盗窃，因此马克思意思一定是，资本家在某种适当的非相对的意义上是在盗窃。一般来说，盗窃就是不正当拿了别人正当拥有的东西，因此盗窃就是做非正义的事，而"以

---

① ［英］史蒂文·卢克斯：《马克思主义与道德》，袁聚录译，高等教育出版社2009年版，第77—79页。

② 《马克思恩格斯文集》第7卷，人民出版社2009年版，第379页。

③ A. Wood, "Marx on Right and Justice: A Reply to Husami", *Philosophy and Public Affairs*, 1979, p. 108.

盗窃为基础"的制度就是非正义的制度。[1]

按照科恩的观点,马克思的思想中是有一种绝对的正义观念的,资本家对工人劳动的占有实质上是一种盗窃,依据正义的标准,盗窃无疑是一种非正义,因而以无偿占有劳动者的剩余价值为目的资本主义制度也是一种非正义的制度。

科恩不仅反驳了伍德等人对马克思思想的错误理解,而且致力于为马克思主义构建一种分配正义理论,因为马克思确实没有对社会主义应该坚持一种怎样的正义理论做详细的说明与阐发。可以说,科恩后半生的学术工作都在研究社会主义应该坚持一种什么样的平等理论,例如,"论平等主义的通货""激励、不平等与共同体""在哪里行动""如果你是一个平等主义者,你怎么会如此富有"等等,都是其平等主义正义理论研究的重要成果。而《为什么不要社会主义?》中所提出的社会主义的激进机会平等原则则是其多年研究成果的一个凝缩。正是对信仰的坚定践行,使科恩的研究体现着浓厚的马克思主义情缘,镌刻着对美好社会主义理想的深刻沉思。

其次,科恩所阐发的共享原则以及其与机会平等原则之间的关系是《为什么不要社会主义?》一书受到诸多关注与赞誉的另一个重要原因。共享与平等是科恩政治哲学思想的两个核心概念,是其所倡导的社会主义必须坚持的两个基本原则。在《回到社会主义的基础》一文中,科恩对平等与共享这两种原则的性质与之间的关系进行了说明:

> 每一种原则不仅就其自身来说具有一种权威,而且通过相互间的关系获得了证明。每一种价值都支撑着另一种,并且每种价值都被这样的事实所加强,它由另一种价值所支撑。[2]

但是其没有对平等原则以及共享原则的内容再进行详细的说明。与平等原则相比,作为社会主义的一个基础原则,共享原则在科恩著作的比重则少得可怜。而在《为什么不要社会主义?》一书中,科恩不仅详细阐发了共享原则,而且说明了其与机会平等原则的关系。在他看来,共享作为一种不同于平等的价值理念,其与平等在社会主义的建构中发挥着不同的功用,二者缺一

---

[1]　G.A. Cohen, "Review of Wood", *Mind*, Vol. XCII, No. 367, p. 443.

[2]　G. A. Cohen, "Back to Socialist Basics", *New Left Review*, 1994,207(3):6.

不可。

如果说平等主义正义原则规制着人们的行为结果的话，即社会主义社会中的公民能够获得平等的分配，而共享原则则关涉着人们的行为动机。人们的行为动机可以为平等主义正义原则的施行提供条件。在《自我所有、自由和平等》一书中，科恩反对马克思的悲观主义，即自愿平等只有在物质财富极大丰富的情况下才能实现，主张在物质欠丰富的情况下，自愿平等也是可能的，而这种平等的实现依靠的恰恰就是人与人之间的共享意愿，用科恩的话来讲，就是共享原则能够为平等原则提供一种支撑。对此，科恩在反驳罗尔斯的差别原则时，曾指出：

> "在作为形容词用的无条件的意义上，共同体不仅在形式上而且在内容上都类似于友谊"，而一项政策必须能够通过共同体内人际间的检验，才能通过"综合的正当性证明"。①

依此，可以推出，社会主义的激进机会平等原则也只有在共享所倡导的人与人之间的关爱的环境中，人们才愿意施行一种放弃自我所有权的平等原则。共享这种支撑的作用也暗示了共享原则对机会平等原则有一种限制的作用，"某些不能以社会主义机会平等的名义加以禁止的不平等，却应以共享的名义加以禁止"②，以防止人人都愿意接受的平等分配原则变为违背与损害人们原初意愿的东西。同样，共享原则也需要分配上的平等原则来加以培育，设想人与人之间的经济收入上的不平等，是不会产生一种团结与关爱的关系的。正如科恩所指出的，财富占有的极大不平等，只会产生隔阂与冷漠。而罗尔斯也同样指出：

> 体现平等主义的"差异原则的另一优点是它提供了对博爱的一个解释。……博爱无疑含有……一种公民友谊和社会团结的意义……而差别原则看来正相应于博爱的一种自然的意义，即相应于这样一个观念：如果不是有助于状况较差者的利益，就不欲占有较大的利益。"③

当然，科恩的《为什么不要社会主义？》也有局限之处。科恩从道德上对

---

① ［英］G. A.科恩：《拯救正义与平等》，陈伟译，复旦大学出版社2014年版，第36—39页。
② ［英］G. A.科恩：《为什么不要社会主义？》，段忠桥译，人民出版社2011年版，第41页。
③ ［美］约翰·罗尔斯：《正义论（修订版）》，何怀宏等译，中国社会科学出版社2009年版，第80页。

社会主义可欲性进行的抽象论述,是违背马克思唯物史观的,可以说,科恩背离了其前期对马克思唯物史观的信奉。在《卡尔·马克思的历史理论:一种辩护》中,科恩认为"历史从根本上讲是人类生产能力的增长,社会形态依它们能够实现还是阻碍这一增长而兴起和衰落"①,依此,社会主义取代资本主义的关键因素在于资本主义是否还能容纳先进生产力的发展,而民众是否意欲社会主义也在于在资本主义的社会经济关系中,是否有阻碍生产力进一步发展的障碍,而社会主义的生产关系能够满足生产力发展的需要。借用马克思阐释资本主义取代封建主义的原因来讲,当生产力的发展受到阻碍时,"社会内部感到受它束缚的力量和激情就活动起来。这种生产方式必然要被消灭,而且已经在消灭"②。也就是说,按照唯物史观,社会主义的可欲性在于其与资本主义相比,能够释放更先进的生产力,更能满足人们的物质生产需求,而分配形式与人们之间关系的道德要求是生产力发展的自然要求。相反,科恩完全从道德的维度来谈论社会主义的基本原则与可欲性,只字不谈社会主义的物质生产的可欲性以及道德原则何以可能。用马克思的话来讲,科恩的社会主义是一种"乌托邦的社会主义",而乌托邦的社会主义是不可能变为真正的社会主义的,因为抽象的理想仅凭自身是不能够催生人的政治与经济活动的。

综上所述,虽然《为什么不要社会主义?》是一本不到 100 页的薄册子,但是其简练与通俗的语言论述了社会主义在道德上的优越性以及资本主义所倡导的市场经济的危害之处,是科恩政治哲学思想的凝缩,也是其坚守社会主义信仰的一个宣言。因而,尽管这本书还不尽完美,但是其仍然值得我们认真阅读与思考,不管你坚持何种政治立场。

(本文作者:赵瑞林)

---

① 〔英〕G. A. 科恩:《卡尔·马克思的历史理论:一种辩护》,段忠桥译,高等教育出版社 2008 年版,"序言"第 3 页。
② 《马克思恩格斯文集》第 5 卷,人民出版社 2009 年版,第 873 页。

第十九篇　走向社会主义的现实道路

——科琴《社会主义再思考》导读

一、引　言

　　加文·科琴(Gavin Kitching)是英国当代著名的分析马克思主义哲学家、社会学家和作家。作为一名维特根斯坦研究专家,科琴致力于运用后期维特根斯坦的分析哲学方法,重新诠释马克思的实践哲学,提供了一种分析马克思主义的整体实践观视角。尽管科琴在思想上可以被划归为分析马克思主义阵营,但他的思想同以科恩(G.A.Cohen)、埃尔斯特(Jon Elster)、罗默(John.E.Romer)等为代表的分析马克思主义者是存在一定差异的。以科恩为代表的分析马克思主义者强调通过逻辑与语言分析的方法,经济分析的方法,描述选择、行为和策略等各种方法来解读马克思的哲学文本,致力于马克思历史唯物主义理论的分析与重构,以求回到真正的马克思。虽然他们运用语言分析和逻辑分析的方法对马克思文本和思想中一些重要的理论原则进行批判和辩驳,厘清了一些曾陷于混乱和烦琐的概念与命题,在某种程度上对马克思的思想进行了"澄清"和"重建",但他们也遇到诸多困难与挑战:其一,其对分析哲学的方法,特别是逻辑和语言分析方法的使用,被许多人斥为纯语言游戏,这不仅没有消除反而增加了历史唯物主义理论在理解上的含糊和混乱,对于理解马克思的哲学思想并无助益;其二,虽然分析马克思主义致力于重构一种模式化的科学历史理论,但却在解释唯物主义的过程中抛弃了作为马克思主义精髓的辩证法,在最根本的理论出发点上背离了马克思主义的初衷;其三,从当代社会主义运动和资本主义发展呈现出的新样态来看,尽管分析马克思主义也曾致力于探寻马克思主义理论的微观基础并大量运用社会科学中的实证理论模型,但仍无法摆脱"教条社会主义"的指责,体现出典型的"学院化"趋势和特征。科琴针对科恩等人的质疑作出了他独特的回应。科琴认为语言分析并非游戏,而是一种非常有效的研究方式;科恩等分析马克思主义者存在的主要问题并不在于运用了语言分析的方法,而在于没有紧紧把握马克思哲学思想的本质特征,以至于不能够真正的回到马克思。因此,科琴在《马克思主义和科学:对一种困境的分析》(Marxism and Science:Analysis of an Obsession)、《卡尔·马克思和实践哲学》(Karl Marx and the Philosophy of Praxis)、《社会主义再思考》(Rethinking Socialism)等代表作中,首先将分析马克思主义的研究路径与后期维特根斯坦的分析哲学方法相结合,明确反对实证主义的科学划界标准,从心理优势和政治优势两个方面论证了马克思主义作为一种"软科学"的科学性之所在,并从语义和语用两方面解释了概念在运用中出现偏差的现象,有力回击了自苏联东欧社会主义解体后由于现实社会主义的胜利所表现出的盛衰无常,国际社会对马克思主义科学性及可实现性提出的质疑;其次,始终坚持实践哲学在马克思主义理论体系中的核心地位,把意义问题作为逻辑在先的问题和理解马克思实践哲学的关键所在,强调实践哲学的理论特质不仅在于"解释世界",更重要的是"改变世界";最后,聚焦现实问题,对英国工党的现实境况进行分析,提出一种"先发制人的联合主义"的社会主义革命策略,从而提供了一条深入理解马克思实践哲学的富有启发的研究路径。

1983 年出版的《社会主义再思考》一书,是科琴于社会主义思潮尤其是左翼思潮在英国处于低迷的背景下探索马克思的社会主义思想同英国实际相结合的产物。20 世纪 80 年代,左翼主导的工党在英国选举中屡屡失败,这导致社会主义在当时的英国并不受欢迎。面对这种情形,左翼想要摆脱其在政治和文化生活中被孤立的境况,则必须寻找并提出新的思想和方法。科琴作为工党成员,自然要为改善此种被动境遇作出努力,这直接促成他写作《社会主义再思考》一书。科琴认为,左翼之所以不受欢迎,并不像许多社会主义者所认为的是由于新闻媒体的不利影响造成的,而是由于英国的社会结构已经发生了根本的变化,而许多社会主义思想和政策却并未作出相应的回馈与调整。科琴进一步指出,除非工党能够提出一个从根本上改变英国资本主义发展所带来的错综复杂问题的政治主张,否则社会主义思想仍将与大多数英国人的价值观和关切范畴相脱离,社会主义思想在英国仍将被边缘化。在该书中,科琴展示了当时英国和其他发达资本主义国家中那些明显但被忽视的事实,强调了苏联和东欧经验教训的重要性。科琴主张扩大并深化政治和经济民主,保证人民从资本主义和议会民主中获得利益,同时要扩大这些利益从而改变赋予他们的制度。综上所述,科琴写作《社会主义再思考》具有两个主旨:其一,反思英国当时的社会主义理论,探索并揭示英国社会出现的新变化、遇到的新问题以及当时英国人真正关心的问题域;其二,在此基础上尝试提出一条适合英国国情且可行的社会主义发展路径。

二、社会主义和工人阶级

(一)社会主义

对社会主义建设的整体把握上,科琴认为,社会主义建设不是一蹴而就的,其构建过程需要几个世纪甚至更久。他认为,形成社会主义的首要条件包括:高度发达的物质水平,拥有先进知识、技术和深刻思想的公民。资本主义发展不仅创造了大量物质繁荣,而且使得一个前所未有的先进阶级——工人阶级得以产生并发展壮大,从长远看这是有利于社会主义建设的。然而现实中,形成社会主义的这些条件发展并不均衡。科琴认为,社会主义并非必须从先进的资本主义中产生,社会主义的产生是由社会和政治决定的,他不赞同为实现社会主义而采取一种反资本主义的革命斗争方式,认为应该以一种逐步递进的方式构建社会主义。对现实世界中的社会主义国家,科琴认为这些国家通过生产、分配、交换而废除私有制,所以其是社会主义的;但由于这些国家经济并不发达且民主政治不健全,其并不是社会主义民主的,这些国家需要从社会主义专政转向社会主义民主。

因此,我赞同一个蕴含两方面的概念,即一方面,社会主义民主与贫困和原始积累是对立的;另一方面,社会主义民主有时可以存在并适应物质财富极其丰富的社会的。然而,需要重申的是:我这样说并不是主张社会主义民主只出现在物质财富丰富的社会,这样说只是表明社会主义民主出现在物质财富丰富的社会的机会要大于出现在贫困社会的机会。这个概念也意味着由于社会主义专政在物质繁荣社会的成功,那么他们转化为真正民主的社会主义社会的几率增加了,我认为近期发生的波兰和东欧的事件恰恰表明这是正确的。①

从整体上看,科琴的观点仍受工党传统理论的影响,带有费边社会主义的色彩,他主张采取一种渐进的措施对资本主义实行改良,以温和渐进的方法过渡到社会主义,这与列宁主义的革命方式进入社会主义是截然不同的。

(二)工人阶级

马克思在《共产党宣言》中对资本主义必然灭亡、社会主义必然胜利做了系统完整的表述,概括而言即资本主义经济危机的爆发表明资本主义生产关系成为生产力发展的桎梏,生产力已经提出了用新的生产关系取代资本主义生产关系的要求;与此同时,资本主义的继续发展,加剧了生产力同生产关系间的不和谐,进而使得调节危机的手段愈发减少,经济危机爆发愈发猛烈;资产阶级不仅锻造了置自身于死地的武器,还产生了将要运用这种武器的群体——无产阶级;因此,资产阶级的灭亡和无产阶级的胜利是同样不可避免的。由此可见,马克思认为社会主义产生于资本主义危机时(或者可以说是资本主义崩溃时),无产阶级是推动社会主义取代资本主义的主力。而科琴的观点恰恰相反,他认为社会主义更可能产生于资本主义繁荣时期,这就需要重新阐述社会主义的内涵以及工人阶级的作用问题。因此,科琴在书中首先探讨了什么是社会主义,什么人构成了工人阶级中最核心、政治上最先进的部分以及工人阶级是如何发挥主导作用这些问题。

针对工人阶级这个概念,科琴在书中做了两种区分:一种是马克思及大多数马克思主义者所认同的那种除了靠出卖自身劳动力别无其他生存方式的人,这些人不占有生产资料(土地、建筑、股票、股份);另一种则涵盖更大的人群范围,其包括男人和女人、黑人和白人、医生和码头工人、销售主管和销售助理、大学教师和公共汽车巡检员等,即包含了英国绝大多数人口。科琴之所以对工人阶级的概念做上述区分,是因为他认为工人阶级是不断变化的资本主义的一个部分,其本身就是一个变化的实体,工人阶级的职业、性别构成、受教育程度、社会和文化背景都在不断地发生着变化。

当我在使用不带引号的工人阶级这个术语时,这表明这个工人阶级

---

① Gavin Kitching, *Rethinking Socialism*, London and New York: Methuen, 1983, p.3.

指的是英国的那些靠出卖劳动力的所有人群;当我使用带引号的"工人阶级"和"中产阶级"时,这表明我在阐述某个人对这种本体论的社会性的概念的使用,或者表明我出于某些特殊目的而采用这些概念。当然,坚持我们应该在经典概念的保留上继续依据社会主义理论和社会主义政治,这会带来极大的理论和政治问题。不管怎样,这些问题都来自马克思写到的发生在资本主义社会的变化。我在之后的章节中解决了这些问题中的一部分。

所以,简而言之:工人阶级=靠出卖劳动力以换取工资或薪金的人群;"工人阶级"=技术的和非技术的体力劳动者。①

科琴明确指出,在当代资本主义社会中仍使用传统的工人阶级概念将面临的三个难题:第一,19世纪以来,资本主义社会出现了工人阶级在职业和地位上的巨大差异,这影响了其建立共同的阶级身份或利益的认同意识;第二,关于工人阶级中的核心力量的判断,不应将工人阶级的社会主义潜力等同于其经济上的强势或有力;第三,在一个内部构成多种多样且差异性巨大的阶级内部是不可能形成任何形式的联合行动来反对资本主义的。

科琴指出,虽然英国和西欧的左派拥有强大的工人阶级基础,但是左派在工人阶级运动中却不具备强大的阶级基础。这是因为,随着资本主义的进一步发展,大多数工人种类都会出现人员增长(特别是公共部门和私营部门的服务人员),而很多体力劳动的工人种类则会出现人员的加速减少。左派在无意间已经为自身建立起一个未来活动所可能依据的基础,如果左派是建立于其真正的支持者之上,那么左派也一定会利用到自身在这些人中间的最大吸引力这一特性。因为被视作左派真正基础的工人阶级都有一个共同的特性,那就是他们都涉及各种形式的"脑力劳动",即广义上更多指向智力活动和创造活动的工人。因此,左派所能够利用自身的理智主义将工人引到理性主义人道主义的政治上。左派需要去提高并改善其论证和分析,同时用有说服力的以及大众的形式将其展现出来。然而从历史事实来看,左派并没有很好地完成这一任务,特别是左派知识分子,他们经常以一种微弱的或是毫无联系的方式从深奥的知识辩论转向对结论的煽动行为上。由于左派没能够在阶

① Gavin Kitching, *Rethinking Socialism*, London and New York: Methuen, 1983, pp.9-10.

级术语中限定自身,这就产生了精英主义;精英主义又在左派需要"走向大众"时孕育了煽动行为。

然而,资本主义已经出现了一个持续的趋势,资本主义的经济活动和政治活动的范围在扩大,这将人类纳入更复杂的社会和经济相互依存的网络中。与此同时,经济资源仍由极小的一部分人通过私有财产的方式所占有并控制。因此,在资本主义发展阶段,工人阶级具有将这种被动的社会化人类活动改造成一个积极的有意识控制的、行使民主的活动的可能性。换言之,在资本主义生产力的每一个向前发展中,资本主义是越来越依赖工人阶级,因为资本主义的生产力发展是通过数以百万计的工人从事相互关联的活动而产生的。但是将这个看成是个体问题或部分群体的问题时,工人却认为自身是依赖资本主义的,而且由于自身能掌控很少或者完全不能掌控自己的命运而实际受制于资本主义。基于此,科琴指出,只要工人不能作为一个阶级整体而使用他们的力量,那么他们能够对资本主义整个系统造成的影响就是极小的;在经济斗争中,尽管经济上至关重要的群体会比其他群体有更大的作用,但只要这个斗争是由部分群体发起的,那么这个斗争就只能是基本防御。

科琴的上述讨论直接反对了传统左派在这一问题上的正统观念。传统左派基于经济危机造成的影响考虑,认为从事体力劳动的工人阶级对社会主义的建设是极为重要的。在经济危机中,从事体力劳动的工人阶级由于自身急剧恶化的处境,其行为一般会由防御性的行为趋势转向更激进的形式,并最终导致革命斗争。从理论上看,只有在这种特殊的危机理论的基础上,人们才可能将基本的防御行为完全转变成革命性的行为。然而现实却并非如理论中设想的这般便于付诸实践。历史上屡次资本主义危机都表明,即使是处于最严重的资本主义危机时期,危机对不同群体的工人的影响都是不稳定的。失业的急剧增加所造成的影响产生的是工人群体中普遍的保守主义以及斗争性向其对立面的倒退。资本主义的连续震荡和资本主义必然的不稳定发展,使得工人对资本主义的繁荣时期持怀疑态度,因而他们倾向于在资本主义繁荣持续时期就获得他们可以获得的一切。资本主义发展的这种不稳定性也让工人产生了一种即使在最严重的经济衰退时期也要坚持"事情一定会变得更好"的信念。因此,资本主义危机的周期性特征使得工人阶级的有效影响变得更加保守。科琴指出,英国之所以出现工人阶级趋向保守主义、丧失革命性,其源于英国工人阶级形成的历史,在这一过程中英国工人阶级丧失了必要的自信心和想象力,而必要的自信心和想象力则有机会将资本主义危机转变为革命状况,进而转变为社会主义的机遇。

综上所述,在科琴看来,具有防御性和保守性特征的阶级意识是在英国进行社会主义改革的主要障碍,同时这也是世界上其他先进的资本主义国家进行社会主义改革的主要障碍。这种阻碍在资本主义危机时显得尤为突出。值得注意的是,当资本主义处于长期繁荣阶段时,工人阶级的职业结构和社会结构也会随之产生变化,传统的体力劳动工人阶级数量减少,工人阶级中受过高等教育的群体比例增加。在这种情形下,工人阶级的防御性和保守性的阶级意识便会趋向于弱化,尽管这种变化是缓慢且不均衡的。基于此,科琴提出,20世纪末英国左派的主要任务是尽快重建资本主义的繁荣景象,同时要帮助资本主义调整自身,此外还要给工人阶级切实的政治和经济收益,以此为社会主义机遇创造条件。

关于社会主义世界是什么,科琴认为,社会主义世界一定是与当前的世界截然不同的,它是一个到处都充满着古雅典人称为"公民道德"准则的世界,在那里公民的权利和义务都得到了重视,而且事实上这些义务的表现形式也是其权利的一个重要保障。在社会主义世界,公民道德这一原则是具有实现的可能性的,因为在社会主义社会废除了私有财产,实行的是生产资料的社会化,因此社会决定是从"共同利益"出发而非从某些阶级的个别利益出发而作出的。如果物质生产力水平高,工作周期短,那么大多数公民将拥有充足的时间来参加公共活动。因此,科琴提出了议会民主制下的公民概念,主张变被动的公民为积极的公民,推动社会主义民主建设。资本主义制度下社会主义的斗争应该聚焦于公众参与的民主形式,培养公众的责任和自律的集体意识。纵观现实,从英国选民和其他所有西方选民的行为中都可以很明显地看到,选民一直在向掌权的政治家们提出要求,然而掌权的政治家们却并没有实现选民提出的要求,甚至反而处于与选民要求完全矛盾的状态中。例如,选民要求降低通货膨胀和充分就业,提高工资和降低物价,获得更好的公共服务和更低的税收,然而现实中选民的诉求却并未得到任何回应。因此,科琴提出在资本主义制度下,社会主义者应该为人民争得更多的权利,不仅因为民众权利的扩展能够不断挑战资本主义民主的极限,而且因为只有通过民众权利的实践,才能让工人阶级有能力去建设社会主义社会。事实上,只有通过这一方式,工人阶级才有可能相信自身有能力构建社会主义制度。另外,科琴认为,生产劳动和非生产劳动之间的差别并不是持久的,在资本主义制度下,工人都是生产劳动者。因此,尽管工人阶级在内部构成上存在一定的差异,但他们仍能以某种形式联合起来反对资本主义。工人阶级仍是推动资本主义社会向社会主义发展的主力。

　　一个能够践行那种程度的自律的工人阶级也将自动成为一个有着足够见识,足够重要的,公开活动足够实际的工人阶级,他们通过审查质量水平,批评和在必要的地方实施普遍召回和重新选择来执行他们的代表职责。在苏联早期的改革中是由于缺失上文提到的这种"无产阶级"而出现了问题。由于缺少这种无产阶级或市民来担任"统治阶级",因此有必要先用一个政党来代替这个阶级,然后(在政党内从集体层面考量同一个问题)取代党内的领导群,最后取代党内的唯一领导者。布尔什维克给这种最初的替换提出的复杂的合理性,以及努力抵制最终在党内产生一个人的独裁的错综复杂的权力,不应该向我们隐瞒这种最初的、重大的取代是布尔什维克党必须去面对的,因为他们缺乏一个有着民主控制经历的无产阶级。因此,我认为经过几个世纪的资本主义发展才会出现具备上述能力的无产阶级,1917 年并不存在这样的无产阶级(不仅不存在于俄罗斯,甚至不存在于世界上的任何地方),这一点是丝毫不令人惊讶的。无产阶级这一缓慢且坚定的自身建设是资本主义时期内社会主义者的基本任务。[1]

三、不发达国家中建设社会主义的问题

　　在科琴看来,物质匮乏的社会是不可能构建真正的民主社会的。物质贫乏使得这些国家中绝大多数人口在国家政治中被边缘化,呈现出消极的状态。这种政治上的无能使得他们可能以一种爆炸性的方式"干涉"到政治进程中。科琴在此列举了俄国、中国和东欧的例子,认为这样建立起的社会主义国家缺

---

[1]　Gavin Kitching, *Rethinking Socialism*, London and New York：Methuen, 1983, pp.44-45.

乏有效的宪法控制,党内纪律和政党及国家权力的行使依据都是领导和其他党员干部的自律,而这种自律又是取决于服务人民、服务革命这一意识形态的承诺。这就使得如何行使公职成为问题,因而这一问题常常以腐败的形式表现出来。

　　所以简而言之,我认为物质贫乏的社会不能够产生作为构建社会主义民主的必要先决条件的民主的公共生活,因为总体的物质贫乏和孤立以及与这些物质条件相伴随的文盲和狭隘的知识视野,一同使得社会中绝大多数公民作为公共权力使用的持续监督者和控制者并没有发挥应有的作用。这意味着即使在权力是用来为他们谋利益的地方(在第三世界的社会主义社会中),大多数民众在定义什么是"普遍利益"时仍没有发挥作用。当然,这些定义完全是出自执政党或执政团体之手。在第三世界的其他社会中,权力则是根据普遍利益而运行的。此外,在第三世界中无论是资本主义国家还是社会主义国家,在公共生活中,尤其是公职的履行过程中,都或多或少的存在利己主义的操作。①

然而,科琴指出,如果不发达国家的工业化和物质生活水平能够实现普遍的提高,人们在公共生活的广度和深度上就会有极大的改善,这就会使越来越多的人自觉参与到有意识的政治活动中去。因此,科琴指出,一个社会的物质越繁荣,其政治就越不可能单纯地反映个人利益或团体的物质利益,政治上和意识形态上的冲突就不可能减少。所以,社会主义更可能产生于资本主义繁荣时期,特别是资本主义与议会民主制相关联的时候。

　　成为一个社会主义者并不是要去支持工人阶级的经济利益去反对那些资产阶级的经济利益。而是应该从大众利益出发,通过消除阶级本身来超越阶级自身利益。因而,工人阶级越少面临严苛的经济问题和与日俱增的物质消费问题,阶级越有可能将自身包含到"真正的"大众利益的讨论中。当然,在这个讨论中,社会主义的概念是一个竞争者。议会民主制给这样的讨论提供了一个机会和场所。②

---

①　Gavin Kitching, *Rethinking Socialism*, London and New York：Methuen, 1983, p.54.
②　Gavin Kitching, *Rethinking Socialism*, London and New York：Methuen, 1983, pp.62-63.

四、空想的反资本主义

在讨论工人阶级概念、社会主义民主等问题上,科琴不断重申他关于社会主义的看法,即社会主义只能产生于物质富裕的资本主义社会,因为发达的资本主义社会拥有一定程度的真正民主和自由,其有希望成为一个真正民主的社会主义,这种社会主义是包含人类解放在内的社会主义。科琴并没有止步于理论层面的思考,他观察20世纪80年代的世界情形,开始思考如何在现实中践行这一理念以及社会主义如何能同自由联系在一起。纵观现实,科琴提出,20世纪80年代那些自称是"马克思主义"的社会主义社会都呈现出一种"专政"形态,而真正的社会主义绝不是专政的形态。他进一步指出,现实中社会主义以这样一种形态出现并不是偶然的,这同这些国家实现社会主义的历史环境密切相关。然而,一些理论家基于现实社会主义的这种情形,对马克思主义发动最具恶意的攻击,他们声称在马克思和恩格斯的思想中就可以看到极权主义的种子,马克思和恩格斯的思想中包含有为极权主义提供依据元素。科琴认为这些对马克思主义的批评和指责是不合理且站不住脚的。

科琴反对将马克思主义称作历史决定论的指控,他不仅反对卡尔·波普尔在《开放社会及其敌人》一书中将马克思和恩格斯视作历史决定论者的观点,而且也反对一些社会主义者和马克思主义者的"决定论"表述,其中,他主要提到E.P.汤普森。科琴认为,《英国工人阶级的形成》产生了一种同激进的社会历史传统相类似的人本主义观点,对于汤普森而言,传统马克思主义中蕴含的经济主义引发了后续苏联的一系列错误行为。在汤普森看来,假如人们相信只有通过工业化带来的物质繁荣才可以带来人类真正的自由,那么人们就会相信为了正当目的可以不择手段,例如,为了尽快实现工业化和未来真正的自由,拒绝当前全部的自由也是正当的;被迫集体化、劳工营和恐怖行动也是正当的;斯大林所做的都是正当的。在斯大林主义盛行的苏联以及在那段时期的大多数的共产主义国家中,他们对所有文化、艺术活动和表达都实行严格的审查制度,而且这种行为被一种文化生活的"阶级解释"证明是正当的,艺术、文学、音乐等存在无产阶级的和资产阶级的区分,国家力量必须确保只有无产阶级的文化才能传播。在这种审查制度发展到最极端的时候,甚至影响到了苏联的自然科学实践，要求将自然科学结论修改到适应党的路线。因此，汤普森认为马克思在一定程度上要对此负责。科琴认为汤普森的这种希望避免"经济主义"和"还原主义"的愿望催生出一种具有强烈社会性和人文性的历史观，这影响了激进的社会历史传统。

科琴指出，由汤普森的《英国工人阶级的形成》激发出的历史观，经过拉斯金历史研讨会（Ruskin History Workshop）组织，在《历史研讨会杂志》（History Workshop Journal）中得以重建，其以对资本主义抽象视角出发重建了工业革命前的英国工人的历史。历史研讨会提出的最具社会性的历史是关于特定工人群体的小范围的局部研究，其详细描述了他们的工作状况、家庭生活、习俗、娱乐、信仰和他们的政治活动或产业活动（如罢工、怠工等）。历史研讨会成立的最重要目的之一就是将普通工人的历史从传统经济和政治历史（"统治阶级的历史"）中拯救出来。在这种具有社会性的历史中，资本主义仅呈现为"背景情况"的速写，或者表现为被雇佣者用罢工或其他形式来反抗的敌人。科琴指出，这种以工人个体或小群体为关注点而进行的局部、小范围的研究，是处理短期问题的历史方法，其主要有利于"重建"工人阶级生活的丰富性和人文性，对于把握大范围运动和长期趋势而言，这种方法是并不可行的，其在认识论层面存在只见树木不见森林的风险。

科琴进一步指出，以汤普森为代表的历史研讨会成员的这种作为反映并强化了英国左派的政治态度和信念。英国工会的大部分领导以及工党中本尼特左派的成员都接受了"历史研讨会"的激进的社会历史，科琴将这种态度称为空想的反资本主义。科琴认为这种空想的反资本主义是反资本主义的而不是社会主义的，因为其从本质上看呈现出的是一种消极的姿态。历史研讨会的历史学家们，就像工党活动家一样，他们常常知道自己反对的是什么，但是他们却不清楚是为什么而反对。从本质上看，他们只是反抗者而不是革命者，因为尽管他们哀叹并攻击资本主义在过去和现在对工人生活所造成的影响，但他们却鲜有知道如何才能改变资本主义。

综上所述，科琴提出在19世纪80年代的英国乃至世界上其他地区资本主义发展的真正历史图景中，空想的反资本主义是不可取的。这种空想的反资本主义是真实的但其蕴含的自由和民主是有限的，它是具有创造潜力的但同时也是沮丧的，它是秩序与无秩序的共存。在空想的反资本主义的错误信仰中,"经济主义"不仅导致向资本主义合理性的投降,也导致了斯大林主义。空想的反资本主义不仅阻碍了英国的社会主义者拥有一种现实主义的历史观,而且它阻碍了英国社会主义者更清楚地参与到当前探索社会主义建设的问题中去。由于其拒绝全面地了解英国乃至西方世界中大多数人从资本主义发展中真正获得的物质利益以及这种繁荣带来的他们态度的变化,空想的反资本主义在实践中产生了一种几乎没有受到任何欢迎的而且与贫困相连的政治运动,其中最典型的例子就是英国工党中的本尼特左派的实践活动。

五、社会主义女权主义理论及其实践

社会主义女权主义的增长不仅发生在英国而且发生在整个西方世界中,社会主义女权主义运动是第二次世界大战后最重要的新的社会和政治现象之一。通过科琴对工人阶级概念的分析可以看到,传统左派关注的工人阶级,实际上总是指男性体力劳动者,其忽视了对从事劳动人员的性别构成的关注,并"隐性强化了传统的观点——女性的政见和观点应服从她们的男人(丈夫、父亲、兄弟等)"①。因此,社会主义女权主义者指出,传统的左派运动及左派政党实行的是性别等级制度,因而女权主义运动将其批判、分析和政治活动扩展至左派运动的每一个领域,女权主义批判的范围包括对革命的和社会主义的历史,传统左派政党和革命活动的组织和机构,资本主义和社会主义的一系列意识形态和社会经济体系等,特别是阶级剥削与性别剥削之间的复杂关系。

女权主义者已经完成了关于女权主义和女性的被隐藏的历史以及西方资本主义家庭的作用和结构的新的重要的脑力劳动。他们特别关注家庭在创造和维持公共及私人的性别角色和定型上的作用。作为左派女性的政治活动和多变的知识爆炸的结果,所有激进运动已经被深刻和必然的改变了。要被称为社会主义者,就应关注性别主导和压迫问题,女性在我们社会中所遭受的特殊形式的压迫以及施加影响于一个真正的社会主义未来世界应该包含什么。毫无疑问,对于许多男性社会主义者而言,女权主义的批判已经成为一个个人比较难面对的问题,需要尝试去改变从

---

① Gavin Kitching,*Rethinking Socialism*, London and New York：Methuen, 1983, p.78.

前将这个问题贬低至"私人生活"范围和认为与政治原则不相关的态度和行为。①

科琴列举并分析了女权主义运动的两个问题域:其一,广义的"女性历史"和"女性研究";其二,女权主义者发现左派政治和文化运动增加了对"女性方面"问题处理的趋势。针对第一个问题域,科琴认为其存在三种弊端:第一,"女性历史"和"女性研究"必然是"激进的历史","女性历史"的理论目标可能会导致女权主义者选用一些可能被严重歪曲过的历史;第二,一般而言,在"女性历史"和"女性研究"中,研究者大多为女性;第三,女权主义采取一种"女性才能了解女性"的辩护方式,将男性排除出去,这种或多或少有些粗暴的本质主义辩护具有明显的法西斯主义色彩。因此,科琴认为,虽然女权主义在初期对大多数人际关系模式和男性主导的左派运动形式作出了极有力的批判,但从实际效果上看女权主义者却是同传统左派一样的自我孤立,他们在实践中并不会参照自己所批判的内容,而是复制了对自身带来损害的形态。

综上所述,尽管科琴指出了女权主义存在的缺陷,但他既不反对女权主义,也不反对女权主义参与到英国社会主义理论和实践中,事实上,他对女权主义在未来的运动中存在的潜力是持乐观态度的,他认为当前的女权主义只是需要进行一定的自我评估和反思。

六、英国实现社会主义的一种可能性:
先发制人的联合主义

科琴提出的"先发制人的联合主义"这一社会主义实践路径是建立在对当时英国国情的考量基础之上。20世纪70年代以来,英国失业人数急剧增多,工人处境堪忧。保守党执政后根据货币主义所施行的各项政策使得社会福利大大削弱,工会力量受到打击。而工党内部出现意识形态的分歧,虽然工党左翼得到了失业者和工会工人的支持,但他们在工党选举中所占的比重是同其受到的支持不成比例的。此外,英国工人阶级的性别构成和职业构成上出现的缓慢但根本的结构转变为扩张的激进政治提供了一个新的阶级基础,

---

① Gavin Kitching,*Rethinking Socialism*, London and New York:Methuen, 1983, p.79.

而这些转变也削弱了工党对工人阶级作为一个整体的传统观念的忠诚度。鉴于上述情形,科琴提出了一个"先发制人的联合主义"策略。

不同于简单地推动体制内的工资和工作条件改善,并寄希望于这些改进能够迫使工人选择激进的政治立场,人们可以自觉地向资本主义提供全心全意地合作,但这种合作的目的是为了有意识地改变资本主义的本质。①

科琴对"先发制人的联合主义"策略的讨论并未单纯停留在理论或假设层面,他将这一构思应用于实例分析中,设想在 1969 年至 1972 年间建立卢卡斯航空工人代表联合委员会,并于 1976 年 1 月建立关于卢卡斯航空工厂的替代性"整体计划"。通过将理论与实际相关联进行具体阐释分析,科琴指出这一策略最困难的部分在于如何实现"先发制人"。此外,科琴指出"先发制人的联合主义"这一策略存在一个悖论,即:

由于当前在所有发达的资本主义社会中经济政策的核心问题是工资管理——需要保持工资同生产力提高所一致的大幅增长,以此来确保持续增长而没有通货膨胀。而货币主义就是资产阶级对充分就业情况下这种管理不能获得主动权的反馈。然而,很明显的是,工资的限制不能长期维持于一个垄断经济中。垄断经济往往伴随有一个高度工会化和分工的劳动力市场,而且并不存在能够威胁到资本主义政治稳定或者对民主自由严格的限制或终结程度的持续大规模失业。

因而货币主义结束后,发达的资本主义经济可能将回到再一次需要管理和"刺激经济的政府投资"的凯恩斯主义,也许会采用更"温和"的方案。在这种情况下,他们将再一次面临赢得大量工薪基层遵循工资限制的必要性,同时各种形式的"社会契约"也将再次出现。在面对这个问题时,发达的资本主义经济学同时面临着被马克思主义视作资本主义核心矛盾在当代最严峻的形势——资本主义制度生产和消费的高度社会化同生产利润的私人占有之间的矛盾。②

科琴指出,尽管"先发制人的联合主义"策略存在一些不完善的地方,但

---

① Gavin Kitching, *Rethinking Socialism*, London and New York：Methuen, 1983, p.111.

② Gavin Kitching, *Rethinking Socialism*, London and New York：Methuen, 1983, pp.128-129.

这一策略能够将实现社会主义的长期目标同改善当下的现状连接起来,这一策略作为一个过渡计划是必要且具有践行的可能性的。此外,由于在认识论层面反对真理的符合论,科琴不赞同将马克思主义强行类比作自然科学以换取大众对马克思主义科学性的承认,他在理论层面和实践层面都坚定地践行他的实践哲学,因此尽管他提出了"先发制人的联合主义"策略,但他并不认为凭借这一策略就可以直接建成马克思意义上的社会主义或共产主义社会。他将这一策略与马克思主义的共产主义理念比作短期目标和长期目标的关系,他认为只有这样渐进式地推进社会主义建设,社会主义理论才不致沦为一个具有启蒙意义但却不具备实现希望的社会批判理论,不会变成建立在空中的楼阁,仅能给人们以美好的愿景和心理上的安慰。

综上所述,科琴主张的是一种渐进式的革命观,他将"先发制人的联合主义"定义为一个过渡性质的计划,并认为这样一种过渡计划是必要的,因为现在和未来之间需要一座桥梁以及跨越这一桥梁的第一步。否则,人们会因为现实需要同未来理想之间存在差距以及为什么会出现这样大的差距等问题而陷入沮丧。倘若还有人持有这样一种观点,即认为社会主义者旨在达到的社会根本变化和民主的不断加深和扩展只是一个缓慢的、矛盾的、痛苦的历史过程,那么人们还会变得更加沮丧。因此,科琴提出,"先发制人的联合主义"是社会主义的民主制度之一,这样一个策略是从资本主义过渡到社会主义的第一步,它将工党左派的长期目标与近期处境和目标连接起来,避免了社会主义理论成为一个仅具启蒙性但并无实现可能的单纯社会批判和空中楼阁。

七、结　语

《社会主义再思考》写作于英国工党左派即将面临再一次竞选失败的大背景下,科琴在"序言"中明确提出了自己写作的几点初衷:"首先,我想尽可能清楚地向英国的社会主义者解释为什么我认为他们在浪费时间。其次,我不仅想给英国的社会主义者们提建议,还想向广大读者说明我所认为的适合英国国情且可行的社会主义发展战略是什么。"[①]在书中,科琴将英国左翼在

---

① Gavin Kitching, *Rethinking Socialism*, London and New York: Methuen, 1983, p.11.

选举中失败的原因归结为以下几点：其一，英国的知识分子左派中存在一个知识精英主义和精英主义政治实践；其二，在理论层面，英国左翼中的大多数人对"经济主义"和"还原论"的许多问题存在误解；其三，从马克思主义中完全驱逐出政治上的经济主义这一尝试，实际上常常伴随着一个空想的反资本主义，而空想的反资本主义是并不具有任何实践可能性的。

通过对英国资本主义发展、工人阶级的现状及结构变化进行剖析，科琴分析了英国工党左翼在政治、经济理论上存在的问题，提出社会主义建设不是一蹴而就的，形成社会主义不仅需要高度发达的物质水平，还需要拥有先进知识、技术和深刻思想的公民，社会主义世界是一个充满公民道德准则的世界。通过分析比较不发达条件下的社会主义建设、空想的反资本主义，科琴意识到社会主义并非必然从先进的资本主义中产生，而是由社会和政治因素决定了社会主义的产生，因此他反对以革命的方式推翻资本主义来建立社会主义，主张以一种渐进的方式实现社会主义。结合对现实世界社会主义国家的分析，科琴提出了他所认同的适合英国国情且可行的社会主义发展战略——"先发制人的联合主义"。

从某种程度上看，科琴的《社会主义再思考》就是其将马克思主义理论同当时英国社会实践相结合进行思考辨析的产物，该书的研究方法不仅重视对社会现实的考察和分析，而且重视对马克思主义经典文本的分析，这一点体现出了科琴对其分析哲学研究路径的一以贯之。科琴秉持实践哲学在马克思主义哲学中的核心地位，坚持精细的文本分析和整体的实践观来研究具体问题，这提供了一种分析哲学的整体实践观的研究路径与视界，对深入推进马克思主义实践哲学研究具有重要意义。当然，科琴在本书的著述中也存在一些不足，一方面是他囿于分析哲学的研究路线，在一定程度上受到重方法多于重内容的限制；另一方面是他在书中关于现实社会主义国家的民主状况的分析和所得出的结论仍值得商榷，书中一些结论仍需要进一步的论据加以支持并丰富其内涵。

（本文作者：管晓刚）

第二十篇　推动生态社会主义运动向纵深发展

——佩珀《生态社会主义:从深生态学到社会正义》导读

一、引　言

戴维·佩珀(David Pepper)是 20 世纪 90 年代西方生态社会主义运动的领军人物,针对当时西方(尤其是英国)生态环境运动出现的困境与难题,佩珀提出要用马克思主义理论指导生态运动,"红绿联盟",进而把生态运动推进到生态社会主义运动中来,以此建立全新的生态社会主义社会。出于这一目的,佩珀结合多年相关理论研究,于 1993 年创作出版了《生态社会主义:从深生态学到社会正义》(*Eco-Socialism*:*From Deep Ecology to Social Justice*)一书。

此书 2005 年出版中译本,由山东大学刘颖翻译。在第一章中,佩珀指出,当下绿色生态运动虽然从表面上看是一种新的运动,但其实它所关注的问题依然是旧政治问题,依然没有超出环境难题、贫穷问题和社会不公正问题等。它的指导思想主要是无政府主义的,但无政府主义思想对运动的发展并不能起到很好的推动作用。在第二章中,佩珀考察了生态主义者、马克思主义者和无政府主义者在政治经济学和政治意识形态这两方面的相互差别与关联,指出"红绿之争"产生的原因所在,提出必须摒弃无政府主义的唯心主义,抛弃其后现代主义倾向而转向现代性,以此来完成生态社会主义运动的政治任务。第三章是全书的重点,佩珀主要强调了马克思主义理论对生态环境运动的价值和启示作用。他指出,马克思主义对资本主义的分析与批判是为大家所熟知的,但马克思主义同样能够为当下的生态运动提供更加强有力的指导,因为马克思主义的历史唯物主义和辩证唯物主义是已被证明了的、行之有效的理论武器,同时马克思主义中的无产阶级革命理论也完全符合当下运动和斗争的状况。在第四章中,佩珀对无政府主义进行了分析,包括无政府主义的产生、主要原则、主要类型、哲学根基及其实现理想的方法,以此来说明无政府主义的优势与缺陷。在第五章中,佩珀再次强调了社会主义与无政府主义的种种不同,同时说明二者之间有联合的可能性和共同基础,即要求社会公正的优先实现,在这一基础上进行"红绿联盟",二者的理想与目标就会同时实现。

正如佩珀在第一版"前言"中所写:

> 我认为,社会正义或它在全球范围内的日益缺乏是所有环境问题中最为紧迫的。地球高峰会议清楚地表明,实现更多的社会公正是与臭氧层耗尽、全球变暖以及其他全球难题作斗争的前提条件。①

社会不公正问题无疑是全球性难题,它要远远严重于环境问题。但很明显的是,资产阶级在国内不会停止剥削自然、剥削无产阶级,在国际上发达国家也不会牺牲财富利益来帮助贫穷国家,使贫穷国家免于破坏自身环境,结果自然是富者越富而贫者越贫,并且全球经济发展差距越来越大。所以,唯有改变社会制度并建立生态社会主义社会,才能解决社会不公正问题并随之解决环境等问题。

二、资本主义发展的不可持续性

马克思主义指出,资本主义由于其无法解决的、自身存在的基本矛盾而终将灭亡。在资本主义社会中,资产阶级占有并控制生产资料,无产阶级只能靠出卖自己的劳动力挣得工资生存,资产阶级为了获取高额利润必然要剥削工人无产者,由此在资产阶级与无产阶级之间必定会发生斗争,这种斗争是围绕着经济利益却旨在夺取政权的斗争,因为只有在夺取政权并建立无产阶级专政之后才会实现利益的平等分配。第二次世界大战后,面对无产阶级争取自身利益的斗争持续高涨的情形,资产阶级不得不采取新的政策和策略,这些新政策和新策略在一定程度上有利于工人阶级,它在很大程度上改善了工人阶

---

① ［英］戴维·佩珀:《生态社会主义:从深生态学到社会正义》,刘颖译,山东大学出版社2005年版,"前言"第2页。

级的生活状况,使得工人阶级的生活质量有所提高,这样,阶级斗争似乎不再尖锐。但佩珀认为,资本主义的种种矛盾并未真正消失,在当代它们以生态矛盾或生态危机等形式表现出来。

(一)生态矛盾的出现

在佩珀看来,"生态矛盾来自其他矛盾"①,这也就是说,生态矛盾产生于其他矛盾,那么矛盾的根源依然是经济矛盾。马克思主义指出,资本主义生产的目的是销售而不是直接用于消费,是赚取利润而不是满足人的需要,这是资本主义的一个显著特征。资本家通过扩大再生产不断实现资本积累,同时资本家不断剥削工人并剥削自然以获取更多的剩余价值,而在此基础上又会持续进行下一轮的剥削和扩张,如此跟进,导致工人的持续贫困状态和生态困境。首先,资本扩张和增长的动力,不断地刺激着资源基础的持续扩大,用于满足不断拓展的市场需求,由此生态环境问题日益突出。比如,马克思就曾指出,资本主义的农业和其他资源的使用是极其不合理的,土地沙漠化和环境退化无疑是资本家为了追求眼前利益的结果,所以,资本主义在其发展过程中通过剥削自然而导致了环境退化:

> 马克思主义强调引起环境退化的物质生产过程中的动力机制。它还使我们认识到,对自然的态度是如何在资本主义发展过程中具体形成的,并以这种方式促进了剥削。②

> 资本主义制度内在地倾向于破坏和贬低物质环境所提供的资源与服务,而这种环境也是它最终所依赖的。从全球的角度说,自由放任的资本主义正在产生诸如全球变暖、生物多样性减少、水资源短缺和造成严重污染的大量废弃物等不利后果。③

并且,过度生产是资本主义必然之路,竞争会使资本家不断扩大市场从而

---

① [英]戴维·佩珀:《生态社会主义:从深生态学到社会正义》,刘颖译,山东大学出版社2005年版,第122页。

② [英]戴维·佩珀:《生态社会主义:从深生态学到社会正义》,刘颖译,山东大学出版社2005年版,第133页。

③ [英]戴维·佩珀:《生态社会主义:从深生态学到社会正义》,刘颖译,山东大学出版社2005年版,"前言"第2页。

引起过度生产,但过度生产将导致单位生产成本降低而破坏了其自身的市场,再加上技术更新,资本家的利润率也会随之下降,资本家采取的应对方法则是进一步加大对工人的剥削,工人不得不更加努力工作以实现更好的生活,这在一定程度上加深了工人的痛苦,资本家可以如此剥削工人只是因为资本家占有生产资料,可以说资本主义制度就是贫穷产生的根源。

生态矛盾已然产生,但很明显,保护资源和控制污染等行为和措施在资本主义利益面前是那样不重要,因为那样做只会增加生产成本。在佩珀看来,资本主义的一个重要特征是使销售收入最大化的同时使生产成本最小化,所以,保护生态环境的行为往往是被资产阶级拒绝的,而且对资产阶级来说,更加有利的是使收益内在化而成本外在化。成本外在化首先表现在当下的环境问题被转嫁给未来:

> 实际上,"开采"资源——获取它们的价值而不考虑对未来生产率的影响——在资本主义经济中是一种不可抗拒的趋势,成本外在化部分地是将其转嫁给未来。①

这也就是说,让后代为今天的破坏付出代价,让社会作为一个整体支付它们,这在道义上也是应该被谴责的。其次,成本外在化还表现在空气、水和土地等的污染中,资产阶级破坏了人类生存环境,但所有人必须面对这些恶果。由此,佩珀指出:

> 人类不是一种污染物质,也不"犯有"傲慢、贪婪、挑衅、过分竞争的罪行或其他暴行。而且,如果他们这样行动的话,并不是由于无法改变的遗传物质或者像在原罪中的腐败;现行的社会经济制度是更加可能的原因。②

> 资本主义的生态矛盾使可持续的或"绿色的"资本主义成为一个不可能的梦想,因而是一个骗局。③

———————

①　[英]戴维·佩珀:《生态社会主义:从深生态学到社会正义》,刘颖译,山东大学出版社2005年版,第136页。

②　[英]戴维·佩珀:《生态社会主义:从深生态学到社会正义》,刘颖译,山东大学出版社2005年版,第354—355页。

③　[英]戴维·佩珀:《生态社会主义:从深生态学到社会正义》,刘颖译,山东大学出版社2005年版,第139页。

（二）生态帝国主义的危害

生态帝国主义最早产生于中世纪的欧洲，它首先在农业土地方面表现出来，"它喜欢剥削新的土地和资源，因为后者为初始的利润和迅速增长的生产率提供了很大潜力"①。随着资本主义的迅速发展和资本在全球范围的扩张，生态帝国主义也获得了全球向度并在全世界肆虐开来，直接或间接导致了当地干旱区域沙漠化、热带雨林被毁以及在殖民地种植适用于外国市场的作物。除了土地方面，生态帝国主义在其他方面也加强了对别国的侵略，如对能源、资源和劳动力等的掠夺，这些都给全世界的政治经济发展带来了极其严重的危害。

第一，生态帝国主义加深了全球经济发展的不平衡性。首先，为了解决国内资源不足问题，西方发达国家对全球生态资源进行了帝国主义式的掠夺，种种帝国主义行为破坏了当地的生态资源，如砍伐被侵略国家的森林，强迫外国土地使用适应本国市场，过度生产等。其次，生态帝国主义还不断向海外销售和秘密处理本国有毒垃圾，有毒垃圾给当地居民的健康和生活带来了严重伤害，但是：

> 既然环境质量与物质贫困或富裕相关，西方资本主义就逐渐地通过掠夺第三世界的财富而维持和"改善了"它自身并成为世界的美慕目标。因而，它新发现的"绿色"将能通过使不太具有特权地区成为毁坏树木与土壤的有毒废物倾倒地而实现。②

此外，生态帝国主义还把带有有害物质的工厂设在国外，廉价雇佣别国劳动力，改变了别国工业模式，阻碍了别国工业的发展，使别国很难在工业方面与之抗衡，有些国家甚至形成了对西方国家的巨额债务。由此佩珀指出，所有这些直接或间接的剥削都加深了落后国家的贫穷，使得当地经济发展极不平衡。

第二，生态帝国主义加重了全球社会不公正性。生态帝国主义国家对第三世界和经济欠发达国家人民进行野蛮剥削和无情欺诈，在国际上造成严重

---

① ［英］戴维·佩珀：《生态社会主义：从深生态学到社会正义》，刘颖译，山东大学出版社2005年版，第136页。

② ［英］戴维·佩珀：《生态社会主义：从深生态学到社会正义》，刘颖译，山东大学出版社2005年版，第140页。

的不平等性。首先,生态帝国主义利用早已建立的特权控制了世界贸易;其次,生态帝国主义凭借雄厚的经济实力在国际事务中处处维护自身利益,贬损别国正当要求。佩珀指出,1992年的地球高峰会议在保护全球环境资源方面并没有取得建设性的政策颁布,原因之一就在于美国拒绝有关方面的提议。对于美国来说,保护其经济发展是首位重要的,它决不会为保护环境而作出丝毫的、有损自身利益的让步。

佩珀指出,"第三世界"在西方殖民化之前生态是平衡的,与自然协调一致,在当代,资本主义通过特定的政治、经济或政策间接地在全球产生了暴力,这是一种新的殖民化,资本主义在全世界范围的剥削性、侵略性已经以生态帝国主义的形式表现出来,所以,对于全球环境问题和社会不公正现象,他们应负大部分责任。生态帝国主义是为了缓解本国生态危机而产生的,但它的出现不仅没有解决危机,反而使危机扩大化。目前,生态帝国主义借着经济全球化和一体化而更加扩展开来,它使原本就存在的不公正现象更加尖锐了。

(三)虚假意识是当代资本主义异化的核心

异化劳动理论是马克思主义的重要理论之一,它揭示了在资本主义早期生产条件下工人产生的麻木、迟钝、扭曲的心理状态。佩珀认为,在当代,异化并未消失,它以新的形式和扩大化的趋势表现出来。

首先,资本主义异化产生于资本主义生产关系和生产过程中,但它却是社会性产物,也就是说,异化问题是现实社会造成的。在商品交换中,在出售劳动产品过程中,劳动者实际上也被买卖,正是在买和卖的金钱关系中,劳动者把自己降低到市场上任何可以出售的其他东西的地位,劳动者被客体化了,降到了物的地位,劳动者此时除了能进行生产活动外,道德、情感、精神等已被淡化,一切都是围绕着金钱和市场价值来衡量,也即"金钱至上",日常词汇和用语无不体现着利益关系,人们已深陷利益之网中。其次,在资产阶级内部由于存在着竞争,也产生了异化,"在资本主义社会中,不仅仅无产者异化了他们自己,资产阶级也是如此"①。资本家之间为了生产而相互竞争,他们极力垄

---

① [英]戴维·佩珀:《生态社会主义:从深生态学到社会正义》,刘颖译,山东大学出版社2005年版,第126页。

断资本和资源以使自己获得高额利润或使自己处于不败之地,为此他们之间彼此冷漠且互相拆台,完全把对手当作客体来看待。再次,机械化、劳动分工和生产线使工人产生了异化。试想,工人每日都把自己附着在机器上,每日面对冰冷的机器做着反复而烦琐的工作,长期如此,他们因痛苦而近乎疯狂,当然无法避免异化的产生。正因为以上种种情况,人们产生了虚假意识:

> 它缓冲了人们所受资本主义的极端影响,从而使他们的感官迟钝,无法意识到这个制度到底是什么样的以及实际上正对他们做什么。①

> 它促使你相信,与你自己利益相对立的一系列前提是客观真实的、自然的或不可避免的。②

这也就是说,人们会相信目前的一切都是自然而合理的并且是不能被改变的,这种意识虽然可能驱散了人们心中的不满,让人们自以为生活在一个无阶级的、公平的社会中,但其实自身痛苦根本无法根除。为了释放精神压力,填补精神空虚,人们会根据广告(可能是虚假广告)而疯狂购物,结果是又一次陷入了资本家圈套之中,实现了资本家资本积累的目的。但佩珀指出,这种虚假意识已越来越难以维持自身地位,真实的意识终将取代虚假意识。一是真实的意识将会认识到,虚假意识维护的是资产阶级的利益,保护的是资产阶级的核心地位,这种意识由福利国家催生而来。资产阶级国家本就是资产阶级的统治工具,它表面上公正但实际上反对工人阶级的利益,它似乎是代表所有人,但它强烈受到资产阶级集团的影响和渗透。二是真实的意识也将会认识到,资本主义经济并不是自然而合理的,它也不是普遍而不可改变的,其自身实际上已是矛盾重重。三是真实的意识还会认识到,劳动本是人的本质的表达,但在资本主义制度下,劳动已脱离人的本质而走到了人的对立面,同时人与人交往的需要也消失了,真实的意识强调必须以创造性和共同体性回归劳动,回归到人的本质,以劳动满足社会需求并体现劳动者的价值。

---

① [英]戴维·佩珀:《生态社会主义:从深生态学到社会正义》,刘颖译,山东大学出版社2005年版,第129页。

② [英]戴维·佩珀:《生态社会主义:从深生态学到社会正义》,刘颖译,山东大学出版社2005年版,第130页。

三、重申对马克思主义的确信

关于马克思主义,佩珀写道:

> 马克思主义是一种受到马克思激发但由许多其他学者发展起来的西方知识传统,它试图分析社会如何运作以及如何改变。它尤其感兴趣的是从封建主义向资本主义的转变,资本主义如何运转和如何停止运转,并让位于社会主义及最终实现"真正的共产主义"。①

在佩珀看来,马克思主义分析的各个方面已被证明是有用的和有效的,西方国家不同程度地受到马克思主义的影响,以至在西方人思考的方式中或多或少都吸收了马克思主义的方法,尤其是其中的辩证方法和历史唯物主义方法。

(一)马克思主义对绿色生态运动的启示

佩珀认为马克思主义对当下的绿色生态运动有很多启示,它可以指导运动向健康的方向发展。

首先,佩珀指出,正是马克思提醒了我们到底是什么引起了最初的环境难题,"它们主要由日益与城市化和资本主义工业化(包括农业工业化)相关的经济剥削而产生"②,这已明确说明,环境难题就是一种社会难题,它不是纯粹自然环境的难题,这一难题产生的根源无疑就是资本主义的剥削,这在上文已提到。在马克思的时代,马克思痛斥的生态环境难题是工人劳动和生活环境的日益恶化,如工作的高温环境,充满灰尘的空气,震耳欲聋的噪声,贫民窟生活等等。所以,工人运动在本质上就是一种环境抗议的运动,运动的目的是争取工人的健康和安全,争取工人体面的工资,这些斗争其实对西方国家的发展有极大的影响,所以生态运动必须明确把环境难题产生的深层根源挖掘出来,即马克思所说的经济剥削,以此作为推动生态运动持续向前发展的主要动力,

---

① ［英］戴维·佩珀:《生态社会主义:从深生态学到社会正义》,刘颖译,山东大学出版社2005年版,第89页。

② ［英］戴维·佩珀:《生态社会主义:从深生态学到社会正义》,刘颖译,山东大学出版社2005年版,第94页。

也只有这样,生态运动才能再一次深刻影响西方社会。

其次,马克思的辩证方法对认识生态运动本身也有极大帮助。马克思主义认为,看待任何事物的方法不能是一成不变或是僵化死板的,相反,必需随着时间、地点和环境的变化而变化,只有这样才能得到科学而合理的态度。也正是在这个意义上说,马克思并不是马克思主义者。正如帕森斯所言,假如马克思生活在今天,他必定会写出不同的东西;格伦德曼也说,马克思只是针对时代最紧迫问题作出了反应。所以,马克思的辩证方法要求不断丰富自身,不断增加新内容,从而使其处于不断更新中。佩珀认为,这些对生态运动和绿色分子极具启发意义:

第一,一定会有一场真正的社会变革,虽然这场变革究竟何时发生也许并不能精准预测,但一定是以社会的物质力量来组织这场变革,通过社会的集体行动来建立理想的社会形态;第二,更清楚地认识资本主义经济体系。由于资本的扩张,资本主义经济已在全世界范围内蔓延,但马克思主义早已认识到其本质和规律,一个简单商品背后折射的是人与人之间的复杂关系,所以不管时代如何变化,会出现什么新的情况,仍然必须要按照马克思主义所指出的,必须改变社会经济制度,消灭剥削,这样才能把人从自然和人自身中解放出来。

(二)历史唯物主义方法

马克思以历史唯物主义方法解释社会的演变进程,即社会从低级到高级、从简单到复杂的过程,这是一个不断进步的过程,但它并不是一个必然的进程。

第一,唯物主义和唯心主义的区别。在马克思看来,世界是由物质组成的,意识的产生、发展和变化均来自物质基础,实际上意识本身也是一种物质存在。人类历史从物质生产生活开始,历史的进步随着物质生产的进步而进步,意识也随之进步,但不能仅仅以意识的进步断定历史的进步,这完全不同于唯心主义的历史观,比如黑格尔的唯心主义历史观,黑格尔认为走向历史的自由的进程就是观念的实现,而马克思认为观念首先来自历史阶段的物质基础。

第二,经济基础和上层建筑的矛盾。马克思指出,经济基础和上层建筑是一对矛盾,它与生产力和生产关系的矛盾是人类社会发展过程中的两对矛盾,其中经济基础和上层建筑的矛盾决定于并影响着生产力和生产关系的矛盾。佩珀对这两对矛盾进行了解释,他说在物质生产活动中,人们使用生产力进行劳动,生产力包括劳动者和生产资料与生产工具,最初的生产资料就是自然,而生产工具的使用体现了技术的进步。在劳动过程中,人们必须和自然打交道,而如何与自然打交道是复杂的问题,如果对自然界采取了错误的方式(如剥削自然),那么,这就是造成生态环境问题的直接原因,但这不是全部。在劳动过程中,人们必须组织起来形成一定的生产关系进行生产,如个体一定不能把石油做成一个塑料碗,但通过集体劳动和社会组织,则能够做到这一点,这也就是生产关系的产生。不同的社会形态反映不同的生产力和生产关系,资本主义生产力发达,基本的生产关系是资本家雇佣工人进行生产,那么为了赚取超额利润,资本家就会不停地剥削工人造成工人的极度贫困。

马克思主义认为,生产力与生产关系构成一个社会的经济基础,在经济基础之上必定盛行着一定的价值、道德、观念等,这些价值、道德、观念会嵌入社会的政府法律教育之中形成上层建筑。在一个社会中,特定观念和价值是被接受或是被拒绝绝不是偶然的,它们必定是与社会物质基础直接相关的,这也就是历史唯物主义所指出的"经济基础决定上层建筑",经济基础决定上层建筑意味着,上层建筑的变化如果没有经济基础的相应变化则很难实现,为此佩珀举例说:

> 个人的自由在资本主义社会中得到推崇,并被解释成一种占有土地及其他资源的自由,以最少的来自国家的计划与税收限制从事商业的自由、竞争自由、只要买得起就能自由交易的自由。但是,它不包括来自物质需要权利或失业权利的自由。自由的这种定义,作为"共同认识"的一部分,对资本主义的正常运转是重要的。因为如果人们关于自由的"共识"意味着人们为了想要的工资而工作的自由,那么,高失业的存在将会引起比事实上更多的不满和动荡。①

> 基础和上层建筑之间的这种一致性意味着,上层建筑的变革——包括观念与价值的激进变化——如果没有基础方面即经济的和物质生产方

---

① [英]戴维·佩珀:《生态社会主义:从深生态学到社会正义》,刘颖译,山东大学出版社2005年版,第102页。

式(以及它所对应的社会和社会与自然关系)的相应变化,不可能很快地或内在一致地发生。①

而上层建筑中的观念和价值等一旦在社会中占据主导地位,它们就会进一步加强和维护经济基础,从而成为统治阶级的工具。显然,资本主义的主导意识形态维护资产阶级的经济利益。佩珀提醒生态主义者,绿色分子所提倡的一系列意识形态如精神价值、合作、主观性、情感等在资本主义很难实现,它不可能轻松取代资本主义的主导观念,如果想要在社会实现它们的普遍认同,则首先要有生产方式和生产关系的变化,随之才会有意识形态的变化,这也就是佩珀所指出的,历史聚焦于不同生产方式的转换,所有其他的变化都应由此加以解释。

(三)社会变革依然需要依靠无产阶级

马克思主义和生态主义的一个明显区别是,二者在革命方式和革命者方面有完全不同的看法。生态运动明显是受无政府主义影响,所以在革命方式和行动者方面依靠的是新社会运动。新社会运动包括绿色运动、女权运动、民权运动、和平运动,是20世纪60年代出现的比较宽泛的运动。从新社会运动包含的内容来看,他们并不直接反对资产阶级,他们强调的是新的生活方式的改变,争取更好的生活环境,实现更多的自由和权利,追求高质量的生活,所以新社会运动强调的是消费者的革命而不是生产者的革命,他们的斗争是为了消费更多更好的服务、健康、愉悦和物质享受。新社会运动认为当下的无产阶级已经被边缘化,工人运动已成为过去式,工人无产阶级已不适合成为社会变革的行动者,对此,佩珀指出,要想实现绿色生态运动的理想社会,就必须仍然依靠工人无产阶级的强大力量。

马克思主义指出,阶级斗争是人类社会发展的直接动力,自从人类社会进入阶级社会后,社会矛盾就围绕着阶级斗争体现出来,资本主义社会最主要的两大对立阶级是资产阶级和无产阶级,它们为争夺经济利益而进行着持续不断的斗争。在资本主义早期阶段,工人阶级以破坏机器、消极怠工为主要斗争

① [英]戴维·佩珀:《生态社会主义:从深生态学到社会正义》,刘颖译,山东大学出版社2005年版,第102页。

形式,而随着阶级意识的逐渐觉醒,工人阶级开始罢工并发展到武装斗争,有了清醒政治目标的工人阶级要求推翻资本主义制度而建立新的社会。第二次世界大战后,在西方"福利"国家中,阶级意识趋于模糊,工人阶级逐渐被边缘化,似乎不能再肩负建立新社会的任务,但佩珀指出,在当今社会,阶级依然存在,穷人和富人的差距还在拉大,无产阶级的人数并未减少,并且富人比穷人能享有更多有机绿色蔬菜和更好的空气,而面对生态灾难时,富人比穷人更易于躲避灾难,无疑无产阶级仍然生活于社会最底层,因而他们革命的要求也最强烈,在如今的社会中,也只有他们才能肩负革命的重任。为此,佩珀写道:

> 对传统马克思主义者而言,阶级斗争是将人性从资本主义的枷锁中解放出来的核心。他们等待一个新时代的到来,那时无产阶级已同时形成一种资本主义制度下的革命性意识,并决定采取联合的政治行动来创造一个新的无阶级社会。①

> 从一个全球视角看,潜藏的阶级冲突仍潜在地是一种强大的变革力量,而阶级分析也依然重要。②

> 工人运动一定是社会变革中的一个关键力量。它将重新发现自己在这方面的潜力,并且重新恢复作为一种环境运动的特征,而这已在比如工会主义、乌托邦社会主义和回归土地运动中得到历史性地证实。③

四、实践生态社会主义

佩珀指出,生态运动主要是受无政府主义的影响,无政府主义是比其他任何传统政治哲学都更强烈影响绿色运动的一个主义,但无政府主义是"一个流动的和持续的转变的观念与实践系统"④,它很难推动生态运动向前发展,

---

① [英]戴维·佩珀:《生态社会主义:从深生态学到社会正义》,刘颖译,山东大学出版社2005年版,第187页。
② [英]戴维·佩珀:《生态社会主义:从深生态学到社会正义》,刘颖译,山东大学出版社2005年版,第357页。
③ [英]戴维·佩珀:《生态社会主义:从深生态学到社会正义》,刘颖译,山东大学出版社2005年版,第357页。
④ [英]戴维·佩珀:《生态社会主义:从深生态学到社会正义》,刘颖译,山东大学出版社2005年版,第236页。

它难以担此重任,当下必须把马克思主义理论带入到生态运动中来,用马克思主义理论指导生态运动,从而成功进入生态社会主义社会。

用马克思主义观点分析绿色难题至少可以持续地为可能侵入主流和无政府主义绿色话语的模糊性、不连贯性、头脑糊涂和偶尔的枯燥提供一个矫正的方法。[①]

主流绿色分子和绿色无政府主义者必须从马克思主义那里接受更多积极的东西。那里有对资本主义的社会分析和社会——自然辩证法的概念;两者都是强有力的、认识深刻的和准确的,然后是它对社会主义的信奉。而且,它还有一个社会变革中介理论的可能性,绿色理论需要吸收马克思主义的相关方面,同时形成了一种将避免生态破坏的战略。[②]

(一)对无政府主义的批判

无政府主义极度推崇自然,认为自然是社会的模型,自然就是最好的,自然知道的最多。但佩珀指出,自然并不是社会的模型,人类社会从自然中分离出来,但二者并不是孤立的或分离的实体,社会是自然的一部分,自然是社会的基础。自然不仅仅是社会的延伸,同样社会也不仅仅是自然的延伸,这正是辩证法的体现。

无政府主义信奉自由主义、个人主义和平等主义等,它反对等级制、集权主义和竞争等,所以它的革命要求是废除等级制和权威,废除国家。首先,他们认为一切罪恶都来自等级制,等级制是一些人控制另一些人的表现:

无政府主义把社会和环境难题主要归于人们之间的等级制和支配关系的增加。[③]

无政府主义者坚持认为,必须被直接攻击的应是人们之间的权利关

[①] [英]戴维·佩珀:《生态社会主义:从深生态学到社会正义》,刘颖译,山东大学出版社2005年版,第376页。

[②] [英]戴维·佩珀:《生态社会主义:从深生态学到社会正义》,刘颖译,山东大学出版社2005年版,第375页。

[③] [英]戴维·佩珀:《生态社会主义:从深生态学到社会正义》,刘颖译,山东大学出版社2005年版,第294页。

系——等级制和支配关系。它们在资本主义社会前就已存在，并且先于经济阶级存在。①

其次，政府是大多数社会困境的来源，在国家的控制下，民众无任何自由可言，国家就是一种非自然的存在，无论任何形式的国家都应该被立即废除，但佩珀认为，正如马克思主义指出的，阶级矛盾才是社会的主要矛盾，正是由于阶级的存在才导致了一部分人能够剥削另一部分人，所以首先应该被废除的是阶级划分。为此，他写道：

> 社会主义者认为，现行的生产关系是阶级的关系：实际上，整个历史是一部阶级斗争的历史。阶级关系是经济、社会和政治剥削的来源，而且，这些又导致生态掠夺和破坏。真正的、后革命的、共产主义的社会将是无阶级的社会，而当这种社会实现时，国家、环境破坏、经济剥削、战争和父权制都将会消亡，不再是必须的。②

所以国家在一定阶段还是可以保留的，因为许多社会内部事务依旧需要国家的管理，也还需要国家镇压自己的敌人，一旦进入共产主义社会后国家将不复存在。

无政府主义者认为进行革命的方法应该是和平的"直接行动"的方法，依靠个人的生活态度和方式来影响现行的生活方式，从而最终进入理想社会：

> 无政府主义者信奉的"直接行动"形式包括，个人生活方式的改变、建立公社和合作社、罢工和抵制、非暴力示威、拒绝与阻塞对财产而不是对人实施暴力行为。③

> 绿色无政府主义者鄙视社会主义道路和工人行动者，相反，吸收了无政府主义绕过国家并建立示范性的分散化公社和致力于根本不同生活方式的群体的传统。④

---

① ［英］戴维·佩珀：《生态社会主义：从深生态学到社会正义》，刘颖译，山东大学出版社2005年版，第320页。

② ［英］戴维·佩珀：《生态社会主义：从深生态学到社会正义》，刘颖译，山东大学出版社2005年版，第320页。

③ ［英］戴维·佩珀：《生态社会主义：从深生态学到社会正义》，刘颖译，山东大学出版社2005年版，第325页。

④ ［英］戴维·佩珀：《生态社会主义：从深生态学到社会正义》，刘颖译，山东大学出版社2005年版，第329页。

但佩珀指出,这其实是一种唯心主义,无政府主义试图通过建立一种健康的生活方式来破坏资本主义,绕过国家,使更多人加入到对美好生活的追求中来,但这只能是他们的一厢情愿,他们并不了解资本主义的性质,没有看到种种社会问题产生的深层次根源,所以找不到实现革命成功的正确路径和依靠者。事实上,正如佩珀指出的,当下依然必须依靠无产阶级才能取得革命的胜利。

(二)坚持新人类中心主义立场

佩珀认为,在生态社会主义社会,人与自然的关系是一种新人类中心主义:

> 生态社会主义社会重新发现并强调人与自然的真正关系——既不是分离和优于后者的关系,像当代资本主义所假定的;也不是完全平等的关系,像生态中心主义所相信的。相反,社会与自然是辩证联系的,以至于一方是另一方的体现。①

也就是说,这种新人类中心主义既不同于旧式的、资本主义的人类中心主义即技术中心主义,也不同于当下流行的生态中心主义,这种新人类中心主义反对对自然的侵略和掠夺,它是发扬人道主义且关爱自然界万物的人类中心主义;它并不要求对人类发展进行限制,它把人类和自然万物的共同发展作为目标,但无论何时,它决不放弃人类的主体性地位。

佩珀对技术中心主义和生态中心主义的产生及本质进行了分析。他指出,技术中心主义产生于古典科学时期,科学家在认识自然的过程中,重新解释了人与自然的关系,使得人与自然逐渐分离,之后二者之间的鸿沟也越来越大,在培根之后人们逐渐产生控制自然的观念,而在实证主义之后,人类控制自然的欲望愈发强烈,技术中心论就成为官方的主导意识形态:

> 在现代西方社会,技术中心论业已构成为官方的、支配性的对待自然和环境问题的态度。它不仅粉饰了最为强大的社会团体的观点,也似乎构成为我们大多数人的"常识"之基础。它的观点是,环境问题必须按科

---

① [英]戴维·佩珀:《论当代生态社会主义》,刘颖译,《马克思主义与现实》2005年第4期。

学的方法,客观且理性地进行处理和管理,而这种观点的根基在于这样的概念,即将自然当作机械般的、在根本上与人是分离的事物,它一旦被理解,就可以公开地被加以支配和操纵。①

技术中心主义认识到许多环境难题,但他们或者拒绝任何限制地认为,我们现行的社会形式将解决这些难题并获得无限的增长,即一种"丰饶论"(cornucopian)的观点;或者相对谨慎地认为,这些难题可通过细致的经济和环境管理来解决,即一种"适应论者"(accommodators)的观点。②

技术中心论认为,技术和科学的发展是令人满意的,经济的增长满足了人们的需要。对于现在出现的各种环境问题,技术中心论也持乐观态度,他们指出之所以出现环境问题只是证明了人类对自然的控制还不够,所以他们反对对经济增长的限制,认为只有经济增长才能带来社会进步。如果说科学的进步在实际中带来了不希望的环境后果,那也不应抛弃科学和技术,问题出在经济方面,应该乐观面对这些问题并更大限度地利用科学来解决这些问题。

而生态中心主义是20世纪四五十年代在西方流行起来的一股思潮:

生态中心主义把人类视为一个全球生态系统的一部分,并且必须服从于生态规律。这些规律以及以生态为基础的道德要求限制着人类行动,尤其是通过加强对经济和人口的限制。生态中心主义还包含一种对自然基于其内在权利以及现实的"系统"原因的尊敬感。③

生态中心主义产生的科学依据是生物圈平等主义,认为人与其他物种都只是生态系统中的一个组成部分,人与其他万物平等;并且生态系统具有一定的承载力,人类过度的经济活动已破坏了生态平衡,所以人类应该控制自己的行为来维持生态系统的稳定。生态中心主义产生的非科学根源来自19世纪的浪漫主义思想,他们认为自然界万事万物都有其存在的内在价值,人应该尊

---

① [英]戴维·佩珀:《现代环境主义导论》,宋玉波、朱丹琼译,上海世纪出版集团2011年版,第143页。
② [英]戴维·佩珀:《生态社会主义:从深生态学到社会正义》,刘颖译,山东大学出版社2005年版,第49页。
③ [英]戴维·佩珀:《生态社会主义:从深生态学到社会正义》,刘颖译,山东大学出版社2005年版,第48页。

重自然万物而不能为了自身利益去破坏和影响其他物种，所以人类应该检讨自己的行为，为世界万物的生存与发展提供空间。

同时，佩珀对技术中心主义和生态中心主义进行了批判，"马克思主义主张社会和自然之间关系上的一种辩证观点，这不同于生态中心主义者和技术中心主义者的看法，而是同时挑战二者"①。技术中心主义把人和自然截然分开，一方面，它妄图控制自然，从而满足人类征服自然的欲望；另一方面，它已被资产阶级利用，成为资产阶级的统治工具，资产阶级希望利用科学来维护自身的统治地位，把对自然的控制与对人的控制连在一起，这样做只能给人和自然带来巨大灾难。而生态中心主义以万物"生存权利"、"内在价值"等观念来反对人类行为，这是非常错误的，因为人类也有自己的生存权利，也有自己的发展权利，只要有人类活动的地方，人类不可能不把自己放在主导地位；而且自然中也不存在道德价值，是人类创造了价值，想要在自然中建立价值体系注定是要失败的。生态中心主义更多关注的是精神层面而不是环境保护，分析其理念就会发现，他们所代表的正是"一种中间阶级中被疏离和相对无权者的哲学"②，他们希望自身被社会承认并分享政治权利，但他们的颓废和压抑对于他们理想的实现毫无积极作用。

所以，在人与自然之间，佩珀坚持新人类中心主义：

> 人类不可能不是人类中心论的，人类只能从人类意识的视角去观察自然。因此，为了现实政治目的，生物平等论者的立场必须变得更加人类中心主义——尽管这是一种有益于自然的"弱"人类中心主义，而不是一种把非人世界仅仅作为实现目标的手段的、可避免的"强"人类中心主义。③

> 生态社会主义的人类中心主义是一种长期的集体的人类中心主义，而不是新古典经济学的短期的个人主义的人类中心主义。因而，它将致

---

① ［英］戴维·佩珀：《生态社会主义：从深生态学到社会正义》，刘颖译，山东大学出版社2005年版，第5页。

② ［英］戴维·佩珀：《生态社会主义：从深生态学到社会正义》，刘颖译，山东大学出版社2005年版，第236页。

③ ［英］戴维·佩珀：《生态社会主义：从深生态学到社会正义》，刘颖译，山东大学出版社2005年版，第41页。

力于可持续发展,既是由于现实的物质原因,也是因为它希望用非物质的方式评价自然。但从根本上说,后者将是为了人类的精神福利。①

(三)生态社会主义并不是乌托邦

佩珀的理想是把西方生态运动推向生态社会主义建设中来,对于生态社会主义社会,他也作出了一番解释,他指出,生态社会主义必定是以社会主义模式为基础的,它首先包括了社会主义的基本原则,即"平等、消灭资本主义和贫穷、根据需要分配资源和对我们生活与共同体的民主控制"②。其次,生态社会主义的增长是一种理性的增长,发展是绿色的和可持续的:

> 它们建立在对每个人的物质需要的自然限制这一准则基础上。因此,它们是在自然能力的宽泛限制范围内可以满足的需要。社会主义发展过程中人们持续地把他们的需要发展到更加复杂的水平,但不一定违反这个准则。这是一个在艺术上更丰富的社会,其中,人们吃更加多样化和巧妙精致的食物,使用更加艺术化建构的技术,接受更好的教育,拥有更加多样性的休闲消遣,更多地进行旅游,具有更加实现性的关系等等。正如任何绿色分子将会告诉你的,它有可能需要更少而不是更多的地球承载能力。③

西方环境运动是乌托邦的,因为在社会变革方面环境运动采取的方式是极其不现实的,因此注定是失败的:

> 马克思主义建议我们警惕乌托邦主义,尤其是它主张的实现我们目标的非现实主义的(历史上盲目的)方法。绿色无政府主义有时是乌托邦的,拥有生活在小规模共同体中的受教育的劳动者,克服了个人主义、坚持整体主义和用合作代替竞争(一种不着边际的东西,鉴于资本主义也建立在广泛的合作之上)。绿色无政府主义将会绕过国家,提供"一个

---

①　[英]戴维·佩珀:《生态社会主义:从深生态学到社会正义》,刘颖译,山东大学出版社2005年版,第340页。

②　[英]戴维·佩珀:《生态社会主义:从深生态学到社会正义》,刘颖译,山东大学出版社2005年版,第356页。

③　[英]戴维·佩珀:《生态社会主义:从深生态学到社会正义》,刘颖译,山东大学出版社2005年版,第337页。

走出作为社会民主主义遗产的、功能紊乱的社会现实道路"。马克思主义认为,这不是一个现实的道路,并且历史已经证明这一点。①

环境运动对未来的计划也是静止的、太过理想化的蓝图,这种蓝图会限制人类对未来生活智力和精神的发展空间。而生态社会主义并不是乌托邦的,它把社会主义和生态健康作为自身运动的目标和特征,它以劳动为基础组织工人无产者起来反对资本主义制度,它是现实可行的,实际上这种运动也正在进行着,这些行动是"许多是由小规模的、地方的共同体和合作社发起的,它们代表了对资本主义的灾难性社会和环境后果的一个建设性回应"②。

第一,选择性生产、工会和共同体。

佩珀指出,工会和劳工运动在环境运动中既可发挥积极作用又可发挥消极作用,所以在生态社会主义建设中一定要注意发挥工会和劳工运动的积极作用而避免其消极作用。佩珀指出,生产的前提是既能创造工作机会又能保护能源和自然资源,也就是说,既要满足人们工作的需要,同时也要求这种工作是不能破坏环境的。一个著名的事例就是卢卡斯航空联合集团代表委员会的选择性生产计划:

> 它建议、提出了很多种产品,其中一些可直接被确定为有益于生态的选择性技术,比如太阳能和风力发电机、热能交换器、铁路运输工具、混合汽油——电力轿车和为避免氦浪费使用喷气式发动机的飞艇。更重要的是它所建议的生产过程,它(a)将不会浪费能源和原材料;(b)将是劳动密集型的以避免结构性失业;(c)将以非等级制的和非异化的方式组织起来;(d)将包含与产品服务对象的讨论;(e)将打破科学的与人力的、技术性与非技术性工作之间的差别;(f)将发展生产者的技术和自我实现能力。所有这些都是绿色的和社会主义的。③

第二,城市自治社会主义。

---

① [英]戴维·佩珀:《生态社会主义:从深生态学到社会正义》,刘颖译,山东大学出版社2005年版,第348页。

② [英]戴维·佩珀:《生态社会主义:从深生态学到社会正义》,刘颖译,山东大学出版社2005年版,第359页。

③ [英]戴维·佩珀:《生态社会主义:从深生态学到社会正义》,刘颖译,山东大学出版社2005年版,第362—363页。

城市自治社会主义不是革命性的,但它符合主要的生态社会主义原则,它对环境的界定主要集中于人们生活的场所,它用民主社会主义的观点来规范、控制、补充和消除市场以积极影响当地的民主生活,它试图改变土地所有制,它高效率创造工作机会等,事实上这些政策已在社会生活中实现,它的目标是切实改善城市生活环境并已取得了显著成效。

第三,选择性社会和经济制度。

佩珀指出,生态社会主义也在尝试选择性社会和经济制度,西班牙合作社的蒙特雷跟综合企业就是一个很好的例子。蒙特雷跟综合企业接受了许多生态社会主义的原则,它有自己的选举目标和自己的工资原则,有合适的财政管理和各种福利,当然也有自己企业的计划和目标,并且它们已在资本市场竞争中获得了成功。

从理论上说,合作社是一个社会主义纲领的一部分。它们能够使人们控制他们自己的工作以及更高的工作满意度和更好的工作条件。人们可以在工厂车间中释放未被开发的潜能,能创造更高的效率和更好的工业关系,而且可以致力于社会有益的生产和健康与环境的保持。①

五、结　语

佩珀的生态学马克思主义思想集中体现在《生态社会主义:从深生态学到社会正义》这部著作中,它虽然是 20 世纪 90 年代的理论成果,但它是马克思主义与生态运动的一次成功的结合,研究佩珀思想可以为我国的社会主义建设提供借鉴意义。

首先,佩珀重申对马克思主义的确信,展现了马克思主义的当代价值。马克思主义是一座思想宝库,它虽然产生于一百多年前,但它并未过时,随着时代的发展,它依然具有时代价值。佩珀的生态学马克思主义思想使马克思主义再现活力,为马克思主义在新时代的发展提供了新思维,正如佩珀所说,马克思主义是最有效解决问题的理论,它曾经创造了很多奇迹,今后它还会创造

---

①　[英]戴维·佩珀:《生态社会主义:从深生态学到社会正义》,刘颖译,山东大学出版社2005 年版,第 368 页。

新的奇迹。

其次,佩珀从生态层面批判了资本主义发展的不可持续性,为社会主义的发展提供了有力理论支持。资本主义由于其内在的矛盾而必将走向灭亡,佩珀认为,在当代,资本主义的矛盾已由生态矛盾表现出来,生态矛盾的持续激化终将导致资本主义的崩溃,所以,人类社会必将进入绿色的、生态健康的社会主义社会。

最后,佩珀坚持人类中心立场,不放弃人的主体性地位。在马克思看来,人与自然的关系是一种新陈代谢的关系,人通过实践创造自己的历史。资本主义以其野蛮的、不计后果的方式对待自然,造成了种种环境问题,它已破坏了人与自然的正常关系。而自然界万物具有"内在价值"的观念是荒唐可笑的,它只会限制人类的进一步发展。实际上,不论在何种社会中,人必定是主体,社会也只能属于人,人类只有在认识自然和合理利用自然的基础上才能保障人与自然的共同发展。

(本文作者:李小红)

第二十一篇 "断裂"与"超越":吉登斯现代性社会哲学思想的核心与结构

——吉登斯《现代性的后果》导读

一、引 言

　　安东尼·吉登斯(Anthony Giddens)是当代著名的英国社会理论大师,对第二次世界大战以后社会、政治、经济、文化等的变革保持高度的理论关注和实践思考,形成了关于社会历史、政治、文化等领域的许多前沿性有影响的重大理论。他在批判吸收马克思等经典社会理论的基础上,建构了自己独具特色的结构二重性理论,并把它运用在对当下高度发展了的资本主义现代性的解释中,不仅使得他的理论建立在传统理论的基础上,而且使他的理论与实践关怀具有了逻辑的内在一致性。《现代性的后果》(*The Consequences of Modernity*)是吉登斯社会哲学研究重点开始转型后的第一本著作,自此,吉登斯的研究从知识性研究,转向了聚焦于现代性及其后果、出路等,他力图通过这样一种更加具有社会生活实践意义的研究工作,将他的理论运用并推广到社会大众对其生活于其中的社会情境的认识、判断中,进而更好地生发、促进一种广泛的社会性反思的社会运动,使人类摆脱现代性断裂的危机,再生出一种新的可以满足个体的本体性安全和良好社会秩序建构的新型社会组织形式。

　　《现代性的后果》是一部集现实解释与未来预测为一体的社会哲学著作。《现代性的后果》由研究吉登斯的著名学者郭忠华教授翻译,2000年由上海译文出版社出版。尽管这本著作不到12万字,但它的影响力极其巨大。全书共分六个部分,涉及现代性的总体分析、现代性动力机制、制度维度、现代社会的信任、风险、全球化及其乌托邦的现实主义的未来出路等。在现代性研究的诸多学派和理论中,吉登斯的现代性思想可谓独特新颖,为整个英国的现代化道路和世界性的现代化发展提供了一种可能的理论。

二、现代性是"脱域"的"断裂"社会

吉登斯所指的现代性是一种关涉社会生活或组织的模式,产生的时间大约在 17 世纪,产生的地点首先是在欧洲,其后不断地对世界各地都有影响。他认为要理解现代性及其对我们的影响与后果,就必须首先理解社会发展的断裂问题。而那种靠创造一些诸如"后现代主义"、"后工业社会"等新名词是不能真正理解现代性的。因为这些新名词并不能真正揭示出现代性的社会制度所具有的独一无二性,而事实上是现代性在形式上不同于所有类型的传统秩序,只有揭示了现代性社会生活或组织秩序与以往传统秩序的断裂原因、形式表现、动力机制才能理解现代性。

> 现代性以前所未有的方式,把我们抛离了所有类型的社会秩序的轨道,从而形成了其生活形态。——在外延方面,它们确立了跨越全球的社会联系方式;在内涵方面,它们正在改变我们日常生活中最熟悉和最带个人色彩的领域。①

现代性社会秩序是现代社会制度从传统社会秩序中分离、断裂的结果。它的发生主要是由于现代性时代变迁的速度更加神速,变迁的领域、层面更加全面广泛,现代性制度内在地蕴含着极权主义,极权主义以更为集中的形式把政治、经济、军事、意识形态和人的生活等密切而广泛地连接在了一起,这种权力形式在现代民族国家出现以前是没有的。这也就是说,吉登斯讲的现代性是与资本主义、工业主义、民族国家融合在一起的社会生活与组织的一种秩序或者说模式。

为了更好地说明现代性秩序的特质,吉登斯在分析马克思、韦伯、涂尔干、齐美尔等经典社会理论中的相关现代性思想的基础上,着重从时空延展性、脱域机制及其知识的反思性运用三个方面,进行了较为详细的论述,指出它们各自在现代性秩序生成中的影响、贡献及相互间的整体性关联。

> 现代性的动力机制派生于时间和空间的分离和它们在形式上的重新

---

① [英]安东尼·吉登斯:《现代性的后果》,田禾译,译林出版社 2000 年版,第 4 页。

组合,正是这种重新组合使得社会生活出现了精确的时间—空间的"分区制",导致了社会体系(一种包含在时—空分离中的要素密切联系的现象)的脱域;并且通过影响个体和团体行动的知识的不断输入,来对社会关系进行反思性定序与再定序。①

吉登斯认为现代性首先源于时间和空间的分离及其时空的抽离性。他认为在前现代社会中,时间及时间计算虽然已经是社会生活的计算基础,但时间总是和特定的空间联系在一起的,但随着机械钟的出现,时间有了一种"虚化"的可能性。时间计算在全世界范围内的标准化,促进了时间测定的一致性与时间在社会组织中的一致性的统一,这对时间从空间中分离出来具有决定性的意义。因为"时间的虚化"意味着"空间的虚化"可能,"统一时间是控制空间的基础"。之所以空间可以被虚化与控制,是因为空间总是表征着特定的社会活动的物质环境的场所,或者说特定的社会活动的地理经纬地点,这就意味着社会活动是一种在场的活动,一种地域性活动。而时空的分离,使得满足社会活动的物质环境能够穿透它原有的地域情境而再现,即社会活动的空间具有了变化不定的属性,由时间和空间构成的社会活动所蕴含的社会关系特质也变得更加具有距离感,甚至隐退了。只要按照时间的统一标准就可以在任何适当的场所重新组织再现一种社会体系。当然,吉登斯的社会体系是一种现代民族国家特有的时间—空间的组织与延伸的体系。

吉登斯认为时间—空间的分离是极其重要的,因为时间和空间的分离首先构成了脱域过程的初始条件。

> 时空分离及其标准化了的、虚化的尺度的形成,昭通了社会活动与其"嵌入"到在场情境的特殊性之间的关节点。被脱域了的制度极大地扩展了时—空延伸的范围,并且,为了做到这一点,这些制度还依赖于时间和空间的相互协调。这种现象通过突破地方习俗与实践的限制,开启了变迁的多种可能性。②

社会体系是社会系统的秩序化。社会是以一系列系统性关系为背景而呈现的社会系统。社会系统是以确定的结构性原则推动产生的跨越时空并可以

---

① [英]安东尼·吉登斯:《现代性的后果》,田禾译,译林出版社2000年版,第14页。
② [英]安东尼·吉登斯:《现代性的后果》,田禾译,译林出版社2000年版,第17页。

明确限定的全部制度聚合。因此,社会体系的脱域又为时空的进一步延伸与抽离性结合提供了多种可能性,从而把地方性的社会体系与非地方性的因素甚至全球性的因素相结合,通过这种结合影响改变着人们的生活,使现代社会生活的独特性与合理化组织具有了与此相应的运行机制。现代性的脱域就是现代性制度跨越它固有的地点的空间移植,或者说空间嵌入,这是现代性制度的一种空间游走机制。它以时间标准化的普遍化认同为前提,建构了一种跨空间组织的合理化运行机制,具有了指向未来的无限可能性变化。这正是吉登斯讲的脱域问题。

> 脱域,我指的是社会关系从彼此互动的地域性关联中,从通过对不确定的时间的无限穿越而被重构的关联中"脱离出来"。[①]

之后,在信任与现代性部分,吉登斯又用再嵌入概念对脱域概念做了补充说明。他说,"所谓再嵌入,我指的是重新转移或重新构造已脱域的社会关系,以便使这些关系(不论是局部性的或暂时性的)与地域性的时—空条件相契合。……所有的脱域机制都与再嵌入之行动的情境发生互动,它要么维护要么损害这些情境。"[②]

吉登斯认为社会体系之所以能够脱域,并不仅仅是因为社会系统内在的多样化进步功能,而是由于内在地蕴含在现代社会制度中的两种机制,一是象征标志的产生,二是专家系统的建立。

象征标志是社会性相互交流的媒介。它可以置信息接收者的差异性于不顾,将信息广泛地传播开来。为了论证这一点,吉登斯着重论述了货币具有的象征标志功能。

吉登斯在分析批判齐美尔、帕森斯等人观点的基础上,借鉴马克思、凯恩斯的观点,认为货币以一种延缓的方式在不能直接交换的情况下将债权与债务连接起来,这样,以货币为媒介就将产品交易从具体的交易空间或交易情境中抽离出来了,货币成为时空延展的一种手段,实现了一种时空抽离意义上的人与人的现实联系。货币具有了不同于一般流通手段的社会形式,即便是权利和语言,在吉登斯看来,它们也仍然是一般意义上的社会活动的流通手段,

---

① 〔英〕安东尼·吉登斯:《现代性的后果》,田禾译,译林出版社 2000 年版,第 18 页。
② 〔英〕安东尼·吉登斯:《现代性的后果》,田禾译,译林出版社 2000 年版,第 69 页。

而货币通过连接此时与未来、在场与缺场，完成了所有权的转移。货币成为现代社会生活的内在组成部分，在总体上，对现代经济及其社会制度的脱域起着至关重要的作用。货币之所以能够具有这样一种普遍性脱域能力，完全依赖于现代性社会的信任机理。

现代性社会体系的另一个脱域机制是专家系统。专家系统把社会关系从具体的地方性的社会情境中直接分离出来。社会系统的延伸是大众通过应用专家系统提供的专门知识进行技术化估算来实现的。同样，大众对专家系统拥有并提供的专门知识及其服务有一种基本的社会信任。信任在本质上与现代性相关。信任在这里被赋予了一种抽象的、看不见的社会黏合能力。

> 专家系统指的是由技术成就和专业队伍所组成的体系，正是这些体系编织着我们生活于其中的物质和社会环境的博大范围。……融专业知识于其中的这些体系却以连续不断的方式影响着我们的方方面面。①

专家系统提供的专业化知识，一方面，以理性的考量为选择前提，帮助我们获得物质财富，组织社会生活秩序；另一方面，此种活动的结果又会进一步通过专家系统修正专门知识，进而对社会生活进行再影响。这种人类知识与社会活动之间的辩证关系，虽然是人类历史的一种惯常现象，但在现代性社会中，人的反思性对于社会生活的影响已经成为社会活动的固有部分。

> 从根本的意义上说，反思性，是对所有人类活动特征的界定。人类总是与他们所做事情的基础惯常地"保持着联系"，这本身就构成了他们所做事情的一种内在要素。②

在《社会学方法的新规则》中，吉登斯把反思性称为行动的反思性监测。他认为反思性监测是人们行动过程中始终存在着的特征。在人类的反思性实践中，传统是具有标志性的。传统不仅凝聚着人类世世代代的智慧经验，而且传统的形成与再创造本身就是反思性的结果。

> 传统是一种将对行动的反思监测与社区的时—空组织融为一体的模式，它是驾驭时间与空间的手段，它可以把任何一种特殊的行为与经验嵌入过去、现在和将来的连续之中，而过去、现在和将来本身，就是由反复进

---

① ［英］安东尼·吉登斯：《现代性的后果》，田禾译，译林出版社 2000 年版，第 24 页。

② ［英］安东尼·吉登斯：《现代性的后果》，田禾译，译林出版社 2000 年版，第 32 页。

行的社会实践所建构起来的。传统并不完全是静态的,因为它必然要被从上一时代继承文化遗产的每一新生代加以再创造。在处于一种特定的环境中时,传统甚至不会抗拒变迁。①

在前现代社会中,人的反思性仍然更多地局限于对传统的解释中,过去仍然比现在、未来具有无限的重要性;在现代性社会中,人的反思更多地渗透到社会系统的再生产的基础环节中,使得人的思想和行动始终处于一种连续的彼此相互反映与相互影响的过程中。传统的反思性只有被证明具有合理性时才具有价值,也就是说,传统只有参与到现代性的反思实践中才能被认同,并因此而具有价值。

> 对现代社会生活的反思存在于这样的事实之中,即:社会实践总是不断地受到关于这些实践本身的新认识的检验和改造,从而在结构上不断改变着自己的特征。……所有的社会生活形式,部分地正是由它的行为者们对社会生活的知识构成的。②

> 现代性并不是为新事物而接受新事物,而是对整个反思性的认定,这当然也包括对反思性自身的反思。③

现代性就是这样在人们反思性地运用知识的基础上被建构出来的。知识在被运用到社会行动时,受到权力分化、经验知识与价值估算以及结果的不可预期性等的影响。因为知识尤其是社会科学知识是一种反思性的实践知识,使得社会科学知识本身具有一种非常的不确定性,因而以专家系统为社会系统编制中心的现代社会的不确定性成为现代性制度与生俱来的特质。加之,以技术变革为支撑的现代经济体系,使得现代性社会是一个与从前所有社会形态都不同的社会形态,因而在历史的连续性中呈现出由于人的反思性活动而创造出来的一种非常独特的新形态,吉登斯把它称为一种"断裂"。当然也许正是由于存在此种断裂,才为现代性的超越留下未来可能。

现代性的断裂不仅是内置于现代性社会的动力机制中的原生性断裂,而且,现代性的制度在四个维度上的共同作用又加剧了这种断裂。

吉登斯反对把现代性看成是单一制度形式。他认为现代性有四个制度维

---

① [英]安东尼·吉登斯:《现代性的后果》,田禾译,译林出版社 2000 年版,第 33 页。
② [英]安东尼·吉登斯:《现代性的后果》,田禾译,译林出版社 2000 年版,第 34 页。
③ [英]安东尼·吉登斯:《现代性的后果》,田禾译,译林出版社 2000 年版,第 34 页。

度：资本主义、工业主义、监督机器和暴力工具（军事力量）。吉登斯说资本主义是以对资本的私人占有和无产者的雇佣劳动之间的关系为中心建构的商品生产的体系。这种关系构成了资本主义阶级体系的主轴线。这里，我们看到吉登斯是完全同意马克思的观点的。工业主义，吉登斯重在关注的是商品生产过程中"对物质世界的非生命资源的利用"，体现在这种利用中的机械化不仅将生产规范化、社会化地组织起来，而且促进了人、机器和生产资料的投入、产出间的协调，因而，机械化是工业主义的关键。资本主义与工业主义的结合，不仅使资本主义扩张性本质推动了技术创新的持续性和普遍性，而且消解了经济和政治的隔离，使得资本主义在它产生之际就酝酿着世界性扩张的本质。而资本主义的监督机器和对暴力工具的控制则加剧了资本主义现代性断裂。资本主义的监督不仅在政治领域，而且在社会生活的各个层面，监督的手段不仅有直接监督，而且还有间接监督，其重要的特征在于对信息控制之上的间接监督。如此一来就使得人们的行动选择的方向、可行性等置于资本主义监督控制提供的备选之中，人真正地成为一种韦伯所言的现代性的"囚徒"。暴力工具或者说军事力量与政治垄断使得监督成为没有缝隙的"牢笼"。

现代性制度的四个维度，以抽象劳动力为原点相互影响，互为条件，共同推动了资本主义现代性制度的发展与扩展。这里，我们可以清晰地看到吉登斯现代性制度维度分析与现代性动力机制分析之间的辩证关系。动力机制蕴含着制度维度，制度维度又制约着动力机制，它们彼此依赖，互为条件不能割裂，共同铸就着断裂的现代性——这一独特的社会形态。

三、现代性是不安全的"失控的世界"①

现代性的断裂导致了各种严重后果，极权主义的增长、本体性安全的缺失、经济增长机制的崩溃、生态环境的破坏、核冲突与大规模战争等风险的高发与普遍。风险与信任是吉登斯在《现代性的后果》一书中又一个重点，反思

---

① 《失控的世界》是吉登斯于2000年出版的一本著作。书中吉登斯从政治、经济、文化等多个角度，探讨了高度现代性引发的全球化是如何现实地影响并重塑着每一个人的存在、生活，乃至生命。吉登斯认为高度现代性是一个高风险的社会，其具有的时空抽离性、反思性、断裂性等使得风险成为现代性的伴生物。

性与脱域机制既带来了现代从传统中的分离，又协同现代性制度将人类摔入了不安、焦虑的进一步异化之中。

吉登斯说为了更好地讨论、理解现代性，需要先理解安全与危险、信任与风险。他说经典社会理论更多地关注了现代性对于人类文明的积极作用，但现代性的负面影响在 20 世纪表现得尤为明显，使得我们今天生活的世界是一个极其可怕而危险的世界，因此我们需要对现代性的风险景象有细致具体的分析和认识。这种风险景象具有如下特征：高强度的风险越来越全球化；突发事件频发带来的风险越来越跨越区域性成为具有全球化属性的普遍风险；人类反思性地将知识运用到自然世界而引发的来自人化环境或社会化自然的风险；影响人们生活机会的制度化风险越来越具有一种强迫性的发展；对风险的态度与识别、控制能力越来越影响着风险的发生和危害；对专业知识局限性的认知越来越成为社会信任的重要干预因素等等。

现代性的这些风险越来越说明它是一种人为制造的风险，因而它与传统的风险有着本质的不同。"风险景象"一词就是吉登斯用来描述以现代社会生活为特质的威胁和危险的专有词汇。比如当前人类正在遭遇的生态威胁就是社会化地组织起来运用知识导致的结果，它是借助于以技术为支撑机械化的工业主义对物质环境的改造性影响而人为地建构起来的一种全球风险。再如暴力工具的工业化控制等也越来越司空见惯。一个由人造风险构筑的世界中，一切神灵、迷信都失去了存在空间，它们转而成为生活于其中的人体认现代性、感知风险的一种内在的文化部分。承认风险的客观存在，意味着接受当风险发生时，事情有失败或者说有伤害发生，而且这种伤害、损失如命运一般不能摆脱。风险的发生使得风险能够被预判却又无力控制的现代性人的无奈域。因此，我们急需改变风险的客观分配和人们关于风险的经验或者说人们对于风险的认知。在吉登斯看来，风险虽然是全球所有人都必须面对的，无论你是穷人还是富人，但"许多风险在上流社会人士和下流社会贫民之间的分布是不同的，不同的风险就是'特权'和'非特权'实际含义的主要内容之一"①。

我们看到，吉登斯不仅看到了现代性风险对人类的普遍性影响及控制它

---

① ［英］安东尼·吉登斯：《现代性的后果》，田禾译，译林出版社 2000 年版，第 110 页。

的难度，因为现代性风险是由于人的需求推动、由脱域机制引发的超越个人与国家控制的全球化危险，而且吉登斯还强调了不同社会阶层的人面对的风险性质、风险强度等方面的差异，也就是风险体现出的社会不平等性，这是由于"机制作为一个整体动摇了，因而影响着每一个使用它的人"①。这里的机制就是资本主义现代性的运行机制。所以吉登斯以事实或经验化的现象描述揭示了资本主义的现实困境，为他的现代性超越的必要性埋下了伏笔。

现代性风险以一种事实性的经验力量影响着人们的本体性安全，同时，它还以一种"严重反事实性"②的方式影响着现代性的运行机制，使得组织它的抽象系统失去信任基础，而这又加速并强化了整个社会的信任危机，带来进一步的不确定性的风险，引发整个社会的焦虑。

现代性社会的普遍性焦虑一方面由于上面分析的风险的普遍化及控制难度，另一方面是由于人的本体性安全的信赖基础被动摇了，传统被瓦解了。

传统是历史的抽象积淀，它具有更多地指向过去的特质，但历史和历史性是有差异的，传统的现代性价值往往借助于历史性的解释。历史性可以被定义为"利用过去以帮助构筑现在，但是它并不依赖于对过去的尊重。相反，历史性意味着，运用过去的知识作为与过去决裂的手段，或者，仅仅保留那些在原则上被证明是合理的东西。历史性事实上主要是要引导我们走向未来。未来被看成在本质上是开放的，并且，未来有赖于在这样一种基础上的反事实性条件，即未来受制于人们心目中未来的种种可能性所采取的行动的过程。这是时—空'延伸'的一个重要方面。现代性的种种条件使得这种时空延伸既有可能也有必要。'未来学'，即对未来是如何可能的、可信的和可能得到说明的，变得比过去的说明更加重要"③。这里吉登斯强调的是现代性脱域机制具有的对于开创未来的合理性、可能性说明，也是对现代性为什么是一种开放的、指向未来世界的社会的说明，在这一点上似乎也正好印证了哈贝马斯讲的现代性是一项未竟的事业的观点。正是由于现代性是一种开放的指向未来的不确定进程，现代性行动的不确定性后果越普遍，也就越令人不安。因此获得本体性的安全就成为现代性社会的普遍而迫切的需求。

---

① ［英］安东尼·吉登斯：《现代性的后果》，田禾译，译林出版社 2000 年版，第 111 页。
② ［英］安东尼·吉登斯：《现代性的后果》，田禾译，译林出版社 2000 年版，第 117 页。
③ ［英］安东尼·吉登斯：《现代性的后果》，田禾译，译林出版社 2000 年版，第 44 页。

信任是信念的一种形式,包含着对未来可能出现的某种事物或现象的信心。这种信心建立在稳定的经验预期上,是对人的行为或事物、现象的真实性的坚信态度。吉登斯吸收卢曼的观点,在信心与危险、信任与风险的概念比较中,彰显了传统风险与现代风险的差异,说明了现代性信任的特定属性。吉登斯认为信任是与风险相关联的现代产物。信任是:

> 对一个人或一个系统之可依赖性所持有的信心,在一系列给定的后果或事件中,这种信心表达了对诚实或他人的爱的信念,或者,对抽象原则(技术性知识)之正确性的信念。①

具体来讲,信任包含如下要素:信任与是否在时间和空间中的缺场有关。寻求信任的首要条件是缺乏完整的信息;信任不是与风险而是与突发性联系在一起的。信任他人对信任者来说是对自己命运的道德抵押;信任是联结信赖与信心之间的纽带,但所有的信任都是盲目的;在象征标志或专家系统内的信任是建立在信赖原则的正确性基础之上的,是对系统及系统的有效运转的信赖。信任的发生是一种现代性情境下的特定行为,它奠基于对人的活动是社会性创造性活动的,而不是神的旨意或天然本性的驱使的认知和现代性极具扩大的人的活动领域的未知性,以及人们对于活动的风险与危险的权衡判断基础上的有"计划冒险",换句话说,风险的认知与控制往往蕴含着对机会的利用和把握。因为信任暗指对行动方式带来的危险的一种自觉控制和伤害限定。因为在现代性社会中信任和经过估算的风险间会有一个主体可以接受的平衡点。人及其人类共同体的"安全经验通常建立在信任与可接受的风险平衡之上"②。这也就是吉登斯社会哲学思想具有的现实主义特征的标志,他总是以人的实际的利益和利益权衡作为他理论的着力点。

信任始终是人的信任,是人本体性安全的必须,无论什么社会形态,也无论何种文化。吉登斯说,本体性安全"不仅是一种广义的安全感形式,而且是一种非常重要的形式。这一术语指的是,大多数人对其自我认同之连续性以及对他们行动的社会与物质环境之恒长性所具有的信心。这是一种对人与物的可靠性感受,它对信任来说如此重要,以至于它不仅构成了本体性安全感的

---

① [英]安东尼·吉登斯:《现代性的后果》,田禾译,译林出版社2000年版,第30页。
② [英]安东尼·吉登斯:《现代性的后果》,田禾译,译林出版社2000年版,第31页。

基础,而且在心理上信任与本体性安全也彼此密切相关"①。

吉登斯关于信任的界定为我们解释了一种现象学意义上人的存在与本体性安全的关系。由于人对环境、对人、对物的信赖,人才获得了此刻的确定性,并因此获得了存在的可控性和可预期性的安全。人的此种安全感不仅仅是理性的认知,更多的是一种人与环境的无意识确认。在无意识的确认过程中,人通过历史的自我的连续同一性满足和对特定时空的他者、他者与自我关系的肯定判断获得关于自我的完整性,据此,获得明晰的态度与明确的行动依据,并且,坚信这样做的行动后果是有利于自己,由此人的稳定的安全感被建构和维护。如果不是这样,就会出现紧张、不知所措,甚至患精神疾病。虽然稳定的基本信任与生命早期的培育有关,而且基本信任对于个体连续的自我认同很重要,但人能否在和外界的关系中获得对自我同一性的稳定、持续确证,是自我认同也是自我本体性安全的基础所在。

然而,现代性以一种快速、全面的全球化的普遍性力量,在脱域机制与反思性实践的作用下,破坏了外部对象与事件构成的原有既定,使得任何外部世界始终处于瞬间变化中,被打破的过去的规范不能依赖,基于现有知识预期的未来规范由于反事实性的特征遮蔽不明朗而不可完全依赖,此刻产生主体的矛盾、焦虑。现代性社会从传统中断裂出来,抽象系统逐渐成为社会组织的基础与核心,传统社会中的信任模式、经验统统不再适用,对非个人化原则的信任替代了由地域性信任建构起的亲密关系、熟人关系、传统惯例等经验信任。这里需要特别说明传统所具有的信任价值。

吉登斯说,传统是能够将人的信仰与实践得以组织起来的一种独特模式,而且,传统总是与特定的时间阶段的某一特定地点的人们的活动方式、理念、情感相关联。虽然传统更多地指向过去,但传统不仅仅是空壳的形式,而且是充满了内在的意义。时间和空间随着现代性流动在人们的现实行动中体现出来。

惯例性活动的意义既体现在一般意义上对传统的尊重乃至内心对传统的崇敬上,也体现在传统与仪式的紧密联系上。仪式对传统常常是强制性的,但它又是令人深感安慰的,因为它所注入的是一整套具有圣典性

① ［英］安东尼·吉登斯:《现代性的后果》,田禾译,译林出版社 2000 年版,第 80 页。

质的实践。总的来说，就其维系了过去、现在与将来的连续性并连接了信任与惯例性的社会实践而言，传统提供了本体性安全的基本方式。①

令人遗憾的是，现代性的动力机制将前现代社会或者说传统社会信任关系的基本形式从地域化中解脱出来了，地域性社区不再是一个由熟人关系组成的意义世界，它在现代性的条件下已经演变成为对远距关系的地域性情境的呈现。因而地域性是一种时空延伸基础上的脱域关系与特殊地域的统一，生活其中或者在此环境中行动的人，客观地处于对地点的依赖和对抽象系统的依赖中，虽然抽象系统提供了一套抽象的信任模式，但抽象系统的组织化运行使得大众的生活领域被制度过度侵入，本体性安全的惯常性参照系统和经验失去了价值，处于信任关系的矛盾、对立模式中的人，只有求助于主体自身内部来获得存在的意义确认和关于自我的同一性维护。个体的信任"成为现代社会形式的一部分，也是时空延伸的整套制度的一部分"②。个体"必须通过自我挖掘的过程来建立个人信任：发现自我，成了直接与现代性的反思性相关联的'项目'"③。

现代性的全球化又从四个方面加速了人类生活世界的失控状态：一是使得世界经济组织受资本主义经济机制的支配。二是民族国家体系作为一个整体的现代性反思体系，它不仅仅是单一的经济运行机制，它在维护自己的领土主权的同时获得权力，培育自我的民族文化，积极通过国家联盟的战略，建构一种反思性的国际关系秩序，"一方面是诸国家体系的反思性自身所固有的权力集中化倾向，另一方面却是各特定国家所具有的维护其主权的倾向"④。三是超级大国是世界军事秩序的主要操纵者。四是以技术变革为基础的工业主义的全球化，不仅创造了一个世界，而且决定性地影响着生活于其中的人们的感受。而全球化的背后就是现代性文化的全球化。

总之，现代性具有的未来性、全球性、反思性和脱域性，把人类拖向了极其危险的人造风险中。不可避免的全面风险与失去传统的本体性安全的危机是现代性的风险景象。对这种人造风险的管理、控制，不能依靠现代性制度的自

---

① ［英］安东尼·吉登斯：《现代性的后果》，田禾译，译林出版社 2000 年版，第 92 页。
② ［英］安东尼·吉登斯：《现代性的后果》，田禾译，译林出版社 2000 年版，第 105 页。
③ ［英］安东尼·吉登斯：《现代性的后果》，田禾译，译林出版社 2000 年版，第 107 页。
④ ［英］安东尼·吉登斯：《现代性的后果》，田禾译，译林出版社 2000 年版，第 64 页。

救，必须依靠一种对现代性的整体性本质"超越"。

　　现在我们大家正在经历的全球化风险的巨大后果，是现代性脱离控制、难以驾驭的关键，而且，没有哪个具体的个人或团体能够对它们负责，或能够被要求"正确地安排"它们。①

四、现代性是具有超越性"再生"的社会

　　"对知识的反思性运用，本身既充满活力，又必然变幻不定，它渗入了连接时间—空间的巨大跨距之中。脱域机制，通过将社会关系从它们所处的特殊地域'情境'中提取出来，使得这种时—空延伸成为可能。"②知识的反思性运用和脱域机制在时空延伸的可能性中的不断的世界范围的行走，使得极权主义的兴起、全球经济的崩溃、核大战的爆发、生态的恶化等现代性的全球化，无限增大了人类未来的不确定性风险及其此种类风险的强度，而且它们已经日益成为现代社会中人们生活的基本现状，并且由于现代性风险具有的反事实性特征③，它正逐渐演化为现代人的普遍性紧张和焦虑，即现代人本体性安全的普遍性威胁，而这对人的存在来讲是最大最直接的危害，因此，必须要克服、控制。为此，吉登斯首先分析了面对风险时人们的四种反应，并在此基础上，给出了超越现代性的积极方案，那就是乌托邦的现实主义的方案。

　　吉登斯认为面对现代性造成的失控世界的风险时，专家和非专业人士的适应性反应并不会有太大差异：一是从外部世界退却转而聚焦日常问题和目标的实用主义的现实接受；二是坚信自由理性和科技进步的乐观主义；三是通过幽默或厌倦尘世抑制焦虑的犬儒主义；四是实践性搏击的激进卷入。④ 第四种方式是吉登斯主张推崇的，他认为现代性社会虽然问题重重、危险四伏，

---

　　① ［英］安东尼·吉登斯：《现代性的后果》，田禾译，译林出版社 2000 年版，第 115 页。

　　② ［英］安东尼·吉登斯：《现代性的后果》，田禾译，译林出版社 2000 年版，第 47 页。

　　③ 现代性风险是一种反思性风险，它是由知识的局限性、设计的局限性、操作的局限性等带来的行为结果的不确定性危险，因而，它并不是一种现实地存在着的、可感知到的风险，而是一种蕴含在现实中的想象的可能风险，或者说是一种意识到的可能风险。它是现代人或者说现代性的焦虑表征。

　　④ 参见［英］安东尼·吉登斯：《现代性的后果》，田禾译，译林出版社 2000 年版，第 118—121 页。

但我们可以通过社会运动动员起来,降低它们的影响,甚至战胜它们。那么,社会运动要如何进行呢？吉登斯说:"只要现代性的制度持续下去,我们就永远不可能完全控制驾驭的路径和速度。相应地我们也不可能完全感到安全,因为它所穿越的这些领域都充满了具有严重后果的风险。本体性安全和存在性焦虑这双重感情将彼此爱恨交加地共存下来。"①吉登斯这里讲的现代性的制度就是资本主义的制度,也就是说,吉登斯认为,只要不改变现代性的资本主义特征,人类将无处安身立命,因为"资本主义是现代社会得以运行的一种非理性方式,因为它用市场的疯狂代替了人类需要的有节制的满足"②。正是由于资本主义的疯狂才导致了现代性的失控和人类的生存灾难。为此,他提出了拯救资本主义现代性的方案:乌托邦现实主义。

乌托邦现实主义"必须恪守马克思主义的原则,即:如果没有同制度的内在可能性结合起来的话,寻求社会变迁在实践上就没有什么作用。正是借助于该原则,马克思才使自己与乌托邦主义鲜明地区别开来;但是这些内在的可能性本身要受到现代性的反事实性的影响,因此在'现实的'和空想的理论之间,并不需要一种刻意的分割。我们必须用一种比马克思所处的时代更有说服力的方式,使乌托邦的理想与现实保持平衡"③。

具体来讲,乌托邦现实主义的实践需要从四个维度进行,它的行径策略是社会运动。

四个维度如下:④

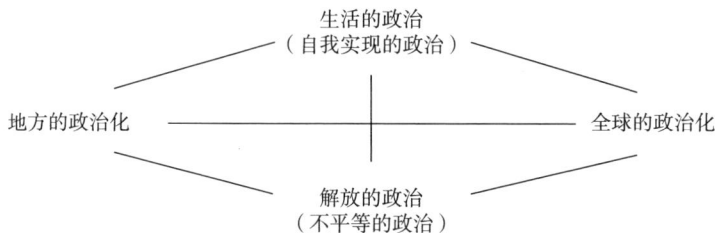

```
                        生活的政治
                      (自我实现的政治)

 地方的政治化 ─────────────┼───────────── 全球的政治化

                        解放的政治
                      (不平等的政治)
```

---

① [英]安东尼·吉登斯:《现代性的后果》,田禾译,译林出版社 2000 年版,第 122 页。
② [英]安东尼·吉登斯:《现代性的后果》,田禾译,译林出版社 2000 年版,第 122 页。
③ [英]安东尼·吉登斯:《现代性的后果》,田禾译,译林出版社 2000 年版,第 136 页。
④ [英]安东尼·吉登斯:《现代性的后果》,田禾译,译林出版社 2000 年版,第 138 页。

　　这是吉登斯针对现代性下，资本主义经济的两极分化、工业主义的"人化自然"环境的恶化、军事力量中暴力工具的控制性滥用、监督体制下民主丧失等风险景象而绘制的一幅他认为极具可行性的蓝图。这一蓝图指向的是超越现代性秩序后的后现代秩序的四个制度维度：超越匮乏型体系、技术的人道化、非军事化、多层次的民主参与。

　　从上图中我们可知，吉登斯的乌托邦现实主义中的地方的政治化和全球的政治化、生活的政治（自我实现的政治）和解放的政治（不平等的政治），两两对应，在现代性的全球化进程中密切关联。这一蓝图的实现必须做到对内在的制度性转变保持警惕；需要意识到在风险环境中的道德承诺和良好信念的潜在危险；必须是政治的、富于策略的；必须创造出良好社会的模式；需要解放的政治与生活的政治结合起来。通过这样一种赋予实践的激进卷入，吉登斯在聚焦现代性的资本主义的解释与批判的哲学基础上，运用他的结构二重性解释模式，在个人与社会、地方与全球的辩证联系中，建构了降低全球化现代风险，给人类以善的富有生命力的帮助的批判理论，导向是乌托邦主义和现实主义结合的乌托邦现实主义。

　　乌托邦现实主义需要激进卷入的社会运动模式来实现。吉登斯说，"社会运动为我们显露了可能的未来的曙光……它们成了通向未来的车轮"①。社会运动的具体主题内容主要包括：劳工运动、言论自由运动、和平运动和生态运动。劳工运动主要依靠工会制度争取权利及其权利保障，这是言论自由和民主权利的主要斗争工具；言论自由运动是争取普遍参政权利的运动，可以预防极权主义的形成；和平运动倡导停止使用核武器等暴力工具；生态运动反对现代性工业对传统生活模式和社会图景的威胁，尤其关注知识的反思性运用结果——人化环境与人的安全性、质量性存在的辩证关系。

　　人类为了不自我毁灭就必须走出一条能够自我拯救的道路，这条路是乌托邦主义与现实主义结合的道路，这条道路"从解放政治的角度来思考，超越资本主义将意味着超越资本主义市场带来的阶级划分。生活政治还会使我们看到更深层的东西，它将进一步超越用经济标准决定人类的整个生活状况这

────────────

　　①　［英］安东尼·吉登斯：《现代性的后果》，田禾译，译林出版社 2000 年版，第 141—142 页。

样的环境"①。这样一个新的人类社会生活的新标准也就是他提的超越匮乏型体系:依赖于世界规模的社会化经济组织推动财富的全球平等分配、创建新的生活方式;具有协调全球性政治秩序的世界政府来保障技术的人道化使用和消灭战争。总之,吉登斯给出了人类的出行道路:乌托邦现实主义;告知了这条道路的行走方法:社会运动,并且进一步告诉我们在行走的过程中要用超越匮乏型体系等标准,建构一种世界政府等方式超越高度现代性的资本主义。吉登斯是积极乐观的,也是现实的行动者,他的乌托邦现实主义具有全球关怀的总体性特征,他构造出来的这条道路,旨在为人类建设一个生态化的健康的世界,这是一条超越现代性的资本主义秩序的后现代秩序的建设道路,在这条道路上,人和外部环境是和谐的,人和人是平等的,人自身是安宁的。吉登斯说的这样一条理想之路虽然还未出现,但是,吉登斯说"我们已经能够瞥见那不同于现代制度所孕育出来的生活方式和社会组织形式的缕缕微光"②。

五、结　语

在《现代性的后果》第一部分导言的第一句话,吉登斯非常明确地告诉读者,他写作此书的方法与目的,是以文化与认识论研究的笔调,对现代性做一种制度分析。所以,从一开始吉登斯便通过文化意义上的描述,带领读者在他的结构二重性的社会历史解释模式的指引下,进入如何理解现代性尤其是他所指的高度现代性社会。我们知道,结构在吉登斯的结构化理论中是非常重要的一种人的反思性制度安排。制度的实质是规则和资源。他要用认识论的方式帮助人们思考高度现代性是如何形成、有什么影响,人们的思想、观念是如何在这种制度结构的框架下,由于规则的规治、资源的差异和对规则、资源的认知差异而导致人们的行动差异,并因此建构、维护了一种特定的社会制度,进而形成特定的反思能力、实践意识甚至无意识。吉登斯在书中强调了现代性作为一种直接而整体的生活实践具有的基础性和重要性意义。

---

① 〔英〕安东尼·吉登斯:《现代性的后果》,田禾译,译林出版社 2000 年版,第 144 页。
② 〔英〕安东尼·吉登斯:《现代性的后果》,田禾译,译林出版社 2000 年版,第 46 页。

　　吉登斯认为现代性的全球化倾向与日常生活中的地域化事件之间的内在关联，使得外在事物与内在事物呈现为一种复杂而辩证的关系，使反思性的自我建构在抽象体系提供的策略和选择中能够实现自我的身份认同，获得本体性安全，个人在向他人敞开胸怀的积极信任基础上方能完成自我实现。在高度现代性的情境中，由于分散化、碎片化和通向全球整合的重大趋势联系在了一起，个体及个体的自我认同成为现代性反思的基本内容和日常生活的聚焦，个体通过对自我实现的关注，既是对全球化的日常生活的调适，又是面对失控世界而采取的一种自觉主动的积极自我防御。我国著名社会学家郑杭生先生在全球化与本土化社会转型的视域下创建了"社会互构论"，力图说明多元的社会主体之间是如何相互塑造、互构共生共存的关系。郑杭生先生的社会互构论与吉登斯的结构二重性理论都在社会本体论的意义上关注了社会与个人的辩证关系，突出了主体的实践性和价值性。

　　吉登斯的现代性思想主要指向的对象是高度现代性社会，它的形成基于前现代性和高度现代性的比较、现代性的全球化和未来属性的分析。高度现代性的困境只有通过再造一种后传统的社会秩序才能克服。吉登斯以历史性的现象学分析方式，揭示了一种纵向的人类现代历史脉络，从而形成了立足现代性社会、穿越历史指向未来的社会哲学。

　　吉登斯的这本《现代性的后果》，虽然字数不多，但内容却有点庞杂，许多内容多处提及在同一主题下讨论问题时总会有思想的跳跃性关联，内容的结构化逻辑需要我们在研读时认真考量。由于吉登斯是在哲学、社会学、政治学、心理学等学科交叉下讨论现代性，所以涉及的概念众多，这为理解这部著作带来了一定的范畴化难度。好在这本书只有一个主题：（高度）现代性，因而，围绕这一关键词深入阅读并不难掌握其核心思想。

　　本书是吉登斯想让更多的人都能理解他的思想观点而进行的一次面向大众的创作转型，本书所讲的高度现代性的资本主义社会、全球化等问题都是今天的人们身临其境的存在环境，每个人都有着切身的直接经验，因此，或许会有不同的差异性理解，而这也是正常的，既是认识的常态，也是认识发展的常态，抑或这正是吉登斯写作此书的目的所在，引发反思，关注实践。

　　最后还是让我们回到吉登斯的现代性分析中，他说："信任与风险，机会与危险，现代性的这些两极相互矛盾的性质渗进了日常生活的方方面面，也影响着地方化和全球化之间的相互嵌入过程。"①"就现代性嵌入我们生活中的安全与危险的平衡而言,再也没有什么'他人'存在:没有一个人能够完全置身事外。在许多情况下,现代性条件激发的是积极的行动而不是隐私,这既是由于现代性内在的反思性,也是因为在现代民族国家的多极体系内,集体性组织获得了大量机会。"②在现代性导致的全球化中,人类如果按照吉登斯所说的恪守马克思主义原则建构的乌托邦现实主义道路,或许可能走出一条超越现代性制度的激进的后现代秩序,但如果离开马克思主义哲学的科学性和革命性保障,正如吉登斯自己所言,如果离开马克思的社会分析和倡导的政治行动来改善人类社会形态,使大多数人实现他们以前从未达到过的自由和自我实现的状态,③恐怕将真的仅仅是一个乌托邦的梦想而已。

(本文作者:邢媛)

---

① [英]安东尼·吉登斯:《现代性的后果》,田禾译,译林出版社 2000 年版,第 130 页。

② [英]安东尼·吉登斯:《现代性的后果》,田禾译,译林出版社 2000 年版,第 131 页。

③ 参见[英]安东尼·吉登斯:《历史唯物主义的当代批判——权力、财产与国家》,郭忠华译,上海译文出版社 2010 年版,"导论"第 24 页。

第二十二篇　晚期现代性中的自我与社会

——吉登斯《现代性与自我认同：晚期现代中的自我与社会》导读

一、创作背景及框架介绍

现代性是一件来自西方的舶来品。伴随着资产阶级模式的实现和扩展，现代性绵延几个世纪，扩展诸多领域，逐渐成为一种影响世界的潮流。现代性的发展也呈现出多样化的特征。现代性究竟是什么？现代性社会包含怎样的特质？关于现代性社会的学术思考一直持续不断。作为欧洲当代后马克思主义思潮的代表人物，安东尼·吉登斯（Anthony Giddens）认为现代性的发展过程中呈现出鲜明的断裂性，现代的社会制度是从传统的社会秩序中分离出来的断裂。《现代性与自我认同：晚期现代中的自我与社会》（*Modernity and Self-Identity: Self and Society in the Late Modern Age*，以下简称《现代性与自我认同》）是安东尼·吉登斯一系列关于现代性的论著中极其重要的一部作品。作者延续了其在《现代性的后果》（2000年7月）中提出的对于现代性社会认识的基本观点，认为"极盛"或"晚期"现代性本质上是一种后传统的秩序，其特征是一种发展了的制度反身性。现代制度的统一性特征与其分散性特征均成为晚期现代性的核心，而这种现代性的制度反身性的内在要素囊括了包括社会学在内的众多社会科学的主要研究内容，这也是本书所探讨的基本现象。

显然，我们讨论现代性，并不仅仅去关注它在塑造现代制度及秩序变革外在方面的显著转变，更加关心那些与个体经验生活联系更加紧密的东西，毕竟它们是最具有个体化特征的典型呈现。不可否认，现代性的事实已经彻底渗透并改变了人们的日常生活。由现代性的时间—空间模式所引发的日常生活的嬗变是以一种直接的方式与个体生活融合起来。现代性的来临是每一个存在的个体需要面对的共同问题,它重塑了个体所依赖的外部社会环境。个体在这样的社会变迁中应该作出怎样的自我选择和行为方式?身处于晚期现代性场景中的个体不得不面对来自我认同危机,表现为形式上更加鲜明的个体焦虑感和不安全感,借用安东尼·吉登斯的原话:"该做什么?如何行动?成为谁?"①成为每个生活在现代社会中的个体需要思考并作出回答的时代命题。由此可见,现代性、全球化与自我认同的关系十分密切。不同于传统情景下的自我与社会关系,现代性的反身性已经延伸到自我的核心部位。个体的自我认同既是个体反思性投射的结果,也是社会结构性建构影响的结果。在现代性语境下的自我认同是个体反思性建构和社会结构性建构互构影响下的一种动态生产。当然,问题与机遇并存,个体的这种自我反身性也为我们寻求个体应对和摆脱焦虑提供了一种治疗手段和路径。

《现代性与自我认同》一书是由夏璐翻译的,中国人民大学出版社2016年出版。全书共分为七章,第一章是对主题研究的背景进行介绍,说明现代性发展的极端——极盛现代性的总体轮廓,第二、三章把"自我"的概念引出,并说明自我身份认同与现代性发展的关系;第四、五章主要是对现代性运行机制下存在的风险及其对个体心理体验、身份认同领域的作用的论述;第六章是对前面章节的接续,进一步追根溯源,探寻造成个体认同危机的根源;第七章提出了作者认为理想的解决路径:通过解放政治最终实现生活政治的勃兴。

二、自我的身份认同与现代性

自我与社会的关系构成了吉登斯这部作品中主题论述的基本框架,我们在研读这部作品的时候应该对自我与社会这个经典的学术命题有一些基本了解。毋庸置疑,自我与社会的关系是包括社会学在内的社会科学持久关注的命题,并由此引发对社会组织、社会分层与流动、社会变迁等一系列研究课题的深入思考。个体在社会中处于怎样的位置?换言之,社会又是由怎样的个体组成的?相较于现代社会而言,前现代社会中社会分化尚不明显。鲍迈斯特指出:

---

① [英]安东尼·吉登斯:《现代性的后果》,田禾译,译林出版社2010年版,第137页。

在前现代时期,我们当下对个体性的强调是不存在的。①

涂尔干认为,在某种特定意义下,"个体"并不存在于传统文化中,个体性也不被赞赏,只有当现代社会兴起——更具体地说只有随着社会分工的进一步分化——分离的个体才逐渐成为人们关注的焦点。②

显然,社会分工进一步加剧了社会的分化。在传统社会中,个人是消解于社会之中的,并且与个人身份认同相关的性别、社会地位及其他特征总是相对固定的。社会缺乏自由流动性,阶级预设和集体生活方式下每一个个体的角色分工、生活行为是明确固化的。

进入现代社会,"个体化"、"个性化"、"自我"这些词汇的出现,意味着一种新的生活方式对工业社会旧生活方式的抽离(the disembedding)和再嵌入(re-embedding)。工业社会的确定性遭到瓦解,缺乏确定性的自我和他人面临着寻找新的确定性的压力。显而易见,由于情景的改变,自我与社会的关系在现代社会中已然发生了深刻的变革。吉登斯在第一章中专门提到了现代性与个体认同的关系,特别地说明现代性的反身性延伸到自我的核心部位。在后传统秩序情景中,自我变成了一个"反身性过程"(reflexive project)。自我的身份认同就是这种个体反思性的投射。随着现代社会制度的建立,特别是时空分离和脱域机制作用,个体自我的反思性筹划的意识和能力在不断增强。这种反思性的意识对自我认同的影响也在不断增强。自我认同不再被看作是被给定的,即作为个体动作系统的连续性的结果。实际上,我们可以认识到"自我认同"是一个具有社会学和心理学意义的词汇,它把个体与社会两个不同层面联系到了一起。个人的自我形象是个人的内在认同,而个人的公共形象是个人的外在认同,也是关于某个集体的共同认同。由此可见,认同的意义是双重的,它不仅对个体的生命活动而且对社会共同体的存在与发展都是极其重要的。吉登斯在阐述为什么要把现代性与自我认同相联系的时候,说到"个体私密生活之变迁与极其广泛的社会关系确立有直接联系,这就是发生极盛现代性的条件,自我认同与全球化、本土化作为辩证两极的纽带联系紧

---

① Roy F.Baumeister, *Identity*, *Cultural Change and the Struggle for Self*, New York: Oxford University Press, 1986.

② Emile Durkheim, *The Division of Labor in Society*, London: Macmillan, 1984.

密。在极盛现代性情景下,各种不同因素会直接影响着自我认同与现代制度之间的关系"。我们去思考自我与社会的关系已经超越了传统的社区、民族或者国家的界限,它是在人类历史首次于全球化大背景下实现的全球联结。

显然,吉登斯对于自我认识已经将其话语的指涉场域发生了转变。关于现代性社会的认识,吉登斯认为工业化社会和资本主义的交织是其运转的两个轴,民族国家的形成是现代性社会的显著性特征,而这些特征都是与自我和自我认同联系在一起的。现代性社会的另外一个重要特征是现代社会生活。现代制度的导入引发了日常生活的嬗变,个体生活与自我通过一种更加直接的方式交织在一起。因此,自我及自我认同与现代性的联系十分密切。现代性社会本质上是反思性的,这种反思性实质上与自我的反思性一脉相承,也正是这种反思性过程使得自我与社会有机贯通于一体。现代性的基本特质在自我的特质中得到充分的体现。

现代性社会与自我的深度关联不仅为理解自我提供了可能,更重要的是为理解自我认同活动及意义提供了条件,从而使人们能够在辩证的高度去理解人类存在的意义和自我解放的本质,积极推进社会改造,提升适应社会的能力,完善人的精神品格。

三、焦虑与风险:被压抑者的精神镜像

(一)现代性制度下个体的情绪状态

现代性是一种双重现象。全球范围内现代制度的发展及扩张,在为人类带来成功机遇的同时,也存在阴暗性。安全与危险、信任与风险并存于我们生活的世界。安全、风险、信任、抽象体系这些词汇也成为吉登斯在阐释现代性作用下的个体心理状态时的主要分析概念。

风险,代表着对个体未来预期的一种威胁。随着现代性和全球化的趋势,风险不只是个人行动,它已经成为一种影响许许多多个体的"风险环境"。风险与信任经常交织在一起,实际上二者之间总是存在着一种平衡。对风险的认识及评估对于我们充分认识现代性的核心要素是十分必要的。具有抽象体系的日常化、制度化界限的风险环境,现代性反身性重要构成部分的风险监控,全球化后果造成的严峻风险都是构成风险的重要因素。当今世界各种冲

突与矛盾依然存在,地区间的民族宗教争端频发,区域间经贸合作与摩擦并行。如果说战争是20世纪的产物,那么和平对于21世纪的国家与地区而言显现的尤为重要。当前我们所处的是一个全球化的风险环境,这与我们先前文化中关于世界充满风险的认识是有显著差异性的。吉登斯表示这种风险代表了现代性阴暗的一部分,并且只要现代性持续下去,技术及其社会发展保持急速变革,就会产生始料未及的后果。

　　事实上,风险与人们的日常生活的距离不是很遥远。人们对现代生活中风险的想象和存在于个体生活之中并产生威胁的风险存在差异。吉登斯依然延续着他从个体心理的角度对自我认同的阐述。在日常生活的领域,个体经常会面对一种无序的状态,并且这种焦虑会直接作用于个体感受的深处。因此,行动者必须时刻保持警觉,特别是保持习惯和日常性惯例。在这里,吉登斯把对风险的感知与预估放置在每一个个体身上,重点在于思考这种风险环境下所被压抑的个体存在状态。在我们当前所生活的世界中充满风险的诱因,譬如食品安全、环境污染等等。与此同时,由于社会分工的专业化和精细化,出现了越来越多的行业领域和专业知识,大众对于科学技术及专家一直保持着信任的态度,是基于对专门知识可靠性的信任,但是同时外界对于科学及技术的态度又持有怀疑心理。吉登斯表示,对于那些闯入我们日常生活专家体系中绝大部分内容而言,我们都是外行人。因此,当个体面对各种媒介舆论宣扬的所谓"科学知识"是否完全值得信赖也存在着疑虑。实际上,无论是普通人还是专家,对于特定领域风险的保持与评估的思考已经成为无时无刻不在进行的情形。前面已经提及,面对一个周遭充满风险的社会环境,个体不仅时刻保持警觉,更容易把与风险相关的偶发因素与其他更加广泛的威胁因素联系在一起。基本信任对于普通人的日常生活而言十分重要,它在日常生活规范与正常外表体征之间的联系发挥着根本作用。个体对于抽象体系建立的信任,是由于个体相信通过这一套抽象体系,个体可以比其他方式获得更多的安全感和可预期性。抽象体系的运转依赖于信任,正是基于此,日常生活中的诸多方面变得越来越安全。吉登斯在这里列举了现代货币作为例证。

　　现代货币是一个有着令人望而生畏的复杂性抽象体系,是一个把真正的全球化过程与日常生活世俗化的平凡感联结起来的象征体系的最主要例证。①

通过现代经济,个体可以获得各种丰富的产品与食物而不受时空限制,不像过去需要存储。正是由于蓬勃发展的经济,个体对于现有的货币体系以及劳动分工的信任,他可以比其他手段获得更多的信任感和可预期性。

当原有的信任体系受到了破坏,新的信任关系尚未完全建立起来,个体认同的危机越来越明显,不得不忍受来自焦虑的折磨。对于特定抽象体系的信任或者不信任态度很容易受到更新的知识的影响。吉登斯在论述风险与信任关系的时候,特别提到了一个名为"保护壳"的概念,保护壳就是信任外罩下的那一层,是"平淡无奇"世界惯常化特征的条件和结果。显然,保护罩是周遭世界能够为个体提供一个建立普遍信任的体系。然而,矛盾具有普遍性,世间万事万物都有利弊。正是由于个体对于抽象体系的信任,其嵌入个人日常生活异常深入,抽象体系给日常生活的整体性渗透带来了诸多风险,一旦体系发生崩溃,就会出现无法想象的灾难,并引发大多数人日常生活的混乱不堪。比如经济领域中的货币体系,如果发生崩溃,就会引发通货膨胀或者通货紧缩,并进一步引发经济危机。由此可见,人类对抽象体系的依赖和嵌入程度与其对人类日常生活的反作用是相互关联的,要想对存在风险作出精确的评估也是充满难度的事情。抽象体系嵌入人类日常生活已久,其带来的去技能化现象也就越来越明显。这种现象不仅仅发生在工作场所,而且广泛触及社会生活的方方面面。在这里,吉登斯特别强调了风险的重要生成机制——抽象体系。正是由于抽象体系的出现,专家知识中内在的专业化倾向意味着所有专家在大多数情景之下是外行,而普通人对于这一套体系的依赖性又是与日俱增,造成了无人能对其施加控制的社会影响模式,而正是这种现象造成了严峻的后果风险出现。这一过程可以表述为日常技术知识对日常生活的再建构过程,即:抽象体系——脱域——日益增加的权力——个体对抽象体系的无知与盲目信任——选择性困境。事实上,安全与风险是一组不可分割的词汇。现代社会是一个具有开放性、人为性的系统,这一特征构成了现代社会遭遇风险的内在原因。人类生活的共同体发展演变的过程实际上就是社会与个体互

---

① [英]安东尼·吉登斯:《现代性与自我认同:晚期现代中的自我与社会》,夏璐译,中国人民大学出版社 2016 年版,第 125 页。

构关系的演变过程。社会系统所呈现出的安全和风险问题最终会反映在个人的生活中。在全球化与本土社会转型力量汇合作用下的现代性带来了社会的一系列复杂病症。面对当前社会结构实践的巨大变迁，个体的安全存在着挑战。特别是随着人们对工业化和科技发展后果的高度关注以及全球化进程的加快，传统安全与非传统安全并存。当前我国社会的主要矛盾已经转化为人民日益增长的美好生活需要和不平衡不充分的发展之间的矛盾。社会转型期内各种不稳定因素进入新的活跃期，社会中的各种对于个体安全存在影响的矛盾与风险呈现上升趋势，个体安全问题日益凸显。如何通过科学的方式对风险进行有效分析和评估，进一步防范与化解各类风险发生的可能性，构建和谐稳定社会秩序，一直是我们当前工作的重点。

作者在第四章"命运、风险与安全"的小结中再一次强调现代性所造成的抽象性体系对于个体生活的影响，并说明了应对的主要方式：

当今社会没有一个人能够完全摆脱现代性抽象体系的影响，这些抽象的专家体系专门聚焦于个体自我身份认同的重构。当然，生活方式及其构成部门可作适当调整以适应经由抽象体系之影响而重构的世界所提供的不同可能性。以反身性的方式与专家体系相遇有助于对自我进行重构。

这其实涉及本书最后对于解决路径的回答，通过生活政治重构个人的生活方式以应对现代性带来的困境。

（二）日常生活世界中自我焦躁感觉的源头考察

通过前面对于现代性下个体生活轨迹作用方式的分析，我们可以清晰地认识到极盛现代性下呈现的一种关于个体安全的大规模体验。伴随着社会发展、技术革新，焦躁、预感和绝望的感觉是个体经验中的主要形式。那么产生这种感觉的源头在哪里？吉登斯在第六章进一步作出了阐释。吉登斯首先对风险与怀疑的影响进行了解释。主体产生怀疑的一个主要前提条件就是人们对于抽象体系的渗透和自身日常生活世界的反思之间矛盾张力作出的一种抉择。风险已经在现代性的渗透中产生，风险文化是一种主观性的精神体验。

人们在一个世俗的风险文化中生活便会面临一种固有的不安定感，

而且在一些决定性时刻会有非常明显的焦虑感。①

在此,吉登斯还是把晚期现代性的重要特征描述得淋漓尽致。当然,随着风险与人们的日常生活生存联系紧密,每个人的生活都会遇到这样的风险,人们也会积极主动地去抗衡相关的风险。总而言之,在风险世界中,集体生存焦虑感已经十分普遍,并且这种关乎总体性生存的主题与每一个个体严格行动情景下实施的生活规划关联在一起,这构成了个体焦虑的大背景。

关于现代性,已经有无数的学者对此做了解释。现代性在很多方面制造了危机,有些危机虽然看起来距离个体似乎非常遥远,但是人们也不能掉以轻心。因为这些危机无论怎样都会给个体的生活环境带来影响。在全球化与现代性、宏观与微观、社会系统与日常生活不断融合的现实条件下,个体安全实际上与社会安全、国家安全等不同层面体系紧密关联,并且伴随着社会实践的结构性巨变——"消费社会"、"风险社会"、"虚拟经济"等社会形态已经表明,未来威胁对于个体安全指数的影响不断增强,任何潜在的威胁都有可能大大降低安全感。个体心理上的焦虑感与晚期现代性制造危机的特性密不可分。当现代性所制造的危机将每个人暴露在多元危机的情形之中,这些危机情形就会威胁到自我身份认同的核心部分,涉及个人的本体安全。人类抵御危机所面临的代价也是十分巨大的,因此,个体在面对焦虑控制的层面会出现一种矛盾性的悖论,一方面,在普通情景下,个体会依据经验体系进行活动进而受到保护;另一方面,每当出现决定性时刻或者个体危机的时候,本体安全感又存在着压力。因此,吉登斯在书中谈到安全、焦虑与经验的时候表示:

在心理层面上,经验之封存、信任以及对私密关系的寻求,三者之间存在着密切的关联度。②

虽然,三者间的形成有关系,但是这一体系并不是完美无缺的。个体可能会受控制于经验之封存,而对生活环境的外表产生既定的依存,这种条件下久而久之造成了与内心紧张的持久性关系。当存在性问题关系到每个人的生活最根本的方面,抽象体系下的制度化压抑无论怎样也不会带给个体完美的体

① [英]安东尼·吉登斯:《现代性与自我认同:晚期现代中的自我与社会》,夏璐译,中国人民大学出版社2016年版,第171页。
② [英]安东尼·吉登斯:《现代性与自我认同:晚期现代中的自我与社会》,夏璐译,中国人民大学出版社2016年版,第174页。

验。在此,我们可以看到,风险背景与个体面对风险情景产生的心理性体验——情感焦虑是一脉相承的。实际上,人如何过上一种富有意义的生活是自古以来学界一直思考的问题。个人日常生活领域是全球化冲击最大的地方,在社会反思性不断扩大的条件下,每个个体都会在日常生活中对各种信息进行选择性的收集分析,同时拓展行动自主性的边界。在当前社会实践结构发生巨大变迁的现实背景下,关注日常生活层面个体的反思性行动是从微观层面思考主体性的发挥对于社会生活秩序建构的意义。由于未来一直存在着一种不确定性,所以生活在现代世界中的人们只能以一种过去的经验去面对现代的生活。当个体内部指涉体系发生变化,现代性的危机威胁到自我身份认同的时候,导致个体在心理层面上出现了道德焦虑感,这是个体永远无法克服的。

自我在现代性的条件下如何发生形塑,这是吉登斯在《现代性与自我认同》这部著作中阐述的一个重要主题。社会结构的变迁与自我认识的相互建构,自我身份认同在现代性制度发展不断深入的条件下被持续性的重构了。这些来自自我身份认同重构的压力对个体的生活领域造成了持久性长远的影响。读者会发现矛盾性是吉登斯在阐述现代性下自我身份认同发生变化时的主要特点,当然这也是在阅读吉登斯相关著作中容易出现的一个鲜明感觉,即存在一种似是而非的感觉,无法直接呈现出作者明确的写作意图和观点倾向。纯粹关系是自我反身性投射建构的一个重要环境,处于支配地位的纯粹关系使得个体对"自我感觉良好"的深层次理解体现得愈发重要。纯粹关系与基本信任之间存在着一种潜在的相关性,这使得信任在纯粹关系中得以形成与维系。当然,纯粹关系及其所指涉的私密关系也为自我的整合制造了不少的负担,主要原因之一是这种纯粹关系切断了与外部道德标准的联系,故当个体面对重大危机转折时刻需要提供安全感时,这种安全感的建立是比较脆弱的,这是纯粹关系的外部效应。此外,纯粹关系内部也存在着张力甚至矛盾。这是因为这种关系需要关系双方全身心的投入,它为每个个体提供充分的心理回报,但是同时双方又可以以自愿方式终结。因此,我们可以看到这种关系随时可能被终结的不确定性。个体所产生的抑郁感、焦虑感就广泛存在于这种纯粹关系的情景之中,个人私密关系在此带来更多的是麻烦而非回报。

西方现代性已经进入反思现代化阶段,由此出现了三个引发影响世界的重大社会变革：全球化的冲击、日常生活和个人生活的变化、后传统社会的出现。全球化、现代性与个体生活轨迹高度叠加在一起。生活在晚期现代性中的"自我"是怎样的？显然，不同于先前的生活情景，在我们生活的这个世界中，每个个体生活在具体的时空场景中，但是同时由于技术发展，跨越时空的影响已经极大地改变了世界原本的内涵。每个个体虽然生活在现实的社会世界环境中，本土性生活覆盖了个人日常生活的全部，但是实际上本土性早已被遥远距离的影响完全渗透。人们在获取知识信息时的主要接受方式是通过日常生活领域的习惯性态度。尤其是面对那些新颖的、潜在的、令人不安的知识与主体时，这种态度就会成为"保护壳"，规避风险保持本体的安全感。

吉登斯在此阐述了生活在现代社会环境中的个体面对的四对"两难困境"，这里再一次体现了吉登斯所表达的现代性处境下个体心理状态的二重矛盾性。

"统一与破碎"是第一重困境。现代性是统一的，也是破碎的。后传统社会中，传统与现代性呈现了一种亲密关系，这种特征在全球化时代下显现得尤为明显。传统与现代性的结合使得二者的关系变得更加复杂。现代性既要消解传统中的那些早已陈旧而又顽固不化的事物，又要合理吸收传统中的那些有价值的因素。这就是后传统社会下传统与现代性间的悖论。不可否认，现代性为个体的发展提供了一个极其开放的空间，无限的可能性不仅体现为世界对个体的开放，还表现在行为选择的多样性。人类在后传统社会中的反思能力也提升了。全球化、现代性把整个人类联系成为一个整体，但是由于互动场景的多元化，个体随时被卷入不同的困境之中。当然场景多元化的背景下对个体的影响不能简单地理解成为就是一种分裂。人们会积极地利用不同场景之中的元素整合为一个整体。比如：当前处于城市化进程中的失地农民，他们如何顺利地完成城镇化并且实现角色的成功转换是整个城市化过程中非常重要的部分。在农村与城市生活差异化的现实背景下，失地农民如何认同自身身份并获得有效的安全感就涉及在不同语境中不同要素的整合。

"无力与获取"是现代性自我面对的第二重困境。当个体身处庞大的社会世界体系之中时，经常会存在一种乏力无助的感觉。个体化是现代化发展进程中的重要结果之一。随着现代社会体系建立和发展的程度加深，社会个体化趋势日益明显。每一个个体的自主性被剥夺的感觉更加鲜明。这种感觉不仅触及日常生活的方方面面,甚至延伸到自我的核心部分。作为分析风险社会的一个核心概念,贝克认为个体化的内涵不同于孤立或者疏远。在后现代性的语境中,它意味着在没有一个强制固定标准的非确定条件下,个体必须自主作出安排并决定其行动。① 个体化的过程中个体所要面对的自主选择并不是一种纯粹意义上的自由选择,在个人关系领域,个体在建构包括亲密关系在内的各种社会交往时间临着更大的冲突、矛盾与责任。这就是充斥着风险的个体化时代。对于这一困境过程,吉登斯也是辩证地认识,人们虽然比前时代感觉无力,但是对于生活情景的控制更加自主,这是既往时代无法实现的。因此,无力感与再获取在不同时代不同场景中错综复杂地交织在一起,而且彼此之间关系还在不断地变化。个体在生存中既有无力的感觉,又有获取的意图。个体即使在一个充满消极悲观的环境中,也会明确主动地寻求支配权。对于个体而言,生存就意味着通过一种毅然决然的方式经受住生活所带来的种种磨难并克服之。

"权威与不确定性"是生活在这个世界中的自我所面对的第三重困境。在传统社会中,权威占据至高无上的位置,具有普遍的排外性。即使是充满具有竞争性的环境之中,他者被拒绝于传统之外。传统本身便是权威的首要来源。吉登斯在这里以宗教为例说明传统权威的影响力。尽管在宗教文化中存在着对宗教秩序持怀疑态度的人,但是这些另类秩序和思想无法替代居于正统支配地位的宗教体系对全局产生的权威影响。与此同时,现代性所伴随着日常生活的不确定性也存在着,个体时常会感觉到风险或者危机,权威在一定程度上表现出对这种风险的控制和解释。在现代性不断深入的条件下,如今的权威不同于过去的权威。现代社会中,社会分工和行业分化加剧,多数"权威"仅仅是某一个专门技术领域的构成部分,基本等同于专家建议。与此同时,现代体系中的每个人在社会活动的所有方面都是一个外行。外行人倾向在这种多元化的环境中使用怀疑代替权威。于是,权威与怀疑就成为一对矛盾体系。当然,在日常生活中形成的许多惯常活动,这些是经过前现代社会场景下的积累和检验,具有很高的预见性,也构成了人们行为的"保护壳"。如

---

① 参见[德]乌尔里希·贝克、[英]安东尼·吉登斯、[英]斯科特·拉什:《自反性现代性:现代社会秩序中的政治、传统与美学》,赵文书译,商务印书馆2014年版,第18—19页。

何能够寻找解决权威与怀疑之间矛盾的有效路径？吉登斯表示把惯例与对某种生活方式的热爱结合，并且给予一系列抽象体系的信任。显然，盲目崇拜权威和普遍怀疑一切都是走向了对立的一方。

"个人化经验与商品化经验"是第四个两难困境。吉登斯在《现代性的后果》一书中提及资本主义是构成现代性的四个基本制度之一：

> 资本主义是一个商品生产体系，它以对资本的私人占有和无产者雇佣劳动之间的关系为中心，这种关系构成了阶级体系的主轴线。①

资本主义生产关系背后作用的是资本的原始积累，这也是整个现代性制度背后的首要驱动力。资本主义的商品化进一步深深影响了劳动力，并最终直接影响了消费过程。由此可见，商品化的发展影响了自我的规划及生活方式的确立。自我的实现、自我的生活方式都遭到了严重的商品化侵袭，依据市场标准来加以包装和分配。通过商品化我们可以更好地理解个性化，市场提供各式各样的产品和服务，消费者的选择也变得多元化。现代日常生活世界是被各种消费体制操纵的"碎片化"的状态，个体的日常生活已然陷入了各种形形色色的符号体系和对广告渲染的心理依赖。在消费主义引导下，自我发展体现为一种自我展示，更为极端鲜明，在心理层面的体现就是自恋，自我选择表现与他人的不同却无法通过反身性方式形成一个连贯的自我身份认同，个性化成为一种过渡的自我表达，呈现出放大的自我概念。这是自我的表达受到消费情景作用下的呈现。

通过对以上四种个体在日常生活中所面对的矛盾困境的总结，吉登斯深刻地阐释了自我在现代性不断深入条件下自我反身性规划场景中所面对的两难困境。具体而言，自我反身性规划需要在特定的情景中展开，而这些情景限制了个体对一些基本问题的参与，这些问题实际上又是面向我们所有人提出的。当前我们所处的是一个技术竞争强大、道德社会环境薄弱的现实条件，这些在个体心理体验上出现的"无意义感"已经形成了对个体日常生活的威胁。理解个体心灵所体验的来自"无意义感"这一过程离不开无处不在的抽象体系。基本信任的建立保持了个体及社会活动的有意义感，这种建立存在积极的意义，让个体对这个世界保持一种正确且合适的态度。但是当这种基本信

---

① [英]安东尼·吉登斯：《现代性的后果》，田禾译，译林出版社2011年版，第49页。

任涉及自我内部指涉体系的时候,并且自我的这种反身性开放普遍的时候,在现代制度的核心体系就可能会出现一种被压抑者的回归。那么具体而言,被压抑者回归出现在怎样的社会环境中?吉登斯进一步提及了几个重要的关键点。

首先,当某个决定性时刻的出现会打乱个体平时的既有惯例,使得个体被迫去思考关于现在及未来规划的一些基本方面。在这里,决定性时刻是一个具有比较宽泛内涵的概念,这些时刻通常会涉及道德与存在标准。在生活中的大多数主要转折点都是外部标准迫使生活重回轨道的时刻,譬如出生与死亡,这是每个个体无法避免的代表有生命和无生命的两个主要转折点。前现代社会中,生与死的过程都是发生在家庭或者群体特定的场景下,并且与传统的习俗联系密切,是一种仪式化的呈现,我们可以对这一过程背后的象征意义进行较为合理的解释。而在现代社会,这两个过程都在医院隔离的环境中发生,死亡趋向于更为彻底的隐藏。它们既体现不出与代际循环有关联,也不与人类和非生命自然之间关系的道德话题存在明显关联。原先的传统仪式中个体可以把自身行为与道德体系以及与人类存在的基本问题联系起来,是一种稳定的体系。由于在现代社会中与生死相关的传统仪式的消失,这便是对这种稳定体系参与的消失,个体由此产生了不安的焦虑感。

其次,被压抑者的回归会努力促进各个领域的去监禁化。这里的"去监禁化"就是让异常者和正常者在一起,而不是将其隔离起来。显然,这是立足于道义上的考虑。从表面上看,去监禁化似乎是一种对失常者的"纠正过程",异常的人可以有机会与正常人接触。然而,也可能存在另外一种风险,就是正常人可能会由于接触犯人而面对各种潜在令人不安的问题。另外,吉登斯还列举了两性关系中存在的被压抑者的回归,显然,在现代两性关系中,性所揭示的问题和激发的关系已经不局限于男女二人世界。还有宗教,在现代制度下没有消亡,而是以崭新的面貌成为世人的精神寄托。正是由于相对安全和不平静的风险体系交织在一起,在一定程度上,宗教催生了一种信念。由此我们可以认识到,那些习以为常的常态,人们所参加的各种社会习俗和秩序在现代理性过程中受到了质疑,当然也存在着在现代性条件下的重构。被压抑者的回归是一种反思,在极盛现代性的条件下对消逝的传统的反思,也是对个体自我实现的重新思考。吉登斯表示,在现代社会生活中依然存在着些许"碎片化"特征的传统特征,它们实际上存在于现代性的早期。① 面对如何重建传统的深刻议题,吉登斯提出要回归,这并不是对现代性的拒绝,而是尝试形成一个由内部指涉体系所主导的世界,并且这种内部指涉体系的扩展在现代性动力机制的作用下已经达到了极限,涉及了个人日常生活领域,这也是吉登斯所言的发生重要转型的极盛现代性时期,在目前出现的各种新兴的社会运动就是代表了一种从集体的角度对压抑生活重新获取的尝试,也是在晚期现代性的发展形势下对现代化社会急剧变革的一种回应。由此可见,被压抑者的回归是与现代化结构性转型的时代背景相互契合的。

四、自我实现:生活政治的勃兴

西奥多·罗萨克曾说过:"我们生活在这样一个时代,发现自我身份认同以及实现自我命运之私人体验,早已在很大程度上变成颠覆性的政治力量。"②毋庸置疑,在晚期现代性所存在的重大社会转型中,来自自我成长的反思思潮是具有标志性的象征。现代性社会的萌芽性制度性变化与自我关系的反思、本土化与全球化的相互渗透是吉登斯在该书叙述过程中关注的核心主题。现代性所引发的社会问题归根结底是政治问题。在向现代社会的转型过程中面临着诸多深刻性的社会问题,特别是在全球化及后现代社会的条件下,当前的政治领域面临着一系列前所未有的新问题。任何一种社会问题的最终解决都离不开政治领域话语权的让步、妥协。由此,吉登斯提出了"解放政治"的概念。

在《现代性的后果》中,吉登斯表示:

> 所谓解放的政治。我指的是激进地卷入到从不平等和奴役状态下解放出来的过程。③

在《超越左与右——激进政治的未来》中,吉登斯指出:

---

① Eric Hobsbawm and Terence Ranger, *The Invention of Tradition*, Cambridge: Cambridge University Press, 1983.

② Theodore Roszak, *Oerson-Planet: The Creative Destruction of Industrial Society*, London: Gollancz, 1979, p.xxviii.

③ [英]安东尼·吉登斯:《现代性的后果》,田禾译,译林出版社 2010 年版,第 137 页。

解放意味着自由,包括摆脱武断地坚持传统的自由,摆脱武断地权力和物质剥削的自由,解放政治是一种生活机会的政治,因此是创造行动自主性的核心。①

在《现代性与自我认同》中,吉登斯认为解放政治包含了两个主要因素:

一个是试图卸下传统枷锁之努力,并因此对未来抱有一种改造的态度;另一个是试图完成克服某些个人或者群体支配另一些个人或者群体的缺乏合法性的统治这一目标。②

作为现代化发展的重要动力源泉,解放政治一直推动政治秩序实现从近代到现代的变革,也成为政治思潮和社会运动的主流。解放意味着自由,摆脱传统的束缚,其目的在于提高行动的自主权。如何促进人的观念解放是从文艺复兴、启蒙运动以来各种制度变革动力机制的重要效果。在科学与理性的追求过程中,人类的活动逐渐摆脱了固有的束缚,这反映了现代性的特有属性。解放的政治就是"他者"的政治,其关注的主要考量是减少或消除"剥削"、"不平等"和"压迫"。作为一种差异性的权力,压迫造成了不同群体之间的鲜明差异,某一群体可以对另外群体在生活际遇方面造成限制。解放的政治是在权力的等级化观念情景下得以运作,将人民从压迫的遭遇中解放出来。对于马克思而言,阶级斗争是推动历史前进的重要动力,实现人类的全面解放和一个无阶级社会的出现是最终目标。解放政治的核心原则是自主,即个体如何在其社会生活环境中有能力进行自由且独立的行动。实际上关于如何构建解放政治的实现路径,包括罗尔斯的《正义论》③、哈贝马斯的交往理论④等都对这一议题有所论述,但是对于个体和群体在社会秩序中的具体行动如何作出选择的过程却缺乏详尽的阐释。这正是吉登斯在论述主题中所致力于实现的目标,即在晚期现代性阶段,分析"自我"与"社会"的关系,把个体行动以及私密生活变迁放置在全球性的大背景之下予以分析。在晚期现代性体系之

① [英]安东尼·吉登斯:《超越左与右——激进政治的未来》,李惠斌、杨雪冬译,社会科学文献出版社 2000 年版,第 14 页。

② [英]安东尼·吉登斯:《现代性与自我认同:晚期现代中的自我与社会》,夏璐译,中国人民大学出版社 2016 年版,第 196 页。

③ John Rawls, *A Theory of Justice*, Oxford:Clarendon,1972.

④ Jrgen Habermas, *Theory of Communicative Action*, Cambridge:Polity,1987.

下的政治秩序中,个体与集体在社会活动中是以怎样的方式存在的?

在解放政治的条件下,吉登斯又进一步提出了他的生活政治观:

> 如果说解放政治是一种生活际遇的政治,那么生活政治便是一种生活方式的政治。它的实质是"有关选择的政治"。①

解放政治聚焦于制度层面的宏观问题,生活政治把个人生活与政治联系起来,关注生活方式个人自主选择如何能够获得话语权。这是一种由下及上的政治,政治与每个人的生活联系紧密,个体能够感受到政治的生活意义。因此,生活政治的根本着眼点在于社会底层个体的生活质量和生存感受。吉登斯表示对于生活政治的关注源自本书的研究主题。在晚期现代性中,自我反身性的投射,自我实现的过程在全球化的过程中作用明显。在不断变化的外部情景下,以反身性方式组织起来的自我身份认同的叙事方式,为个体生命历程提供了一种连贯性的手段。在吉登斯对于生活政治概念内涵的阐释中,生活政治体现为一种个体的生活自治,源自选择自由和生成性权力的政治决策。因此,这是一项有关生活决策的政治。全球化下个体如何形成一种促进自我实现的合情合理的生活方式是其主要的形成背景。生活政治面对的主要问题是在后传统秩序下"我们应该如何生活"的伦理问题。生活在全球化、后传统社会中的我们,对于身份认同及其表达方式成为生活政治领域的重要议题,并且成为跨越哲学范畴,与人权、道德等诸多领域密切相关的综合性问题。身体与自我关系隐秘地存在于自我身份认同的反身性投身中,它所触及的问题更加深刻独特,引发了界定"人"这一概念的所有问题,是现代性内部指涉体系彻底渗透的部分。在现代性的晚期,从"个体"到"全球"的过程,个体的决策也会在全球范围内造成影响,个人活动与全球问题的深层联系日益凸显。生活政治是对未来生活方向的一个指向思考,它给现代性内部指涉体系画上了一个问号。吉登斯在此对前文的表述进行梳理,现代性的内部指涉体系延伸到了四大领域,具体包括:自然、生物学意义上的生殖、全球化和自我身份认同。在现代性发展的晚期阶段,现代制度的解放催生了生活政治的议程,生活政治重新凸显了现代核心制度所映射出的道德性、存在性问题。生活政治议

---

① [英]安东尼·吉登斯:《现代性与自我认同:晚期现代中的自我与社会》,夏璐译,中国人民大学出版社2016年版,第199—200页。

程的实质问题集中在整体人类权利和个体权利之上，而后者反过来与自我身份认同的存在性维度密切相连。① 每当我们回到存在性的本真问题时，我们就会愈发的发现这种道德上的分歧，后传统秩序下个人选择的自由生活方式与解放政治的障碍之间存在紧张的矛盾关系。的确，在全球化背景之下的个体比以往任何时候更加关注自身如何生活的问题，思考如何促进自我的实现，这是我们对解放政治重构的要求，也需要我们对生活政治目标的不懈追求。

五、结　语

作为现代性研究的重要著作，吉登斯在《现代性与自我认同》中对现代性中的自我与社会的关系进行了深入性的剖析。现代性、全球化与自我的关系是怎样的？现代性条件下社会与个体的关系呈现怎样的特征？现代性的根本性后果是全球化，吉登斯在 20 世纪 80 年代中期就已经敏锐地意识到全球化问题的重要性，并在自己的论著中进行了探讨。他是从现代性的角度介入去讨论全球化的。作为吉登斯思想的核心概念，晚期现代性正是我们所处的时代，这时的现代性已经完成了它的制度全球化进程。在高度现代性的条件之下，生活在社会之中的自我发生了巨大的变化。自我在内的生活领域存在着巨大的不确定性，也带来了选择的风险。现代性打开了自我实现的大门，资本主义的商品化更是深刻影响了自我实现的方式。自我在现代性的条件下重新形塑，从生活风格、生活历程、亲密关系等涉及日常生活领域的诸多方面都发生了巨大的变化。这种形塑的过程是整体性的、全方位的。个人在现代性条件下是被反思性地组织起来的。现代性通过个体的反思内化渗透到心理各个层面。晚期现代性充斥着这种风险，个体的生活方式在这样的社会形态下更多地表现为焦虑、不安、选择困难等。在吉登斯的笔下，个体与社会在现代性的条件下是一个在复杂交互建构的过程中融为一体。吉登斯对于全球化和个体之间关系的思考，并提出了富有深远内涵的"生活政治"概念，这一点无疑具有理论价值，拓宽了全球化研究者的理论视野。不确定性给人类带来了各

---

① 参见［英］安东尼·吉登斯：《现代性与自我认同：晚期现代中的自我与社会》，夏璐译，中国人民大学出版社 2016 年版，第 208—210 页。

种困境,人类的进步也是从不确定性中获得。人类社会从传统过渡到现代,就是把自身从"确定"中解放出来才实现的。因此,"反身性"带来开放的生活方式:人类每作出一个新的决定,都会让世界朝越来越不确定的新方向发展。当然,吉登斯在此过程中的一些表述是否准确、全面,依然有待商榷,当然瑕不掩瑜,这依然不影响这部著作在理论上的价值贡献。

（本文作者:蔡斯敏）

后　记

近年来，在各种不同的场合，每每碰到对英国新马克思主义感兴趣的朋友、学生，甚至学界同仁，让我介绍一些英国新马克思主义的重要作品，以便了解和研究。随着国外马克思主义研究"转向英美"蔚然成风，相关咨询越盛，因此，很有必要组织学术力量，撰写一部关于英国新马克思主义重要作品的导读性的著作，方便需要的读者能够即时查询到相关作品，了解其基本内容，把握其基本思想，掌握阅读的方法，提高阅读质量。经过近三年的努力，书稿终于成形，就要付梓出版了，甚感欣慰。

《英国新马克思主义佳作导读》是一部集体创造的作品，是山西大学英国新马克思主义学术群体的集体贡献。整体上由我设计，各章内容由团队成员分别撰稿，同时聘请相关专家协助完成定稿，李瑞艳作为出版秘书，做了大量相关工作。具体分工是：序言、第二篇、第十一篇和后记（乔瑞金博士）；第一篇（师文兵博士）；第三篇（曹伟伟博士）；第四篇（马援博士）；第五篇和第六篇（许继红博士）；第七篇（李文艳博士）；第八篇（李隽博士）；第九篇（薛稷博士）；第十篇（陈治国博士）；第十二篇（李瑞艳博士）；第十三篇（刘烨博士）；第十四篇（于永成博士）；第十五篇（孙军英博士）；第十六篇（骆婷博士）；第十七篇（毛振阳博士）；第十八篇（赵瑞林博士）；第十九篇（管晓刚博士）；第二十篇（李小红博士）；第二十一篇（邢媛博士）；第二十二篇（蔡斯敏博士）。本书作为英国新马克思主义的导读性著作，肯定存在诸多不足和问题，希望得到学界专家和广大读者的批评指正，以便再版时能够为大家提供更好的作品。

在完成此项任务的过程中，得到山西大学社会科学处、山西大学哲学社会学学院、教育部人文社会科学重点研究基地——山西大学科学技术哲学研究中心等单位的大力支持与帮助，得到山西省1331工程和教育部与山西省省部共建经费的资助，同时也得到学界诸多专家的关心、提携和建议，这为我们顺利完成此项工作,提供了良好的组织保证、学术支撑和经费支持,在此表示衷心感谢。同时,我们还要特别感谢人民出版社的支持和编辑们的辛勤工作。

希望本书的出版能够为我国 21 世纪马克思主义学术思想的建设、马克思主义中国化的时代发展,贡献绵薄之力,能够为广大读者所喜爱。这个后记写完之时,恰逢我国农历二月二龙抬头之日,愿本书的出版对于中华民族龙的腾飞和伟大复兴有所助益!

乔瑞金

2023 年 2 月 21 日于山西大学

策划编辑：段海宝

责任编辑：段海宝　夏　青

封面设计：王欢欢

图书在版编目（CIP）数据

英国新马克思主义佳作导读/乔瑞金 等 著. -北京:人民出版社,2023.8

ISBN 978－7－01－025494－4

Ⅰ.①英…　Ⅱ.①乔…　Ⅲ.①马克思主义哲学-研究-英国　Ⅳ.①B0-0

中国国家版本馆 CIP 数据核字（2023）第 063996 号

英国新马克思主义佳作导读

YINGGUO XIN MAKESIZHUYI JIAZUO DAODU

乔瑞金　李瑞艳　等　著

人民出版社 出版发行

（100706　北京市东城区隆福寺街 99 号）

北京汇林印务有限公司印刷　新华书店经销

2023 年 8 月第 1 版　2023 年 8 月北京第 1 次印刷

开本:710 毫米×1000 毫米 1/16　印张:28.75

字数:450 千字

ISBN 978－7－01－025494－4　定价:148.00 元

邮购地址 100706　北京市东城区隆福寺街 99 号

人民东方图书销售中心　电话（010）65250042　65289539